中国审判指导丛书

立案工作指导

姜 伟 主编

最高人民法院立案庭 编

人民法院出版社

图书在版编目（CIP）数据

立案工作指导. 总第58、59辑/姜伟主编；最高人民法院立案庭编. --北京：人民法院出版社，2022.7

（中国审判指导丛书）

ISBN 978-7-5109-3545-9

Ⅰ.①立… Ⅱ.①姜… ②最… Ⅲ.①法院-立案-中国-文集 Ⅳ.①D926.2-53

中国版本图书馆 CIP 数据核字（2022）第 124613 号

立案工作指导·总第58、59辑
姜　伟　主编
最高人民法院立案庭　编

责任编辑	丁丽娜
出版发行	人民法院出版社
地　　址	北京市东城区东交民巷27号（100745）
电　　话	（010）67550608（责任编辑）　67550558（发行部查询）
	65223677（读者服务部）
客服QQ	2092078039
网　　址	http：//www.courtbook.com.cn
E-mail	courtpress@sohu.com
印　　刷	保定市中画美凯印刷有限公司
经　　销	新华书店

开　　本	787毫米×1092毫米　1/16
字　　数	354千字
印　　张	25.5
版　　次	2022年7月第1版　2022年7月第1次印刷
书　　号	ISBN 978-7-5109-3545-9
定　　价	100.00元

版权所有　侵权必究

《立案工作指导》编委会

主　　　　编	姜　伟
编委会主任	钱晓晨
编委会副主任	王锦亚　包剑平　刘雪梅　马永欣
编委会成员	（以姓氏笔画为序）
	王连祥　闫宏波　纪　力　李　冬
	李凤伟　李盛烨　张　娜　张丹妮
	袁晓磊　徐德芳　郭　敏　曹　刚
编辑组成员	贾亚奇　胡　岩　陈君珂　李　朋
	孙得证
本辑执行编辑	陈君珂

前　言

2019年以来，在中央有关单位的大力支持下，最高人民法院与各中央单位在联合发文基础上，建立"总对总"在线诉调对接工作机制，各单位调解组织和调解员陆续完成平台对接或入驻工作，实现了类型化矛盾纠纷多元调解工作全流程线上办理，在线诉调对接工作取得初步成效。一是思想共识基本形成。深刻认识推进"总对总"在线诉调对接工作，健全一站式多元解纷机制，是贯彻落实习近平总书记关于"坚持把非诉讼纠纷解决机制挺在前面"重大决策部署，坚持和完善共建共治共享的社会治理制度，构建源头防控、排查梳理、纠纷化解、应急处置的社会矛盾综合治理机制，建设更高水平的平安中国的有效举措，坚持从推进国家治理体系和治理能力现代化的政治高度，统筹条线解纷力量，集成在线解纷资源，加快构建中国特色在线多元解纷新模式。二是制度建设日益完善。会同全国总工会、中国侨联、全国工商联、公安部、司法部、国家发展改革委、人力资源社会保障部、人民银行、银保监会、证监会等单位出台20多个多元解纷规范性文件，并就"总对总"在线诉调对接工作，联合全国总工会、中国侨联、全国工商联、国家知识产权局下发专门通知，人民银行、银保监会、证监会对接通知将陆续下发，与国家发展改革委联合发文正在有序推进，为各地推动工作提供了明确政策依据。三是对接模式逐渐成熟。坚持从实际出发，按照有利于满足群众多层次、多样化解纷需求，有利于最大限度集成解纷资源，有利于实现一站式解纷目标，不断创新对接模式。已有自建平台的，开展系统对接；没有自建平台的，邀请调解组织和调解员线上入驻，构建以人民法院调解平台为主干，纵横联动、开放融合、集约高效的多元解纷大平台，形成内外贯通、上下互联的在线多元解纷机制，最大限度调动各类调解组织和调解员的积极性、主动性，依法高效化解矛盾纠纷。四是解纷主体更加多元。与中央各单位逐一开展对接，不断充实专业性行业性调解队伍，扩大多元解纷"朋友圈"，让更多纠纷通过社会力量调解得到化解。

  本辑在"领导讲话"栏目中，收录了最高人民法院党组成员、副院长姜伟同志在"总对总"在线诉调对接工作推进会上的讲话；在"经验交流"栏目中，收录了"总对总"中央有关单位的经验交流材料，供各地法院学习参考，有针对性地推动本地在线诉调对接工作开展。另外，本辑还收录了第四届京津冀司法论坛部分获奖文章，涉及立案诉讼服务制度研究、一站式多元解纷机制建设、类型化案件的审理等内容，为各地法院推动立案审判、诉讼服务等工作高质量发展提供有益借鉴。

目　录

【领导讲话】

突出"四个延伸"　做好"五个结合"
　　加快推进"总对总"在线诉调对接工作
　　——在"总对总"在线诉调对接工作推进会上的讲话
　　　………………………………………………………… 姜　伟（1）

【理论与实践探索】

北京法院探索分调裁审机制的地方实践 …… 杨　艳　孙　伟（13）
京津冀一体化背景下群体性民事纠纷解决机制之探讨
　　——以示范诉讼制度构建为切入点 ……………… 何星星（25）
在京津冀地区统筹推进适用区块链电子存证的路径探索
　　——以三家互联网法院在中国裁判文书网公布的
　　　139份判决书为引 …………………………………… 刘　畅（43）
京津冀海事诉讼便利化研究 ……………………………… 宋文杰（65）
以区域协同立法推动京津冀三地法院司法协作有效开展
　　…………………………………………… 张继红　李贝贝（79）
京津冀区域商业特许经营环境的改善与司法保障的优化
　　——基于被特许人合同解除权的实证研究 ……… 刘　洋（90）
京津冀协同发展背景下拆违行政赔偿案件裁量标准的
　　思辨与完善
　　——以1766份行政赔偿判决书为样本 …………… 孟　思（107）

市域社会治理形势下的一站式诉讼服务体系建设路径探究
——以邢台法院为样本 ················· 杜安龙(142)
京津冀数字经济发展司法保障研究
——以数据不正当竞争案件的裁判思路统一为视角
································· 方小康(161)
滥用管辖权异议的判断标准及其规制 ········· 李阿鹏(177)
京津冀一体化进程中破产案件协同治理研究 ····· 芦亮丛(191)
关于构建京津冀自贸区商事纠纷多元化解机制研究
——以天津自贸区商事纠纷多元化解机制为视角 ··· 刘晓乐(200)
京津冀自贸区司法服务优化中涉竞业限制劳动争议案件的
法律适用
——以京津冀地区近五年2949件案例为样本 ······· 刘钟泽(212)
京津冀协同背景下法庭参与乡村治理中的继承与创新
——以新时代"枫桥经验"为中心 ············ 张　哲(227)
京津冀司法一体化背景下跨域立案诉讼服务制度研究
································· 王连斌(247)

【调查研究】

"建设中国特色一站式多元纠纷解决和诉讼服务体系
　促进矛盾纠纷公正高效实质性化解"调研报告 ········ 石建虎(256)
安徽法院诉源治理工作调查分析报告
························ 安徽省高级人民法院课题组(267)
江苏省沭阳县人民法院开展诉前鉴定的调研报告
····························· 江苏省沭阳县人民法院(282)
吉林市中级人民法院诉源治理工作调研报告 ····· 姜富权(295)
北京市高级人民法院关于预付式消费纠纷的调研报告
································· 范　琳(304)

【案例评析】

关于变更、追加执行异议之诉的起诉条件及相关问题研究
　　——以北京农资公司诉门某甲追加被执行人执行
　　　异议之诉为例 ·· 谷　升（309）
依据诚实信用原则处以司法强制的审查 ······ 何　君　蔡旻君（317）
再审申请人寇某某与被申请人党某赠与合同纠纷再审案
　　·· 邵静红　吴　利（325）
劳动者解除劳动合同时提出的事由对经济补偿金的影响
　　——朱某某与重庆某某股份有限公司经济补偿金纠纷
　　　申请再审案 ··· 李春伟（330）

【经验交流】

2020年人民法院一站式多元解纷和诉讼服务体系建设综述
　　·· 徐德芳（340）
全国总工会"总对总"在线诉调对接经验交流材料 ············（355）
中国侨联"总对总"在线诉调对接经验交流材料 ················（358）
全国工商联"总对总"在线诉调对接经验交流材料 ············（361）
国家发展改革委"总对总"在线诉调对接经验交流材料 ·······（364）
人民银行"总对总"在线诉调对接经验交流材料 ················（366）
银保监会"总对总"在线诉调对接经验交流材料 ················（368）
证监会"总对总"在线诉调对接经验交流材料 ···················（371）
国家知识产权局"总对总"在线诉调对接经验交流材料 ········（376）

【司法解释及司法指导性文件】

最高人民法院
　关于加快推进人民法院调解平台进乡村、进社区、
　　进网格工作的指导意见
　　（2021年9月30日）……………………………（379）

最高人民法院办公厅　中国人民银行办公厅
　关于建立金融纠纷在线诉调对接机制的通知
　　（2021年10月8日）……………………………（385）

最高人民法院办公厅　中国证券监督管理委员会办公厅
　关于建立"总对总"证券期货纠纷在线诉调对接机制的通知
　　（2021年8月20日）……………………………（388）

最高人民法院办公厅　中华全国总工会办公厅
　关于加快推进劳动争议纠纷在线诉调对接工作的通知
　　（2021年6月1日）………………………………（393）

【领导讲话】

突出"四个延伸" 做好"五个结合" 加快推进"总对总"在线诉调对接工作

——在"总对总"在线诉调对接工作推进会上的讲话

(2021年6月)

姜 伟*

这次会议是经最高人民法院党组和党组书记、院长周强同志批准召开的。主要任务是：认真贯彻落实习近平总书记重要讲话精神，贯彻落实《平安中国建设协调小组关于加强诉源治理推动矛盾纠纷源头化解的意见》，聚焦"总对总"在线诉调对接工作，交流经验、查找短板，进一步提高认识，明确思路，切实增强在线多元解纷实效。

中央有关部门对这次会议给予大力支持，全国总工会、中国侨联、全国工商联、国家发展改革委、司法部、人力资源社会保障部、住房城乡建设部、人民银行、银保监会、证监会、国家知识产权局专门派员出席会议，上海交通大学、西安交通大学、中小企业协会受邀参加会议，在此对各位的到来表示热烈的欢迎！四川省高级人民法院、山西省高级人民法院对这次会议十分重视，作了精心组织安排，在此表示衷心的感谢！会上，最高人民法院立案庭庭长钱晓晨同志对"总对总"在线诉调对接工作情况作了通报，全国总工会、中国侨联、全国工商联、国家发

---

* 最高人民法院党组成员、副院长。

展改革委、人民银行、银保监会、证监会和国家知识产权局有关部门负责同志介绍了本单位推进"总对总"在线诉调对接工作情况。山西、内蒙古、辽宁、吉林、黑龙江、安徽、福建、江西、湖南、四川、贵州、甘肃12家高级人民法院也围绕本地区"总对总"诉调对接经验做法进行了交流，并视频连线一家中级人民法院、一家基层人民法院。这些经验做法对于下一步深入推进"总对总"在线诉调对接工作很有借鉴意义。

2019年以来，在中央有关单位大力支持下，"总对总"在线诉调对接工作取得阶段性成果。一是思想共识基本形成。深刻认识推进"总对总"在线诉调对接工作，健全一站式多元解纷机制，是贯彻落实习近平总书记关于"坚持把非诉讼纠纷解决机制挺在前面"重大决策部署，坚持和完善共建共治共享的社会治理制度，构建源头防控、排查梳理、纠纷化解、应急处置的社会矛盾综合治理机制，建设更高水平的平安中国的有效举措，坚持从推进国家治理体系和治理能力现代化的政治高度，统筹条线解纷力量，集成在线解纷资源，加快构建中国特色在线多元解纷新模式。二是制度建设日益完善。会同全国总工会、中国侨联、全国工商联、公安部、司法部、国家发展改革委、人力资源社会保障部、人民银行、银保监会、证监会等单位出台20多个多元解纷规范性文件，并就"总对总"在线诉调对接工作，联合全国总工会、中国侨联、全国工商联、国家知识产权局下发专门通知，人民银行、银保监会、证监会对接通知将陆续下发，与国家发展改革委联合发文正在有序推进，为各地推动工作提供了明确政策依据。三是对接模式逐渐成熟。坚持从实际出发，按照有利于满足群众多层次、多样化解纷需求，有利于最大限度集成解纷资源，有利于实现一站式解纷目标，不断创新对接模式。已有自建平台的，开展系统对接；没有自建平台的，邀请调解组织和调解员线上入驻，构建以人民法院调解平台为主干，纵横联动、开放融合、集约高效的多元解纷大平台，形成内外贯通、上下互联的在线多元解纷机制，最大限度调动各类调解组织和调解员的积极性、主动性，依法高效化解矛盾纠纷。四是解纷主体更加多元。与中央各单位逐一开展对接，不断充实专业性行业性调解队伍，扩大多元解纷"朋友圈"，让更多纠纷通过社会力量调解得到化解。目前，"总对总"对接单位共有3210个调解组织和12145名调解员入驻人民法院调解平台，截至2021年5月31日，调解案件21545件，调解成功率达56%。四川法院积极实践，创造了多元解纷的"眉山经验"和诉源治理的"成都实践"，广泛借助社会力量，形成源头治理"大网格"和在线解纷"大超市"；山西法院勇于创新，依托调解平台与14家单位进行诉调对接，不断拓展在线多元解纷辐射力，为继续推进这项工作开拓了思路、积累了经验，值得进一步总结推广。

在看到成绩同时，应当清醒地认识到，与党中央要求和人民群众期待相比，"总对总"在线诉调对接工作还有不小差距。一是思想认识不到位。有的法院没有从国家治理体系和治理能力现代化的高度认识和谋划工作，对主动参与社会治理，推进在线多元解纷工作认识不足；有的法院认为"总对总"是最高人民法院的事情，与己无关，没有必要跟进开展；还有的法院认为多元解纷是为了解决案多人少问题，本地案件不多，无须"跟风"。二是"上热中温下冷"现象普遍存在。最高人民法院已经与8家单位建立"总对总"在线诉调对接机制，并将调解组织和调解员录入平台。但地方法院全部推进的廖寥无几，个别地方甚至平台上零案件。已经开展工作的主要集中在部分省（市、区）的部分法院，各地工作发展不平衡、辖区内发展不平衡问题十分突出。三是在线应用成效有待提高。部分地区仍满足于联合制定文件，没有具体落地举措，联而不动、机制空转；有些地区线下工作开展非常好，但没有按照在线诉调对接通知要求通过平台流转，平台展现成效远远不能反映实际工作情况；有的使用自建平台，没有及时跟进统建平台进行提档升级，导致工作衔接不畅，协同不力。四是配套保障需要进一步健全完善。在调解员培训、队伍管理等方面还有不少短板，诉调对接机制需要进一步细化，常态化经费保障还面临不少困难，在线调解工作宣传力度亟待进一步加强，调解大数据分析制度有待建立健全。对这些问题，必须高度重视，采取有力措施加以解决。下面，我讲三点意见。

一、进一步提高政治站位，增强推进"总对总"在线诉调对接工作的自觉性和主动性

党的十八大以来，习近平总书记就加强创新社会治理、矛盾预防化解等工作作出一系列重要指示，强调要把专项治理和系统治理、综合治理、依法治理、源头治理结合起来。党的十九届五中全会通过的《中共中央关于制定国民经济和社会发展第十四个五年规划和二〇三五年远景目标的建议》，对完善各类调解联动工作体系，提升公共服务、社会治理等数字化智能化水平作出具体部署，为创新推进"互联网+多元解纷"工作指明了方向，提供了依据。各级人民法院要主动适应社会主要矛盾新变化，运用信息技术和大数据，创新多元解纷方式，拓宽群众参与社会治理和纠纷解决的广度和深度，更加及时高效化解矛盾纠纷，维护社会稳定。

（一）推进"总对总"在线诉调对接工作，是贯彻落实习近平法治思想的具体实践

习近平总书记强调，坚持在法治轨道上推进国家治理体系和治理能力现代化。这要求在法治轨道上统筹社会力量、平衡社会利益、调节社会关系、规范社会行为，依靠法治思维和法治方式解决各种社会矛盾和问题。推进"总对总"在线诉调对接工作，通过信息化赋能，打通法院与各部门调解、化解工作的对接渠道，并在程序安排、效力保障、法律指导等方面实现有机衔接，有效发挥司法参与、推动、规范和保障作用，更好引导全社会在法治轨道上主张权利、解决纷争，形成依法预防、依法化解、依法治理的良好法治环境。

（二）推进"总对总"在线诉调对接工作，是开创中国特色在线多元解纷新格局的应然之举

坚持党的集中统一领导、坚持人民当家作主、坚持全国一盘棋、坚

持改革创新是我国国家制度和国家治理体系的显著优势。推进"总对总"在线诉调对接工作，紧紧依靠党的领导和制度优势，坚持自治法治德治相结合，按照共建共治共享的总体布局，依托人民法院调解平台，将中央各单位参与社会治理、化解矛盾纠纷职能协同起来，将全社会解纷资源整合起来，将非诉讼与诉讼方式衔接起来，将人民调解、行政调解、行业性专业性调解与司法调解联动起来，构建党委领导、多方参与、社会协同、专群齐动、法治保障的中国特色纠纷解决新格局，全面提升化解矛盾纠纷质效，彰显我国制度优势和治理效能。

（三）推进"总对总"在线诉调对接工作，是坚持以人民为中心的发展思想的迫切需要

习近平总书记强调，要积极回应人民群众新要求新期待，系统研究谋划和解决法治领域人民群众反映强烈的突出问题，不断增强人民群众获得感、幸福感、安全感。推进"总对总"在线诉调对接工作，充分尊重人民群众多层次、多样化解纷需求，针对劳动争议、证券期货、金融保险、道路交通、知识产权、价格争议、商事、涉企、涉侨等类型化纠纷，建立解纷"菜单库"，引入专业调解组织和调解员，提供一站式纠纷解决服务，及时定分止争，让人民群众在解决纠纷过程中感到便捷、高效、权威、受尊重。

（四）推进"总对总"在线诉调对接工作，是促进审判体系和审判能力现代化的长远之策

诉讼爆发式增长与有限司法资源的矛盾并非我国独有。诉讼难是世界性难题。客观地讲，法院不应当是解决纠纷的主要场所。司法是化解矛盾纠纷的必要手段，不是主要手段，更不是唯一手段。推进"总对总"在线诉调对接工作，充分发挥社会多元主体在预防化解矛盾纠纷中的协同协作、互动互补、相辅相成作用，形成矛盾化解"多车道"、多元共治"大舞台"，让大量矛盾纠纷通过更加多元的方式在诉讼前得到解决。对

进入法院的纠纷,通过"分调裁审"机制,实现繁简分流、轻重分离、快慢分道,能调则调,当判则判,充分发挥司法在多元解纷体系中的"压舱石"作用,使法院真正回归维护社会公平正义最后一道防线的职能定位,更好地维护群众合法权益。

二、突出"四个延伸",纵深推进在线诉调对接工作

习近平总书记强调,要运用大数据提升国家治理现代化水平。人民法院调解平台,作为"互联网+枫桥经验"的创新举措,打破区域、部门和层级信息壁垒,重塑解纷格局,扩大优质低成本解纷服务供给,为老百姓提供一站式在线解纷服务,成为展示中国特色社会主义司法文明的一张亮丽名片。各级人民法院要进一步树立平台思维,深刻认识人民法院参与诉源治理和多元解纷的着力点就是对接,以对接促协同,形合力,强保障,突出"四个延伸",纵深推进在线诉调对接工作,构建"纵向到底、横向到边"的矛盾纠纷预防化解网络体系。

一要向网上延伸。目前,各地法院建立类型多样调解工作室,邀请各单位调解员采用线下入驻方式开展工作,为到法院的群众提供一站式解纷服务,效果很好。但从长远看,受场地、人员、工作时间等限制,以线下为主的方式开展工作,既不利于最大限度集成调解力量,也无法做到对所有调解案件的动态管理、智能监管。各级人民法院要依托调解平台推进一站式多元解纷工作线上线下融合,做到全部特邀调解组织和调解员入驻平台,全部委派委托工作通过平台流转,全部调解数据在平台汇聚展示。这里强调一点,线下开展多元调解工作,也应当编立诉前调字号,通过平台进行推送。已经线下委派中央各单位调解组织和调解员开展工作的,尽快完成线上补录工作。要加快实现调解平台与其他解纷平台的对接,做到统一入口、自动跳转。一些地方为了推动某类型案件多元化解工作,在调解平台外另建新的解纷平台,平台与平台之间互不相通,群众解决纠纷往往需要来回切换系统,严重影响用户体验感。对此,各高级人民法院要梳理本地区解纷平台建设情况,尽快开展集成

融合工作，统一接入人民法院调解平台。要加快自建平台与统建平台的数据共享和业务协同。自建平台与统建平台既要打通数据流，也要打通业务流，对于数据汇聚不全、识别不了，业务跑不通、理不顺等情况，要联合查找原因，制定解决方案，明确整改时间，着力从系统上、源头上解决"卡脖子"问题，充分释放在线多元解纷活力与效能。

二要向外部延伸。目前，最高人民法院已经与全国总工会、中国侨联、全国工商联、国家发展改革委、人民银行、银保监会、证监会、国家知识产权局建立"总对总"在线诉调对接机制。2021年，还将继续与教育部、司法部、人力资源社会保障部、住房城乡建设部、卫生健康委等单位，以及中小企业协会等组织开展在线诉调对接工作，积极稳妥推进港澳台侨在线多元解纷工作，扩大调解资源库，实现在线多元调解的全覆盖。各高级人民法院要统筹好"总对总"与"点对点"关系，既按照最高人民法院部署要求，用足用好"总对总"调解资源库，又要结合本地实际，拓展在线诉调对接范围，丰富在线诉调对接实践，打造在线多元解纷的中国品牌。要正确认识党委政府设立的矛调中心等综合性纠纷解决平台与法院诉讼服务中心、调解平台的关系。两者并不矛盾，更不能相互取代，法院既要参与或入驻党委统一建设的解纷平台，也要充分尊重当事人需求，对愿意选择在诉讼服务中心或人民法院调解平台解决纠纷的群众，提供网上网下一站式多元解纷服务。

三要向基层延伸。认真贯彻落实《关于加强诉源治理推动矛盾纠纷源头化解的意见》，充分发挥共建共治共享在基层的作用，加强源头预防、前端化解、关口把控，促进矛盾纠纷在基层就能得到实质性化解。最高人民法院正在起草深化一站式多元解纷机制、推动矛盾纠纷源头化解的实施意见，其中一项就是推动调解平台进乡村、进社区、进网格，充分发挥人民法庭职能作用，将基层治理单位以及网格员、调解员等全部力量集成在调解平台上，及时预测预防风险，排查梳理矛盾，调解化解纠纷，建设人人有责、人人尽责、人人享有的基层社会治理共同体。各高级人民法院要在文件下发后，按照最高人民法院部署，尽快将人民法庭信息录入平台,并在线对接本地区基层治理单位及人员。对于适宜在乡村、社区化解的纠纷开展在线委派,并提供法律指引和司法保障,实现预警、分流、调解、化解、司法确认、进展跟踪、结果反馈、指导督办等全流程在线办理。

四要向重点领域延伸。高度关注矛盾纠纷多发易发领域源头治理和在线多元化解工作。"道交一体化"平台自上线以来,实现了法院与公安交通管理部门、人民调解机构、鉴定机构、保险公司的数据共享和一体办理,统一赔偿标准并向社会公开。目前,3000多家基层人民法院全部应用该平台,累计调解成功案件47.8万件,调解成功率达69%,效果很好。下一步,要进一步推广应用"道交一体化"平台,并在劳动争议、医疗纠纷、金融借贷、消费者权益保护等重点领域建立一体化纠纷解决机制,统一诉前调解与诉讼裁判标准,打通仲裁、鉴定、调解、诉讼等流程,实现一站式化解。天津、福建、江西三家法院要加快推进医疗纠纷在线多元化解试点工作,形成样板。要针对金融、教育、房产、环境、互联网、快递物流等领域矛盾纠纷,应用司法大数据进行分析研判,找准纠纷产生、演变的规律和深层次原因,会同相关部门从源头、传导、转化等关键环节进行防范和治理,有效预防化解纠纷。

三、做好"五个结合",确保"总对总"在线诉调对接工作落地见效

开展"总对总"在线诉调对接工作,健全一站式多元解纷机制,是一项立足当前、着眼长远的改革创新举措,需要在解决问题中不断深化,在实践探索中不断完善。各级人民法院要坚持目标导向和问题导向,锻长板、扬优势、补短板、强弱项,更加精准地推进工作,全力以赴把平台用起来,让人员动起来,将质效提上来,推动在线多元解纷工作实现高质量发展,以数字正义推动实现更高水平的公平正义。

一要坚持先行先试与整体推进相结合。从已经对接的8家单位情况看,既有在部分地区先行开展试点的,也有在全国法院整体布局的,这

主要考虑了矛盾纠纷数量、调解资源分布、各单位承受能力等综合因素。各级人民法院要根据各单位对接要求，加快推进工作。属于全国总工会、人民银行、国家发展改革委价格认证中心等单位试点地区的，各地法院要主动加强与当地部门沟通协调，在合作路径、具体实践等方面建立工作机制，通过平台开展委派委托调解，形成可复制、可推广经验，以点带面推动全国工作。对试点过程中的困难问题，及时进行梳理报告。最高人民法院与相关单位也将加强对试点情况的跟踪评估，对久试无果、工作不力的地区，将取消试点。未纳入试点但有条件开展工作的地区，可以与本地区相关部门积极探索推进在线诉调对接工作。属于全国铺开的，各地法院要加快推进节奏，用好"送上门"的调解资源，提高在线调解质效。最高人民法院已经将"总对总"在线诉调对接开展情况下发各地法院，各高级人民法院对尚未开展工作的地区，要逐一分析原因，督促尽快"动起来"。最高人民法院将定期下发调解平台应用质效、"总对总"运行态势分析报告，并发布一站式多元解纷年度白皮书，及时通报各地法院工作开展情况。对推进缓慢、效果不好的地区，将加强跟踪督导力度，仍无改进的，将约谈主要领导，要求说明理由。

二要坚持严格落实要求与加强培训指导相结合。目前，除了证监会因系统升级，需要重新对接外，其余部委调解组织和调解员已经入驻平台或者完成对接，各地法院可以直接委派各部委调解组织开展工作。但从调研情况看，很多地方对于如何开展"总对总"在线诉调对接思路不清晰、路径不了解；一些地方未按照各部委认可名册开展委派工作，导致调解的案件无法汇聚到"总对总"数据中来；也有个别地方存在"挑肥拣瘦"情况，各对接单位调解工作推进不平衡问题十分明显。为了让各地更好掌握在线诉调对接要求，最高人民法院向各高级人民法院印发《加快落实"总对总"在线诉调对接机制的通知》，对统建平台、自建平台、入驻模式、系统对接模式开展工作的路径、操作要求等作了说明，并制作操作视频提供给各地。各级人民法院要认真学习，对分流员、调解员进行专题培训，确保按照要求开展工作。使用自建平台的地区，要尽快将这些调解组织和调解员录入平台，做好系统对接。下一步，最高人民法院将在调解平台上分类设置委派入口，组织开展系列培训，加强对下指导力度，全面促进各地法院提升在线调解能力水平。

三要坚持推进"总对总"与创新"点对点"相结合。目前，入驻调解平台的人员主要有两大类：一是通过"总对总"对接，邀请的调解组织和调解员；二是各地法院自行邀请的特邀调解组织、特邀调解员及其他调解员。今后，还将增加通过"三进"工作入驻的司法联络员、基层综治人员等。各地法院要统筹用好这些调解资源，明确各自调解的重点领域，形成相互补充、相互促进、专群结合的调解资源库，实现调解力量的有效整合和科学配置，更加精准、高效化解纠纷。要根据案件特色、区域特色、民族特色等实际，加强"点对点"对接工作，不断拓展本地区在线多元解纷空间。对本地区多发易发、专业性较强的纠纷，加强与相关部门以及行业协会的对接，发挥专业行业调解员优势，有效化解纠纷；对边境地区、粤港澳大湾区、台胞较多的地区，邀请侨胞、外籍调解员、港澳台调解员入驻平台在线开展工作；对少数民族地区，邀请少数民族调解员参与调解，最大限度赢得当事人信任，提高纠纷解决效率。要认真总结各地法院与矛调中心等综合性纠纷解决平台，以及公安、司法行政、住建、物业、旅游等单位在线诉调对接经验，为继续推动"总对总"诉调对接工作提供实践依据。

四要坚持补足短板弱项与促进长效发展相结合。要围绕一站式多元解纷目标，加快内外平台对接，优化平台功能，实现各解纷平台互联融通、数据流转顺畅、业务协同高效。进一步完善对接机制，畅通在线委派委托、司法确认、立案等渠道，实现全业务全流程的在线办理和反馈。要加强对委派调解案件的精准管理，按照自愿合法原则开展委派工作，严格遵守调解期限，对调解不成的及时转入立案程序，避免久调不决。要加强对入驻调解员的体系化培训，以及专职调解员的培育，为调解员提供有针对性的指导服务。要积极争取经费保障，在商事等领域探索开展市场化调解，推动建立公益性调解与市场化调解并行调解模式。要加强对在线调解工作的宣传。联合各对接单位，采用多种形式，全方位宣传调解平台，让更多当事人选择通过在线方式开展调解。最高人民法院立案庭将联合新闻宣传部门，通过在《人民法院报》开设优秀特邀调解员宣传专栏，组织"我的调解日志"小视频打卡等活动，加大宣传推广力度，充分调动调解员工作积极性。各地法院要创新思路，依托官微、官博等自媒体，组织开展特色宣传活动，营造良好舆论氛围。

五要坚持深化实践与提炼规则相结合。要适应数字化时代特点，按照建成化解案件量最多、调解资源最丰富、诉调对接最顺畅、智能程度最领先、纠纷化解最高效在线解纷平台目标，深化一站式多元解纷工作实践，最大限度集成解纷资源，提升解纷效能，解决好传统线下方式难以解决或者解决不好的问题，使在线调解平台成为方便群众、及时解纷的强大平台。要加强对调解的大数据分析，深度挖掘调解平台数据资源，分析社会矛盾纠纷发展态势和主要特点，为党委政府领导科学决策提供依据。要加强对我国在线多元解纷的理论研究。最高人民法院已经与中国人民大学、上海交通大学共建了第一批研究基地，正在推进第二批研究基地建设，通过充分发挥高等学校智库作用，构建中国特色纠纷解决理论体系。各地法院要加强对一站式多元解纷工作的理论研究，注重总结规则，进一步提炼具有普遍性、规律性、前瞻性的在线调解实践标准，为推动相关立法提供参考。最高人民法院正在起草在线调解规则，对在线调解工作作出具体规定，拟于2021年印发。

最后，再强调一点。一站式建设是事关全局、事关长远、事关根本的一项重要工作，是司法文明新高地、司法为民新景观。最高人民法院党组高度重视，拟于2021年第三季度召开各高级人民法院院长参加的一站式建设工作推进会。会上将对诉源治理、在线多元解纷和涉诉信访三项重点工作作出部署。各高级人民法院要在会议召开前，下大气力推动在线诉调对接工作，进一步总结提炼本地区一站式建设经验做法，突出特色，擦亮亮点，更加充分展示人民法院一站式建设成效。

做好"总对总"在线诉调对接工作，健全中国特色一站式多元解纷机制意义重大。我们要始终坚持以习近平新时代中国特色社会主义思想为指引，深入贯彻习近平法治思想，坚持以人民为中心，开拓创新，奋发有为，不断提升在线多元解纷水平，努力满足人民群众日益增长的司法需求，努力让人民群众在每一个司法案件中感受到公平正义，努力创造更高水平的中国特色的司法文明，以优异成绩庆祝建党100周年。

【理论与实践探索】

北京法院探索分调裁审机制的地方实践

杨 艳[*] 孙 伟[**]

摘要： 近年来，北京法院在最高人民法院的指导下，坚持将非诉讼纠纷解决机制挺在前面，立足首都地域特点，加大对整合社会资源、强化诉讼源头矛盾分流化解工作的探索力度，着力为人民群众提供便捷高效、低成本多途径的纠纷解决渠道。通过建立"四个统一"工作模式，一体推行"多元调解+速裁"工作；汇聚调解资源，构建多元化、专业化、规范化的非诉调解机制；从审判格局重塑、诉讼流程再造的高度，形成分层递进的繁简分流机制；建立要素式、集约化、高效化的速裁机制、二审快审机制；加强信息技术深度运用，建立完善信息化平台等举措，巩固深化简单案件诉讼前端快调速审、疑难复杂案件后端精审细判的前后端审判格局，逐步形成了分调裁审、一站式多元解纷机制建设的"北京经验""北京模式"。

关键词： 分调裁审 多元调解 速裁 繁简分流

"分调裁审"系组合概念，分别指代"繁简分流""调解""速裁""快审"。最高人民法院姜伟副院长在《法治中国说》第三季第一集解读现代化诉讼服务体系中的司法为民亮点中，提到分调裁审机制改革的含

---

[*] 北京市高级人民法院立案庭庭长。
[**] 北京市高级人民法院立案庭法官助理。

义:"分"有两层含义,第一次分流是诉讼与调解的分流,第二次分流是案件的繁简分流;"调"即调解,有利于维护当事人的合法权益,也有利于维护社会稳定;"裁"即速裁,速裁程序是法院庭审中最简便的程序;"审"即快审,对于不符合速裁条件的案件,事实清楚,双方当事人争议不大的,通过简易或普通程序简化审理。这一概念的确定有其延续发展的过程。一是形成时期。2016年9月12日出台的《最高人民法院关于进一步推进案件繁简分流优化司法资源配置的若干意见》从案件繁简分流、优化司法资源与提高司法效率方面对分调裁进行了初步规定。二是明确提出时期。2017年5月8日出台的《最高人民法院关于民商事案件繁简分流和调解速裁操作规程(试行)》对分调裁操作规程进行了规定。根据该操作规程,为避免对立案登记制的冲击,繁简分流主要是立案后的分流,均针对当事人起诉到法院的民商事纠纷。先行调解主要指针对特定案件类型,在征求当事人意愿的基础上,由法院或第三方开展调解的一系列程序安排。速裁是指法院设立专门速裁组织,对适宜速裁的民商事案件通过简易方式进行裁判,速裁程序具有审限短、庭审方式灵活、文书简化等特点。三是内涵拓展时期。2019年2月27日出台的《最高人民法院关于深化人民法院司法体制综合配套改革的意见——人民法院第五个五年改革纲要(2019—2023)》提出普遍推行"分流、调解、速裁、快审"机制改革,健全相应信息系统,促进纠纷及时快速解决。2019年7月31日出台的《最高人民法院关于建设一站式多元解纷机制一站式诉讼服务中心的意见》把分调裁审作为诉讼服务体系建设的一部分,落脚点放在了司法为民,解决诉讼难问题。四是深化发展时期。2020年2月10日出台的《最高人民法院关于人民法院深化"分调裁审"机制改革的意见》和2020年1月15日最高人民法院出台的《民事诉讼程序繁简分流改革试点方案》《民事诉讼程序繁简分流改革试点实施办法》,进一步细化丰富了"分调裁审"的内涵,至此,分调裁审已经成为一个整体和系统的概念。

在北京法院,贯彻最高人民法院分调裁审改革的具体举措就是"多元调解+速裁"机制。民事案件"多元调解+速裁"机制是指人民法院在立案阶段依据纠纷性质、当事人意愿等因素，完善诉非分流、调裁分流等对接机制，综合运用立案前委派调解、立案后委托调解和法官调解及速裁快审等纠纷解决方式，实现大量纠纷在诉讼前端有效解决的工作机制。简单说，就是立案阶段将简单案件识别出来，并通过调解、速裁快速化解，提高纠纷化解的质效。

北京法院发挥司法在多元化纠纷解决机制建设中的引领、推动和保障作用，整合社会力量和审判资源内外资源，逐步构建"多元调解+速裁"紧密型诉调对接模式，努力实现诉讼前端分流化解大批普通案件，后端专业审判庭集中精力审理疑难、复杂案件的目标，促进司法效能提升，满足群众多元解纷需求，推动社会治理体系和治理能力现代化。同时，落实《最高人民法院关于人民法院深化"分调裁审"机制改革的意见》，对"多元调解+速裁"机制不断予以完善。

一、以"四个统一"大力推进分调裁有机衔接，提升"多元调解+速裁"工作质效

一是统一管理部门，实现全市法院一体化推动。针对各院多元调解和速裁职责分工不明确、管理部门不统一、工作推进不均衡的问题，北京法院将"多元调解+速裁"工作纳入立案庭统一管理，在《北京市基层人民法院内设机构改革方案》中，明确基层人民法院设立立案庭（诉讼服务中心），职能包括负责各类案件的登记立案工作，依法开展多元调解、立案速裁和繁简分流工作，以及诉讼引导、诉讼咨询、案件查询等诉讼服务工作。在立案庭甄别案件繁简难易的基础上，将大量简单纠纷快速化解在诉讼前端。各中级法院在立案庭成立快审组，统一审理一审适用速裁机制审结的民事上诉案件，集中调解资源，发挥规模优势，强化规范管理。

二是统一调解员的使用、管理和培训，大力提升调解效果。针对以往人民调解员专业性不足、工作时间不固定、调解成功率不高、当事人不愿意接受人民调解等问题，以提升"多元调解＋速裁"工作专业化水平为目标，积极探索速裁法官与特邀调解员组建"1＋N"办案团队模式，法官全程指导调解员调解，提升调解员法律专业水平。编写《调解员调解指引》一书，作为调解员培训学习的教材，建立市、区两级调解员培训机制，不断提升特邀调解员业务素质和调解能力。

三是统一工作流程，实现分调裁程序高效转换对接。针对以往多元调解与速裁"两张皮"、前端速裁与后端精审之间流转不畅等问题，打通分流、调解、速裁、精审的程序关口。推进先行调解全覆盖，除法律规定明确不能调解的、当事人不同意调解的之外，对适宜调解的案件，能调则调，能调尽调。同时，推动多元调解与速裁紧密对接，建立速裁案件转出机制，对超过一定期限或不宜速裁的案件，在履行审批手续后快速转到后端审判庭进行精细化审理，畅通速裁和精审衔接流程，真正让简单案件驶上速裁的快车道，让疑难复杂案件得到精细化审理。

四是统一信息系统，强化信息化智能化技术支撑。针对"多元调解＋速裁"工作信息化运用程度仍然不高的问题，北京法院大力推进"多元调解＋速裁"工作信息化智能化建设，研发了北京法院分调裁一体化平台PC端和手机微信端北京移动微法院，集合了在线预约立案、案件繁简分流、多元调解信息系统、在线调解、要素式裁判文书自动生成等多种功能。手机微信端北京移动微法院中的诉讼风险智能评估、智能咨询、试算工具等功能，帮助当事人提升诉讼能力、预测诉讼成本和风险；调解指引、调解书模板功能为调解员规范办案提供信息化支撑；案件查询功能方便当事人实时查看调解案件信息及进展；微信缴费功能实现手机端线上直接交纳诉讼费用；调解管理、服务的功能，实现调解员在线填报调解流程节点、调解结果，诉讼材料线上传输、调解协议的自动生成、多元调解工作电子卷宗自动生成及网上传送至速裁法官等。

此外，北京法院落实"完善党委领导、政府负责、社会协同、公众参与、法治保障的社会治理体系，打造共建共治共享的社会治理格局"的指示精神，在最高人民法院指导下，紧紧依靠市委坚强领导，推动将

"多元调解+速裁"工作纳入《北京市矛盾纠纷多元化解工作三年规划（2018—2020年）》。每年的多元调解案件补贴被纳入市财政预算，"多元调解+速裁"工作被纳入"平安北京"建设工作考核体系，全市基层法院共计8.2万平方米的诉调对接中心建设稳步推进，与信访办社会矛盾调处中心、司法局基层公共法律服务中心共同构成北京市域社会治理"一体化矛盾纠纷解决平台"。

二、构建多元化、专业化、规范化的非诉调解机制

先行调解包括立案前的委派第三方调解和立案阶段的司法调解，但司法调解仍然消耗着司法资源，对诉讼分流的效果有限，因此，北京法院积极发展非诉调解机制，整合各方力量，构建全方位、立体化多元调解工作体系。

一是与人民调解的对接。北京法院2010年即开展了"人民调解进立案庭"工作，由司法行政部门选派人民调解员进驻法院，接受法院委派，在立案前先行调解家事、物业、交通事故、小额借款和买卖等民间纠纷。特邀调解工作吸引了社会各界人士的参与，包括原街乡人民调解员、高校专家学者、人大代表、政协委员、政法机关退休干部、公证员、律师等。随着当事人调解需求的不断增加，各法院人民调解员数量也在不断增加。目前，进驻法院的特邀调解员已达890名，其中常驻特邀调解员459名。有了法官的及时指导和及时的司法保障，人民调解成效逐步提升。

二是与行业性专业性调解组织的对接。北京地区行业协会资源丰富，众多"国"字头的行业协会汇集于此，成为化解涉会员纠纷的重要社会力量。北京法院推动成立全国首家省一级的、为行业性专业性调解组织提供服务保障的自律性组织即北京多元调解发展促进会，形成了覆盖不同行业领域和纠纷类型、专业性和规范性较强的超大城市类型化纠纷化解体系。与人民银行营业管理部、市网信办、市住建委、市证监局、市知识产权局、市银保监局等行政机关进一步深化专项诉调对接机制，大

力推进互联网、金融、房地产、物业、知识产权等类型化纠纷行业协会先行调解。

三是与行政调解的对接。北京法院与相关政府部门建立诉外协调、调解机制,对于一些与行政管理密切相关的民事纠纷,如拆迁腾退纠纷、环境污染纠纷、产品责任纠纷、网络平台借贷纠纷等,与行政机关联合开展调解工作,促进矛盾的实质性化解。同时,督促行政机关针对参与调解时发现的行政管理瑕疵和漏洞,改进工作、完善政策、加强监管,从根源上预防纠纷。

四是与律师调解的对接。2017年9月30日,最高人民法院、司法部印发《关于开展律师调解试点工作的意见》;在此基础上,2018年12月26日,最高人民法院、司法部又联合下发了《关于扩大律师调解试点工作的通知》,决定将律师调解试点工作扩大至全国范围,并就扩大律师调解试点工作提出新要求。北京为11个试点地区之一,2018年3月19日,市高级法院与市司法局联合印发了《关于开展律师调解试点工作的实施意见(试行)》,并建立了实习律师参与为期半年的诉前人民调解工作机制。2019年5月9日,市高级法院、市司法局与市律协联合印发《关于选派申请律师执业人员参与诉前人民调解工作办法(试行)》。近两年,北京法院联合市司法局、市律协,在西城、朝阳、海淀、丰台、通州、房山等多家法院开展律师调解试点工作,选派393名资深律师、80名实习律师进驻法院,开展诉前调解工作。其中,实习律师调解试点工作得到广泛好评,第一批共成功调解1753件纠纷,调解成功率为35.4%,职业、专业优势初步显现。

三、形成分层递进的繁简分流机制

北京法院抓住立案阶段诉讼源头的有利时机,发挥立案庭案件分流中心的职能,根据纠纷性质和特点进行合理分流。一是对于适宜调解的纠纷,立案法官积极引导当事人选择多元调解。当事人同意调解的,由立案庭分别移交相应的调解员或调解组织先行调解。经多元调解不成功的案件，返回立案庭进行第二次分流，根据调解过程中查清的事实和固定的证据，区分繁简难易，将简单案件纳入前端速裁机制；案件存在需要公告送达、评估鉴定、当事人表示要提出反诉以及其他疑难复杂情形的，转入后端专业审判庭进行精细化审理。二是对于不适宜调解的纠纷，或者当事人拒绝调解的纠纷，由立案法官根据案件繁简难易甄别标准和规则直接分流，简单案件纳入前端速裁机制快审快捷。对于不适宜速裁的疑难复杂、新类型纠纷，直接转入后端专业审判庭审理。北京法院分层递进的繁简分离机制主要具备如下特色。

（一）繁简分流标准

采用"智能+人工"方式，立案阶段的分流主要侧重对案件要素的识别，通过立案阶段打分机制进行案件繁简分流，得分5分及以下的为简案，系统自动推荐立案处理方式进行调解、速裁；得分超过5分的为繁案，系统自动推荐进行当场立案，由后端审判庭室审理。对适用先行调解、委派调解、委托调解等情形的调解案件范围，通过反面排除+正面列举+引导调解方式予以列明。

反面排除指向的案件范围包括新类型案件，与破产有关案件，当事人一方或双方人数众多的案件，上级人民法院发回重审的案件，适用审判监督程序的案件，第三人撤销之诉，执行异议之诉，涉及国家利益、社会公共利益的案件，社会关注度高、裁判结果具有示范意义的案件。

正面列举适用的分流标准包括标的额、案由、案件要素、案件事实、法律关系等。具体包括：一是事实清楚、权利义务关系明确、争议不大的简单金钱给付类案件，标的额为5万元以下的，依法应当适用小额诉讼程序的案件，以及标的额超过5万元、在10万元以下的，双方当事人可以约定适用小额诉讼程序的案件。确认人民调解协议效力、督促程序、公示催告程序类案件。二是家事类、物业供暖、交通事故、买卖合同、民间借贷、金融借款、信用卡、劳务合同纠纷等八类案件，根据案件的要素调整分因素和特殊调整分因素，由系统智能识别出的简单案件。三是其他新收一审民事纠纷，由程序分流员根据案件事实、法律关系以及当事人提供的信息等，对简单案件进行人工识别。

同时，先行调解不成，但事实清楚、法律关系明确、当事人争议不大的简单民事案件也会由程序分流员分给调解速裁团队。可能要适用公告送达程序的因欠费欠款引发的、原告同一的物业供暖纠纷、信用卡纠纷、金融借款合同纠纷，或者被告同一的系列性劳务合同纠纷等，被告虽未到庭参与多元调解，但法律关系明确、事实清楚、证据充分的，也可以在立案后转入速裁。

（二）繁简程序转换

为防止程序空转，影响当事人诉权，北京法院还赋予案件程序转换的限制性自由。对于调解转速裁，当事人明确拒绝立案前委派调解的，应当及时立案；调解过程中发现存在不适宜继续调解情形的，应及时终止调解并转速裁或审判。对于速裁转精审，速裁快审法官收到案件后，应当在三个工作日内审查案件是否属于不适宜速裁案件范围，以及是否存在需要调查取证、勘验、审计、鉴定、评估等不适宜速裁情形。对具有上述情形的，速裁法官应即时提出异议。程序分流员审核认为异议成立的，经报请立案庭庭长批准，收回案件后作为复杂案件分配给后端审判部门。

速裁法官不能无原则地转换案件审理程序，而应根据具体案情判断，如存在当事人下落不明，需要调查取证、勘验、审计、鉴定、评估，案件疑难复杂不适宜速裁快审等情形。对在速裁快审期间，出现致使案情复杂情形的，承办法官应当在该情形出现两个工作日内提出简转繁申请，经审核同意后由程序分流员转其他专门团队法官办理，并告知当事人。

四、建立要素式、集约化、高效化的速裁机制

速裁机制是北京法院优化司法资源配置、完善程序安排、提高司法效率的一种尝试。各法院根据工作量预测，在诉讼前端合理配置速裁法

官,将普通案件纳入速裁范围,在法定程序内快审快结。

(一)要素式审判的应用

对于标的额在50万元以下的买卖合同纠纷与民间借贷纠纷,以及信用卡纠纷、金融借款合同纠纷、追索物业费供暖费纠纷、机动车交通事故责任纠纷及家事纠纷,对固定案情的基本事实要素进行提炼,就各要素是否存在争议进行归纳,并围绕争议要素进行庭审及制作裁判文书,简化审理流程,提高审判效率,实现简案快审。对于要素式案件,可以仅围绕要素事实进行法庭调查、举证质证,要素事实无争议可以认定全案事实的,可以不再进行法庭调查。对于适用要素式审判的案件,可以将法庭调查和法庭辩论合并进行。对事实已基本查清、权利义务关系明确的案件,一般不再进行法庭辩论。适用要素式审判的案件由法官根据具体案件出具制式要素式裁判文书。

北京法院分调裁一体化平台中的要素式审判裁判文书自动生成功能是信息技术服务法官的核心功能,在类型化案件中适用空间较大,可以提高审判效率,促进裁判尺度统一。通过提取当事人填写的案件情况要素表的要素信息,依托北京法院自行研发的案件说理库,自动生成裁判文书中"当事人信息""当事人诉称、辩称""审理查明""本院认为"部分,辅助速裁法官办案。目前,已经实现道路交通、物业、供暖、民间借贷、金融借款、信用卡、买卖合同等七大类案由裁判文书的全部自动生成。2018年以来,北京全市基层法院共生成要素式裁判文书85920件。目前正在研发离婚、继承两类案件的财产分配智能研判系统,其将自动计算双方当事人财产分配的份额及补偿数额,进一步增强类型化案件审理的智能化程度。

(二)简化诉讼程序

根据案情确定较短的举证期限,优化庭前准备程序,简化庭审程序,研发要素式裁判文书自动生成系统,实现案件快审快结。

简化送达和传唤流程,在速裁案件审理过程中,可以采取电话、短信、传真、电子邮件等简便灵活的方式通知、传唤当事人和证人,并做好工作记录。积极运用集约送达、电子送达方式开展送达。

合理确定举证期限、答辩期间,适用简易程序案件的举证期限由人民法院确定,也可以由当事人协商一致并经人民法院准许,但不得超过十五日。被告要求书面答辩的,人民法院可在征得其同意的基础上,合理确定答辩期间。当事人双方均表示不需要举证期限、答辩期间的,人民法院可以立即开庭审理或者确定开庭日期。适用小额诉讼程序审理的案件,当事人明确表示不放弃答辩期间的,人民法院可以在征得其同意的基础上,合理确定答辩期间,但一般不超过七日(指定答辩期间少于十五日的,管辖权异议期间为十五日,构成应诉管辖的除外)。当事人明确表示不放弃举证期限的,可以由当事人自行约定举证期限或者由人民法院指定举证期限,但一般不超过七日。人民法院没有征询当事人意见或者当事人未明确放弃答辩期间,也未就答辩期间作出明确意思表示的,根据2017年修正民事诉讼法第一百二十五条之规定,答辩期间为十五日;人民法院可以通过电话、电子邮件、传真、手机短信等简便方式征询当事人意见。当事人确有正当理由申请延长的,可以根据实际情况予以准许,但是举证期限不得超过十五日,当事人已放弃举证期限又提出延期举证申请的,一般不予准许。当事人明确表示不放弃答辩期间和举证期限的,答辩期间和举证期限原则上分开计算,但当事人同意合并的除外。

明确管辖权异议处理时间,当事人在速裁案件审理过程中提出管辖权异议申请的,速裁法官应当自收到管辖权异议申请之日起十五日内依法审查并作出裁定。异议成立的,裁定将案件移送有管辖权的人民法院;异议不成立的,裁定驳回。当事人对小额诉讼案件提出管辖权异议的,速裁法官经审查,认为当事人管辖权异议不成立的,可以口头裁定,并以笔录或录音录像的方式记录;认为当事人管辖权异议成立的,应当作出书面裁定,裁定一经作出即生效。

此外，速裁案件适用灵活的庭审公告时间，可以不受开庭三日前发布开庭公告的限制。

（三）辅助事项集约化办理

速裁案件采取社会化购买服务集中送达和电话、短信、传真、电子邮件等简便灵活的送达方式，通过电子集约送达平台进行集中管理，鉴定、评估也统一到诉服工作中。

五、建立二审快审机制

北京法院建立二审快审机制，由各中级法院要按照诉讼前端解决20%至40%的民事、知识产权行政案件的目标，在立案庭成立快审组，按照一个团队三名法官配备三名助理、三名书记员的标准，结合本院案件量组建若干快审团队。二审适用快审机制的案件范围，包括第一审人民法院采用速裁快审方式审结的上诉案件，针对不予受理、驳回起诉、管辖权异议提起上诉的案件，其他案件事实清楚、权利义务关系明确，当事人提出上诉且没有提出新事实、新证据、新理由的民事案件。此经验被《最高人民法院关于人民法院深化"分调裁审"机制改革的意见》吸纳。同时，为了确保一审、二审速裁案件审理思路和裁判标准的统一，对于第一审人民法院采用速裁快审方式审结的上诉案件，不设置转入后端的出口。充分发挥二审快审的纠错和快速审理的作用。适用快审程序案件，可按照"阅卷、分流—调查、询问—调解—合议—制作并送达二审裁判文书"流程进行，针对上诉问题作出充分说理的，二审裁判文书可以适当简化。二审快审案件应在立案之日起三十日内审结。

六、建立完善信息化平台

北京法院开发应用分调裁一体化平台和北京移动微法院，在实践中不断完善信息系统，加强信息技术深度运用，为便利诉讼、提高效率和加强管理提供智能化服务。

（一）调解案件的信息化监控

依托信息化系统，做好案件审判管理与监督。通过数据监控，对于临近调解期限的案件，每次登录多元调解系统都会自动跳出提醒界面，督促承办法官及时处理。对于长期未处理的案件，系统自动退回立案庭，有效避免了案件长期积压未处理，出现"空转"的现象。

（二）审判系统对案件节点实时监控

临近超期的案件，系统自动将其变成红色，主动进行预警；对于超期未结案件，均需要在网上填写延长审限审批表并说明原因，待主管庭长、分管院长批示后再进行后期处理，避免人为拖延审判期限的情况，同时也便于监察部门或者审判管理部门对本庭室案件审理情况的监督。

（三）实现实时查询

针对当事人、律师、法官反映当事人无法实时查询多元调解案件办理情况的问题，北京移动微法院增加了案件查询功能，当事人可实时查看调解案件信息及进展。当事人选择诉前调解的，引导当事人关注北京移动微法院，并告知通过北京移动微法院可以查询调解案件进展情况、调解人员姓名及其办公电话。同时，要求调解员在多元调解信息管理系统中及时录入、上传调解数据，避免程序空转。

（四）诉前调解智能化

针对多元调解案件系统智能化水平不高的问题，上线了诉讼材料线上传输、调解协议自动生成、多元调解工作电子卷宗自动生成及网上传送至速裁法官功能。要求各法院使用高拍仪或者通过外包服务扫描诉前调解诉讼材料；指导调解员使用调解指引、调解模板，使用调解协议、电子卷宗自动生成功能，实现电子卷宗的深度运用，既规范诉前调解工作，又为调解员减负增效。

京津冀一体化背景下群体性民事纠纷解决机制之探讨

——以示范诉讼制度构建为切入点

何星星[*]

摘要：京津冀一体化带来城市规模化高速发展和高端创新要素的高度聚集。与此同时，伴随着首都"疏整促"专项行动的开展，各类非首都核心功能生产要素发生规模化迁徙。在此双重因素作用之下，规模化、聚集性的群体性纠纷也趋于频发。如何高效化解群体性纠纷，同时充分保障当事人诉讼权利成为亟待解决的一项重要课题。示范诉讼作为群体性纠纷解决模式之一，在我国司法实践中早已有之，但尚缺少系统性制度规范。如何科学构建示范诉讼制度，以适应新形势下群体性纠纷解决之需要，是本文探讨的核心问题。本文以民事纠纷为例，对笔者所在的北京市顺义区人民法院近年来群体性案件审理情况进行统计，通过借鉴域外优秀经验，提出示范诉讼制度构建思路，在促进纠纷高效解决的同时更好地保障当事人诉讼权利，为京津冀一体化发展提供更高质量的司法服务保障。

关键词：群体性民事纠纷　京津冀一体化　示范诉讼

---

[*] 北京市顺义区人民法院法官助理。

一、问题：群体性民事纠纷化解之困境

笔者对2017年"疏整促"专项行动开展以来北京市顺义区人民法院（以下简称北京顺义法院）近四年受理的群体性民事案件数进行了统计，[①] 从图1可以清晰地看出，伴随"疏整促"专项行动的开展，2018年群体性民事纠纷数量剧增。2019年随着诉源治理的开展，群体性民事纠纷案件数量虽然有所回落，但仍然维持在较高水平。

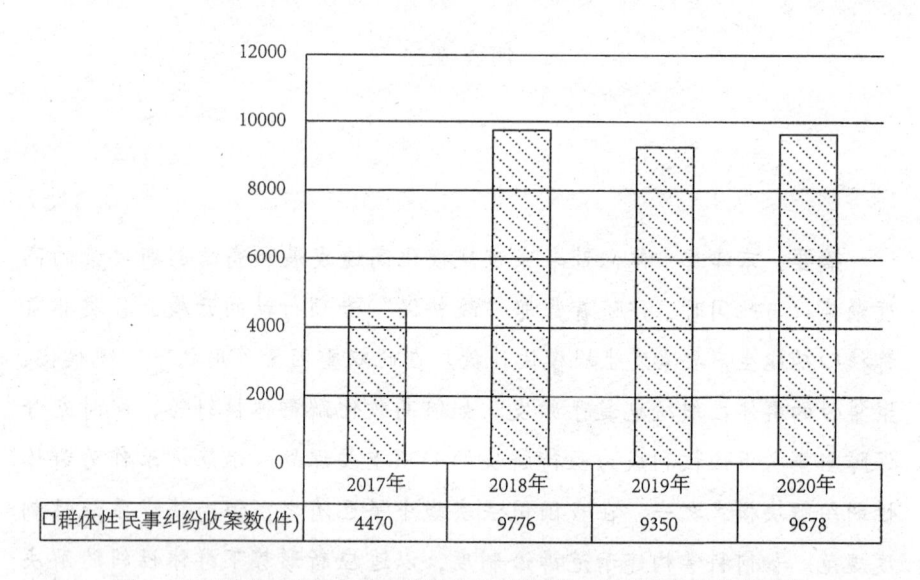

年份	2017年	2018年	2019年	2020年
群体性民事纠纷收案数(件)	4470	9776	9350	9678

图1　2017年至2020年北京顺义法院群体性民事纠纷案件收案情况

从2017年至2020年北京顺义法院受理的群体性民事纠纷案件类型来看，物业服务合同纠纷、劳动争议纠纷、租赁合同纠纷、商品房预售合同纠纷、农村土地承包合同纠纷排在群体性民事案件的前五位。可见与城市房地产、就业、房屋租赁、农村土地利用相关的群体性民事纠纷日益增多。

---

① 统计对象为民事案由相同，且原告或者被告人数为10人以上的民事案件，包含商事案件。

实践中群体性民事纠纷主要存在以下特点。

一是主体多、金额小。群体性纠纷往往涉及特定区域的众多主体，审理结果不仅直接影响诉讼中的众多当事人，还会对诉讼外众多作为利益相关者的"潜在当事人"产生重要影响。涉案金额一般较小，大多为5万元以下，主体众多一方多为弱势个体，另一方为相对强势的组织。

二是争议焦点的共通性。群体性纠纷的产生往往因为同一个行为，个案之间具有相通的事实或法律争议点，其中具有共通事实或法律争议的个案处理结果可为处理其他同类案件提供参考，能够给尚未起诉的"潜在当事人"提供稳定的法律预期。

三是矛盾易于激化，呈现一定政治性。群体性纠纷的聚集效应，集体无意识的非理性表达往往容易导致矛盾激化，给法院审判造成舆论压力，给政府带来维稳压力，且纠纷产生常常与政府行为相关联。群体性纠纷化解往往带有一定的政治性，讲求政治效果、社会效果、法律效果相统一，因此不是单纯的"司法考试"，而是综合的"社会考试"。

司法实践中，现有诉讼制度在解决群体性民事纠纷时主要存在以下问题。

一是代表人诉讼制度休眠。代表人诉讼是我国民事诉讼法规定的群体性纠纷解决制度，其通过规模化诉讼，实现诉的利益。但笔者所在法院2017年至2020年未发现有适用代表人诉讼制度的案件。其主要原因有两个：一是代表人诉讼需要代表人与其他当事人诉讼意见具有基本统一性，且代表人具有高度责任感能够为全体当事人争取利益，而大部分群体性纠纷当事人是基于诉讼产生聚合，在都市陌生人社会大背景下，相互间缺乏基本信任，难以在众多当事人中协调出一致意见，且代表人与其他当事人实际为潜在"利益竞争者"关系，代表人难以尽职尽责地为全体当事人争取利益。二是代表人诉讼会产生当事人聚集效应，当事人容易在"抱团取暖""法不责众"的心理驱动下实施影响社会稳定的行为，致使法院对于代表人诉讼态度趋于谨慎，从最高人民法院此前发布的两个司法解释中也可见一斑。①

二是普通共同诉讼无法实现诉讼经济。② 实践中法院对于群体性纠纷大多采取"单独立案、合并审理"的普通共同诉讼的审理方式，但其实质仍是简单个案累加，个案裁判结果对其他案件不产生扩张效力，当事人独立参加诉讼，庭审也是逐个进行法庭调查、辩论等，"重复劳动"问题突出。

三是调解、司法确认等非诉程序效能发挥不足。群体性纠纷在诉讼前基本经过政府或者调解组织的调解，但由于缺乏权威而具体的"标杆"，前端调解常常感觉无从下手，很难促使众多主体达成一致意见。而起诉到法院后，又过度依赖诉讼程序，对于司法确认程序、督促程序等非诉程序利用显著不足。笔者对北京市三级法院2017年至2019年适用司法确认程序案件、督促程序案件进行了统计，如图2所示，虽然适用非诉程序的案件数量有所上升，但在民商事案件总量中所占比例非常低，成为诉讼案件增多的重要成因。

---

① 2002年《最高人民法院关于受理证券市场因虚假陈述引发的民事侵权纠纷案件有关问题的通知》规定："对于虚假陈述民事赔偿案件，人民法院应当采取单独或者共同诉讼的形式予以受理，不宜以集团诉讼的形式受理。"这里的集团诉讼即指人数不确定的代表人诉讼。2005年《最高人民法院关于人民法院受理共同诉讼案件问题的通知》规定："当事人一方或双方人数众多的共同诉讼，依法由基层人民法院受理。受理法院认为不宜作为共同诉讼受理的，可分别受理。"该通知所指的案件就是代表人诉讼，规定这类案件可以分别受理，使得代表人诉讼进一步被"冷落"。有学者认为该通知体现了全面搁置代表人诉讼的精神实质。参见章武生、杨严炎：《我国群体性诉讼的立法与司法实践》，载《法学研究》2007年第2期。

② 诉讼经济是指法能够使社会或人们以较少或较小的投入而获得较多或较大的产出，以满足人们对效益的需要。参见［美］理查德·A. 波斯纳：《法律的经济分析》，蒋兆康译，中国大百科全书出版社1997年版，第14页。

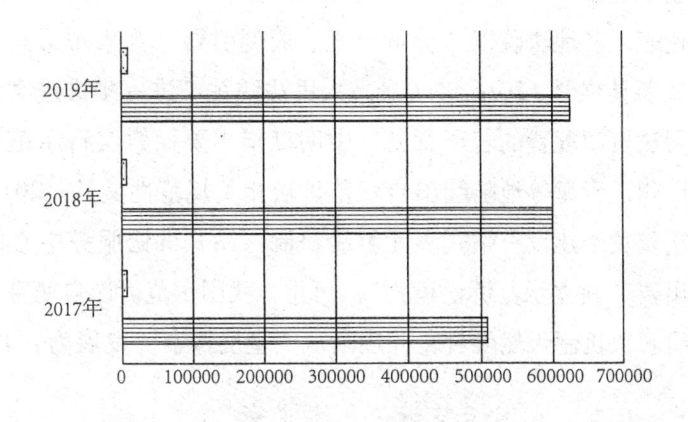

	2017年	2018年	2019年
司法确认程序案件数（件）	7376	7054	8936
督促程序案件数（件）	152	197	229
民商事案件数（件）	508455	601414	625670

图2　2017年至2019年北京市三级法院适用司法确认程序、督促程序案件数量

二、探索：我国示范诉讼实践之考察与评析

（一）我国示范诉讼实践发展脉络

示范诉讼主要是指从存在共同原告或共同被告，且事实与证据相同，所要解决的法律问题亦相同的数个案件中选出的一个案件，经全体当事人同意，法庭作出相当于合并审理的裁定，对该案件进行审理并作出判决，全体当事人均受该判决的约束。[①] 该制度肇始于德国，在欧美发达国家已经发展成熟。我国立法尚没有关于示范诉讼的规定。但是在司法实

---

① 参见薛波主编：《元照英美法词典》，北京大学出版社2013年版，第1339页。本文中的示范诉讼是指广义的示范诉讼。狭义示范诉讼仅指双方当事人之间达成示范诉讼契约，约定选择某一具有相同的事实问题或法律问题的诉讼为示范诉讼，在示范诉讼判决确定前其他未起诉的当事人暂时不提起诉讼或已经提起诉讼的中止诉讼，接受示范判决的约束，此协议为示范诉讼契约。参见沈冠伶：《示范性诉讼契约之研究》，载我国台湾地区《台大法学论丛》2004年第6期。

- 29 -

践中，以2002年的"大庆联谊案"①和2004年北京"珠江绿洲案"②为代表，各地法院以"分拆审理、成例引导"为表现形态的准示范诉讼模式渐具雏形。2016年《最高人民法院关于进一步推进案件繁简分流优化司法资源配置的若干意见》中明确指出要探索实行示范诉讼方式。此后广州、青海等地陆续出台示范诉讼相关规范性文件。2019年《最高人民法院关于建设一站式多元解纷机制一站式诉讼服务中心的意见》再次指出要"建立示范诉讼模式"。可见，我国示范诉讼自萌芽起即与多元化纠纷解决机制天然融合，并逐渐从"基层探索"发展为"顶层设计"。

（二）我国示范诉讼文本考察

以下分别对全国层面及部分地方法院的规范性文件进行考察（见表1、表2）。

从表1中全国层面的规定看，在运行方式上，是将示范诉讼置于繁简分流、纠纷多元化解机制语境之下，以"示范诉讼+调解""示范诉讼+速裁"等形式运行。从内容来看，关于示范诉讼的规定均为原则性规定，缺少具体的程序性指引。从适用案件范围来看，包括民事和行政诉讼，证券领域的示范诉讼规定较为明确。从效力等级来看，关于示范诉讼尚无立法层面之规定，现行关于示范诉讼的规范性文件均为司法指导性文件，效力等级较低。

---

① 黑龙江省哈尔滨市中级人民法院审理的中小股东诉大庆联谊虚假陈述民事赔偿案中，法院将456名原告投资者分为若干组，分别开庭审理。
② 北京市朝阳区人民法院审理的珠江绿洲小区几十户购房者诉开发商违约系列案件中，法院从中选择一户购房者案件作为实验性案件先行作出判决。

表1　全国层面关于示范诉讼的规定

公布时间	文件名称	制定机关	相关内容	适用范围	效力等级
2016年9月12日	《关于进一步推进案件繁简分流优化司法资源配置的若干意见》	最高人民法院	7. 探索实行示范诉讼方式。对于系列性或者群体性民事案件和行政案件，选取个别或少数案件先行示范诉讼，参照其裁判结果来处理其他同类案件，通过个案示范处理带动批量案件的高效解决。	民事案件、行政案件	司法指导性文件
2018年11月13日	《关于全面推进证券期货纠纷多元化解决机制建设的意见》	最高人民法院、中国证券监督管理委员会	13. 建立示范判决机制。证券期货监管机构在清理处置大规模群体性纠纷的过程中，可以将涉及投资者权利保护的相关事宜委托调解组织进行集中调解。对虚假陈述、内幕交易、操纵市场等违法行为引发的民事赔偿群体性纠纷……受诉人民法院可选取在事实认定、法律适用上具有代表性的若干个案作为示范案件，先行审理并及时作出判决……	虚假陈述、内幕交易、操纵市场等违法行为引发的民事赔偿纠纷	司法指导性文件
2019年7月31日	《关于建设一站式多元解纷机制一站式诉讼服务中心的意见》	最高人民法院	11. 完善"分调裁审"机制……推进诉讼程序简捷化，实行类案集中办理，建立示范诉讼模式，制作类案文书模板，全面运用智能语音、网上审理等方式，提升审理效率……	未明确	司法指导性文件

续表

公布时间	文件名称	制定机关	相关内容	适用范围	效力等级
2019年11月8日	《全国法院民商事审判工作会议纪要》	最高人民法院	80.【案件审理方式】案件审理方式方面,在传统的"一案一立、分别审理"的方式之外,一些人民法院已经进行了将部分案件合并审理、在示范判决基础上委托调解等改革,……有条件的地方人民法院可以选择个案以民事诉讼法第五十四条规定的代表人诉讼方式进行审理,逐步展开试点工作……	证券纠纷案件	司法指导性文件

表2 各地法院关于示范诉讼的规定

公布时间	规范名称	制定机关	适用范围	启动	管辖	示范裁判效力	平行案件处理
2017年4月1日	《关于做好示范诉讼改革的意见》	广州市中级人民法院	民事案件	法院依职权选取	基层法院	已有二审生效裁判的同类型案件原则上应遵循在先判决,如需改变须提交本院审判委员会讨论	未明确
2017年11月	《青海省基层人民法院一审民事行政案件示范诉讼试点办法》	青海省高级人民法院	基层法院管辖的一审普通程序民事和行政案件	院长决定	基层法院	1.示范案件裁判规则经审判委员会同意后作为批量处理的示范规则;2.报中级人民法院审判委员会同意后在同一辖区内基层人民法院适用	经当事人同意可以不开庭

续表

公布时间	规范名称	制定机关	适用范围	启动	管辖	示范裁判效力	平行案件处理
2019年1月16日	《关于证券纠纷示范判决机制的规定(试行)》	上海金融法院	群体性证券纠纷（一方当事人为10人以上），群体性金融商事案件可以参照适用	依当事人申请或法院依职权选定	上海金融法院（中院级别）	示范判决认定的共通事实平行案件当事人无须举证；示范判决认定的法律适用标准原告认可的情况下可直接适用，原告有异议的，法院应予审查	示范判决生效前中止审理；示范判决生效后原则上先行委托调解
2019年4月29日	《关于依法公正高效处理群体性证券纠纷的意见(试行)》	北京市高级人民法院	群体性证券纠纷（当事人一般为10人以上）	一方当事人申请或者各方当事人协商选定，或者法院依职权选定	未规定	示范判决认定的共通事实平行案件当事人无须举证；示范判决认定的法律适用标准原告认可的情况下可直接适用	示范判决生效后原则上先行委托调解，调解不成的，经当事人核实可以合并审理；拒绝先行调解的应当及时审理

表2对各地法院出台的示范诉讼文件进行了分析，可以看出这些文件虽然在一定程度上对示范诉讼规定进行了具体化，但仍存在以下问题：一是示范裁判效力扩张规定笼统。除上海金融法院、北京市高级人民法院的规定外，其他规定对于示范裁判的哪些部分具有扩张效力，示范裁判扩张范围及于哪些当事人这两个核心问题没有具体涉及。二是职权色彩浓厚。青海省高级人民法院的试点办法中规定示范诉讼的决定主体为法院院长，体现出一定的行政色彩。三是对于当事人尤其是非示范诉讼案件当事人的程序保障性规定较少。

（三）我国示范诉讼评析

以下通过引入管理学中的SWOT分析法对目前我国示范诉讼实践的

内部优势（Strengths）、内部弱势（Weaknesses）、外部机会（Opportunities）、外部风险（Threats）四个方面进行深度剖析（见表3）。

表3　我国示范诉讼SWOT分析矩阵

	优势（Strengths）	弱势（Weaknesses）
内部	1. 降低诉讼成本，节约司法资源，最大化实现诉讼经济 2. 与多元化纠纷解决机制结合，提高纠纷解决效率	1. 示范诉讼制度缺乏法律依据，示范诉讼程序缺乏统一规定 2. 强调法院程序管理权的规定多，强调当事人权利保障的规定少
	机会（Opportunities）	风险（Threats）
外部	1. 域外实践丰富，可为我国制度构建提供有益参考 2. 法院现代化互联网技术的应用，可为诉讼"增容"，为保障当事人诉讼参与权提供强大技术支撑	示范裁判效力扩张理论的风险，制约着示范诉讼制度的发展

1. 内部优势

一是降低诉讼成本，节约司法资源，最大化实现诉讼经济。示范诉讼通过群体案件的共通性、程序启动的选择性、个案审理的试验性、示范裁决效力的扩张性，在规模化群体诉讼与替代性群体诉讼之间开辟出一条蹊径，通过提取"公因式"，将大规模的群体性纠纷还原为"一对一"的小规模诉讼，实现具有共同争点的大量诉讼请求一次性解决。避免了代表人诉讼规模化所带来的聚众风险，为当事人提供稳定的法律预期，促使双方达成和解，降低诉讼成本，减少诉累。为法院统一裁判标准，降低试错成本，避免"单独立案，合并审理"的重复劳动，节约了司法资源，从而最大化地实现诉讼经济之目的。

二是发挥标杆作用，激发多元解纷机制的效能。通过"示范诉讼+委托调解""示范诉讼+司法确认""示范诉讼+速裁""示范诉讼+小额诉讼"等组合拳形式，以示范诉讼裁判为标准，引导尚未成诉的同类纠纷向调解、司法确认等非诉程序流动，避免"诉讼爆炸"。利用速裁、小额诉讼等特殊简易程序加快已经立案的平行案件的处理，实现案件繁简分流,降低示范诉讼造成的平行案件审理迟延,保障示范诉讼顺利运行。

2. 内部弱势

一是制度缺乏法律依据,程序缺乏统一规定。我国诉讼法上并无关于示范诉讼的规定,其法律地位尚不明晰,从而影响了示范诉讼的合法性、正当性。对示范诉讼的启动、示范案件的选择、当事人权利保障等重要方面缺乏统一、具体的程序性规定,各地法院实践做法不一,导致法官在处理部分重大、复杂群体性案件时常常感觉到"无据可循""无所适从",一些法官甚至对示范诉讼制度知之甚少,或持观望态度,适用积极性欠缺。

二是关于强调法院程序管理权的规定多,强调当事人权利保障的规定少。从各地法院的规范性文件来看,为追求纠纷高效解决之目的,在程序设计上强调法院案件管理权的规定多,而对于保障当事人听审权的程序性规定有所不足,易对当事人的诉讼参与权与程序选择权造成侵蚀。

3. 外部机会

一是域外实践丰富,可为我国制度构建提供有益参考。示范诉讼作为现代纠纷化解利器之一,在域外已经有丰富实践,大陆法系中如德国的行政诉讼法、投资者示范诉讼法,英美法系中如英国最高法院规则、集团诉讼指引、民事诉讼规则,美国的联邦民事诉讼规则、国际贸易法院规则,均有关于示范诉讼的规定。上述关于示范诉讼启动、示范案件选定、示范裁判效力扩张、当事人权利保障程序之规定,可以为我国构建示范诉讼制度提供丰富的参考样本。

二是法院现代化互联网技术的应用,为保障当事人诉讼参与权提供了强大技术支撑。传统群体性纠纷面临"一个诉讼空间无法容纳如此之多的诉讼主体"[1]之难题,伴随移动微法院、庭审网络直播、电子诉讼平台、电子送达等现代化互联网技术的应用,可利用现代化技术为诉讼

---

[1] 杨瑞:《示范诉讼制度探析》,载《现代法学》2007年第5期。

"增容",保障当事人的诉讼参与权与听审权。

4. 外部风险

示范裁判效力扩张理论的风险,制约着示范诉讼制度的发展。示范诉讼的核心魅力在于示范裁判效力扩张至案外第三人。但是,按照传统理论,既判力的主观范围一般仅及于法院和当事人,对第三人不产生约束。任何人未经正当的法律程序,法院不得作出对其不利的判决。为确保既判力扩张的正当性,必须充分保障第三人参加诉讼的机会。目前我国示范诉讼实践虽然较为丰富,但裁判效力扩张理论研究不足,各地示范诉讼相关规范性文件中对法院依职权决定的事项有余,而示范诉讼第三人的程序保障不足,示范裁判效力扩张正当性受到外界质疑,成为制约示范诉讼上升为一项正式法律制度的重要因素。

通过前述分析,笔者认为,应当发挥多元化纠纷解决机制之优势,借鉴域外实践经验,利用现代化技术应用优势,通过立法规定为示范诉讼"正名",以合理的程序设计保障当事人诉讼参与权,从而化解示范裁判效力扩张正当性之风险。

三、借鉴:域外示范诉讼之考察及启示

各国都在积极探索各类群体性纠纷解决制度,[①] 且诉讼形式并非单一,示范诉讼便是其中最为典型的一种,属于现代型诉讼的高级形式。[②] 根据决定采用示范诉讼主体的不同,示范诉讼可以分为三大类:契约型示范诉讼、职权型示范诉讼、混合型示范诉讼三种类型。[③] 在代表国家中,德国和英国属于职权型示范诉讼,美国属于混合型示范诉讼。表4对不同模式下的示范诉讼进行了比较。

---

① 如英国的代表诉讼、美国的集团诉讼、德国的团体诉讼及日本的选定当事人制度。
② 传统诉讼多以个人利益为中心,其影响范围主要涉及当事人及其周围有关系的人,而现代型诉讼涉及范围呈现广域化、规模化,其保护的利益具有扩散性、公共性和集合性。参见郑妮:《示范诉讼制度研究》,西南大学2010年博士学位论文。
③ 参见肖建国、谢俊:《示范性诉讼及其类型化研究》,载《法学杂志》2008年第1期。

表4 三种示范诉讼模式之比较

示范诉讼模式	代表国家	正当性基础	示范诉讼启动	示范裁判扩张范围	非示范诉讼当事人诉讼地位	立法依据	优缺点
契约型示范诉讼	无	当事人意思自治	当事人	示范诉讼契约当事人	退出诉讼	——	尊重当事人意思自治；但诉讼时间长，成本高，契约目的易落空
职权型示范诉讼	英国	法院案件管理权	法院	所有当事人	退出诉讼	最高法院规则、集团诉讼指引、民事诉讼规则	诉讼经济、高效；但忽视了非示范诉讼当事人的程序利益
职权型示范诉讼	德国	保障非示范诉讼当事人程序参与权	当事人申请或法院指定	收到法院出庭通知的所有当事人	作为示范诉讼参加人，有权在示范诉讼中提出攻防手段及实施所有诉讼行为	行政诉讼法、投资者示范诉讼法	诉讼经济、高效，且保障非示范诉讼当事人的程序参与权；但容易造成审理上的负担
混合型示范诉讼	美国	意思自治+法院案件管理权	当事人达成示范诉讼契约，并经法院裁定允许	示范诉讼契约当事人	退出诉讼	联邦民事诉讼规则、国际贸易法院规则	保证非示范诉讼当事人的权益不因示范诉讼当事人的行为受到损害；但时间长，成本高，契约目的易落空

英国基于案件管理理论确立示范诉讼正当性基础，示范裁判效力及于所有参加群体诉讼的当事人。德国则依据保障非示范诉讼当事人程序参与权而获得正当性，示范裁判效力及于收到法院出庭通知的所有当事人。非示范诉讼当事人作为诉讼参加人，但这使得众多主体再次进入诉

- 37 -

讼，影响了诉讼效率，导致诉讼拖延，与立法者初衷相违背。[①] 美国混合型示范诉讼则在尊重当事人意思自治的同时发挥法院案件管理权，示范裁判效力仅及于达成示范诉讼契约之当事人，以当事人达成一致示范诉讼契约为前提。但美国示范诉讼运行良好有其特定的法律文化背景，美国公共诉讼、集团诉讼非常活跃，且有律师胜诉取酬制度等配套激励措施，使得律师在促成当事人达成示范诉讼契约中发挥了巨大作用。而我国正处于社会转型期、矛盾多发期，群体性纠纷爆炸式增长，自律型社会尚未完全建立，缺少配套激励机制，在众多当事人间达成示范诉讼契约难度很大，容易造成诉讼拖延，致使引入示范诉讼的初衷落空。因此我国可以立足现阶段司法需求，借鉴英国的案件管理理论，采取职权型示范诉讼模式促进纠纷高效解决，同时对德国、美国的诉权保障举措进行辩证吸收。

四、进路：我国示范诉讼制度之构建

通过表5分析可以看出，示范诉讼与我国现有的代表人诉讼在诉讼形式、诉讼主体性质、诉讼标的、裁判效力扩张性四个方面均存在差异，二者各有优势，为互补关系，而非取代关系。且综观世界各国，群体性纠纷解决制度均不止一种。故应引入示范诉讼制度，满足转型期司法现实需求。

表5 示范诉讼与我国代表人诉讼之比较

诉讼制度	诉讼形式	诉讼主体性质	诉讼标的	裁判效力的扩张
代表人诉讼	"多对一""一对多""多对多"，代表人以外的当事人不退出诉讼	代表人是与诉讼有直接利害关系之自然人，需要同时为自己和他人谋利益	具有共同的诉讼请求，诉讼标的为同一种类	直接扩张性，效力及于所有虽未登记但在时效内提起诉讼的权利人

[①] Astrid Standler, Public Interest litigation in Germany, 载清华大学法学院主编：《私人诉讼与公共利益学术研讨会论文集》2006年12月。

续表

诉讼制度	诉讼形式	诉讼主体性质	诉讼标的	裁判效力的扩张
示范诉讼	一般为"一对一",即仅示范案件进入诉讼程序	示范诉讼当事人可以为自然人、法人或其他组织。示范诉讼契约的当事人可以约定将他人之间的诉讼作为示范诉讼。自身诉讼行为与他人无关	具有共通的事实或者法律问题	不具有直接扩张性,依当事人协议约定或法院依职权确定而不同

(一) 示范诉讼程序设计

立足我国司法实践,示范诉讼应采取职权型示范诉讼模式,同时注重在程序上保障示范诉讼第三人诉讼参与权,重点程序构想分析如下。

1. 审级管辖

我国现阶段正处于社会转型期,群体性纠纷多发,而社会化解纷机制尚不成熟,大量群体性纠纷涌入法院,且群体性纠纷多与区域政策有关,例如因拆迁、拆违等行为引发的群体性纠纷,基层人民法院更便于查清事实,也便于联合属地党委政府做好调解,因此一般的示范诉讼案件由基层人民法院审理即可。如确属有重大影响的,可依据民事诉讼法中关于级别管辖的相关规定由中级人民法院、高级人民法院或者最高人民法院审理。

2. 示范诉讼之启动

示范诉讼可以由当事人申请,法院也可依职权决定启动。当事人申请示范诉讼时,应当指明共通的事实和法律争议点,并提交初步证据,法院对此进行审查,如不具有共通的争点,或系基于诉讼拖延目的而提出申请,法院有权决定不予启动,以此保障示范诉讼的典型性和正当性。

3. 示范案件之选定

美国司法实践中产生了原告选择、多方选择、随机选择、分层随机选择四种示范案件选定方式。其中，分层随机选择方式更为合理，具体包含两个步骤：首先是分层，即由法院和当事人选定能够公正合理地代表所有原告的当事人之案件类型；然后是随机选择，即由法院或原告律师从每一类型案件当中随机选取。我国可对此加以改良，首先由法院选定具有代表性的候选案件，再由人数众多的一方通过电子投票方式从候选案件中选取示范案件。示范案件选定后应当及时通知其他案件当事人。非示范案件当事人可以通过庭审公开网观看庭审。

4. 法官的释明权

示范诉讼虽然是一种维护私人利益的司法救济途径，但因其裁决效力具有扩张性，因此也具有维护公共利益的效果。且由于信息不对称，示范案件当事人对共通事实问题难以全面掌握，法官具有掌握各当事人证据材料的信息优势，故应让法官积极行使释明权，以提高"发现真实和法律适用的正确度"。如有必要可要求非示范案件当事人通过电子诉讼平台等提交证据以促进共通事实的查明。

5. 示范裁判效力之扩张

示范判决效力扩张是示范诉讼的核心。2019年修正的《最高人民法院关于民事诉讼证据的若干规定》规定，已为人民法院发生法律效力的裁判所确认的基本事实当事人无须举证。示范诉讼对群体性案件中共通的事实争点和法律争点进行审理，双方当事人充分举证质证、辩论，因此，生效示范判决所认定的共通的事实可作为基本事实，直接适用于所有具有共通事实争点的案件当中，相关案件审理时无须再对此进行法庭调查和法庭辩论。对于共通的法律适用问题在未参与示范诉讼的一方（一般为原告）也认可的情况下可以直接适用，如该方当事人不认可则法院应予以审查，以保障未参与示范诉讼一方当事人的辩论权。但是需要注意，对于示范案件个案中非共通的事实和法律争点问题，因没有经过双方当事人举证质证及辩论程序，不具有约束力。

6. 非示范诉讼当事人权利之保障

应借助电子送达、电子诉讼平台、现代化技术手段保障当事人依法参与诉讼的权利。通过移动微法院等互联网平台开展示范案件选定，在示范案件确定后，通过电子送达方式第一时间告知非示范案件当事人其可通过电子诉讼平台补充证据，以提高发现真实的正确度。依托中国审判流程信息公开网、中国庭审公开网、中国裁判文书网等网络平台，及时公开示范诉讼的流程、庭审、文书，借助现代化技术手段实现示范诉讼全程透明，增强示范诉讼公信力和示范判决的权威性。

（二）示范诉讼与多元化纠纷解决机制融合

近年来财政对多元化纠纷解决机制的支持力度越来越大，以北京顺义法院为例，2019年对于调解的财政支持达1771160元，比同比增长了27.8%，为示范诉讼运行提供了良好条件。将示范诉讼与多元化纠纷解决机制融合，在非示范诉讼案件处理中突出多元化解，将诉前委派调解、诉中委托调解、特邀协助调解贯穿始终，让当事人从过去的"要我调"转变成"我要调"，让调解人员从过去的"和稀泥"转变成"精准调"。通过审判与调解的"相对分离、有效衔接"，实现以判促调。通过司法确认程序、督促程序、公证程序等非诉程序使调解协议获得强制执行力，畅通诉非分流。

1. 建立强制调解机制，防止恶意诉讼拖延

为防止司法资源浪费和当事人恶意诉讼拖延，对于法院依据示范判决提出的调解方案，一方当事人拒绝接受，且在后续诉讼中未能获得更有利的判决结果的，法院可酌情增加其诉讼费用，并令其承担另一方当事人因此额外支出的必要费用。利用一定的强制措施促使当事人接受调解方案的做法也存在于域外非诉纠纷解决机制中，例如美国小型审判制度，若当事人在规定期限无法达成和解，中立第三人将提出劝告意见，如双方没有异议，该意见将被作为"默认判决"，否则，当事人可在交纳保证金的前提下进入诉讼程序，并且在最终判决与劝告意见一致的情形下，该当事人将受到高额的经济处罚。该制度可以借鉴。

2. 非示范案件简化审理，提高纠纷解决效率

由于示范诉讼已经对共通的事实争点和法律争点进行了精细化审理，平行案件可通过速裁、小额诉讼等程序简化庭审，仅对示范案件中未涉及的诉讼请求及相关事实进行法庭调查和辩论。扩大小额诉讼程序的适用范围，对于不存在其他事实和法律争议的金钱给付类案件，且标的额在10万元以下的，可以适用小额诉讼程序实行一审终审。

3. 实行案件受理费"分等减免"，形成科学激励机制

根据调解所发生的阶段和履行情况不同，实行不同的案件受理费减免标准。对开庭审理前达成调解和达成调解后自动履行的案件，加大减免力度，通过"分等减免"促使当事人积极协商、及时履行，以节约司法资源。

结　语

"法与时转则治"。伴随首都非核心功能疏解、环京地区承接北京产业转移工作的开展，在生产要素规模化迁徙背景下，为高效应对群体性纠纷频发的现实，应当创新利用示范诉讼这一杠杆，积极借鉴英国法院案件管理理论，构造职权型示范诉讼模式，同时吸收美国、德国相关优秀实践经验，从示范诉讼制度精细化、规范化构建，强化示范诉讼与多元解纷机制融合两大方面着手，实现当事人诉权保障和群体性纠纷高效化解两大目标，从而为京津冀一体化发展提供更高质量的司法服务保障。

在京津冀地区统筹推进适用区块链电子存证的路径探索

——以三家互联网法院在中国裁判文书网公布的 139 份判决书为引

刘 畅[*]

摘要： 目前，京津冀三地法院的区块链存证案数量分布不均，北京法院因其涉互联网知识产权案件众多等地缘优势已率先探索适用区块链存证，而津、冀两地法院的区块链存证案则凤毛麟角。本文以三家互联网法院自成立后在中国裁判文书网上公布的 139 件涉区块链、时间戳存证判决为引，对互联网法院审理的涉区块链电子存证案审查与认定现状进行分析，得出目前区块链存证在电子数据的真实性、数据审查范围、存证法律效力层级等方面仍存在着诸多风险的结论。通过借鉴美国佛蒙特州对区块链证据规则的单独立法，谋划出有关京津冀地区法院区块链存证的司法审查规则。未来，以区块链为代表的新兴科技将对传统证据法产生深远的影响，构建一种符合互联网时代证据审查要求、满足新兴科技特征的证明规则尤为必要。为防控区块链存证风险，笔者建议构建京津冀地区一体化区块链存证平台，对第三方存证平台准入及时审查，并促进其存证、取证行为标准化。

---

[*] 天津市红桥区人民法院研究室法官助理。

关键词： 区块链存证　京津冀　智慧法院　协同司法

引　言

随着国家网络强国战略的实施，现代信息技术与司法审判融合得更为密切，亦催化着传统诉讼规则不断变化。近年来以可信时间戳、区块链为代表的第三方电子存证技术的出现，在面对采信率极低的民事诉讼电子证据时，打破了原有的法院或公证机构保全模式，如北京互联网法院的第一案——"抖音"15秒短视频维权案，"抖音"使用了区块链取证方式。目前，京津冀三地法院的区块链存证案分布不均，北京法院因其涉互联网知识产权案件众多等地缘优势已率先探索适用区块链存证，而津、冀两地法院的区块链存证案则凤毛麟角。在此背景下，京津冀三地法院应充分发挥其区域优势，在裁判时对此新类型存证技术的原理及流程进行分析并统一配套诉讼指引。本文以三家互联网法院审理的139件涉区块链、时间戳存证案为样本，以对区块链存证的审查、认定、采信与完善为突破口，对京津冀三地法院统筹推进适用区块链存证进行前瞻性思考，以期推动诉讼规则与区块链技术深度碰撞融合，为推动京津冀法院区域协作、提高案件质效、建成智慧法院提供有效的思路与参考。

一、实证检视：以互联网法院判决书为样本透视区块链存证案件的审理现状

区块链技术2008年由"中本聪"创设，经过十几年的发展其应用场景不断扩展至司法领域。区块链是一个分散的数据库，建立在P2P而非中心化组网上，依赖加密算法确保数据真实性和完整性，无须中介和监管机构验证，可使数据库内所有电子数据发生的动态过程依时间顺序通过加盖可信时间戳的方式被记录下来避免数据库被篡改，以供随时查验。若要添加新数据，只能通过用户协商的形式使超过50%的网络节点许可

才可修改（见图1）。① 其具有去中心化、分布式记账、不可篡改、可溯源、开放性、自治性、匿名性、可编程等特点，亦具有可实现其分布数据库中数据间多层次多维度准确处理和安全传递的优势。② 目前，作为区块链衍生应用之一的信息存储与证明功能已获得政府认可。国务院、最高人民法院分别以白皮书、司法解释等形式认可了区块链存证的合法性（见表1）。可信时间戳是区块链的技术特征之一，因此，区块链可被视为时间戳的延续与升级。

截至2019年9月1日，中国裁判文书网上公布北京法院区块链存证案判决书35份，主要分布于北京互联网法院、东城区人民法院和北京知识产权法院，而津、冀两地法院的区块链存证案判决书并未在中国裁判文书网公布。由于目前京津冀地区可供研究的区块链存证样本较少，因此笔者以与互联网技术融合得最为密切的三家互联网法院审理的区块链存证案为样本，以期为京津冀地区法院统筹推进区块链存证提供借鉴。

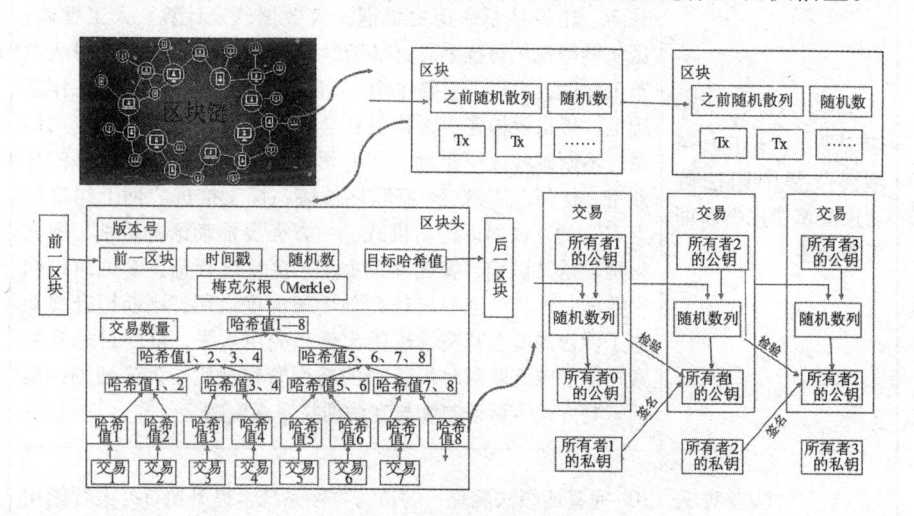

图1　区块链物理结构

---

① 参见韩海庭、孙圣力、傅文仁：《区块链时代的社会管理危机与对策建议》，载《电子政务》2018年第9期。
② 参见武源文、赵国栋、刘文献：《区块链与大数据：打造智能经济》，人民邮电出版社2017年版，第51页。

表1 与区块链存证相关的文件及文章内容

文件及文章名称	内容
工业和信息化部信息化和软件服务业司《中国区块链技术和应用发展白皮书(2016)》	狭义来讲，区块链是一种按照时间顺序将数据区块以顺序相连的方式组合成的一种链式数据结构，并以密码学方式保证的不可篡改和不可伪造的分布式账本。广义来说，区块链技术是利用块链式数据结构来验证与存储数据、利用分布式节点共识算法生成和更新数据、利用密码学的方式保证数据传输和访问的安全、利用由自动化脚本代码组成的智能合约编程和操作数据的一种全新的分布式基础架构与计算范式。
《最高人民法院关于互联网法院审理案件若干问题的规定》（法释〔2018〕16号）	第十一条第二款 当事人提交的电子数据，通过电子签名、可信时间戳、哈希值校验、区块链等证据收集、固定和防篡改的技术手段或者通过电子取证存证平台认证，能够证明其真实性的，互联网法院应当确认。
李少平："五五改革纲要"暨中国法院司法改革白皮书新闻发布会	五是科技驱动助改革。……党的十八大以来，我们牢牢把握住新一轮科技革命历史机遇，大数据、云计算、人工智能、区块链等现代科技手段，都陆续被运用到审判执行、司法改革工作中，发挥了重要作用。"五五改革纲要"在前期工作基础上，提出要构建中国特色社会主义现代化智慧法院应用体系，不断破解改革难题、提升司法效能。我们一方面要依托北京、杭州、广州三个互联网法院，探索推进"网上纠纷网上审"的互联网诉讼新模式，一方面要推动语音识别、图文识别、语义识别、智能辅助办案、区块链存证、常见纠纷网上数据一体化处理等科技创新手段深度运用，不断提升移动电子诉讼的覆盖范围、适用比例和应用水平，最终目标是探索构建适应互联网时代需求的新型管辖规则、诉讼规则，推动审判方式、诉讼制度与互联网技术深度融合。
《最高人民法院办公厅关于做好2019年智慧法院建设工作的通知》（法办〔2019〕243号）	10. 完善四级法院统一的执行办案系统，提升执行办案智能化水平。优化完善执行办案系统流程节点信息自动回填、文书辅助自动生成、执行期限自动预警、关联案件自动提醒、终本案件智能巡查、违规行为自动冻结、区块链存证、电子送达等智能化功能。

（一）宏观纵览：互联网法院审理涉区块链电子存证案件概况

为探寻区块链存证的过程及法律效力，笔者在中国裁判文书网上检索出三家互联网法院共有涉时间戳存证案件134件、涉区块链存证案5件。由于区块链存证技术已包含了时间戳存证技术且技术行为更新，二者在举证质证、抗辩事由、司法审查方面有高度的相似性，因此本文将时间戳存证案包含于区块链存证案中统计，相关法院及案由具体分布情况如下（见图2）。

(单位：件)

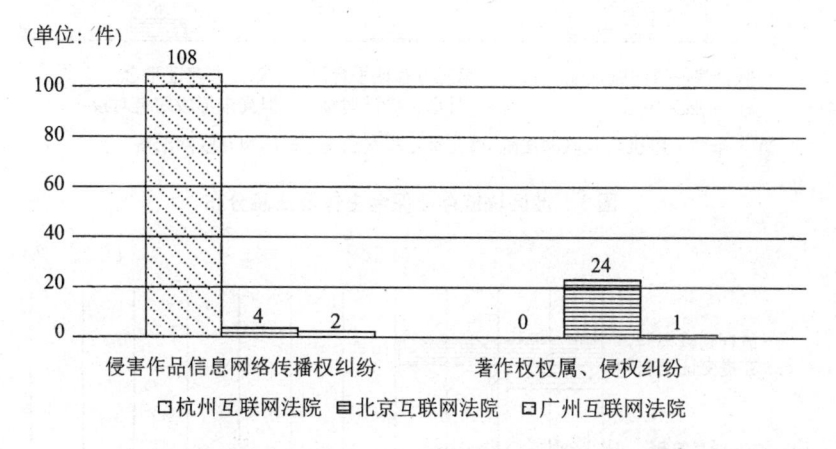

	侵害作品信息网络传播权纠纷	著作权权属、侵权纠纷
杭州互联网法院	108	0
北京互联网法院	4	24
广州互联网法院	2	1

图2　互联网法院审理涉区块链存证案件案由及法院分布

（二）中观探寻：法院对涉区块链电子存证案的审查与认定现状

第一，从存证保全平台来看，第三方存证平台与司法区块链跨链对接保全的共1件；只通过第三方存证平台保全的共138件，其中，通过联合信任时间戳认证服务中心保全的共131件，有7件通过其他平台（如易保全、公证通）保全（见图3）。

第二，从当事人出庭、抗辩及举证情况来看，被告未出庭答辩、亦未提交证据材料的共59件；被告以出庭或书面等形式答辩的共80件（见图4）。

- 47 -

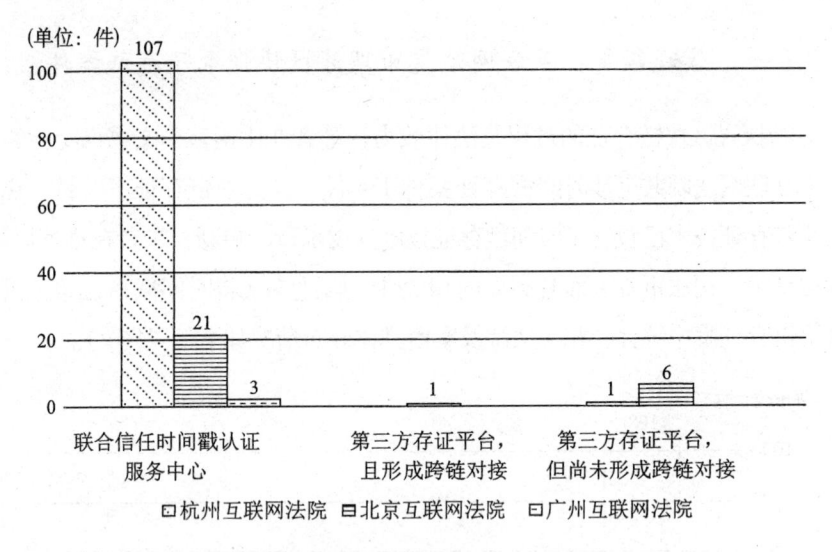

图3 涉区块链存证保全主体及法院分布

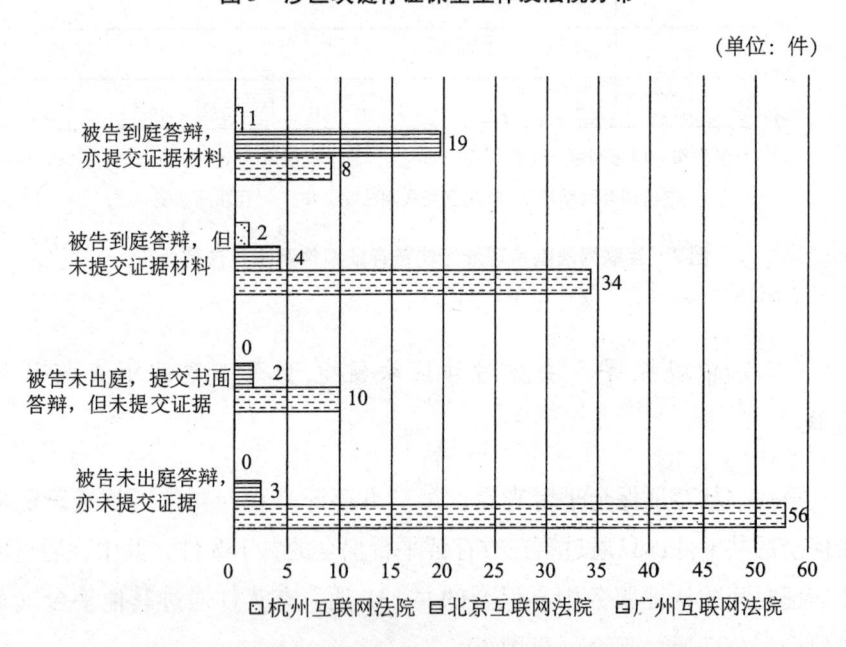

图4 涉区块链存证案件当事人出庭、答辩及举证情况

第三，从对区块链存证抗辩事由来看，未对区块链存证行为提出质疑的共51件，否认区块链存证效力的共29件（见图5）。

(单位：件)

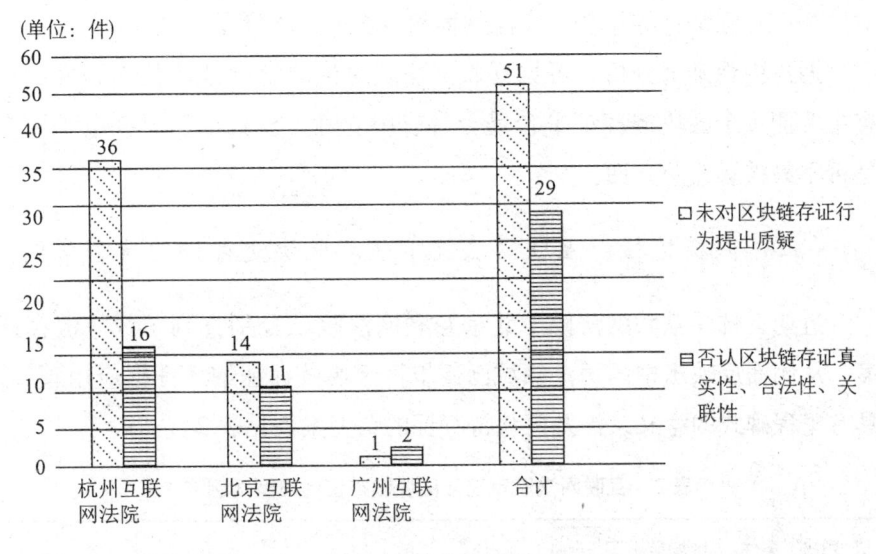

图5 区块链存证抗辩事由

当事人否认区块链存证真实性、合法性、关联性的抗辩可分为两类：一是否认区块链存证技术本身，对区块链存证平台是否具有专业合法的资质产生怀疑，如在北京全景视觉公司诉深圳康辉旅行社一案①中，被告对原告提交的由重庆易保全公司出具的电子数据证书不予认可，认为该公司不具有第三方存证平台资质，无法证明取证时电子设备已进行全面清洁性检查，无法排除原告擅自篡改数据的风险。二是对存证过程产生怀疑，即电子数据是否在区块链上被真实完整地上传、固定、传输、存储，是否存在被篡改的风险。如在汉华易美公司诉北京嘉和一品公司一案②中，被告认为涉案的电子图片是原告自行下载并上传至时间戳上，对于时间戳取证的过程本身不认可，且认为未经过公证。

第四，从本院查明与认证情况来看，在130件通过联合信任时间戳认证服务中心保全证据的案件中，尽管被告对存证效力提出异议，但法院在说理时一笔带过，仅对损害赔偿数额酌情考虑。其余9件，法院则

---

① 详见北京互联网法院（2019）京0491民初797、798、805号判决书。
② 详见北京互联网法院（2019）京0491民初238号判决书。

对区块链存证平台的资质、存证过程和内容进行了详尽分析。

通过中观维度分析,可见互联网法院对区块链存证在技术方面的审查主要侧重于区块链存证平台是否具有中立性、权威性和所存电子数据是否不易被篡改两方面。

(三)微观挖掘:互联网法院审理涉区块链存证的典型案例

近期,杭州互联网法院、北京互联网法院已分别宣判了区块链存证案,从侧面反映出中国司法领域已逐步将区块链存证纳入证据应用领域,具有里程碑式的意义,涉及区块链存证的典型案例见表2。

表2 互联网法院审理涉区块链存证的典型案例①

法院	判决时间	案件名称	区块链内容	是否有鉴定机构参与	涉区块链存证案情	法院认定	裁判结果
杭州互联网法院	2018年6月27日	杭州华泰一媒文化传媒有限公司诉深圳市道同科技发展有限公司侵害作品信息网络传播权纠纷案	第三方存证平台(商业区块链:"保全网")	是,浙江千麦司法鉴定中心出具司法鉴定意见书,认为送检文件在保全后未被修改。	原告将被告侵权网页的URL通过API接口传输至第三方存证平台"保全网",申请对侵权网页进行固定。"保全网"通过puppeteer插件和curl插件对目标网页进行截图和源代码获取,并产生操作日志,记录调用时间,将前述获得内容进行打包计算其SHA256哈希值后,上传至FACTOM区块链和比特币区块链进行电子数据保存。	杭州互联网法院对区块链保存电子数据进行了FACTOM区块链和比特币区块链查询,在百度中搜索"哈希值计算工具",通过ATOOL在线工具对侵权文件包进行哈希值计算,得出的SHA256哈希值与FACTOM区块链存放的内容一致。杭州互联网法院分析了区块链存证技术,通过审查第三方存证平台的资质、传递电子数据的路径是否完整、打包压缩的哈希值是否被修改等方面确认电子数据的真实性、可信性、完整性,并与其他证据相互印证,对本案区块链作为电子数据存证方式的法律效力及证明力予以确认。	1. 被告深圳市道同科技发展有限公司于判决生效之日起十日内赔偿原告杭州华泰一媒文化传媒有限公司经济损失(含制止侵权的合理支出)4000元; 2. 驳回原告杭州华泰一媒文化传媒有限公司的其他诉讼请求。

---

① 《全国首例区块链存证判决诞生》,载http://tzcj.hangzhou.gov.cn/zfxxgk/gzxx/zwdt/201807/t20180710_716836.shtml,2019年4月15日访问。详见北京互联网法院(2019)京0491民初724号判决书。

续表

法院	判决时间	案件名称	区块链内容	是否有鉴定机构参与	涉区块链存证案情	法院认定	裁判结果
北京互联网法院	2019年4月8日	蓝牛仔影像（北京）有限公司诉华创汇才投资管理（北京）有限公司侵害作品信息网络传播权纠纷案	第三方存证平台（商业区块链："版权家"和司法区块链"天平链"）	否	"版权家"为第三方存证平台，于2019年3月1日跨链接入北京互联网法院"天平链"系统后，任何存证用户在"版权家"进行存证的同时，北京互联网法院"天平链"系统均会对其存证证据的哈希值进行同步存储。本案中，原告向"版权家"申请电子数据保全，由"版权家"通过跨链将摘要数据摆渡到北京互联网法院的"天平链"上存证，生成电子数据，同时该电子数据的哈希值（数据指纹）会写入"天平链"。"天平链"将该哈希值与"版权家"存证平台提供的存证时产生的哈希值进行对比，得出区块链存证核验成功的验证结果，并向法官推送。据此可以确定相关网页在存证后未经过篡改。	原告为证明被告存在侵权，就相关网页在与"天平链"跨链对接的第三方存证平台进行区块链存证，"天平链"的校验结果也证实存证网页相关证据材料自存证时起未经过篡改，且被告对校验结果不持异议。据此北京互联网法院认定，被告在其注册的微信公众号内发表的文章中使用了原告享有著作权的图片。	1. 被告华创汇才投资管理（北京）有限公司于本判决生效之日起十日内，赔偿原告蓝牛仔影像（北京）有限公司经济损失2000元及合理开支500元，以上合计2500元； 2. 驳回原告蓝牛仔影像（北京）有限公司其他诉讼请求。

从表2两个区块链存证案例可见，区块链存证平台的组织形式因其

是否与法院司法区块链跨链对接而适用不同的审查模式。对于联合信任时间戳服务中心之外的第三方存证平台（商业区块链）所存电子数据的审查，由于被告认为区块链存证数据来源于原告及操作亦由原告实施，无法保证存证的客观公正，互联网法院往往仍参照传统的公证证据司法审查规则，如在杭州互联网法院审理的全国首例区块链存证案中，尽管法院对区块链存证过程进行了详尽分析认证，但最终仍以鉴定的形式进行验证，这主要是因为电子数据极易被破坏和篡改，互联网法院往往依靠公证、鉴定对区块链存证的真实性提供信用担保，否则难以被采信。

由此可见，符合互联网时代特点的区块链存证审查标准和证据规则尚未形成，与区块链存证技术有关的诉讼和网络治理规则建设迫在眉睫。

二、问题探析：区块链存证平台建设情况及适用风险

（一）法链联盟：区块链存证平台建设情况

由于民事电子证据具有无法避免当事人篡改和隐藏数据的风险，而区块链去中心化的分布式结构和可信时间戳既节省了由电商、网站等中介机构提供证据的成本消耗又实现了对数据的追踪和防篡改问题，其高度的信任机制是对其自身作为证据高证明力的自我背书，既可改变传统电子证据采信率低的现状，又降低了公证成本。因此，区块链存证蕴含着解决互联网法院电子证据脆弱性等先天困境的契机，在某种程度上可以避免法官纠结于繁杂琐碎的事实判断。而作为践行智慧法院的先行者——互联网法院势必将区块链这一技术工具融入司法审判领域，以促进法官智慧与技术智能的深度耦合。目前，三家互联网法院已分别上线了司法区块链平台，法院、公证、鉴定等多个主体组成联盟链并不断丰富成区块链生态系统共享总账本，使电子数据从生成、收集、存储至传输等各节点形成有效可信链路被全流程见证（见表3）。

表3 互联网法院区块链存证平台建设情况

法院	区块链情况	配套文件
杭州互联网法院	设置了专门的网络诉讼平台,内设证据平台栏目,证据平台又分为司法区块链和第三方存证两种。司法区块链采用由公证处、司法鉴定中心、证书管理机构(CA)、法院等非营利性机构作为重要节点的联盟链形式,其包含版权链、合同链、金融链三部分,其联合第三方存证平台进行电子数据存储和管理,方便保存和勘验证据。第三方存证则是指,在与诉讼案件无利害关系的第三方平台上存储证据,包括但不限于专业进行电子数据存储和管理的第三方公司平台上的电子数据证据。目前,杭州互联网法院网站上公布的第三方存证平台包括安存、可信时间戳、保全网、e签宝、范太联盟、中国云签、众签电子合同、CFCA、e照通、原本、飞洛印等共11家。	《杭州互联网法院电子证据平台规范》及《杭州互联网法院民事诉讼电子证据司法审查细则》
北京互联网法院	司法区块链节点建设共18个,完成9类(版权、著作权、供应链金融、电子合同、第三方数据服务平台、互联网平台、银行、保险、互联网金融)25个互联网平台或第三方数据平台和存证平台之间的应用数据对接。	《北京互联网法院电子证据平台接入与管理规范》《北京互联网法院电子证据平台接入与管理规范细则》《北京互联网法院电子证据存证接入申请表》《北京互联网法院电子证据存证接入接口说明》
广州互联网法院	建成以"一链两平台"为核心的智慧信用生态系统。即司法区块链联合"法院+检察院+仲裁+公证"多主体数据调用方,集聚"运营商+国企央企+金融机构+互联网企业"跨领域数据提供方等提供底层的数据加密、存储、交换基础;可信电子据平台依靠司法区块链信息不可篡改特性,实现电子数据"一键调证",从而降低司法过程中的举质证成本,提高司法效率;司法信用共治平台依靠司法区块链的数据传输、访问安全的特性,平台共建方之间共享信用数据,并通过大数据分析、挖掘技术,输出信用评估服务,实现诉源治理,推动构建互联网"诚信坐标"。	《广州互联网法院关于可信电子证据平台接入与管理的若干规定(试行)》《广州互联网法院关于电子数据存储和使用的若干规定(试行)》

互联网法院应用区块链存证对证据的安全性、可信度进行前置审查，后台检验上链证据是否一致。这种规则前置、全链条参与和社会机构共同背书方式，提升了对电子证据的验证效率和专业化水平。不同于传统存证只加盖电子签名因而无法保证数据流转过程中会否衍生新数据，从电子数据产生至传送整个生命周期的每个节点区块链都为支撑其数据客观真实性服务，具体流程如下。

一是生成和收集过程。存证数据的产生和收集应经用户认可并附电子签名，以防止数据收集人的主观恣意。数据收集后，由国家授时中心获取并加盖可信时间戳，该电子数据同步至联盟链各节点服务器，基于区块链去中心化和分布式的特点，单个节点被篡改不影响整个联盟链运行，每个节点均参与记账并验证其余节点记账准确性以保障电子证据的真实性。

二是存储和传送过程。数据所有人运用散列函数对电子数据的生成时间、文件内容、数据大小等内容进行线性处理并计算出其哈希值后上传至区块链存储。争议发生时将链下本地电子数据哈希值和链上存证哈希值进行比对，若不一致则被篡改。

目前互联网法院主要依据《最高人民法院关于互联网法院审理案件若干问题的规定》（以下简称《规定》）第十一条把握电子证据的真实性校验，已产生了良好的社会效果，但适用区块链存证的收益与风险往往相伴而生。

（二）排查隐忧：适用区块链存证呈现的诸多风险

虽然区块链存证对于互联网法院全流程在线审理有着诸多优势，但区块链构成的数字社会主要依赖网络空间的规制力发挥决定性作用，一旦回到依靠国家强制力制约的司法审判中，由于其尚未成熟应用，往往在适用过程中存在风险。

风险一：数据真实性方面。虽然三家互联网法院均上线了司法区块链，但仅是防止已存储至该区块链上的电子数据被篡改，难以保障电子数据来源真实、上链之前不被篡改。另外，从技术角度讲，由于区块链源代码向链上所有节点公开,一旦大于51%的算力达成共识,区块链容易被攻破,"实用拜占庭容错"在恶意节点大于总节点三分之一时系统便不再安全。且随着密码算法的发展,相关数据受到攻击的风险会逐步加大,因此区块链仅是不易被篡改而非不能被篡改,其安全性不能被神话,难以满足司法审判"准确无误"的证明要求。

风险二:数据审查范围方面。目前三家互联网法院采用的司法区块链存证技术均是依赖第三方存证平台接入本院司法区块链端口,审查第三方提供数据摘要值与本院司法区块链上传的电子数据是否匹配。而互联网法院对第三方存证平台的资质审查较为严格,接入互联网法院资质的存证平台数量较少,且具有接入资质的第三方存证平台一般仅向大客户提供存证服务,极少面向普通客户,因此对电子数据的审查范围极为有限。

风险三:存证法律效力层级方面。虽然《规定》从司法解释和互联网法院的司法实践两方面对区块链存证效力进行了确认,但并未上升至法律层面,且互联网法院作出的案例并不像最高人民法院指导性案例一样具有供参照适用的效果。由于目前对区块链应用的法律规制并不完善,仅依靠《规定》第十一条较为原则性的规定和互联网法院的配套文件难保区块链存证平台不会触及风险管理底线,一旦发生安全漏洞则会加剧当事人权益受损。

三、理论探索:统筹推进京津冀地区法院对区块链存证司法审查的规则设计

(一)域外撷英:国外关于区块链存证司法审查规则的经验

美国于2017年12月以修改《美国联邦证据规则》的形式,引入第三方对电子证据的存证规定,其将具有资质的第三方存证平台的认证称之为"合格的人的认证"。[①] 美国佛蒙特州是目前全美乃至全世界唯一对

---

① 参见徐卓斌:《民事诉讼中电子证据的运用》,载《人民法院报》2018年10月10日。

区块链证据规则进行单独立法的地区，为我国制定区块链证据审查规则提供了借鉴，美国佛蒙特州仅是强调区块链存证的"难以篡改"，并未肯定该存证的"不可篡改"，并为此确立了数项证据审查规则。①

一是自我鉴真规则。对于经适格证人作出书面声明的部分区块链存证，可进行自我鉴真，无须其他证据佐证。该书面声明内容包括，作证人自身情况、电子数据上链及作证人收到上链电子数据的具体时间并形成记录，且作出记录是定期进行的常规做法。该书面声明和记录可供对方当事人查阅及质证。

二是传闻证据规则。对于无上述自我鉴真规则中适格作证人的书面证明的区块链存证，应视为传闻证据。而对于具有较为可信的材料信息来源的证人书面声明，则可视为传闻证据的例外。

三是效力推定规则。区块链承认其"技术自证"，不依赖公证、鉴定的佐证。对于待证事实处于不利地位的当事人有责任提供证据否认区块链存证效力。

（二）解决之策：京津冀地区法院审查区块链存证案件的路径构建

上文所举的杭州互联网法院、北京互联网法院运用区块链存证的案例本身并不复杂，其引起一定的社会热度主要源于区块链本身属于新兴事物，为案件抹上了一层神秘色彩，通过借鉴美国佛蒙特州的立法经验，笔者建议京津冀地区法院对区块链存证遵循如下司法审查规则。

第一，对于在司法区块链平台上所存电子证据（如上文北京互联网法院案）的审查，因其存证流程简单（见图6）、适用标准确定，互联网法院基本认可经司法区块链所验证的电子数据的证明力，对其审查的过程也较为简洁，基本上遵循传统证据审查标准和流程。即当事人在法院电子诉讼平台上起诉后经实名认证方可查看并提交其存证的电子证据，

---

① 参见施鹏鹏、叶蓓：《区块链技术的证据法价值》，载《检察日报》2019年4月17日。

随后司法区块链平台会自动产生侵权记录并对比验证哈希值。若比对通过，则生成证据链；若比对未通过，则证据失效。

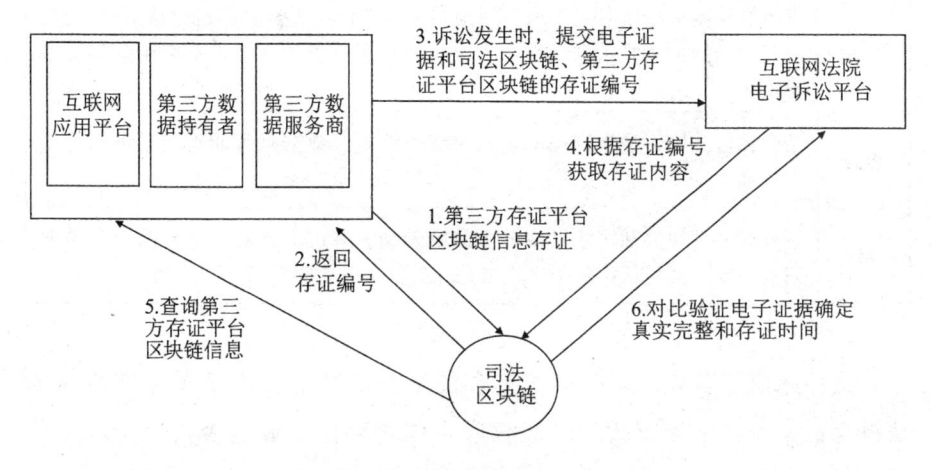

图6 司法区块链平台存证运行模式图

第二，对于在第三方存证平台上所存电子证据（如上文杭州互联网法院案）的审查，则较为复杂，审查标准则需更细致，可遵循"5Ws＋1H"审查法（见表4）。

表4 区块链电子存证"5Ws＋1H"审查法

要素	审查内容
What	审查区块链所存储电子数据的内容。第三方存证平台（商业区块链）是否与司法区块链对接，是否经过哈希值计算等方式保全，是否经过鉴定或公证等其他方式验证真实性。
Who	审查区块链存证平台的主体。核实其从业资质及经营范围，其操作人员是否具有专业资质，该平台与当事人是否具有利害关系，是否需要回避，是否有可供查询的电子数据传递路径。
When	审查区块链所存电子数据变动的真实时间。即时间戳是否与世界时等各国广泛认同的计时标准匹配，是否建立稳定连续的时间分布，是否采取有效方式保全时间戳；区块链上哈希值存放内容、生成时间，通过"区块高度"查询哈希值存放时间和上传时间，对"区块高度"、日志生成时间、区块链打包时间进行逻辑判断。

续表

要素	审查内容
Where	审查区块链取证时其电子设备周围的具体操作场所是否已进行清洁性检查。审查电子数据加载数据处理行为发生地位置信息及动态追踪电子数据的传输记录。
Why	结合经验法则、逻辑推理审查区块链所存电子数据是否能对电子证据证明力补强。
How	审查商业区块链和司法区块链上的哈希值,并进行比对。如若两个哈希值完全一致,则可认定两个区块链是完整的,未被篡改。

具体来讲,首先,审查第三方存证平台的存证资质是每一件商业区块链存证案审查的前置程序。法官应当审查存证平台是否具有生成、存储和传递电子数据的从业资质和经营范围,其生成、存储电子数据的技术是否被业界认可,其是否有可供查询的电子数据传递路径,以及该平台的股东与本案当事人是否存在利害关系及是否需要回避。另外,我国尚未明确第三方存证平台的诉讼地位,笔者认为可将其定性为使电子证据固定、存储和传输的证人,因此第三方存证平台需保持中立性,在诉讼中一旦一方当事人对第三方存证平台所存电子证据提出质疑,则有必要请其出庭接受询问,必要时可引入专家辅助人,如在北京阅图科技公司诉上海东方网公司一案[1]中,被告对可信时间戳取证录像中原告针对互联网链接真实性检查的操作流程效力有异议,因该操作流程效力对侵权行为认定有重要影响,北京互联网法院指定技术调查官参与庭审并出具专业意见,法官在判决书文末署名时将技术调查官列在日期之下、书记员之上。其次,应当围绕着区块链存证是否符合《最高人民法院关于适用〈中华人民共和国民事诉讼法〉的解释》(法释〔2015〕5号)第一百零四条有关真实性、合法性、关联性的要求进行审查。

---

[1] 详见北京互联网法院(2019)京0491民初1212号判决书。

1. 是否符合真实性的要求

目前，三家互联网法院均认可区块链存证具有保持证据完整性、防篡改的优势，但具体到某案中需审查该诉争的电子证据是否已真实上传至区块链中。若该区块链证据是从源代码以及调用日志中直接生成，没有人为因素介入原始数据，则电子数据的真实性具有可信性；在现有技术条件下，对于上链电子数据内容难以进行外来攻击及内部破坏的，可视为所存电子证据在内容上真实。在全国首例区块链存证案中，区块链证据的技术生成流程为提供电子证据的一方将侵权的网页截图、谷歌开源程序中获取的网页源代码等调用日志打成压缩包并计算成哈希值，上传至法院和第三方存证平台的两个区块链中，以保证电子证据的完整性、真实性。法官持审慎的态度，根据法院区块链节点中的哈希值和诉争电子证据在第三方存证平台的哈希值是否一致综合判断。具体来讲，第一步，需要审查法院区块链上哈希值存放内容、生成时间，并通过原告提交的"区块高度"查询哈希值存放时间和上传时间，再对"区块高度"、日志生成时间、区块链打包时间进行逻辑判断。第二步，需要将第三方存证平台上的哈希值和法院区块链节点中的哈希值进行比对，如若两个哈希值完全一致，则可认定两个区块链是完整的，未被篡改。[①] 另外，由于区块链上的电子数据基于算法优势可以精确复制，因此区分其属于原件还是复制件已没有意义。杭州互联网法院在庭审中未要求原告提供原件，亦未要求原告自证区块链存证与原件的一致性，基本上将区块链存证视为原件。

2. 是否符合关联性的要求

需要结合区块链技术特点、日常经验法则与逻辑推理进行综合判断，虽然区块链无法进一步印证待证事实，但由于其不可篡改和可信时间戳的功能，对待证电子证据进行了补强，提高了电子证据的证明力。例如，对第三方存证平台返回司法区块链的存证编号以及提交到互联网法院电

---

① 参见童丰：《公证介入区块链技术司法运用体系初探——从杭州互联网法院区块链存证第一案谈起》，载《中国公证》2018年第9期。

子诉讼平台的存证编号是否一致进行形式审查,将待证数据文件与提交存证的电子数据二者生成的哈希值信息摘要进行比对,以证明区块链节点生成时间符合逻辑,证据未被篡改的盖然性更高。如当事人申请,可由第三方鉴定机构对平台的源代码调取等技术性问题进行鉴定并确认。

3. 是否符合合法性的要求

主要审查第三方存证平台的取证过程是否公开透明、是否受到人为因素干扰,以及是否为电子数据提供了安全的存储环境、其存储路径是否全流程有所记录等方面。另外,还需审查电子数据是否真正上传至公共区块链。如果第三方存证平台在将电子数据打包压缩并计算哈希值后,仅将该哈希值上传至联盟链而非公有链,则应对其所存储电子数据的可靠性持怀疑态度。[①] 综前所述,部分当事人以第三方存证平台未获得电子认证许可证书为由对存证的合法性进行抗辩,但实际上许可证属于行政法调整范畴,并不能因此简单否认存证合法性,可对第三方存证平台所对接数据中心、云服务等内容进行形式审查,以证明证据存储的环境安全。另外,对区块链存证、取证过程应当制作笔录,当庭提供书面情况说明、取证人技术资质以及专家辅助人的证言等,必要时可采用全程录像的方式记录取证过程中的数据抓取和存储手段是否系该区块链技术。[②]

四、化方为圆:区块链存证对证据法和证明规则的影响及京津冀地区区块链存证风险防控

目前,我国区块链存证业务呈多发趋势,自 2018 年 9 月 18 日上线至 2019 年 8 月,杭州互联网法院司法区块链"区块高度"已达 18393944,第三方存证平台存证总量已达 304608900 条,[③] 商业区块链呈业务高度竞争状态,可以预计未来区块链存证业务将迅猛增长并不断作用于证据法

---

① 参见史明洲:《区块链时代的民事司法》,载《东方法学》2019 年第 3 期。
② 参见张庆立:《区块链应用的不法风险与刑事法应对》,载《东方法学》2019 年第 3 期。
③ 杭州互联网法院司法区块链,https://blockchain.netcourt.gov.cn/portal/main/domain/index.htm,2019 年 8 月 11 日访问。

及证明规则。《规定》的出台，无疑用司法解释的形式为区块链时代证据法的变革进行了开创性和建设性的背书，补充与扩展了传统证据法理论，预见了以区块链证据为代表的电子证据作用于证据法变革的未来趋势，即应当全面而审慎地接受新兴科技作用于证据法的后果。

（一）路径探微：以区块链为代表的新兴科技对传统证据法的影响

以司法区块链为代表的新兴科技因具有中立性和科学性，其所作出的事实认定更有利于降低法官在运用传统证据规则时带有的主观偏差。传统证据法对电子证据的认定往往需借用专家辅助人或利用公证、鉴定等方式对电子证据的证明效力进行补强方可以达到可采信标准，而新兴科技所存电子证据依托的载体由于其中立性具有更高的可信度，法庭往往会更集中精力审查其所承载的电子证据本身。另外，科技载体一旦经过专利验证其具体功能，即可在其余案件中具有普适效果，其在某种程度上会降低当事人的诉讼成本，节约司法资源。如前所述，法院一般会肯定联合信任时间戳服务中心存证效力，这是由于该服务中心系由中科院国家授时中心与北京联合信任技术有限公司联合设立，由著作权协会推荐，该中心将法定时间源与密码技术结合，由中科院授时中心负责系统的国家标准时间溯源及系统时间同步与分配。该中心为当事人颁发的认证证书具有较高的权威性，能保证电子数据形成时间的准确性。尽管互联网法院未对时间戳系统取证步骤进行分析，但已有之前的判决对其进行了详尽分析，如北京知产法院在北京育路互联公司诉华盖创意公司一案[①]中已对时间戳固定电子数据作为证据进行了详尽分析，目前肯定联合信任时间戳服务中心存证效力的观点已逐渐成为主流。

但是即便以区块链为代表的新兴科技在证据存取方面有诸多优势，也并非说明其优于传统证据法，只不过传统证据法对于电子证据的"公

---

① 详见北京知识产权法院（2016）京73民终147号判决书。

证+鉴定"审查模式已难以应对互联网时代的海量电子证据及复杂案情。因此，互联网法院实施"网上案件网上审"时，可将技术审查的便捷性与法律规范的强制力相结合，构建出一种更为高效的证据审查模式。

（二）演进之路：区块链存证的证明责任分配及证据推定规则

虽然三大诉讼法都将电子证据作为一种新兴证据，但迄今尚未制定统一的电子证据证明规则和采信标准，面对涉网纠纷激增的局面，构建一种符合互联网时代证据审查要求、满足新兴科技特征的证明规则显得尤为必要。

1. 区块链存证依赖的是技术自证还是国家公证

我国电子证据在未经司法鉴定或公证的情况下，法庭采信率较低，导致电子证据作为独立的证据类型有被虚化的倾向。虽然区块链存证有别于传统电子证据的最大优势是无须各类证据组合形成证据锁链即可证明证据的真实性，即证据自证模式，但由于目前我国区块链存证技术仍处于"幼年期"，其价值仍处于工具属性阶段，司法实践对区块链存证也仅是利用其技术表层，尚未将区块链与证据规则彻底融合，因此，对于通过区块链固定、存储、传输的证据，既不能因其属于新兴科技而盲目排斥或提高证明标准，也不能因其去中心化、分布式记账、防篡改的特点而一味降低证明标准，而应当秉持开放、中立的原则依电子数据的相关规定重点审查电子数据的来源是否合法、内容是否完整、采用区块链技术是否安全可靠等，并结合其他证据形成证据锁链相互印证综合认定电子证据效力。在全国首例区块链存证案中，杭州互联网法院采用了"区块链+公证"的双线印证模式：一方面，采用区块链哈希值校验技术对第三方存证平台所存电子数据进行认证，以印证该区块链存证的真实性；另一方面，又通过浙江千麦司法鉴定中心对其调取源代码、日志、网页截图的取证工具进行鉴定，以国家公证为区块链存取证手段进行信用背书，以验证其电子数据的真实性。因此，杭州互联网法院在此案例中采用了技术自证与国家公证相结合的证明方法，使区块链所存电子证据与其他证据相结合形成高度盖然性。未来，区块链存证技术逐步成熟，通过借鉴美国佛蒙特州的区块链存证效力推定规则，"区块链+公证"的双线印证模式将逐步向技术自证模式转变。

2. 区块链存证的证明责任分配

原告提供电子存证证明其主张的基础事实后，法官根据当事人质证情况分配证明责任。以著作权纠纷案件为例，原告应承担其著作权成立且应受到著作权法保护这一事实的证明责任，且原告（区块链存证提供方）有义务就存证平台的中立性、专业性及操作技术可靠性进一步举证以促使法官形成内心确信。当对方当事人提出抗辩时，法官可以一般证明规则为基础，结合公平原则、诚信原则、当事人举证能力等因素确定举证责任方，赋予法官较大自由裁量权。

3. 区块链存证的证据推定规则

区块链存证仍遵循大陆法系关于法律推定和事实推定的规则。对于法律推定，可以基础事实存在依法推定事实存在。如依据著作权法，如无相反证据，在时间戳存证上署名者即为作者。对于事实推定，则需法官依据经验法则和逻辑演绎推定。事实推定在面对充分证据时有可能被推翻，如上文所述，区块链存证的难以被篡改特性仅具高度盖然性，其有可能被攻击或篡改造成待证事实的盖然性降低，此时需要存证持有方进一步举证。

（三）司法协同：京津冀地区防控区块链存证风险之路径

如前所述，目前区块链存证仍存在诸多风险，三家互联网法院所建区块链平台亦是各自为战，缺乏一体化的区块链存证平台。因此，笔者建议京津冀地区以司法协同的视角从以下几方面防控风险。

1. 构建统一的区块链存证平台

目前区块链存证尚难以克服数据在上链之前可能被篡改的弊端。笔者建议构建京津冀地区统一的区块链存证平台并将平台划分为登记、交易、存证模块。以著作权为例，作者自行在平台注册并上传作品后生成哈希值完成登记，之后可将作品分享至社交平台进行交易，一旦发生侵权行为，则在平台自动存取证，使作品从出生便上链，减少被篡改风险。

2. 构建对第三方存证平台的审查机制

为提高区块链存证的真实性与可靠性，笔者建议构建京津冀地区统一的第三方存证平台准入机制，对其法人资格、技术标准备查，一旦发生暗箱操作等扰乱区块链存证市场秩序的行为，及时吊销其存证资格，并勒令其退出市场。另外，可由京津冀地区法院及时出台区块链存证采用标准，使第三方存证平台的存取证行为标准化。

3. 构建区块链存证平台监控机制

目前，区块链存证仅能协助数据持有者确权，无法做到防控风险。以著作权为例，随着微信、微博等新媒体的普及，转载转发作品弹指间实施，大量网络作品被侵权而其作者未能知晓，仅仅依靠国家机关查处成本畸高。笔者建议构建京津冀地区区块链监控机制，通过其底层技术自动检索出侵权情况后反馈给作者并及时固定证据，从源头上减少侵权发生。

结　语

本文以互联网法院公布的139份判决书为引，对京津冀地区构建统一的区块链存证规则提出建议。区块链技术不仅方便当事人存取证，更助力将法官从事实认定的繁重工作中解放出来，破解了当下法院案多人少的窘境，亦逐渐使相应的法律关系和价值原则发生嬗变。区块链存证是人民法院在适用新兴科技认定证据方面迈出的第一步，其颠覆了传统的司法审判方式，重塑了智慧社会背景下的电子证据审查体系，倒逼传统证据法体系不断革新。未来，区块链技术将在京津冀地区法院审判中充分运用，从公证背书逐渐转移至技术自证是大势所趋。应及时制定符合京津冀地区法院区块链存证特点的更为严谨的证据规则，以保障当事人的质证权。

京津冀海事诉讼便利化研究

宋文杰*

摘要： 便民是践行"以人民为中心"发展理念的必然要求，也是推进京津冀协同发展过程中提高跨地域矛盾纠纷化解效率、提升区域司法协作水平的重要题中之义。当前，京津冀跨地域海事诉讼便利化建设存在四方面不足：海事司法在京津冀地区影响力有待提升、京津冀跨地域案件审理周期长、京津冀跨地域案件服判息诉效果不佳、巡回流动办案能力有待进一步提升。未来，京津冀海事诉讼便利化建设应当从以下五方面展开：一是建设高效便捷的海事跨地域诉讼服务机制，打造线上、线下全方位、现代化海事诉讼服务体系；二是完善海事辅助性司法机制，充分发挥海事司法鉴定、专家陪审等机制的重要价值；三是推动建立跨地域立案信息共享交流、跨地域风险防控和安全保障等机制，深化京津冀海事司法协作广度和深度；四是加强海事司法说理和普法宣传，提升海事司法区域影响力和公信力；五是加强巡回审判机制建设，拓展巡回审判点基层组织的职能作用，增强巡回审判庭流动办案能力。

关键词： 海事诉讼　诉讼便利化　京津冀协同发展

便民是"以人民为中心"发展思想的重要内涵，作为司法理念的诉讼便利化或司法便利化，是以简易程序、小额程序、多元化纠纷解决机

---

* 作者单位：天津海事法院。

制等为载体,并辅之以贯穿诉讼始终的各种便民、利民的人性化措施,倡导简易、快捷、低成本、易于大众理解、便于大众利用的程序运作,使司法运作显现出大众化、常识化的趋势,以拉近民众与司法的距离,确保民众实效性地接近正义。① 近年来,随着京津冀协同发展战略的深入推进,各类型跨地域矛盾纠纷不断涌现,对三地法院综合服务和协同能力提出了更高的要求。加快推进京津冀诉讼便利化机制建设,提升跨地域矛盾处理效率,增强人民群众满足感和获得感,已成为完善适应京津冀协同发展的司法体制的重要内容和各级法院的广泛共识。②

一、京津冀海事诉讼便利化研究之必要性分析

京津冀地区海洋港口资源丰富,涉海商贸运输活动频繁,海洋经济对于整个区域经济发展具有重要的战略意义。在京津冀协同发展司法保障体系中,海事司法肩负着化解海事海商纠纷的审判职能,对于推动海洋经济、规范航运秩序、保护海洋环境具有举足轻重的作用。当前,在京津冀协同发展背景下,开展海事诉讼便利化研究有两方面必要性。

(一)贯彻"以人民为中心"司法理念的应有之义

2012年,习近平总书记首次提出"努力让人民群众在每一个司法案件中感受到公平正义"这一司法为民理念。党的十八届四中全会以来,党中央高度重视依法治国工作,强调必须坚持法治为了人民、依靠人民、造福人民、保护人民,要把体现人民利益、反映人民愿望、维护人民权益、增进人民福祉落实到依法治国全过程,使法律及其实施充分体现民意,并提出了完善司法管理体制和司法权力运行机制,构建开放、动态、透明、便民的阳光司法机制等司法为民、便民具体要求,使"以人民为

---

① 参见姚志坚:《司法改革诉讼便利化探究》,法律出版社2008年版,第15页。
② 2019年6月5日,最高人民法院周强院长在第三届京津冀司法论坛上强调,"要完善京津冀法院跨域立案机制,加强多元化纠纷解决机制建设,最大限度为当事人诉讼提供便利"。另外,在三地法院颁布的服务京津冀协同发展相关规范性文件中,均提出了包括立案信息共享、远程开庭、远程接访等在内的一系列诉讼便利化举措。

中心"理念在依法治国领域得以深植厚培。便民是"以人民为中心"理念的一项重要内容。在司法层面,司法便民是人民法院深入贯彻党的群众路线、践行司法为民根本宗旨的具体要求,也是深化司法体制改革、加快建设公正、高效、权威的社会主义司法制度的重要环节。

(二) 解决司法资源与管辖范围矛盾的必然选择

天津海事法院对京津冀三地海事案件实行集中统一管辖,管辖海域和内陆腹地面积广阔。自京津冀协同发展上升为国家战略以来,天津海事法院收案数量实现了大幅跃升,同时由于海事案件跨地域性、涉外性和专业性程度较高,审理难度大、周期长,案件激增对审判和办公资源的应对能力提出了较大挑战。特别是在定期轮岗的派出工作机制下,派出法庭干警每周需往返于天津与秦皇岛、唐山、黄骅之间,承担着繁重的办案和事务性工作压力,在处理跨地域紧急工作任务以及开展巡回流动办案和基层司法服务时,常常受管辖范围的掣肘而影响工作效果。因此,海事诉讼便利化建设是解决海事司法资源有限性与管辖范围点多、线长、面广之间矛盾的迫切需要。

二、京津冀海事诉讼便利化建设的主要举措

(一) 延伸巡回审判工作职能

随着区域港口资源整合提速,作为京津冀地区五大港口[①]之一的黄骅港吞吐量连年增长,黄骅港当地海事案件呈现高速增长态势。为满足黄骅港及周边地区海事司法需求,天津海事法院成立黄骅巡回审判庭,在不增加编制的情况下,赋予巡回庭对黄骅港案件的立审权限,巡回庭正式开启"巡回收案+实体审理"的新模式,以黄骅港为连接点的海事案件的当事人参加诉讼更加便捷。

---

① 五大港口为天津港、京唐港、秦皇岛港、曹妃甸港、黄骅港。

(二) 加强派出法庭建设

近年来,为提升秦皇岛、曹妃甸和黄骅派出法庭的服务能力,海事法院大力开展法庭信息化建设,所有法庭实现与院本部内网系统的连接,科技法庭设备全部部署到位,高速扫描仪、身份证识别机等办公装备一应俱全,案件报结、庭审录像等工作完全自主化,诉讼服务和案件审理更加便捷。另外,协调解决了派出法庭人民陪审员跨地域任命问题,人民陪审员全部当地化,合议庭组成更加灵活、方便。

(三) 协调构建司法协作机制

近年来,海事法院与京津冀地区党委政府、法院及涉海职能部门在不同层面和领域开展了形式多样的协作:与雄安新区、秦皇岛、唐山、沧州中级人民法院建立协作机制,互相提供调查取证、执行等方面协作;与秦皇岛海事局、唐山海事局建立船舶扣押协作机制,船舶扣押手续进一步简化、效率大幅提高;与河北省渔船检验渔港监督处建立了行政执法和海事司法协作机制,养殖损害等纠纷的证据调取更加顺畅;与秦皇岛外轮代理有限公司建立司法文书送达协作机制,干警向外轮送达司法文书更加便捷。

(四) 提升诉讼服务水平

大力推行邮寄立案和网上立案,2018年通过邮寄方式立案数占全部收案数的57.8%。与此同时积极开展网上跨地域立案服务,2019年8月,通过中国移动微法院平台完成全国首例海事诉讼的跨域立案服务。协调构建内容更加丰富的多元化纠纷解决机制,2019年7月,与中国海事仲裁委员会签署协议建立海事纠纷委托调解机制;加强跨地域法律援助机制建设,2019年3月,三个派出法庭分别与驻地司法局达成建立海事法律援助机制的协议,成立法律援助工作站,将法律援助工作有效延伸到派出法庭辖区的弱势群众。

三、诉讼便利化视角下京津冀海事跨地域审判工作的基本特点和存在问题

为提高京津冀海事诉讼便利化建设的针对性和实效性,课题组以2015年至2019年京津冀跨地域海事案件[①]为考察对象,全面总结梳理了京津冀跨地域海事审判工作的基本特点和存在问题。

(一)京津冀跨地域海事审判工作的基本特点

1. 京津冀跨地域案件占全院收结案比例较高

2015年至2019年,天津海事法院共受理各类案件6134件,其中,涉京冀案件3409件,占收案总数的55.58%;审结各类案件5962件,其中,涉京冀案件3074件,占结案总数的51.56%。这反映出在天津海事审判工作全局中,京津冀跨地域审判占比较高,公正、高效审理京津冀跨地域纠纷,服务京津冀沿海经济社会发展,是天津海事审判工作的重中之重。

2. 以维护海洋生态环境和海上航运、渔业生产秩序为重要职能

2015年至2019年,京津冀跨地域收结案中,收案数量前四位的案由分别为:海上货物运输纠纷919件,海洋污染纠纷430件,货运代理纠纷424件,养殖损害纠纷208件。结案数量前四位的案由分别为:海上货物运输纠纷919件,海洋污染纠纷431件,货运代理纠纷422件,养殖损害纠纷304件(见图1、图2)。这反映出天津、河北沿海港口密集,作为我国北方地区重要的海上物流通道,不仅海上航运繁忙,而且海上货物运输及相关代理、仓储等纠纷多发。另外,津冀沿海重工业结构突出,海上油气资源开发活动强度高,海上养殖规模大,海洋生态环境和养殖权益易受侵害。

---

① 京津冀跨地域海事案件包括两类:一是秦皇岛派出法庭、曹妃甸派出法庭受理的案件;二是院本部和巡回审判庭受理的当事人住所地、港口所在地、合同履行地等连接点位于北京或河北的案件。

(单位：件)

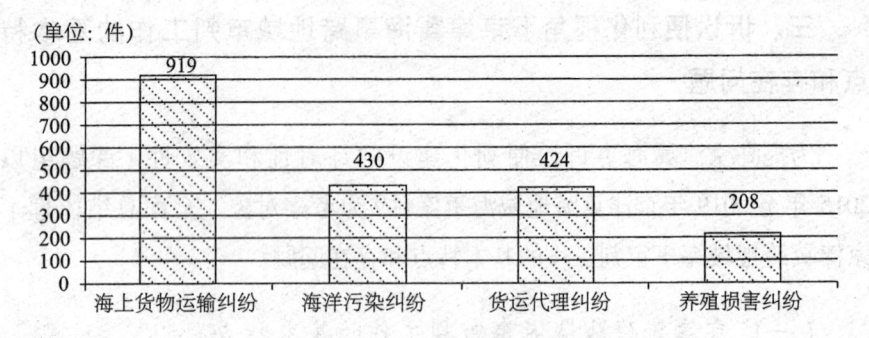

图1　2015年至2019年京津冀跨地域收案案由

案由	件数
海上货物运输纠纷	919
海洋污染纠纷	430
货运代理纠纷	424
养殖损害纠纷	208

(单位：件)

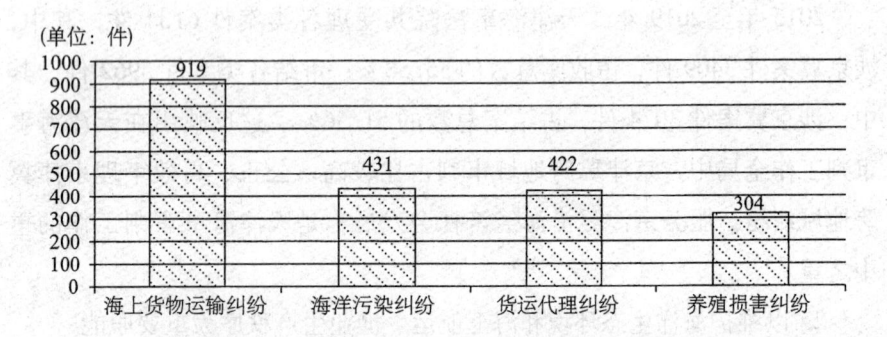

图2　2015年至2019年京津冀跨地域结案案由

案由	件数
海上货物运输纠纷	919
海洋污染纠纷	431
货运代理纠纷	422
养殖损害纠纷	304

3. 涉外性和专业性较强

2015年至2019年收结案件中，天津海事法院共受理涉外案件1079件，其中，涉京津冀跨地域案件657件，占全院涉外案件60.89%，京津冀跨地域审判涉外率达19.27%，案件涉外程度较高，表明津冀沿海国际运输繁忙，是北方国际航运物流和对外贸易的重要基地。另外，对2015年至2019年以判决方式结案的1020件京津冀跨地域案件的判决文书进行检索发现，475份判决书涉及鉴定意见、公估报告、评估报告、检验报告等科学证据，体现出京津冀跨地域海事案件具有较高程度的专业性，在案件专业性问题的认定上，科学证据或专家辅助人是当事人进行诉辩的重要辅助手段。

4. 派出法庭在处理跨地域案件中作用突出

在2015年至2019年京津冀海事跨地域管辖的3409件收案中,天津海事法院本部受理1105件,派出法庭受理2305件(其中,秦皇岛审判庭受理513件,曹妃甸审判庭受理1380件,巡回审判庭受理412件),派出法庭收案占比达67.62%;在3074件结案中,天津海事法院本部审结980件,派出法庭审结2094件(其中,秦皇岛审判庭审结511件,曹妃甸审判庭审结1184件,巡回审判庭审结399件),派出法庭结案占比达68.12%。在京津冀跨地域矛盾纠纷的处理中,三个派出法庭依托直接服务驻地的优势条件,深入港口和沿海渔村、码头一线,承担着化解矛盾纠纷、维护当地涉海经济发展和社会稳定的重要作用。

(二)当前京津冀跨地域海事审判工作存在的问题

1. 海事司法在京津冀地区影响力有待提升

2016年至2019年[①]天津海事法院共接收其他法院移送案件52件,其中,天津法院移送25件,京冀法院移送案件17件(北京法院移送1件,河北法院移送16件),其他法院移送10件。在天津法院移送的25件案件中,涉及京冀主体的案件占10件,涉京津冀跨地域移送案件共计27件,占海事法院受理移送案件的51.92%,案件主要涉及海洋开发利用、船舶物料买卖等案由。这反映出司法实务中京津冀地区当事人向普通法院提起海事专属管辖之诉、普通法院错误受理海事案件的现象还时有发生。一些普通法院审查起诉不严,对于海事专属管辖案件能审就审,在案件审理出现障碍或当事人明确提出管辖权异议时才选择移送,导致贻误案件处理的最佳时机,加剧当事人间矛盾的对立,影响海事司法公信力。

2. 京津冀跨地域案件审理周期长、效率低

从审判效率角度来看,2015年至2019年京津冀跨地域案件平均审理周期达214天,远高于2018年天津海事法院全院平均审理天数和天津全

---

① 2015年案件移送情况未在案件综合管理系统中录入,故未将2015年相关信息纳入统计范围。

市法院平均审理天数,案件审理效率不高。原因在于京津冀跨地域案件涉案事实、证据等存在地域跨度广、认定难度大等特点,案件涉民生、群体性和涉外性程度高,重大、疑难、复杂案件占据相当份额的比例,案件整体审理难度大、周期长。另外,从不同案由来看,京津冀跨地域案件审理周期最长的两类案由为水域污染责任纠纷476天、养殖损害责任纠纷423天。上述两类案由同时也是数量较多的跨地域矛盾纠纷类型,案件专业性较强,证据和事实认定难度较高。

3. 京津冀跨地域案件服判息诉效果有待提升

从结案方式来看,2015年至2019年京津冀跨地域案件一审服判息诉率为81.04%,服判息诉效果有待提升。究其原因,主要是京津冀海事跨地域案件中以自然人为当事人的案件较多,主要涉及沿海渔民和养殖户等主体,海事法律意识和举证能力较为薄弱,对法律法规和司法政策认知程度较低。同时,上述案件多集中于养殖损害和海洋污染等案由,一次侵权事故往往造成众多渔民、养殖户权益受损,案件具有较强的群体性特点,原告在维权时常常采取"抱团"诉讼的策略,共同进退,在诉讼请求得不到支持的情况下,常常会选择通过上诉甚至上访等渠道解决,案件调解难度大,息诉效果较差(见图3)。

(单位:件)

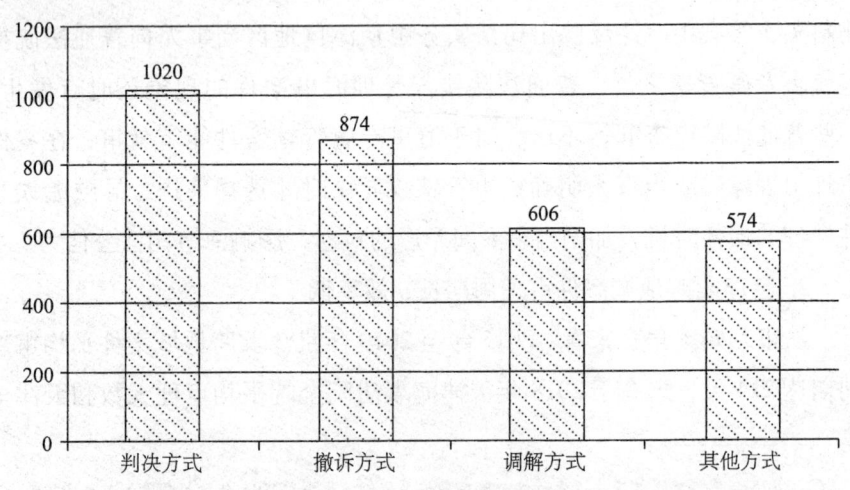

方式	数量
判决方式	1020
撤诉方式	874
调解方式	606
其他方式	574

图3 2015年至2019年京津冀跨地域海事审判结案方式

4. 巡回流动办案能力有待进一步提升

近年来，随着黄骅港业务的不断拓展，当地海事司法需求加大，巡回审判庭收案数量逐年攀升，巡回审判庭人少与管辖范围广的矛盾比较突出，不能充分满足京津冀15个巡回审判点的流动办案需求。2015年至2019年，巡回审判庭共通过巡回审判异地开庭4次（石家庄巡回点开庭2次，北京巡回点开庭2次），反映出当前驻地审判负担的增加压缩了巡回干警对巡回审判点开展周期性、流动性司法服务的时间、精力，巡回审判庭"巡""审"职能有失均衡，存在一定程度"重审轻巡"的问题。

四、京津冀海事诉讼便利化建设的未来进路和相关建议

（一）建设高效便捷的海事跨地域诉讼服务机制

1. 完善京津冀跨域立案服务

一是进一步推行网上立案服务。鼓励引导律师、法律服务工作者和有条件的各类港航企业等利用天津法院网立案模块或者中国移动微法院手机App进行网上立案，在天津海事法院官方网站、微博和微信公众号设立网上立案服务版块和网上立案进路链接，天津海事法院本部和各派出法庭设立网上立案审核专员，严格落实一次性告知制度，并通过多种宣传渠道向社会推广网上立案服务，提升信息化立案模式适用率。二是创新立案审核方式。对于长期出海务工的海员和边远地区交通不便的渔民、养殖户等主体提起的船员劳务合同纠纷、海上养殖损害责任纠纷等案件，探索通过视频等方式进行主体身份核实，减轻当事人往返法院立案的诉累，提高审查效率。三是做好跨域立案沟通衔接工作。加强与京冀地区尤其沿海地区法院的跨域立案沟通，开辟京津冀跨域立案绿色通道，在保证顺利开展跨域立案的同时做好风险提示等工作。

2. 做好案件繁简分流

一是进一步明确京津冀跨地域案件在天津海事法院本部与派出法庭之间的分工。应按照矛盾"基层化解、就地化解"的基本原则，对于纠

纷连接点位于派出法庭管辖范围内的纠纷，原则上，除各方当事人一致认为由天津海事法院本部审理较为便利并向法院提出申请的，一律由派出法庭审理。天津海事法院本部仅受理连接点不在河北省辖区内的跨地域案件（如以天津港为连接点的海事案件）以及符合相关规定的"重大敏感案件"。二是探索建立要素式审判机制。探索在事实清楚、权利义务关系明确、当事人争议不大的船舶物料供应、船员劳务、船舶营运借款等海事纠纷案件中，推行要素式审判方式，通过对不同案由的审判要素进行归纳梳理，制作案件审判要素表，并研究规范要素式审判方式的审理期限、送达方式等程序性事项，推动海事纠纷简案快审、类案专审。

3. 拓展多元化海事纠纷解决机制

一是在专业审判领域推行特邀调解、专业调解。严格落实《最高人民法院关于特邀调解的规定》，以高效化解京津冀跨地域矛盾纠纷为目标，探索设立特邀调解机制。加强与北京、天津和河北三地调解组织的沟通，根据调解组织的业务范围、海事审判的实际需要以及派出法庭、巡回审判点的布局情况，与三地调解组织共同建立特邀调解机制，进一步健全与京津冀海事司法相配套的诉外调解机制。同时，根据海事纠纷专业性强的突出特点，探索建立专业调解机制，将涉海行业协会、商会等纳入特邀调解组织范围，在船舶碰撞等案件的调解中充分发挥特邀调解组织的专业化和职业化特长。另外，灵活选任特邀调解员，广泛将京津冀地区涉海行政管理人员、高校学者、科研专家、海事律师等专业人才纳入特邀调解员队伍，为当事人提供充分的选择权利。二是加强与海事仲裁机制的衔接。仲裁具有专业性、快捷性、保密性等优点，但与传统诉讼方式相比适用比例较低。[1] 一方面，应在法律咨询、诉讼引导环节主动向当事人介绍海事仲裁机制，提高海事仲裁的社会认知度和公信力；另一方面，加强诉讼、调解与仲裁机制的衔接，充分利用当前与中国海事仲裁委员会达成的委托调解机制，通过信息化平台建设，实现委托调

---

[1] 2018年，全国法院受理各类案件达2800万件，全国仲裁机构受理案件仅54万件，寻求通过司法渠道和仲裁渠道解决的纠纷数量差距巨大。

解、海事仲裁与海事诉讼程序之间信息的同步共享，为纠纷适用不同程序提供便利。

（二）完善海事辅助性司法机制

1. 优化京津冀海事司法鉴定机构布局和管理

一是建议加快设立具备综合鉴定能力的海事司法鉴定机构。针对京津冀地区海事司法鉴定机构数量少、资质低、地域分布不均衡的问题，建议三地充分整合科研院所、重点高校等海事科研和技术资源，推动建立具备较高鉴定资质和综合鉴定能力的海事司法鉴定机构，为区域海事审判提供专业、高效的技术支持。二是探索实行鉴定事项前置机制。鉴于京津冀跨地域海事纠纷司法鉴定、评估比例较高，为提高诉讼效率，在立案前和立案阶段，经当事人申请，可以对需要评估、鉴定的事项先行进行评估、鉴定，鉴定意见可在诉讼中作为证据使用。

2. 推动实施专家陪审机制

一是加强专家陪审员储备。在选任陪审员时侧重向涉海专业人才倾斜，广泛吸纳天津海事法院本部和派出法庭所在地具备海洋环保、海上航运、船舶机械等专业知识背景的涉海职能部门工作人员、高校学者、科研专家等充实陪审员队伍，并根据专家陪审员的专业背景进行相应分类，制定独立于普通陪审员的海事审判专家陪审员名册。二是充分发挥专家陪审员的专业优势。专家陪审员的核心任务是协助法官准确作出专业判断，其作用主要体现在以下方面：庭审中协助法官合理引导各方围绕案件争议焦点和专业性问题进行事实调查、举证、质证；通过综合分析各方当事人诉辩意见和证据材料，结合自身专业知识和经验，强化事实认定和科学证据采信；协助法官在撰写裁判文书时以精准、严谨的专业化语言对专业问题开展论证和说理；协助法官就涉案专业性问题进行释法答疑。

3. 探索建立海事审判咨询专家库

一是依托京津冀三地审判专家库建设成果，探索建立海事审判咨询专家库,为提高海事法官审理能力和当事人举证质证能力提供便利化途径。入选名册的专家既可以接受法院委托,就重大疑难案件中的专业问题以专家咨询会、专家论证会的形式提供参考意见;也可以接受当事人申请以专家辅助人的身份就涉案鉴定意见等科学证据、专业性问题出庭接受质询和说明。二是明确咨询专家库专家的各项权利。为充分保障专家发挥职能作用,应明确专家出庭可以查阅案件相关证据材料,对相关人员进行询问,就涉案专门性问题进行说明和发表个人意见,有权拒绝当事人的非正当要求,以及在审理期间提出退出诉讼的申请。

(三) 加强海事司法说理和普法宣传

1. 强化海事裁判文书说理和判后释法答疑

一是加强海事裁判文书说理。应根据京津冀跨地域案件性质特点、事实证据、争议情况、专业程度、社会关注度以及说理对象的文化程度、诉讼预期等具体情况,重点做好跨地域重大敏感案件以及涉渔民、养殖户等自然人主体案件的文书说理工作。另外,应进一步完善裁判文书质量评估体系和评价机制,将裁判文书说理是否全面、充分、得当纳入案件和文书评查的指标体系。二是加强判后答疑释法。对于跨地域敏感案件和当事人争议较大的案件应主动进行判后答疑释法。对于涉及专业性技术问题的案件,为增强服判息诉效果,可以由法官与专家库专家、专家陪审员共同进行释法答疑。另外,为适应当前自媒体时代信息传播规律,对于社会关注程度较高、可能引发舆论炒作的跨地域案件,应扩大判后释法工作的对象范围,在对当事人做好释法答疑工作的同时,应通过微信、微博等途径主动回应社会关切,并采取邀请法学学者进行专业解读、参加新闻访谈等形式传递正面信息。

2. 大力开展海事普法宣传

一是将京津冀沿海渔村码头作为普法宣传的重点区域。坚持送法下乡、送法进村,定期对京津冀沿海渔村码头开展普法宣传活动,向渔民、养殖户及其他涉海经营从业者普及基本法律常识、最新海事司法政策,提高沿海渔民、养殖户等群体法治意识。针对渔民、养殖户诉讼能力不足、证据意识较弱的特点，组织有丰富基层审判经验的干警就海上人身损害、养殖损害、渔船买卖等沿海村镇多发案件编写《诉讼指南》，用通俗化语言对各类案件的裁判规则、举证要点、诉讼风险等进行总结梳理，方便渔民、养殖户理解并参照适用，提高其基本诉讼能力。二是拓展普法宣传形式。建立京津冀跨地域海事审判典型案例评选和发布机制，定期通过各种形式和渠道公开发布、推送海事典型案例，为京津冀地区相关主体准确理解法律提供参考。广泛邀请各类主体参与旁听案件审理，强化庭审纪律和规则，培养社会公众海事法治意识、法律素养和诉讼逻辑，推动各类纠纷有效解决。

（四）加强巡回审判机制建设

1. 拓展巡回审判点基层组织的职能作用

一是提高巡回点基层组织矛盾化解能力。巡回审判点往往依托渔政、港监、内陆港监管机构等基层涉海行政管理机构设立，上述机关直接行使涉海行政管理职能，在相关纠纷的调处中具有职能优势和群众基础。应建立巡回点基层组织法律培训机制，通过开办法律讲座等活动提高巡回点基层组织的海事法律运用能力，指导其开展辖区内海事纠纷的行政调解、行政协调等工作，并参与辅助巡回审判庭开展诉前和诉中调解工作，推动巡回点矛盾纠纷的及时、高效解决。二是强化巡回点基层组织信息收集和反馈职能。京津冀地区巡回审判点广泛分布于渔港、沿海经济区及内陆无水港，在日常监管和服务过程中，巡回点基层组织掌握着大量涉海行政管理信息以及最新的涉海经济运行态势。应与巡回点基层组织建立信息收集和反馈机制，制定巡回审判点信息反馈表，内容涵盖涉海经济和管理政策更新情况、行政调解情况、重大涉海行政执法活动情况及沿海舆情动态情况等，由巡回点基层组织定期填写并回传至巡回审判庭，为巡回审判庭有针对性地开展便民服务提供依据。

2. 增强巡回审判庭流动办案能力

一是建立规范化的流动办案机制。根据巡回审判点的不同类型、地域分布、司法需求等情况，制定合理的巡回周期和办案规划，每年对京津冀地区各巡回审判点开展不少于三次的流动集中办案。对于巡回过程中收到的案件即刻组织诉前调解工作，对于当事人坚持起诉且案情简单、事实明确的案件予以当场立案，坚持"即收即审""即收即调"的原则，努力提高纠纷化解效率，减轻当事人往返法庭的负担。将流动办案数量和质效情况纳入巡回审判庭的年度工作考核指标体系，对巡回流动办案工作进行科学、全面的评价。二是改善巡回流动办案条件。针对京津冀地区15个巡回审判点地域跨度广、巡回周期长的特点，应为巡回审判庭配备能够满足流动办案需要的特种车辆、移动办公设备以及必要的网络终端工具。同时，积极协调有条件的巡回点基层组织为流动办案提供独立的场所，并根据巡回点当地具体情况，加强与当地法院、公安、司法局、法学高校等单位的协作，充分利用当地组织的现有资源建立相对固定、规范的流动办案场所，确保流动办案工作顺利开展。

以区域协同立法推动京津冀三地法院司法协作有效开展

张继红[*] 李贝贝[**]

摘要：为充分保障京津冀协同发展，北京、天津、河北三地多家法院在跨域立案、跨域执行、统一裁判尺度等方面形成了一系列司法协作协议。但对这些司法协作方面的规范性文件进行梳理后，不难发现，各地法院出台的指导性意见对司法实践仅具有纲领性指导作用，而不具备可操作性，三地法院在司法协作方面距离京津冀区域法治一体化的目标仍有很大差距。笔者认为区域协同立法从立法主体、立法深度、辐射范围、破除地方壁垒等方面来看，法律层级和效力优于司法合作协议，能够为三地法院司法协作提供实现路径，推动京津冀司法协作有效开展。

关键词：京津冀 区域协同立法 司法协作

在推动京津冀区域法治一体化进程中，北京、天津、河北三地多家法院分别召开多次会议、论坛，以 2015 年中共中央政治局审议通过的《京津冀协同发展规划纲要》（以下简称《纲要》）和 2016 年 2 月最高人民法院制定的《关于为京津冀协同发展提供司法服务和保障的意见》为

---

[*] 河北省邯郸市中级人民法院党组成员、副院长。
[**] 河北省邯郸市中级人民法院科员。

政策指导，形成了一系列司法协作协议，内容涉及跨域立案、跨域执行、统一裁判尺度等，目的在于充分发挥人民法院审判职能，为京津冀协同发展提供优质高效的司法服务和保障。

一、京津冀三地法院司法协作的现状

《最高人民法院关于为京津冀协同发展提供司法服务和保障的意见》明确提出了建立京津冀法院联席会议制度。2016年5月31日，京津冀法院联席会议第一次会议在北京召开，会议强调"要加强三地法院协同机制建设，推动建立区域性纠纷解决中心，提升区域竞争力"[1]。京津冀法院联席会议的职能定位在于"互相通报信息，共同分析京津冀社会矛盾纠纷与舆情动态，对于共性问题可及时地研究制作适用于三地的司法建议，推动党政部门及企事业单位等完善相关制度，促进各类社会矛盾纠纷的制度化预防与解决"[2]。可见，司法协同是保障区域经济、政治、文化等协同发展的重要方面。

三地法院在《纲要》出台后纷纷制定了指导性意见，包括《河北省高级人民法院关于为京津冀协同发展提供司法保障和服务的指导意见》《北京市高级人民法院关于为落实京津冀协同发展战略提供司法保障的意见》《天津市高级人民法院关于为京津冀协同发展提供司法服务和保障的实施意见》《天津市高级人民法院关于落实"三个着力"重要要求，为天津"一基地三区"建设提供司法保障的具体意见》《天津市高级人民法院关于为供给侧结构性改革提供司法服务和保障的意见》以及各中级人民法院制定的相关实施意见。除指导性意见外，在跨域立案、跨域委托送达与取证、跨域执行及司法裁判统一等具体司法协作方面，三地各级法院之间也签署了多部司法合作协议，制定了相关工作实施办法。另

---

[1] 《京津冀法院建立联席会议机制推进司法协作》，载 https://www.sohu.com/a/79224904_161623。

[2] 梁平：《京津冀协同发展司法保障的理论探讨与实践路径——基于司法功能的视角》，载《政法论坛》2020年第1期。

外，三地法院在司法鉴定、人员交流、审判信息共享等方面也有部分合作。

(一) 跨域立案

2017年3月，最高人民法院在全国推行跨域立案诉讼服务试点工作，旨在实现让人民群众在家门口就能打异地官司；同年4月20日，三地法院召开京津冀法院立案一体化座谈会，通过了《京津冀法院跨域立案工作办法》，对跨域立案申请、审核、处理与案件移交各环节进行了细化规定；同年6月，京津冀跨域立案制度正式启动，三地法院间形成了多项司法协议，全面开展跨域立案合作。

(二) 跨域委托送达与取证

在京津冀区域内各法院之间建立跨区域案件委托送达和委托调查取证机制，可以大大节约京津冀区域司法成本，提高司法效率。2015年9月签署的《平谷、蓟县、三河、兴隆三省（市）四地法院沟通协作框架协议》、2016年3月签署的《北京市延庆区法院与河北省张家口市中院、崇礼区法院关于加强京津冀协同司法框架协议》、2017年5月签署的《通州、武清、廊坊毗邻法院司法协作框架协议》、2017年7月签署的《京津冀中基层法院司法合作协议》、2017年8月北京市第三中级人民法院与天津市第一中级人民法院和河北省廊坊市中级人民法院签署的《协同发展司法保障工作联络机制》等司法合作协议中均就异地委托送达和取证作出规定。

(三) 跨域联动执行机制

执行联动机制是近年来区域司法协同的焦点，自2015年至今，京津冀三地法院间专门就跨域执行签署的合作协议就有2个，即《北京、天津、河北法院执行工作联动协作协议书》和《京津冀基层法院执行联动协议》，另有4个执行方面的细则办法，即《北京、天津、河北（廊坊）

19家毗邻法院执行事项委托及异地执行协助运行及操作细则》《北京、天津、河北法院执行事项委托及异地执行协助操作细则》《京、津、冀、晋、吉法院关于首先查封法院与优先债权执行法院处分查封财产的协作意见》《深化平谷、蓟州、三河、兴隆、遵化三省（市）五地法院执行工作联动协作实施细则》。这些文件就各法院间协作执行事项，包括委托执行及异地执行协助工作进行了规范，并简化了异地执行手续。此外，执行信息化建设也为开展京津冀跨区域联动执行提供了技术助力。

（四）司法裁量标准化

京津冀法治一体化的其中一项重要内容就是统一裁判标准，这也是三地法院开展司法协作的基础性要求。前面提到的京津冀法院联席会议的其中一项职能就是研究分析三地之间的共性问题，从而提出司法建议。另外，2017年最高人民法院公布的10起人民法院为京津冀协同发展提供司法服务和保障参考性案例①也为三地法院司法裁判提供了统一参考。对京津冀区域内具有典型意义的重大、疑难、复杂案件进行归纳总结，形成典型案例汇编，是促进京津冀区域法律适用统一性的有效途径。

二、京津冀三地法院司法协作的困境

近年来，三地法院之间的司法协作不断增多，也取得了一定成果。但对这些司法协作方面的规范性文件进行梳理后，不难发现，各地法院出台的指导性意见对司法实践仅具有纲领性指导作用，而可操作性不足。另外，部分法院之间形成的司法协作协议覆盖范围有限，且在司法实践中真正落地实施、起到实质性作用的也比较少。就目前情况来看，三地法院在司法协作方面距离京津冀区域法治一体化的目标仍有很大差距。

---

① 参见《最高人民法院公布的10起人民法院为京津冀协同发展提供司法服务和保障参考性案例》，载《人民法院报》2017年4月22日。

（一）司法合作协议不具刚性约束力

目前，各地法院之间形成的司法合作协议大部分都是框架性的协议，且是部分法院之间的协议，有政策宣传特点，有一定指导意义，但缺乏刚性约束力。而覆盖京津冀整个区域的规范性文件，基本上都是纲领性的指导意见，可操作性不足。推进司法协作的文件本身不具备强有力的法律效力，这也导致三地法院之间的司法协作成效不显著的原因。

（二）三地法院参与司法协作的积极性不高

三地司法协作内容涉及立案、送达、执行等，虽然三地也出台了很多实施细则，但在司法实践中实际运行效率并不高。比如跨域立案，这一诉讼模式的初衷是为人民群众提供便捷的一体化诉讼服务，但基于人民群众对案件管辖形成的固有意识以及跨域立案中诉讼材料转接效率的担忧等问题，大部分当事人不了解也不愿意采取跨域立案的方式，导致跨域立案实际运行的效果并不理想。再比如跨域委托送达和取证工作，在司法实践中开展得不太理想。目前各地法院均普遍存在的案多人少的现状，在本地送达难尚无法得到有效解决的情况下，一些受托法院进行跨区协作的动力不足，对委托事项无法兼顾，与制度设计初衷相背离。法院间司法协议的制度约束力缺失，受托法院跨区域协作积极性不高。只有解决了这些问题，跨域委托送达和取证才可能有出路。跨域执行也面临同样的问题，本地执行难、执行人员少、被执行人信息分散等问题也导致三地法院缺乏主动参与跨域执行的积极性。

再者，京津冀地区虽然局部毗邻，但分属不同省市，行政区划的分割导致大部分法院缺乏区域一体化观念，司法工作仍以本地区为主，未能利用起区域内便捷、高效的司法资源。"法律是利益关系的调节器，是协调府际利益关系的最佳途径"①。从这一角度出发，协同立法也是破除三地行政壁垒，促进政府间、各法院间合作的有效途径。

（三）司法裁判标准统一受多方面因素制约

由于三地经济发展的差异，三地法院审理案件的数量及类型也存在较大差异。案件审理数量上，河北法院最多，天津法院最少；案件类型上，天津法院涉及海洋贸易、生态环境等案件较多，北京法院审理知识产权案件较多。案件数量和类型的差异导致三地法院在司法审判上的重点、难点以及需求也不尽相同，司法裁判统一也因此受到制约。另外，目前京津冀区域间尚未建立案件会商机制，三地法院各自为战的情况并没有改变。京津冀法院联席会议在统一司法裁量标准上起到的作用也微乎其微，典型案例汇编没有形成常态化模式。

三、区域协同立法助推京津冀司法协作有效开展

"区域司法协同治理中，如何构建恰当的规则，如何有效开展区域司法协作，是不可回避的关键问题"②。"良法是善治之前提"，科学、有效的区域协同立法是营造京津冀区域和谐有序法治环境的首要突破点。③ 区域协同立法是近年来区域法治一体化发展中的焦点问题，学界对其内涵的界定颇有争议，形成了多种学说和观点。但从立法主体、立法深度、辐射范围、破除地方壁垒等方面来看，相较于个别法院之间形成的司法协作协议，区域协同立法应该能够为法院司法协作提供新的实现路径，使京津冀司法协同发展成为可能。

---

① 石佑启：《论我国区域府际合作的法律治理模式与机制构建》，载周佑勇主编：《区域政府间合作的法治原理与机制》，法律出版社2016年版，第34页。
② 韦伦：《国家治理体系中的区域司法协同治理及多元化实现路径》，载《齐齐哈尔大学学报》2017年第6期。
③ 参见孟庆瑜：《论京津冀协同发展的立法保障》，载《学习与探索》2017年第10期。

（一）区域协同立法的内涵厘定

在我国立法法中并没有区域协同立法的概念，目前学界使用的表述有"区域立法协作""区域立法协调""地方联合立法""地方立法协作"等，在此对于采取何种称谓不作探讨，本文统一使用"区域协同立法"。

1. 学界关于区域协同立法的不同观点

对于区域协同立法的内涵，学界目前的争议主要集中在立法范围、立法深度以及立法主体上。关于立法范围和深度，有学者认为："立法工作协作是指有关立法工作机构在具体承办立法事务层面上的协作，包括立法工作经验的交流、立法信息交流、立法技术的统一，甚至包括法规条文的借鉴。"[①] 有学者则认为，将区域协同立法限定为立法信息交流互鉴这种观点使区域协同立法本身缺乏更实际的意义，也必然导致其缺乏刚性约束力，因此协同立法的最终目的应是共同立法。例如，"区域协同立法，是指在特定区域内，各方立法主体依职权通过一定程序就某一区域性的事项或社会关系共同制定区域性法律规范的活动"[②]。当然，还有一些学者将区域协同立法的范围扩展到地方性法律的起草、修改、废止、法律解释等与立法相关的所有程序。对于立法主体，一些学者认为京津冀区域内的立法主体应仅限于立法法规定的享有地方立法权的14个省、直辖市及设区市的人大及其常委会，相应的立法文件也视为上述主体制定的地方性法规。另一些学者认为，地方政府制定的地方政府规章也应包含在内。还有学者提出应设立独立的区域协同立法机构，行使区域立法权。

2. 区域协同立法内涵厘定

笔者认为，协同立法的范围应该扩展到区域法律的起草、修改、废止、法律解释以及备案等全过程，如此才能保证法律的统一性。以法律

[①] 丁祖年：《关于我国地区间立法协作问题的几点思考》，载《人大研究》2008年第1期。

[②] 于文轩、孙昭宇：《论京津冀大气污染防治协同立法之完善——以区域法治发展为视角》，载《环境与可持续发展》2019年第3期。

解释为例，协同立法形成的法律文件适用于区域内所有法院，如果允许各地方自行解释法律条文，必然导致司法裁量不统一，造成"类案不同判"的现象。另外，关于立法主体，笔者认为，除了地方人大及其常委会，还应包括中央立法机构。地方政府出台的规章制度一般适用于地方，或根据地方性法规制定，笔者认为，将其作为协同立法的内容没有实际价值。关于设立独立的区域协同立法机构，笔者认为，在没有相关法律依据的情况下，并不现实。但是设立独立的区域立法协调机构还是有必要的，但其职能定位不在于立法，而在于沟通、协调、汇总立法信息、进行立法备案、召开立法协商会议等方面，目的是辅助立法主体统一立法。

（二）区域协同立法对京津冀三地法院开展司法协作的现实意义

1. 有效提升三地法院开展司法协作依据的法律层级和效力

从前文京津冀司法协作的文件梳理中不难发现，目前京津冀协同发展的相关文件大部分都是国家部委发布的指导意见以及一些地方政府和部门发布的实施意见。而三地司法协作的依据也基本上局限于框架性协议，协议主体是各地法院。从效力层级上看，这些文件都不属于法律范畴。没有明确的法律规定，就意味着没有法律效力，没有法律强制力约束，就谈不上突破地方壁垒、积极参与司法协作。协同立法可以提升京津冀区域协同发展相关法律的层级，将法治协同通过法律法规确定下来，以法律强制力约束三地法院开展司法协作。

2. 确保京津冀区域法律适用相统一

审视京津冀协同发展所面临的法律制度供给现状，京津冀三地在基础设施建设、产业结构调整、公共服务提供、教育和科研发展、资源开发与环境保护等领域，均存在政策、法规差异甚或相互冲突的严重问题。① 立法上的不协调，直接导致跨区域进行司法联动难度加大。

---

① 参见孟庆瑜：《论京津冀协同发展的立法保障》，载《学习与探索》2017年第10期。

另外，协同立法有助于司法裁判统一，尤其是遇到重大、疑难案件，或者当地法院数量较少、审判资源相对贫乏的案件时，通过信息沟通、典型案例汇编等统一三地法院司法裁量尺度，能够确保区域内法律适用统一。

四、京津冀区域协同立法的实现路径

在我国现行的立法体制下，结合前文关于立法主体的阐述，区域协同立法有人大立法和政府立法两种方式。人大立法包括全国人大及其常委会、地方人大及其常委会的立法行为，政府立法则包括中央政府和地方政府进行的立法行为。

（一）积极争取中央专门立法支持

京津冀三地在经济、法治、政治地位等方面的差异性是既定事实，这也是造成三地之间司法协作不够顺畅的主要原因。当前，中央对京津冀协同发展的管理仅限于政策指导，而"没有实体的法律规定来对区域共同体内成员进行保护，也缺乏对于区域内部问题的法律解决机制"[1]。有学者建议制定京津冀协同发展促进法、区域协调基本法、区域开发法等。中央专门立法可以对京津冀协同发展进行整体法律定位，并就重大利益问题进行平衡、调整，"对区域协同立法的主体资格、权限范围、法律效力、立法和审批程序等作出明确规定"[2]，同时可以作为京津冀区域协同发展的顶层设计和地方协同立法的依据。

（二）探索地方协同立法

从2015年开始，京津冀三地先后召开了五次立法协同座谈会，研究三地人大协同立法相关事项。通过五次座谈会，形成了《关于加强京津

---

[1] 赵新潮：《京津冀区域法治一体化路径研究》，载《金融教学与研究》2015年第3期。
[2] 华国庆：《我国区域立法协调研究》，载《学术界》2009年第2期。

冀人大协同立法的若干意见》《关于京津冀人大立法项目协同办法》《京津冀人大法制工作机构联系办法》《京津冀人大立法项目协同实施细则》等四个立法协同文件,这是三地人大经过密切沟通、反复讨论后作出的。今后三地人大制定地方法规时可以继续采用座谈会的形式,确保三地人大在制定地方法规前彼此间有充分的立法沟通、互通信息,从而达成共识,并形成三地协同的规范性文件。另外,地方人大立法时,要主动参考中央专门立法,严格按照中央专门立法确定的原则、规定、程序、权限开展立法工作,并对现存的地方法规进行相应调整,在区域内自上而下形成协调统一的法律法规体系。

地方协同立法应包含地方协作立法和地方单行立法,二者各有侧重。地方协作立法主要针对区域间交通、环境保护、产业转型升级、司法协作等协同发展的重点领域。除了这些领域,还有大量涉及地方的事务需要通过地方单行立法进行规定,但原则是单行立法不应与协作立法内容相冲突,应切合协同立法的初衷。

(三) 设立京津冀区域协同立法协调机构

前文已明确,在现有立法体制下,区域协同立法协调机构的主要职能定位不是立法,而是辅助立法主体进行协同立法。如有学者提出以下构想,即京津冀协同立法工作委员会的基本职能具体包括三个方面:一是专门就区域立法活动加以协调;二是承载某些区域立法协调机制的运作;三是开展与区域立法有关的其他协调工作。[1]该机构日常要与中央立法机构和地方人大、政府密切联系,及时掌握最新法律法规信息,为中央、地方协同立法提供参考。关于该机构的人员组成,有由三地政府工作人员组成、由人大工作人员组成以及由政府和人大工作人员共同组成等想法。目前地方立法工作主要由地方人大及其常委会承担,而且三地人大已经就协同立法召开数次座谈会,在协调地方立法工作方面已经形

---

[1] 参见陈光:《区域立法协调机制的理论建构》,人民出版社2014年版。

成了一些具有可操作性的经验，因此，笔者认为，京津冀区域协同立法协调机构的人员由三地人大常委会工作人员组成较为适宜。

结　　语

京津冀协同发展战略已实施多年，法治一体化建设也在逐步推进，但在法律层级低下、经济政治极度不平衡、行政区划固有思维影响下，京津冀三地法院间的司法协作无法深入开展。随着区域协同立法的发展，以立法支持、法律约束、法院配合、区域协同冲破地方本土主义和行政区划的枷锁，为京津冀司法协作注入生机和活力是现实可行的。

京津冀区域商业特许经营环境的改善与司法保障的优化

——基于被特许人合同解除权的实证研究

刘 洋[*]

摘要： 基于商业特许经营领域司法实践与立法现状的内在张力，关于被特许人合同解除权的审理思路，京津冀区域不同法院的类案在具有一定相似性的同时也存在着不同判的情形。这不仅会使裁判陷入不确定的泥淖之中，更会对商业特许经营的规范起到负向作用。本文以对京津冀区域509份判决书的实证研究为切入点，在定量分析各类合同解除权选择适用情况、被判决支持情况的基础上，梳理总结出司法实践中的主流观点，并将重点聚焦于不同文书样本所呈现出的争议与分歧，通过外部规制、内生动力的双重工具对实然性的裁判思路进行合理重塑，进而形成类型化、应然性的审理规则，并最终为促使该领域纠纷实现"类案同判"提供规范化指引，从而提升司法服务质量，实现法治保障的优化。

关键词： 商业特许经营 合同解除权 类案同判

引 言

近年来，我国进入新的发展阶段，随着供给侧结构性改革不断深入，

---

[*] 作者单位：天津市第一中级人民法院。

人民生活不断丰富，市场的创新能力不断增强，新兴业态不断涌现，特许经营作为一种新的商业业态快速发展，对于丰富消费选择、实现消费升级，加快经济高质量发展和转型升级起到了重要的推动作用。当前，特许经营合同纠纷的案件数量呈逐年攀升态势。[1] 这一客观情形一方面反映出商业特许经营活动日益活跃，另一方面也反映出该领域存在着不规范、不合法的现象。在此类纠纷中，被特许人作为原告起诉或作为被告提起反诉并要求行使合同解除权的情形居多，[2] 且诉请解除的事由和依据多样。司法实践应对现实问题予以回应，即应对此给予更多的规则指引，引导当事人规范特许活动、谨慎从事经营。本文从实证的角度分类研究被特许人合同解除的事由和依据，从司法与立法的现实问题出发，通过有针对性地分类重塑裁判思路，在实现类案同判的同时，达到规范京津冀区域内商业特许经营活动、优化司法保障的目。

一、被特许人合同解除权的实证分析

（一）样本选取概述

本次检索依托中国裁判文书网进行，案由为特许经营合同，文书类型为判决书，地域为北京市、天津市、河北省，检索时间为2020年5月16日。选择京津冀区域的裁判文书作为研究对象主要是因为：一方面，京津冀三地的商业特许经营市场的发达程度有一定差异，能够相对完整地涵盖较发达区域及欠发达区域，在样本选取上具有一定代表性；另一方面，京津冀协同发展战略使区域内的"类案同判"更具有现实意义，通过对三地裁判文书的研究能够直观地了解相关领域的司法实践，找出阻碍实现"类案同判"的症结，从而更好地助力京津冀协同发展。此外，考虑到适当均衡样本文书数量及新冠肺炎疫情等特殊情形的影响，裁判

---

[1] 参见李华等：《商业特许经营法律指南》，法律出版社2020年版，第22~23页；李远方：《特许经营纠纷增多教培领域高发》，载《中国商报》2019年4月23日。

[2] 详见《上海市杨浦区人民法院特许经营合同纠纷案件审判白皮书（2017—2019）》。

日期选择为自 2018 年 1 月 1 日至 2019 年 12 月 31 日。按照上述要素检索得到文书 519 份。经一一筛查，去掉重复上传、错误上传等文书 10 份，总计得到文书样本 509 份。

（二）各类合同解除权的选择适用情况

1. 合同解除权的类型化基础

根据合同解除的通常理论、特许经营合同的相关法律规定和司法实践，结合文书样本中被特许人诉请的具体情形，本文将合同解除权分为四大类，即传统的法定解除权、特有的法定解除权、约定解除权、单方解除权。

（1）传统的法定解除权。围绕合同法第九十四条[①]第一项至第四项建立起的合同解除权，对应的事由为传统合同法理论中的不可抗力、预期违约、延迟履行和根本违约。涉及此类解除权的主张多为特许人未按约履行己方义务，主要包括未履行培训、选址、经营资料交付等义务。

（2）特有的法定解除权。围绕《商业特许经营管理条例》建立起的合同解除权，对应的事由为此类纠纷的特有主张，主要包括特许人不具有"两店一年"资质或无成熟的经营模式、未履行备案义务、违反信息披露义务等。其中，除涉及信息披露义务外，本文在统计时将其他事由统合为缺乏相关资质。

（3）约定解除权。围绕合同法第九十三条[②]建立起的合同解除权，对应的事由为合同明确约定的解除权行使条件，主要包括履行催告义务后对方仍未履约、特许人违反区域限制约定等。

（4）单方解除权。围绕《商业特许经营管理条例》第十二条建立起的合同解除权，又常被称冷静期条款。这一规定所涉及的合同解除权不

[①] 现为民法典第五百六十三条。
[②] 现为民法典第五百六十二条。

同于传统意义上的法定或约定的解除权,[①] 其同时带有法定、约定的属性,本文在此将其单独列出并进行统计、分析。

2. 各类解除权的选择适用情况

(1) 总体情况。如图1所示,在全部被特许人起诉或反诉要求解除合同的案件中,有 79.6% 的被特许人选择适用传统的法定解除权,45.2% 选择适用特有的法定解除权,18% 选择适用单方解除权,6.4% 选择适用约定解除权。上述比例相加超过100%的原因是,同一案件的被特许人可能会选择适用多类解除权,甚至在9个文书样本中被特许人主张了全部四类合同解除权。

(单位:件)

解除权类型	数量
传统的法定解除权	199
特有的法定解除权	113
约定解除权	16
单方解除权	45

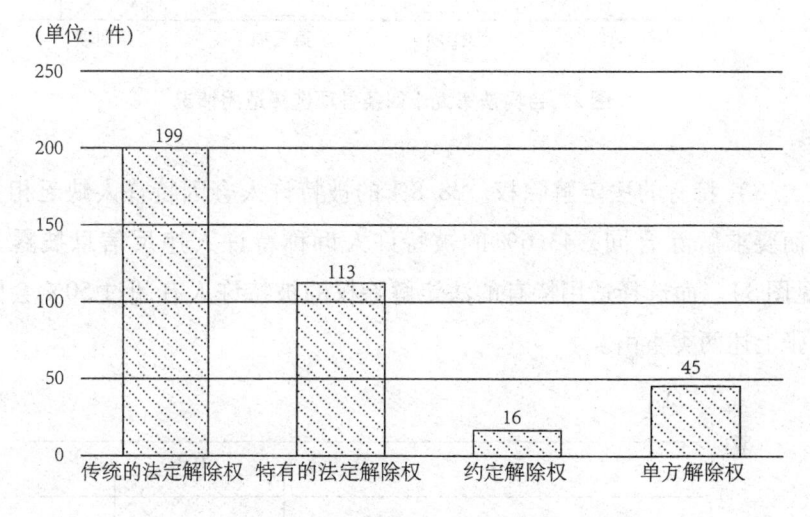

图1 各类解除权选择适用情况

(2) 传统的法定解除权。根本违约可以说是被特许人解除合同的必选主张。多达199个文书样本选择了此类解除权,占比为79.6%。而几乎很少有被特许人会主张合同法第九十四条前三项规定的不可抗力、预期违约及延迟履行(见图2)。

---

① 参见李自柱:《商业特许经营合同任意解除权的理解和适用》,载《中国工商报》2016年4月27日。

（单位：件）

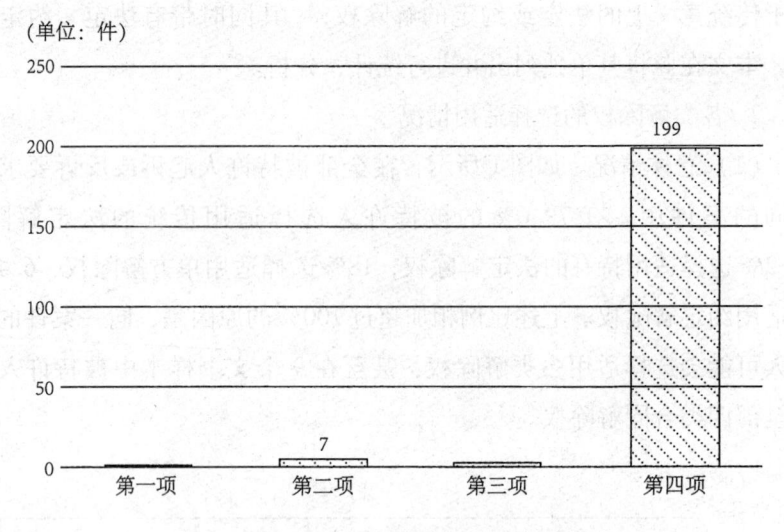

图2　合同法第九十四条各项选择适用情况

（3）特有的法定解除权。28.8%的被特许人会因特许人缺乏相关资质而要求解除合同，43.6%的被特许人诉称特许人违反信息披露义务（见图3）。而选择适用特有的法定解除权的被特许人有超过50%会同时主张上述两类事由。

（单位：件）

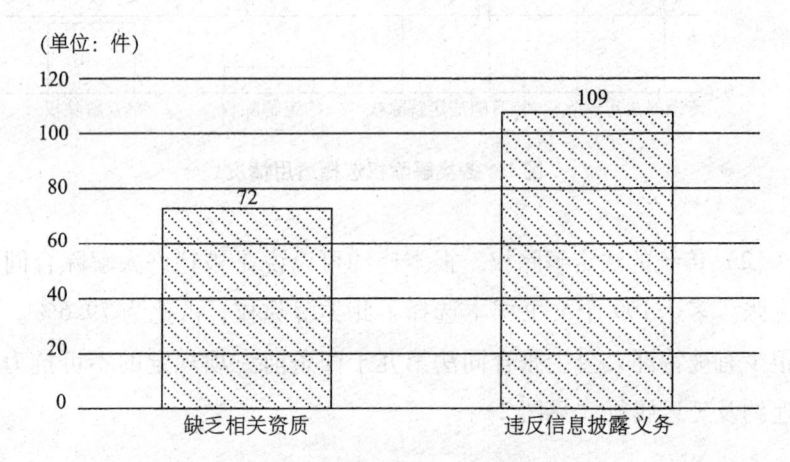

图3　特有的法定解除权的选择适用情况

(三) 各类合同解除权被判决支持情况

除特许人明确表示同意解除合同的情形外（包含特许人起诉或反诉要求解除合同），被特许人解除合同的诉请被支持的比例为 60.8%。而如果将上述情形包含在内，则诉请被支持的比例达 73.6%。该两个指标似乎意味着当一方或双方丧失合作意向时裁判者更倾向于将合同解除。但当本文按照上述分类方式进一步细化后，却得到了完全不同的结论：如图4所示，传统的法定解除权被支持的比例为 43.2%，特有的法定解除权被支持的比例为 36.3%，约定解除权被支持的比例为 93.8%，单方解除权被支持的比例为 46.7%。

	传统的法定解除权	特有的法定解除权	约定解除权	单方解除权
各类解除权主张被支持的比例	43.2%	36.3%	93.8%	46.7%

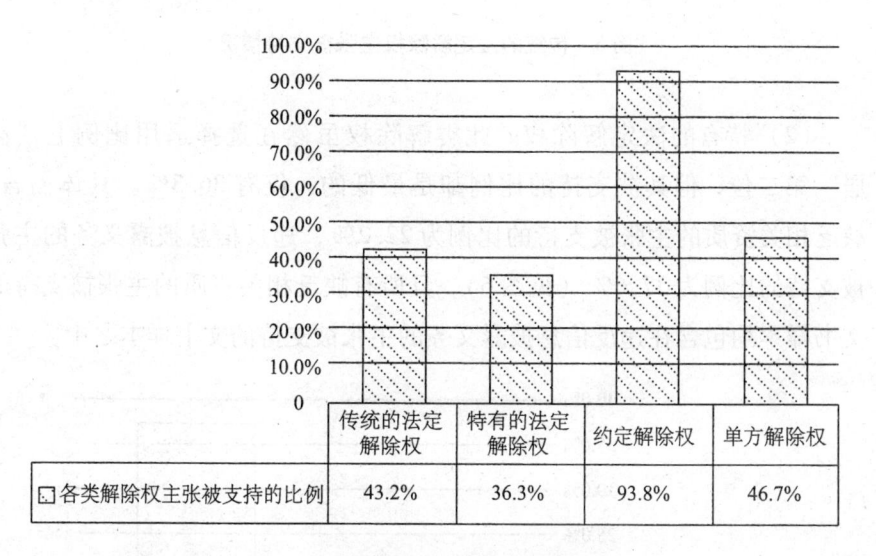

图4　各类解除权主张被支持情况

除约定解除权的支持比例畸高已超过 90% 外，其他类型解除权的支持比例均未超过 50%。

(1) 传统的法定解除权。合同法第九十四条第一项至第三项的数据因所涉文书样本数过少而缺乏统计学上的意义，因而此类解除权中最具代表性的数据为根本违约主张被支持的比例，即 41.2%（见图5）。

	不可抗力	预期违约	延迟履行	根本违约
传统的法定解除权被支持的比例	0	42.9%	60%	41.2%

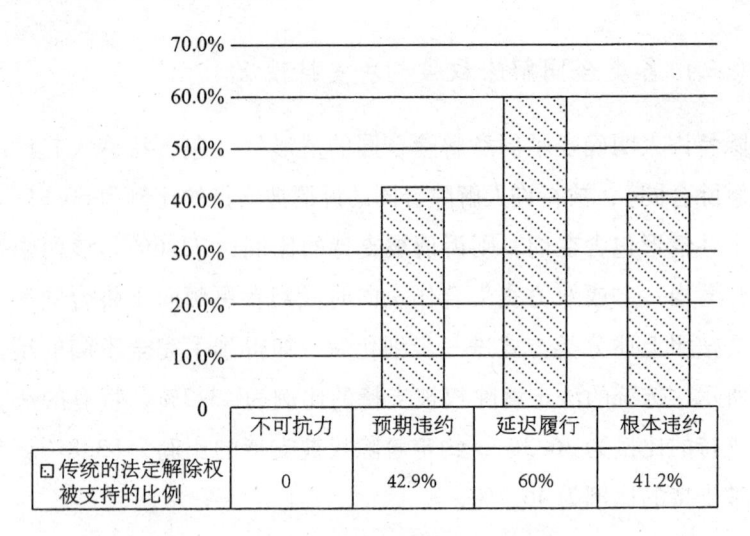

图5 传统的法定解除权主张被支持情况

(2) 特有的法定解除权。此类解除权虽然在选择适用比例上"高居"第二位，但其被支持的比例却是最低的，仅有36.3%。具体而言，缺乏相关资质的主张被支持的比例为22.2%，违反信息披露义务的主张被支持的比例为37.6%（见图6），且所有缺乏相关资质的主张被支持的文书样本均包含在违反信息披露义务的主张被支持的文书样本之中。

	缺乏相关资质	违反信息披露义务
特有的法定解除权的支持比例	22.2%	37.6%

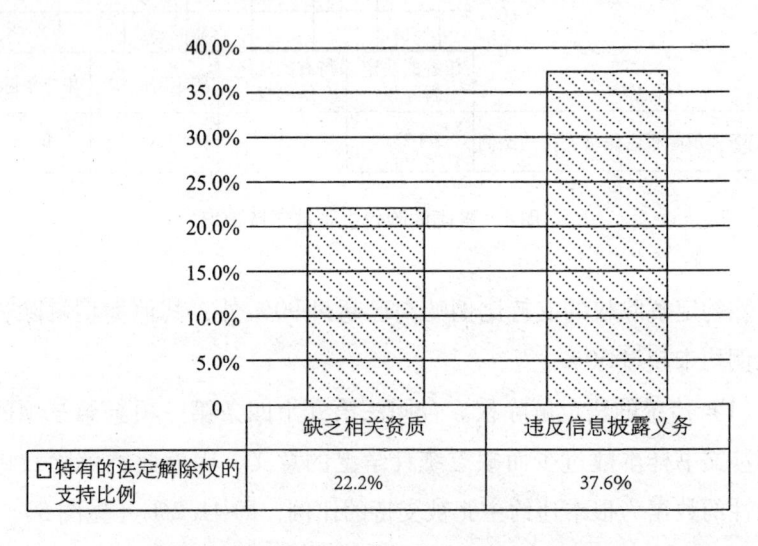

图6 特有的法定解除权主张被支持情况

（3）约定解除权。此类解除权虽然在选择适用的比例上最低，但被支持的比例最高，除1个文书样本外其余全部获得了支持。

（4）单方解除权。此类解除权被支持的比例相对适中。这一数据似乎反映出司法实践对其相对认可的态度，但在进行具体裁判思路的观察时会发现，此类解除权如其定性充满争议般在适用上存在许多有待解决的问题，即正由于观点对立而使得数据呈现为近乎50%的状态。

二、特许经营领域司法实践与立法现状的内在张力及其调和

（一）司法实践中的统一与对立

在实证分析的基础上本文将进一步对不同解除权行使的争议、关注重点和审理思路进行实然性解读。在此需首先指出，后文对不同解除权的说明按照先统一后对立的顺序进行，即先明确司法实践关于此类解除权的主流意见，再介绍其中所呈现的争议与分歧。

第一，关于传统的法定解除权。主流意见认为被特许人是否盈利不属于特许经营合同的根本目的，因而当裁判者认定被特许人起诉的实质原因系盈利达不到预期时，一般会驳回其主张。这也直接导致了此类解除权被支持的比例较低。但是，在如何判断特许经营合同的根本目的、特许经营资源及模式对于经营活动的影响、特许人是否严格履约等问题上，司法实践还存在一定分歧。

第二，关于特有的法定解除权。主流意见认为仅缺乏相关资质并不会直接导致合同解除，只有缺乏相关资质与违反信息披露义务相结合才可能产生合同解除的效果。而在仅主张违反信息披露义务的文书样本中产生了两种截然不同的裁判思路：一种认为，只要是未进行过披露，被特许人均一律享有解除权；另一种则认为，"隐瞒"要求必须产生某种后果，即对于违反披露义务的认定相对比较严格。

第三，关于约定解除权。该类解除权被绝大多数文书样本所支持的客观结果在一定程度上反映了司法实践充分尊重当事人的意思自治，约

定应相对优先适用。

第四，关于单方解除权。主流意见认为被特许人享有的此类解除权不受合同对此是否有具体约定的影响。但是，对于"一定期限"如何理解及合同未约定冷静期条款该如何处理等问题存有巨大争议。第一种观点认为，约定的冷静期条款应得到严格、优先适用，只有在合同未约定冷静期条款时，裁判者才能依法确定合理的单方解除权行使期限；第二种观点认为，由于合同双方并非平等关系，应在个案中对一定期限进行解释，如果约定的期限过短，司法可依职权调整；第三种观点认为，单方解除权是法律赋予被特许人的权利，应最大限度地予以保障，只要被特许人并未利用特许人的经营资源即满足单方解除权的行使条件。

除此之外，裁判者在此类纠纷中既会面对传统合同解除法律适用的问题，又会面对特许经营合同纠纷所特有的法律适用难题，而上述种种常常在同一个案件中交织叠加。故此类案件的裁判必须考虑多维度、多因素的相互影响。

（二）司法实践与立法现状的内在张力

商业特许经营领域中的种种乱象以及由此引发的案件数量激增、司法实践存在一定冲突[1]的情形已引发理论与实务的关注。有观点认为，造成这一情形的原因是该领域缺乏相应的法律规范。[2] 这一观点具有合理之处，但有些片面。特许经营合同作为一类无名合同，不仅有合同法及相关司法解释规制，还有一部行政法规、两部部门规章专门规范，这一立法现状甚至比多数的有名合同更为完备、精细。但事实上，上述行政法规和部门规章并没有在司法实践中发挥应有的作用，这是由于该领域立

---

[1] 有文章认为，司法实践对于商业特许经营合同纠纷的裁判混乱。详见林洹民：《民法典合同编增设商业特许经营合同章的必要性及制度要点》，载《北京航空航天大学学报（社会科学版）》2019年第2期。

[2] 参见李华等：《商业特许经营法律指南》，法律出版社2020年版，第25页。有学者甚至认为，法官审理特许经营合同纠纷案件存在找法困难。详见冯建生：《民法典编纂视角下商业特许经营合同的有名化》，载《法商研究》2019年第4期。

法现状与司法实践之间存在着内在的张力。

《商业特许经营管理条例》《商业特许经营备案管理办法》《商业特许经营信息披露管理办法》属于行政法规或部门规章，主要为违法者设定了行政责任；而对于一些与经营资质相关的问题，譬如是否满足"两店一年"要求、是否进行备案等，并未规定民事责任。不仅如此，上述法规关于设定民事责任的条文内容相对笼统，存有较大的解释空间。比较有代表性的争议就是《商业特许经营管理条例》第十二条关于冷静期的规定。究竟多久符合该条规定的"一定期限"，不同法院的司法实践已经给出了截然不同的回应。特许经营领域的立法是较为完备的，但有些规定不够明确[①]且普遍缺乏民事责任的内容。这一方面导致裁判者对同一类问题产生了不同的认识，差异无法轻易调和；另一方面又造成裁判者不能不适用上述法规却又不知如何适用。因而，这一内在张力仍然是掣肘"类案同判"难以真正实现的重要原因。

（三）"类案同判"视角下调和路径的选择与裁判思路的重塑

最高人民法院有力推动的类案检索工作[②]为调和司法实践与立法现状的张力给出了有效的解决方案，即按照"类案同判"的要求根据个案情况对规范化的裁判思路选择适用。而实现这一目标的基础即为通过外部规制与内生动力的双重工具，对实然性的裁判思路合理重塑。

1. 外部规制："类案同判"要求对裁判思路的约束

遵循先例原则虽并非所有国家的司法裁决规则，但在理论与实践中始终备受重视。许多人认为先例体现了"法治"这个概念中一切真正有价值的事物，甚至诉诸先例已被一些国家的法院当作是对特定裁决的唯一可能性证明。[③] 而"类案同判"作为该原则在结果层面的具体表现，随

---

① 例如《上海市黄浦区人民法院关于特许经营合同纠纷案件审理的调研报告》指出，该院在审理中发现存在"法律规定不明确，司法适用存争议"等问题。
② 详见《最高人民法院关于加强类案检索统一法律适用的指导意见（试行）》。
③ ［美］理查德·瓦瑟斯特罗姆：《法官如何裁判》，孙海波译，中国法制出版社2016年版，第83~84页。

着指导性案例、类案检索等制度的施行，已经从带有宣誓色彩的宏观要求逐渐成为衡量个案公正的具体标尺。因而在外在层面，"类案同判"是统一纷繁复杂司法实践的必然约束。

在审案件存在相同或类似先例的，裁判者原则上应遵循先例作出裁判，故对先例进行识别是遵循先例的前提和基础①，即二者构成某种意义上的"类案"。而判断案件之间的相似性需要在全面掌握案件事实、完全吃透案情的基础上，分别确定待判案件和在先案例所属的法律关系及其性质，而这要求裁判者从案件的具体情节出发，妥帖地确定案件可能涉及的法律关系。②通过实证研究可知，在特许经营合同纠纷中对是否构成类案的判断具有重大影响的事实要素有如下三类：一是合同订立前的相关事实，包括特许人是否具有经营资源及模式，是否进行了备案及信息披露，是否具有"两店一年"资质，是否实施了引诱行为；二是与合同内容相关的事实，包括涉案合同是否约定了冷静期条款，是否明确了约定解除条件，对于履约义务、违约责任是否有具体约定；三是与合同履行相关的事实，特许人是否交付了经营资源，对被特许人是否进行了培训、指导，被特许人是否实际利用了经营资源，双方是否严格履行了己方义务。一方面，在判断此案与彼案是否构成类案时，重点考量涵盖这些事实要素的具体情节，将之作为重要的识别基因；另一方面，利用这些事实要素可以将裁判思路进一步细化，在梳理总结规范化思路的过程中，将上述事实要素纳入考量范围，进而形成更有针对性、更贴合个案特征的类型化规则。

2. 内生动力：特许经营合同特征对裁判思路的投射

仅有外在约束并不能完成裁判思路由实然到应然的过渡，这是因为即使知道了应该改造什么，却不知道该如何改造。为了使规范化的裁判

---

① 参见许波：《知识产权诉讼指导案例与在先案例应用指南》，法律出版社2019年版，第156页。

② 参见张骐等：《中国司法先例与案例指导制度研究》，北京大学出版社2016年版，第201~211页。

思路能够有力回应现实问题，从而调和司法实践与立法现状的内在张力，就需要返回特许经营本身，探寻其优化自我的内生动力。这种动力来源于对如下问题的回应：特许经营合同为何应被特殊看待。此即特许经营合同区别于传统合同的内在特征，进而形成对裁判思路的应然性投射。

（1）商业性。特许经营作为商事活动的一种，带有明显的营利性，特许经营合同具有商事合同的显著特征。同时，特许经营立法具有商法导向，[①] 被特许人实质上实施的是商业投资行为。由此，特许经营合同即与传统民事合同产生了极大的不同，特许人与被特许人均应在遵守传统民事领域诚实信用等原则的基础上，遵循商事活动的一般要求，包括但不限于施加审慎的注意义务，遵守风险自担原则，保护市场交易的稳定性和安全性。[②] 故裁判者应当在判断特许经营合同的根本目的、特许人无相关资质或未披露信息所造成的影响、单方解除权的行使期限等重要问题时着重考量这一本质属性。

（2）无形性。特许经营合同的标的多为无形资产，比如商标、企业字号、商业秘密、经营诀窍等。与有形的标的不同，无形标的一旦交付将出现难以实际返还的客观情形。不仅如此，无形性还决定了交付方式的独特性，即特许人经常会以培训、派驻带店等方式交付经营资源，且此种方式的实际执行成效将直接关系到经营资源与经营模式的利用。上述两个因素均应在判断合同的履行情况、合同的根本目的能否或者是否已经实现及合同解除的后果等问题时重点考量。

（3）非对称性。被特许人在资金能力、信息量等方面远不如特许人，因而此类合同很容易变成"强者"与"弱者"间的合同。[③] 合同双方信息的非对称也决定了地位的不平等，被特许人在缔约能力、分析项目商

---

① 参见王忠：《论商法视野下的特许经营》，载《经济与法》2018年第6期。
② 参见张金柱：《特许经营合同纠纷中相关法律问题探讨》，载《山东审判》2017年第5期。
③ 参见王姝文：《日本特许经营合同缔约阶段信息披露义务案例评析及法律制度研究》，法律出版社2017年版，第4~5页。

业价值、判断市场风险等方面始终处于相对弱势,[①] 此亦法律赋予其单方解除权并对特许人课以信息披露等义务的根本原因。这也决定了格式条款极具普遍性。因此,裁判者应当在判断特许人未披露信息对合同订立或履行的影响、被特许人行使单方解除权的合理期限等问题时特别注意非对称性的存在。

三、被特许人合同解除权的类型化、规范化裁判思路

利用外部规制及内生动力的双重工具,本文在此对司法实践中出现的争议给出有针对性的回应,进而形成类型化、规范化的裁判思路。

(一)传统的法定解除权

第一,除涉案合同明确约定或通过合同签订之前、之时的客观事实可以合理推知的情形外,被特许人是否实际盈利并非特许经营合同的根本目的。[②] 有的涉案合同会明确记载开展特许经营想要实现的目标,比如发展一定规模的客户,营业额达到一定的数额。除此之外,还有一些文书样本载明在签订涉案合同之前,特许人曾通过发放广告册、进行宣讲等方式对预期收益作出明确承诺。在此情况下,被特许人将盈利作为合同的根本目的即有事实依据。除此之外,考虑到特许经营合同的商业属性,被特许人不应盲目地认为通过开展特许经营必然可以盈利,其应自担相应的商业风险。因而,被特许人无其他原因仅主张经营处于亏损状态或收益达不到预期而要求解除合同的,不应予以支持。

第二,特许经营资源及模式的合法、稳定、成熟是合同根本目的有可能实现的必要前提。不合法、不能长期有效存续的经营资源将导致被特许人的经营活动具有较大的隐患,可能陷入难以预料的被动状态,因

---

① 参见北京市第二中级人民法院民五庭:《关于特许经营合同纠纷案件审理中若干问题的调研报告》,载《法律适用》2010年第Z1期。
② 此观点在《北京市高级人民法院关于审理商业特许经营合同纠纷案件适用法律若干问题的指导意见》第十三条亦有体现。

而当证据能够证实经营资源不合法或已被撤销或无效时，合同根本目的的实现更是无从谈起。比如，被要求必须从特许人处购进的原料违反相应的质量规定，或者被授权使用的标识侵犯他人注册商标等。除此之外，合同实际履行过程中经营模式运转状况亦应作为重要的考量因素。当被特许人出现与特许经营相关的问题时，特许人无法给予有效指导或者迟迟不能提供有效帮助，将直接导致被特许人难以利用特许经营模式开展有效的经营活动。

（二）特有的法定解除权

第一，缺乏相关资质并不必然影响合同效力，但应作为特许人是否违反信息披露义务的重要考量因素。特许人未有"两店一年"资质或未进行备案，本身不会导致被特许人享有合同解除权。但是，是否具有事关经营活动的资质是特许人经营模式是否成熟的判断要素之一，在特许人缺乏事关经营活动的重要资质，又未向被特许人进行披露的，应视为特许人违反了信息披露义务。[1] 比如，北京知识产权法院的一份判决书[2]认为，未如实准确提供商标申请注册信息，隐瞒商标尚未获准注册的情况，属于特许经营合同中存在隐瞒信息或提供虚假信息的情形。因此，缺乏相关资质的判断应始终结合信息披露的要求进行。

第二，在无证据证实存在对特许人不利的信息、被特许人曾要求特许人进行信息披露或特许人未披露的信息对被特许人从事经营活动产生实质影响的情况下，特许人未披露信息的行为不宜直接认定为隐瞒。首先，从文义解释的角度分析，立法选择的词汇是"隐瞒有关信息"而非"未披露有关信息"，从这一选择上看，隐瞒不等于未披露，隐瞒暗含了对特许人未披露行为的主观描述。其次，从结果公平的角度分析，特许人未披露相关信息的原因有很多，如果未披露与隐瞒等同可能导致只要客观上出现未披露信息的情形即赋予被特许人法定解除权，这将极大地

---

[1] 参见崔师振编：《商业特许经营全程法律风险防范》，中国法制出版社2016年版，第51页。
[2] 参见（2019）京73民终1433号民事判决书。

冲击交易的稳定性。最后，对于未披露的信息应着重考量其对被特许人开展特许经营活动产生影响的可能性。被特许人仅仅依据《商业特许经营管理条例》的相关规定主张解除合同而无任何其他事实依据的，不应直接认定特许人违反信息披露义务。① 比如，某判决书②认为，未披露的信息并不直接影响特许人的授权能力，也未对经营项目的价值造成较大影响，因而未违反信息披露义务。此外，如果特许人未披露的信息系通过公开渠道可以查询到的，基于被特许人从事商业活动的审慎义务，其应对特许人的公开信息进行充分调查，特许人未对此进行披露不宜认定违反披露义务。

（三）约定解除权

涉及此类解除权的适用重点是严格、精准地解释相应条款，注意充分尊重双方当事人的意思表示，尽量避免依职权对涉案合同的约定是否合理、特许人在违约方面的主观过错等内容进行认定。除此还需要注重两点：一是被特许人在起诉前应已具备取得约定解除权的全部前提条件。约定解除权经常并非自然而然取得，而是在某些条件成就后还需被特许人实施某种行为。比如，合同约定特许人违反区域限制约定后，被特许人需先书面通知改正，一定期限后特许人仍未改正的，被特许人享有解除权，此时不仅要注意考察特许人是否存在违约行为即是否违反了区域限制约定，还要注意考察被特许人是否进行了书面通知，是否经过了一定期限。二是被特许人行使合同解除权的期限应符合约定或在一个相对合理期间。有时，涉案合同会约定特定事由出现后的一定期限内被特许人享有解除权，在此情况下，被特许人是否在约定的期限内行使解除权就需要重点考察。不仅如此，即使合同未约定解除权的行使期限，还应考察被特许人超过合理期间行使是否具有正当理由。虽然出现了解除事由，但被特许人在知晓该事由后仍然以实际行动选择履行合同，则其后

---

① 参见张金柱：《特许经营合同纠纷中相关法律问题探讨》，载《山东审判》2017 年第 5 期。
② 参见（2017）京 0108 民初 15784 号民事判决书。

续再行主张约定解除权时就需考察是否有正当理由。

（四）单方解除权

第一，当合同约定有冷静期条款时，除约定的期间过于不合理，应按照约定判断被特许人是否有权行使单方解除权。这主要是由于《商业特许经营管理条例》第十二条规定使用的表述为"合同订立后一定期限内"，并未对具体的期间长度提出明确要求，可以理解为合同只要约定了冷静期即可。该条并未赋予裁判者对该期限是否合理进行审查的权利，故双方当事人的意思表示应当得到尊重。但是，过短的期间在实质上相当于阻止了冷静期条款发挥作用，实践中也确实存在特许人通过提供格式条款的方式将冷静期限定得过短从而实际上剥夺了被特许人的单方解除权。在此种情况下，裁判者可根据合同法关于格式条款的相关规定对该条款的效力作出认定，进而判断被特许人主张行使单方解除权的期限是否合理。比如，某判决书[①]认为，仅有三日期限可单方解除合同，该期限对于特许经营合同中掌握信息较少一方的被特许人而言显然过短；同时，作为涉及被特许人重要权利的条款，却以格式条款的形式与领取物品签收单设置在一起，且没有证据显示特许人就此条款向被特许人充分说明，进而否定了该条款的效力。

第二，当合同未约定冷静期条款时，除被特许人已实际利用经营资源外，应赋予被特许人在订立合同后的合理期间内享有单方解除权。此系符合《商业特许经营管理条例》第十二条立法精神的必然要求，从而避免了非对称性实质损害被特许人的合法权利。但是，合理期间的表述实际上赋予裁判者极大的自由裁量权，这也直接导致裁判结果的进一步分化。对此本文认为，从特许经营合同的性质出发，参考其他国家关于

---

① 参见（2018）京73民终1028号民事判决书。

冷静期条款的规定[①],期间是否合理的判断应考虑如下因素:一是在特许人未交付经营资源或未披露与经营资源相关的信息的情况下,单方解除权行使期间的起算点为资源交付之日或信息披露之日;二是在特许人违反信息披露义务或存在其他违约行为的情况下,如该信息的披露或违约行为会对被特许人从事经营活动造成实质影响,则单方解除权行使期间的起算点为信息披露之日或违约行为终止之日;三是在特许人未违反法律规定、合同约定,或特许人的违法违约行为不足以对被特许人从事经营活动造成实质影响,则单方解除权的行使期间以七日至十五日为宜。这一期限一方面贯彻了《商业特许经营管理条例》第十二条的立法精神且充分考虑了公平原则、合同交易的安全性等,[②] 另一方面也督促被特许人审慎缔约、在缔约后及时熟悉和利用相关资源及模式开展经营活动并及时行使合同解除权,避免过分损害特许人的合法权益。[③]

结　语

类案同判已逐渐成为感知司法公平正义最直观的途径之一,而类案不同判的情形会愈加损害司法公信力和裁判确定性。本文主要回应了特许经营合同纠纷这一纷繁复杂的审判领域重点关注的实践问题,即在一个模糊的层面上为裁判者提供相对规范的审理思路,从而为促进司法实践中出现的裁判冲突更好弥合提供些许指引,进而为促进京津冀区域商业特许经营环境的改善与司法保障的优化作出一点尝试性的努力。

---

① 纵观世界各个国家,关于冷静期的期限各不相同,一般为五日至十四日。详见孙连会编:《特许经营法律实务》,中国人民大学出版社2013年版,第42页;冯建生:《民法典编纂视角下商业特许经营合同的有名化》,载《法商研究》2019年第4期;叶含笑:《浅析特许经营合同的冷静期制度》,载《重庆电子工程职业学院学报》2017年第1期。

② 参见李自柱:《商业特许经营合同任意解除权的理解和适用》,载《中国工商报》2016年4月27日。

③ 参见冯建生:《民法典编纂视角下商业特许经营合同的有名化》,载《法商研究》2019年第4期。

京津冀协同发展背景下拆违行政赔偿案件裁量标准的思辨与完善

——以1766份行政赔偿判决书为样本

孟 思[*]

摘要： 拆除违法建设是利国利民的重要举措。近年来，京津冀地区陆续开展违法建设整治行动。随着违法建设面积的不断扩大，被治理区域内的行政相对人与行政机关之间的矛盾日益激化，京津冀法院受理的拆违行政赔偿案件数量不断增长。此类案件"服判息诉率低""案结事不了"等问题愈发突出。本文以1766份行政赔偿判决书为研究样本，梳理拆违行政赔偿案件的基本情况，发现裁量标准不一的两大表现，即残值损失裁量标准不一、财产损失裁量标准不一。究其原因，是裁量思路有差别、裁量规范不统一、裁量方法不明确等主客观因素共同作用的结果。本文最终从明确残值损失的酌定标准、统一财产损失的酌定办法、加强拆违赔偿业务培训、增强对当事人的举证指引、多元化解拆违行政争议等方面提出拆违行政赔偿案件裁量标准的完善路径，以期能为促进京津冀法院裁判尺度统一提供有益借鉴和启示。

关键词： 拆除违法建设　行政赔偿　裁量标准

---

[*] 北京市顺义区人民法院行政审判庭法官助理。

引　言

违法建设是城乡发展的"顽症"。近年来，随着京津冀地区陆续开展违法建设的专项整治行动，违法建设面积不断缩小，社会更加安定和谐。然而，因行政机关违反法定程序强制拆除违法建设，引发大量拆违行政赔偿案件[1]。因裁量标准不一，此类案件"服判息诉率低""案结事不了"等问题愈发突出，在一定程度上影响着司法权威和公信力。本文从京津冀法院 1766 份行政赔偿判决书出发，发现拆违赔偿案件裁量标准不一的现实困境，深入剖析困境成因，最终提出统一裁量标准、促进裁判尺度统一的完善路径。

一、现状检视：拆违赔偿案件的样本探析

依托中国裁判文书网，以"违法建设""行赔""行政赔偿判决书"为关键词，笔者对京津冀法院审结的拆违赔偿案件进行检索，共获取 1766 份行政赔偿判决书（检索日期为 2021 年 6 月 10 日）。[2] 以上述行政赔偿判决书为样本，本文对拆违赔偿案件的审理情况进行梳理分析。

（一）拆违赔偿案件的基本情况

1. 案件数量持续攀升

拆违赔偿案件的原告一般为违法建设者或利害关系人[3]，被告一般为实施强制拆除违法建设行为的行政机关。近五年来，京津冀法院审结的拆违赔偿案件数量均有所攀升[4]。行政相对人一般先要起诉确认行政机关

---

[1] 本文中的"拆违行政赔偿案件"是指因行政机关强制拆除违法建设而引发的行政赔偿诉讼案件，以下简称"拆违赔偿案件"。

[2] 因裁判文书上网存在滞后性，京津冀地区实际拆违案件数量肯定多于已统计案件数量。

[3] 违法建设者以下均简称为"违建者"。在涉大棚房案件中，大棚的承租人和出租人都有可能因合法权益受损而成为原告。

[4] 受新冠肺炎疫情的影响，京津冀法院受理的拆违赔偿案件数量暂时回落。随着立案、庭审活动的逐步放开和拆违活动的持续推进，收案数量必将有所增长。

强制拆除违法建设的行为违法，而后才能提起拆违赔偿诉讼。从审理阶段看，拆违赔偿案件在一审、二审和再审阶段均有分布。从审结法院看，京津冀基层法院审结的拆违赔偿案件数量最多，中级法院和高级法院审结的案件数量依次递减（见图1）。

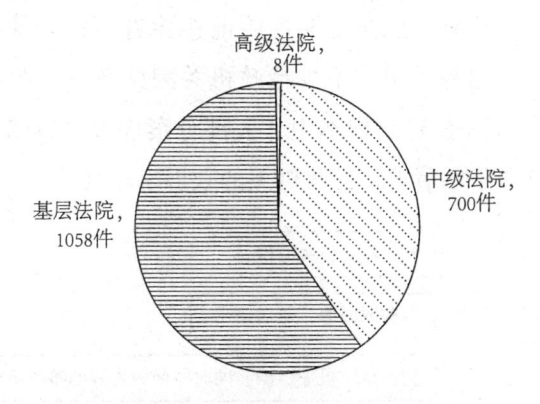

图1 拆违赔偿案件审级分布

（高级法院，8件；中级法院，700件；基层法院，1058件）

2. 赔偿请求类型多样

因要求行政机关赔偿强制拆除违法建设造成的损失，违建者提起赔偿诉讼，主要赔偿请求包括：赔偿建筑物、构筑物、附属设施本身的损失；返还原物、恢复原状，无法恢复原状则进行赔偿；赔偿建筑物、构筑物、附属设施残值损失；赔偿租金、违约金、预期收益、停产停业损失、经营损失、权利救济费用；赔偿精神损失；赔偿物品损失；等等（见图2）。违建者同时提起多种赔偿请求的情况较多，要求赔偿数额少则几千元，多则几百万元、上千万元。

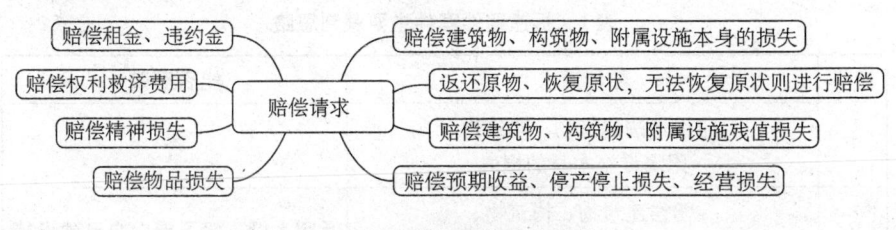

图2 拆违赔偿案件赔偿请求

赔偿请求：
- 赔偿租金、违约金
- 赔偿权利救济费用
- 赔偿精神损失
- 赔偿物品损失
- 赔偿建筑物、构筑物、附属设施本身的损失
- 返还原物、恢复原状，无法恢复原状则进行赔偿
- 赔偿建筑物、构筑物、附属设施残值损失
- 赔偿预期收益、停产停止损失、经营损失

3. 行政机关败诉率高

在强制拆除违法建设过程中，多数行政机关未能比照正当程序原则，未严格遵守规范的拆违程序，导致程序和效率处于失衡状态。因拆除程序违法，行政机关的强制拆除行为往往被确认违法。这也直接导致在拆违赔偿案件中，行政机关无法证明拆除前违建者的财产情况、拆除后的建筑材料和财产去向等情况，不少行政机关因此败诉。此类案件一般包括三种判决结果（见图3）。样本中，大部分案件被判决赔偿，仅有小部分案件被判决驳回赔偿请求，行政机关的败诉率较高。

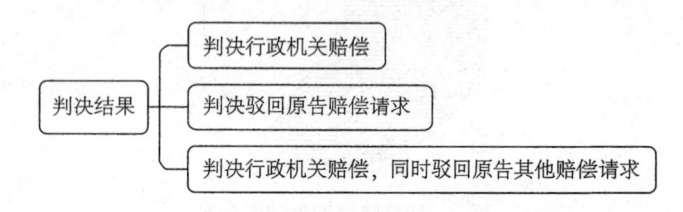

判决结果
- 判决行政机关赔偿
- 判决驳回原告赔偿请求
- 判决行政机关赔偿，同时驳回原告其他赔偿请求

图3 拆违赔偿案件判决结果

4. 当事人服判息诉率低

拆违赔偿案件中，一般只有因行政机关拆除违法建设造成的直接损失才能获赔。此类案件的裁判思路见表1。赔偿数额期待较高，能够获赔数额较低，违建者的内心容易产生巨大心理落差。此外，赔偿数额如何计算一般记载在案件副卷，当事人无法得知，因此难免会对赔偿数额产生困惑和不满，从而上诉、申诉或者信访。行政机关若对判决赔偿的结果或赔偿金额不满，也会提起上诉。样本中，拆违赔偿判决的上诉率高达56.6%。

表1 拆违赔偿案件主要裁判思路

序号	赔偿请求	能否获赔
1	赔偿违法建筑物、构筑物、附属设施本身的损失	否
2	赔偿建筑物、构筑物、附属设施残值损失	承租大棚一般不能，自己建设能

续表

序号	赔偿请求	能否获赔
3	赔偿租金、违约金、预期收益、停产停业、经营损失、权利救济费用等	否（间接损失不赔）
4	赔偿精神损失	能（需证明人身权受损）
5	赔偿物品损失	能（需证明损失情况）

（二）拆违赔偿案件裁量标准的差异

在行政机关和违建者均无法举证证明拆违前财产的真实情况，拆违后财产的损失情况、残值处理情况，且因客观原因也无法对涉案财物进行鉴定之时，①法官具有自由裁量权，一般会结合举证质证情况，运用逻辑推理、生活经验、生活常识等，酌情确定赔偿数额。但因具体案情复杂多样，裁量标准不统一，容易出现同案不同判、类案不同判及判赔数额差异较大的情形。本文从 B 市法院三个典型拆违赔偿案例出发，对此类案件裁量标准不一的问题进行探讨。

1. 案例探寻

（1）案例一②。甲在某镇建设了 120 平方米的建筑物，未取得规划许可手续，某镇政府认定甲所建建筑物为违法建设，并对建筑物实施了强制拆除。因强制拆除程序违法，某镇政府强制拆除甲建设的建筑物的行为被确认违法。甲后起诉，要求某镇政府赔偿因强拆门面房、院墙、地面饭店用具等带来的经济损失 100 万元。法院经审理认为，因某镇政府未通知甲清理拆除后的建筑物残值，故应对此承担赔偿责任。结合房屋间数、建筑材料、建设时间及强制拆除等情况，法院最终酌定某镇政府赔偿甲残值损失 2000 元（见图 4）。

---

① 《最高人民法院关于适用〈中华人民共和国行政诉讼法〉的解释》第四十七条第三款规定："当事人的损失因客观原因无法鉴定的，人民法院应当结合当事人的主张和在案证据，遵循法官职业道德，运用逻辑推理和生活经验、生活常识等，酌情确定赔偿数额。"

② 参见（2018）京 0111 行赔初 29 号行政赔偿判决书。

违法建设面积	考量因素	赔偿结果
120平方米	1.未通知违建者自行清理建筑材料 2.建筑物情况 3.强制拆除情况	残值损失2000元

图4 案例一的裁判关键词

（2）案例二①。乙在某镇建设了违法建筑。乙称建筑面积为150平方米，某镇政府称根据测绘公司测量，涉案建筑面积为137平方米。某镇政府以违法建设为由，将乙的建筑物予以强制拆除。该强制拆除行为已被生效的复议决定确认违法，后乙提起赔偿诉讼。一审法院经审理认为，从有利于维护乙合法权益的角度出发，根据建筑物的建筑面积，酌情确定建筑材料残值损失部分赔偿数额为4000元。对于乙主张的屋内外物品损失，因乙提交的拆除前视频资料显示，拆除前涉案房屋已基本清理完毕，无明显贵重物品，故一审法院最终酌定某镇政府赔偿乙财产损失5000元。二审法院对一审法院的判决结果予以维持（见图5）。

违法建设面积	考量因素	赔偿结果
原告称：150平方米 被告称：137平方米	1.维护违建者合法权益 2.建筑物情况 3.举证情况	1.残值损失4000元 2.财产损失5000元

图5 案例二的裁判关键词

（3）案例三②。丙在某镇租赁土地上建设房屋21间，约300平方米，用于外来人口出租。因环境整治需要，某镇政府将丙所建房屋予以全部拆除。某镇政府强制拆除行为被确认违法，后丙提起赔偿诉讼。一审法院经审理认为，某镇政府在未通知丙限期自行清理拆除物料的情况下，便自行对拆除物料予以清理，应对建筑材料残值损失进行赔偿。结合房

---

① 参见（2018）京0111行赔初9号、（2018）京02行赔终58号行政赔偿判决书。
② 参见（2017）京03行赔终5号行政赔偿判决书。

屋间数、建筑材料、建筑时间等情况，法院最终酌定镇政府赔偿丙残值损失4200元。在双方当事人均无法明确屋内物品的具体种类、数量、品牌的情况下，结合证人证言及案件实际情况，法院酌定某镇政府赔偿丙房屋内财产损失4200元。二审法院对一审法院的判决结果予以维持（见图6）。

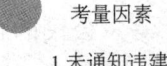

违法建设面积　　　　　考量因素　　　　　　赔偿结果
300平方米　　　　　1.未通知违建者自行　1.残值损失4200元
　　　　　　　　　清理建筑材料　　　2.财产损失4200元
　　　　　　　　　2.建筑物情况
　　　　　　　　　3.举证情况

图6　案例三的裁判关键词

2. 差异剖析

（1）残值损失裁量标准不一。案例一和案例二的审理法院是同一法院，案例三是不同于案例一和案例二的另一辖区法院。案例一中，120平方米建筑物的残值损失被酌定为2000元，每平方米残值损失约16.66元。案例二中，法院从有利于维护乙合法权益的角度出发，150平方米的建筑物残值损失被酌定为4000元，每平方米残值损失约26.66元。案例三中，300平方米建筑物的残值损失被酌定为4200元，每平方米残值损失为14元（见表2）。[①]

表2　三个案例残值损失酌定情况对比

案例	违法建筑面积	残值损失酌定总额	残值损失酌定单价
案例一	120平方米	2000元	16.66元/平方米
案例二	150平方米	4000元	26.66元/平方米
案例三	300平方米	4200元	14元/平方米

结合上述案例和行政审判实践，对于拆违残值损失的赔偿标准，B

---

① 因残值损失的酌定标准和财产损失的酌定思路一般记载在案件副卷，以及搜索存在局限，故本文通过从判决书中捕捉有用信息，结合审判实践经验，对酌定情况进行最大限度还原。

市法院尚未形成统一意见。实践中，按照10元/平方米、20元/平方米等标准酌定残值损失的情况都确实存在。酌定标准的不同，导致不同法院之间，甚至同一法院内部不同法官之间的酌定数额都存在差异。虽然在酌定残值损失时，法官会综合考虑当事人的举证情况、违法建设本身情况等诸多因素，但对当事人而言，多少平方米酌定了多少损失，这些数字是直观、敏感的，差异明显的赔偿结果很容易引发当事人质疑。

（2）财产损失裁量标准不一。公民的合法财产受法律保护。如果现有证据不能证明行政机关实施强制拆除时已将涉诉地块内的合法财产腾空并妥善处置，则行政机关应赔偿违建者主张的合法财产损失。实践中，违建者主张的合法财产损失一般包括农作物损失、果树损失、家电损失等（见图7）。因行政机关无法证明上述物品在拆除前后的真实情况，法官一般会运用自由裁量权，酌定确定财产损失数额。

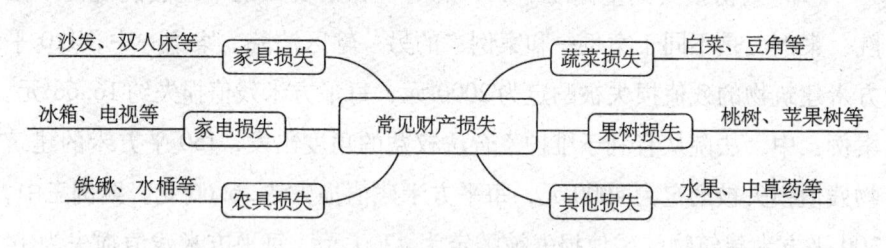

图7 常见的财产损失

案例二中，乙建设的150平方米房屋，在基本清理完毕的情况下，法院酌定财产损失的赔偿数额为5000元。而在案例三中，丙在能够初步证明300平方米建筑物内存在物品的情况下，法院酌定的财产损失赔偿数额为4200元。基本清理完毕后获赔的数额比仍存在物品的获赔数额还多。此外，在大棚房案件中，种植中草药的三个大棚获赔的金额比种植多肉和草莓的两个大棚获赔的金额还低的情况时有发生。差异化的裁判结果不利于当事人服判息诉。通过对京津冀法院裁判进行检索，可以发现，河北法院更倾向于根据类案的审理结果进行裁量，北京法院则细化裁量标准。

二、原因透视：拆违赔偿案件裁量标准不一的缘由

拆违赔偿案件裁量标准不一，是主客观因素共同作用的结果（见图8）。

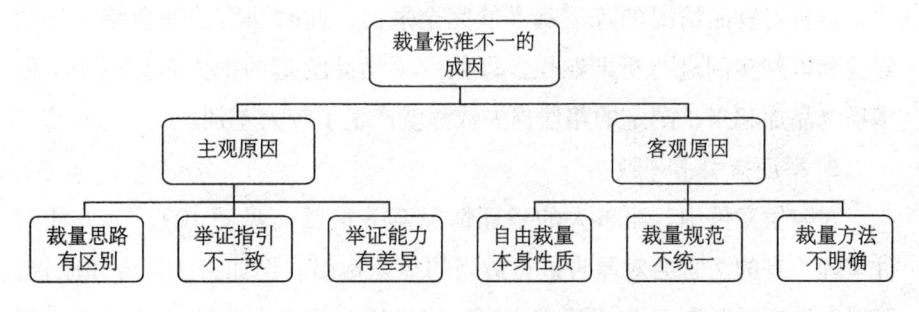

图8 裁量标准不一的成因

（一）主观原因

1. 裁量思路有区别

（1）影响因素。在拆违赔偿案件中，赔偿数额的酌定主体是法官。最终的裁判差异与法官的裁量思路息息相关。因专业知识、审判经验、生活阅历、性格特征和行为方式的不同，法官的个人综合素质也有所不同，这些因素直接影响着法官在拆违赔偿案件中的裁量思路（见图9）。

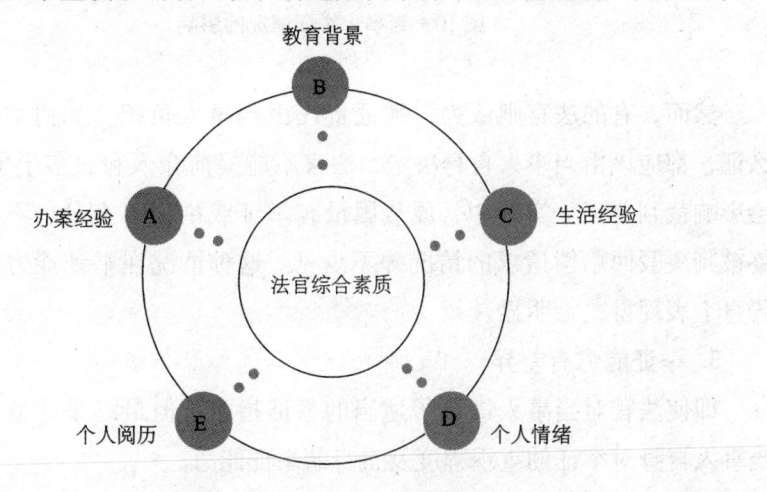

图9 影响法官综合素质的因素

（2）典型案例。有的法官有同情心，在一定范围内，倾向于酌定较高的赔偿数额，为违建者尽力挽回损失。有的法官则不以为然，倾向于居中酌定赔偿数额或低位酌定赔偿数额。又如，在证据不充分的情况下，原、被告对物品情况的陈述都不能完全采信，此时法官往往会结合生活经验和审判实例进行折旧赔偿。即使一项物品酌定的损失差异较小，但多项物品加起来，酌定的赔偿损失数额就产生了较大差别。

2. 举证指引不一致

在赔偿案件中，当事人的举证情况至关重要（见图10）。为方便案件审理，有的法官会对原告进行适当的举证指引。例如，法官告知原告，赔偿案件要紧紧围绕赔偿请求举证，原告需举证证明拆除违法建设过程中的财产受损情况，证据的提交形式可以是文字说明或照片、视频等。必要时，法官会给原告提供制式的损失清单模板，让其参照填写举证。

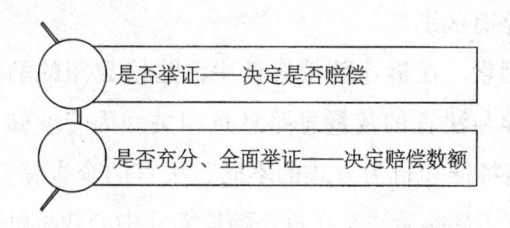

```
是否举证——决定是否赔偿

是否充分、全面举证——决定赔偿数额
```

图10　当事人举证情况的影响

然而，有的法官则认为，举证责任由当事人负担，如何举证、举什么证，都应该由当事人自行决定，法官不能提前介入和过多干预，否则，会影响裁判公正。实践中，原告因没有举证或举证不充分、不全面而最终被判决驳回赔偿请求的情况并不少见。这种情况在举证能力欠缺的原告身上表现得尤为明显。

3. 举证能力有差异

即使法官对当事人进行了适当的举证指引，但最终举证情况取决于当事人自身对举证的重视程度及自身的举证能力。

典型案例：承租人A、B分别承租了同一个地块的两个大棚。举证阶段，承租人A在举证清单上列明受损的物品包括防盗门、沙发床、工具柜、洗手盆等。而承租人 B 的举证清单长达 7 页，并称涉诉大棚是用作仓库使用，因此受损物品较多，包括空调、冰箱、折叠餐桌、三开门衣柜、小太阳能热水器、四层组装货架等。在原、被告均无法证明涉案物品情况时，法官会对物品损失进行酌定。若原告举证项目较多，最终酌定的数额也相应较多。反之，酌定的数额相对较少。

（二）客观原因

1. 自由裁量本身性质

自由裁量权是指人民法院在案件审理过程中，根据法律规定和立法精神，秉持正确司法理念，运用科学方法，对事实认定、程序处理以及法律适用等问题进行分析、判断，最终依法作出公正合理的裁判结果的权力。[①] 在审理赔偿案件时，人民法院具有自由裁量权，这也是法律所赋予的权力。具体赔偿数额一般由人民法院结合具体案情、当事人举证情况和审判经验等综合确定，最终的自由裁量结果一般也能够获得其他法院的尊重和认可。因此，拆违赔偿案件的裁量差异与自由裁量权的本质属性密切相关。

2. 裁量规范不统一

在确定建筑材料的残值损失时，究竟应该按照多少元一平方米的裁量标准确定，还是根据年份增长和建筑材料成本的增长，适当提高残值损失的酌定标准？该问题没有明确答案。因裁量规范的不统一，不同地区法院之间甚至同一法院内部的残值损失酌定标准也存在差别。残值损失酌定标准乘以违法建设面积，最终能够计算出获赔的残值损失总额。因欠缺统一规范指引，面积相似的建筑物最终获赔的残值损失总额也可能存在一定差距。面积较大的建筑物的残值损失总额的差异更加明显。

3. 裁量方法不明确

在确定受损物品价值时，法官首先要弄清全新物品的价格及物品受

[①] 参见《最高人民法院关于在审判执行工作中切实规范自由裁量权行使保障法律统一适用的指导意见》第一条。

损时的新旧程度，再酌定原告能够获赔的数额。但全新物品的价格如何确定，是以网络店铺的标价为准，还是实体店铺的售价为准，或是以业内人士答复为准？受损物品的新旧程度是以原告陈述为准，或以被告陈述为准，还是由法官折中确定新旧程度？因欠缺统一的酌定方法、酌定步骤和规范指引，法官酌定受损财产价值时主观性较强，酌定数额容易产生差别。

三、先决问题：统一拆违赔偿裁量标准的思路探寻

司法裁量标准的进一步明确，是推进司法自由裁量权的规范化，强化司法权威和公信力的必然要求。① 如何实现拆违赔偿案件裁量标准的相对统一，可从四方面考量（见图11）。

- 科学规范指引——逻辑起点
- 加强类案培训——关键步骤
- 关注举证需求——重要环节
- 源头化解纠纷——应有之义

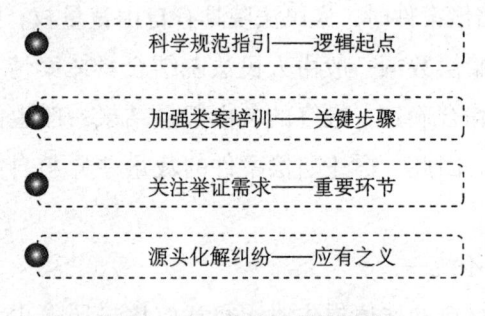

图11 统一裁量标准的思路

（一）科学规范指引，是统一裁量标准的逻辑起点

一切有权力的人都容易滥用权力，这是万古不易的一条经验。② 没有一个相对客观的标准，司法裁量难以摆脱人们对其滥用的指责。③ 裁量标准的统一，可通过科学管理、规范指引加以解决。

高级法院承担着汇总本地区重大疑难问题和交流沟通研讨等重要职

---

① 参见张颖：《弱势群体权益救济与司法裁量权》，载《人民法院报》2015年9月30日。
② 参见［法］孟德斯鸠：《论法的精神》，许明龙译，商务印书馆1961年版，第154页。
③ 参见何海波：《论行政行为"明显不当"》，载《法学研究》2016年第3期。

能。在拆违赔偿案件审理过程中，各级法院都面临复杂案情，可能产生不同的裁量困惑。高级法院应切实发挥指导和解惑答疑功能，加强对自由裁量权运用的科学管理，及时出台审理规范，实现科学指引、及时指引、定期指引，才能保证案件裁判思路和裁判尺度的相对统一（见图12）。

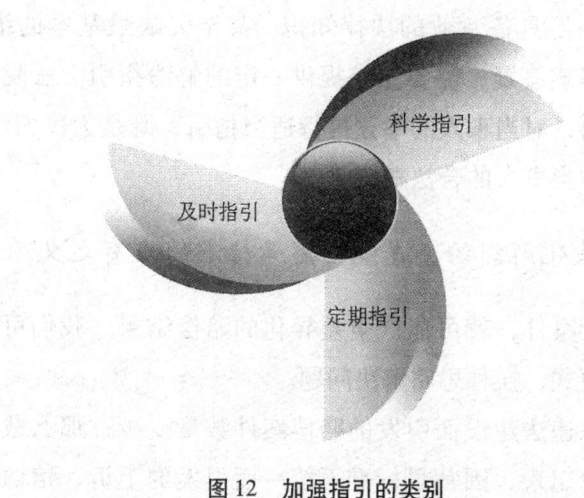

图 12　加强指引的类别

（二）加强类案培训，是统一裁量标准的关键步骤

为完善某一类案件的审理，不断发现审理过程中的新问题，认真分析并解决问题是应然要求。随着违法建设整治行动的持续推进，拆违赔偿案件不断呈现出新的特点，案件审理也需要新的思路。

当前，关于拆违赔偿案件审理的业务培训次数不够多，力度不够大，人员范围不够广。尤其是新任行政审判法官往往无法得知此前赔偿案件的审理思路，容易摸不着头脑，间接导致案件裁量差异的出现。通过加强业务培训，法院和法官之间不断交流研讨，碰撞思想火花，能够帮助法官积累审理经验，开拓审理思路，明确裁量方法，这是新形势下统一裁量标准的重要途径。

（三）关注举证需求，是统一裁量标准的重要环节

拆违赔偿案件中，行政机关一般聘请律师担任代理人，被告的举证能力和水平相对较高。但对原告而言，除职业打假人等多次诉讼的当事人外，多数人并不具备专业的法律知识，甚至欠缺最基本的维权技能。他们需要法官解惑答疑，需要法院提供一定的解纷指引。法院若能在法律允许的范围内，对当事人的举证进行适当指引，既是为民司法的体现，又能更好地维护当事人的合法权益。

（四）源头化解纠纷，是统一裁量标准的应有之义

只要有赔偿案件，就可能产生差异化的赔偿结果。我们可以跳出就事论事的思维模式，换种思路解决问题。

如果因拆除违法建设而引发的赔偿案件数量变少，那么裁量标准不一的问题会较少出现，因裁量标准不统一而引发的上诉、信访等不和谐问题也会相应减少。如何才能降低拆违赔偿案件的收案数量，需要从纠纷源头入手。在行政争议产生初始阶段，就要充分调动各方积极性投入到争议解决中。此时的争议解决效果最明显，成本最低，行政法律关系也最容易弥合，最容易实现行政争议实质性化解。[①]

四、突破进路：拆违赔偿案件裁量标准的统一路径

司法自由裁量权是一把双刃剑，在司法过程中应尽可能地维持法律原则、规则与自由裁量的平衡。[②] 京津冀地区协同发展，需要不断统一各地法院的拆违赔偿案件裁量标准，促进规范化、标准化假设，具体构想有如下几个方面。

[①] 参见程琥：《解决行政争议的制度逻辑与理性构建——从大数据看行政诉讼解决行政争议的制度创新》，载《法律适用》2017年第23期。

[②] 参见江必新：《论司法自由裁量权》，载《法律适用》2006年第11期。

（一）精准裁量：明确残值损失酌定标准

一定区域内拆违赔偿案件裁量标准的统一，依赖于京津冀地区高级法院的积极作为。各高级法院可在管辖区域内的法院之间进行摸底调研，征询各级法院对拆违赔偿案件裁量标准的具体意见。在此基础上，细化建筑材料残值损失的酌定标准，实现京津冀范围内的相对统一（见图13）。

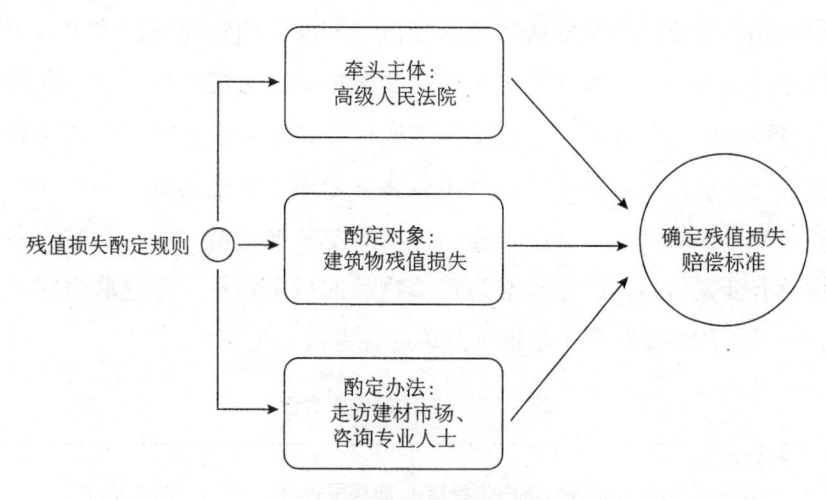

图13 残值损失酌定规则

京津冀高级法院行政庭可成立专项工作组，在本省或直辖市范围内选择一家规模较大的建材市场。通过实地走访、与专业人士沟通交流等，深入了解不同类型的水泥、地砖、墙砖等物品的售价及毁损后的可能价值。在此基础上，固定残值损失的酌定标准。京津冀三地残值损失的酌定标准确定后，可进行对接参照，确定三地共同适用的裁量标准。酌定标准乘以违法建筑面积，最终计算出建筑材料残值损失的酌定总额。酌定标准并非一成不变，专项工作组要以年为单位，结合经济发展情况，定期对残值损失的酌定标准进行更新。裁量的精细化、精准化，能够为法官酌定残值损失提供明确指引。

(二) 规范裁量：统一财产损失酌定办法

财产损失的酌定可采取"两步走"的方法：第一步，确定酌定基准；第二步，进行折旧处理。

1. 确定酌定基准

若当事人主张受损物品是从网络购买，可要求其提供购物凭证。法官根据相关凭证，确定全新物品的价值。若没有购物凭证或当事人主张在线下门店购买，物品的酌定基准则要根据高级法院专项工作组制作的物品价格指引清单确定。专项工作组通过走访本省或直辖市区域内种类相对齐全、价格相对适中、客流量较多的家居、家电店铺，制作物品价格指引清单。若清单中有涉案物品，则酌定基准为清单中的售价。若清单中没有涉案物品，酌定基准为清单物品的折中售价。建立联络对接机制，专项工作组要在每年对售价清单进行更新（见表3）。

表3 酌定基准的确定方法

物品类别 酌定基准的确定	当事人主张	下一步举措	能否提供	酌定基准
家电、家具、农具	网络购买	要求当事人提供购买截图、凭证及链接	能	以当前全新物品价格作为酌定基准
			不能	高级法院走访较权威的家具、家电店铺，制定价格指引清单，参照确定酌定基准
	线下门店购买	要求提供门店地址	能，且门店存在	以当前全新物品价格作为酌定基准
			不能，或门店已不存在	高级法院走访较权威的家具、家电店铺，制定价格指引清单，参照确定酌定基准
水果和蔬菜	高级法院走访水果和蔬菜市场，制定价格指引清单，参照确定酌定基准			
其他物品	高级法院走访本地区规模大、销量高的权威店铺，制定价格指引清单，参照确定酌定基准			

2. 明确折旧办法

在明确全新物品价格的基础上,要细化折旧办法。折旧办法需要根据购买年份、物品性质、使用频率等综合确定。法官要仔细询问当事人购买物品年份,计算从购买年份到拆除年份的时间,按照每年折旧10%的方法来确定物品的酌定赔偿数额(见图14)。

例如,2016年丁购入海尔冰箱1台。2017年冰箱因违建拆除灭失,现在全新的同款冰箱价格为2000元,按照一年折旧,最终丁能获赔的数额为1800元。无论当事人主张物品是一手还是二手,都可以以购买年份为基点,计算折旧后的物品价值。

酌定基准 × 折旧办法 = 酌定总额

图14 财产赔偿数额的计算方法

(三)统一裁量:加强拆违赔偿业务培训

法官的综合素质存在差异,无法实现完全统一。但法官的审判经验可以通过培训指引实现相对统一。对类案进行判断、报告,实现类似案件类似审判,既是提高审判效率的重要手段,也是实现形式正义的基本要求。[1]

高级法院行政庭可定期组织拆违赔偿案件的集中研讨或专题培训,梳理典型案例,总结归纳有益的裁判经验,邀请服判息诉率较高的法院作经验介绍,及时将裁量参照手册和价格指引清单下发给法官,为酌定赔偿数额提供明确指引。也可在案件审理过程中要求当事人提供流水证明,法官根据举证和当事人的资金收支状况,更科学、更准确地酌定赔偿数额。必要时,可邀请行政审判业务专家、行政调解能手为法官们讲

---

[1] 参见高尚:《司法类案的判断标准及其运用》,载《法律科学》2020年第1期。

解拆违赔偿案件的审理要点、调解经验和技巧等。邀请心理专家讲解沟通策略,帮助法官提升行政争议化解技能(见图15)。

```
┌─────────────────┐   ┌─────────────────┐   ┌─────────────────┐
│    上级法院     │   │  行政审判业务专家 │   │   心理学专家    │
├─────────────────┤   ├─────────────────┤   ├─────────────────┤
│1.汇总疑难裁量问题│   │1.分析典型案例   │   │1.传播心理学知识 │
│2.总结案件审理经验│   │2.讲解注意要点   │   │2.讲解沟通策略   │
│3.出台裁判规范指引│   │3.传授调解经验   │   │3.加强沟通演练   │
└─────────────────┘   └─────────────────┘   └─────────────────┘
```

图15　不同主体的职责内容

(四)能动裁量:增强对当事人的举证指引

在法律允许的范围内,围绕争议事实,对当事人进行适当的举证指引,既有利于维护当事人的合法权益,又方便法院审理裁判。

1. 引导充分规范举证

举证阶段,法官要充分告知原告举证的重要意义和流程,让其重视举证、充分举证、规范举证,以防因举证不能、举证不利影响自身合法权益的维护。例如,法官可对被告进行举证提示,如告知被告应重点围绕拆除违法建设当天原告是否有物品受损、有无自行清理残值及现场具体情况等进行举证。证据形式可以是执法录像、视频或音频等。应当注意,举证指引要有限度,不得过度指引,以防引起对方当事人不满或影响最终裁判结果。

2. 制作损失清单模板

高级法院行政庭可制作全省市范围内能普遍适用的拆违赔偿案件损失清单模板。清单中要详细记载受损财产的名称、数量、购买(投入)年份、购买(投入)价格、主张赔偿价格、有无证据、页数和证明目的等内容(见图16)。在拆除违法建设过程中,原告的物品可能被强制拉走或毁损。此时可细化为《被强制拉走财产损失清单》和《被毁损财产损失清单》两种清单,区别化的处理更有利于法院审理裁判。

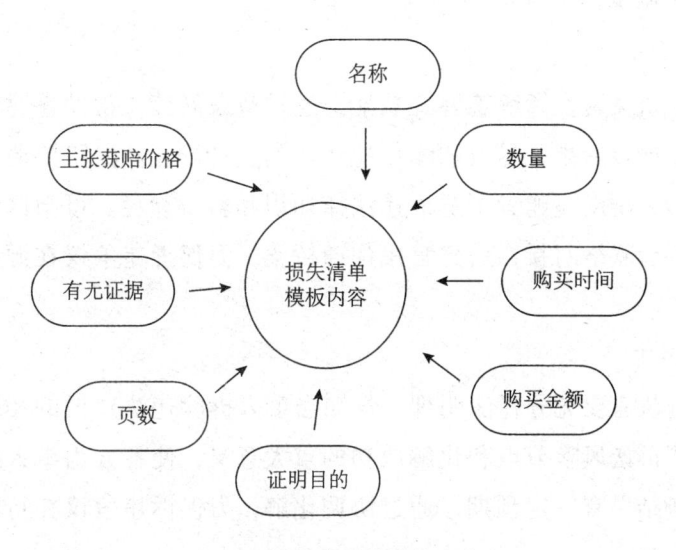

图16 损失清单模板的内容

（五）限缩裁量：多元化解拆违行政争议

因拆除违法建设触及违建者的切身利益，故容易引发行政争议。多元化解拆违赔偿争议是应然需求（见图17）。

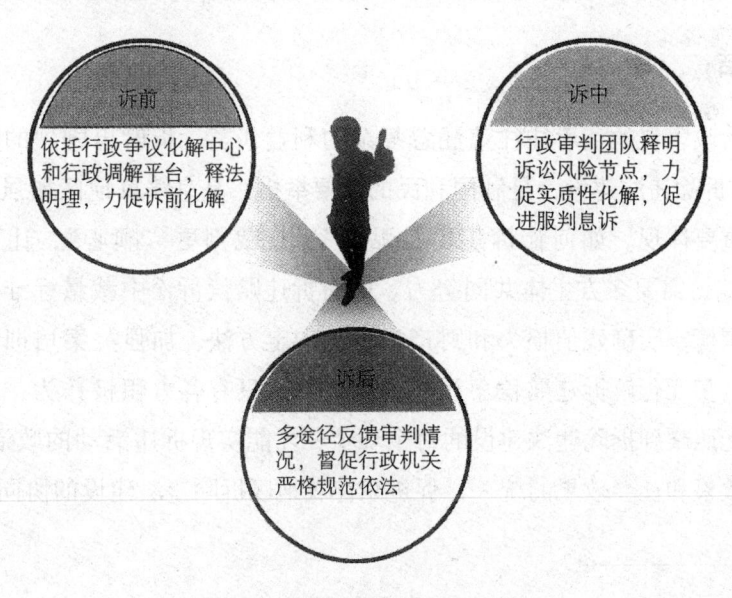

图17 拆违赔偿案件的多元化解

1. 诉前

行政机关要发挥解惑答疑功能。通过政策解读，帮助违建者了解违法建设的严重后果，尽可能赢得违建者的支持配合。法院要通过有力的普法宣传，帮助违建者了解拆违法律知识和救济途径。可与区县行政调解工作平台联络对接，搭建官民沟通桥梁，力促拆违争议在源头实质性化解。

2. 诉中

承办法官要充分释法明理，告知当事人拆除违法建设的相关法律规定，释明诉讼风险节点和化解成功的重大意义，使各方当事人对裁判理由和裁量结果有一定预期。通过协调化解，力促拆违争议在行政诉讼中实质性化解。

3. 诉后

法院可通过发布司法建议、行政审判白皮书等，向行政机关及时反馈拆违赔偿案件审理中发现的执法问题，督促行政机关严格规范执法，降低应诉和败诉风险。对于涉众、重大复杂敏感的拆违案件，法院可提前介入，提供意见建议，辅助做好行政争议的稳控和化解。

结　语

行政争议的背后往往蕴涵着复杂的利益纠葛，折射出剧烈的时代变迁。[①] 拆除违法建设，是利国利民的重要举措，是京津冀地区加强社会治理的重要体现。如何让拆违更"贴心"，让裁判更"顺心"，让百姓更"放心"，需要多方主体共同努力。面对拆违赔偿诉讼中裁量标准不一的现实困境，明确残值损失和财产损失的酌定方法，加强类案培训和举证指引，多元化解拆违赔偿争议是应然选择。只有各方积极作为，使法治的阳光照耀到拆除违法建设的每个环节，才能实现拆违活动的政治效果、法律效果和社会效果的统一，促进京津冀地区拆除违法建设的协同发展。

---

① 参见章志远：《行政诉权分层保障机制优化研究》，载《法学论坛》2020 年第 3 期。

附件 1

本文研究的 1766 份行政赔偿判决书中
有启发意义的文书梳理

序号	案号及名称	原告（上诉人）诉讼请求	原告（上诉人）质疑或被告（被上诉人）辩称	判决说理部分梳理	审级/判决结果
1	（2018）京03行赔终56号 ×厂诉×镇政府	撤销一审行政赔偿判决书，改判被告赔偿涉案建筑物经济损失2400万元。	上诉人诉称：一审法院认定涉案厂房属于违法建筑依据不足，不符合公平原则。判决赔偿厂房建筑材料残值损失7万元依据不足，对机器设备及物品损失的计算不符合法律规定。	因涉案建筑在拆迁范围内，在征地拆迁补偿过程中，对于拆迁范围内的强制拆除违法建设的赔偿，不宜简单地一律以一般违法建设赔偿予以处理，应当本着实事求是原则综合考虑违法建设情节、房屋形成历史背景、拆迁过程中对此类建筑是否存在相关补偿政策及补偿方案、行政机关过错程度等因素综合加以确定。一审法院未对上述情形加以审查，应属认定事实不清。	二审/撤销一审行政赔偿判决书；发回重审。
2	（2018）京03行赔终28号 杨×诉×镇政府	撤销一审判决，改判被告赔偿原告因强拆所造成的直接经济损失33.5万元。	上诉人诉称：一审法院对上诉人提供的证据认定事实不清。被上诉人对上诉人承包土地的所有地上建筑进行了破坏性强拆，故要求被上诉人赔偿土地租赁费。×区政府复议决定书明确认定被上诉人强制拆除程序违法、强制拆除行为违法，强制拆除的行为主要事实认定不清。	被告的强拆行为被×区政府行政复议决定书确认违法后，有权就其合法权益受到的损失向被告主张赔偿。现原告主张因被告的强制拆除行为造成其建筑内厨卫、家具、电器等财产损失，并提交了证明其上述财产损失存在的初步证据，被告虽然对该证据不予认可，但是未能提供证据予以佐证，故被告在强制拆除涉案建筑物过程中对原告的合法财产造成的损失应予赔偿。一审法院对此事实的认定属于基本事实认定不清。	二审/撤销（2018）京0117行赔初3号行政赔偿判决；发回重审。

- 127 -

续表

序号	案号及名称	原告（上诉人）诉讼请求	原告（上诉人）质疑或被告（被上诉人）辩称	判决说理部分梳理	审级/判决结果
3	（2016）京02行终1650号 张×诉×街道办事处	撤销一审判决，发回重审或者改判被告赔偿原告2400万元。	上诉人诉称：因涉案房产一直用于商业经营，故在价值和价格上要高于同类型的房屋。被告强拆行为给原告带来巨大损失，被告应赔偿因其违法强制拆除原告所有的房屋的赔偿款2400万元。	被告实施的强制拆除行为已被确认违法，但原告向一审法院提起行政赔偿诉讼前，未按照法律规定先行向被告提出赔偿申请，不符合单独提起行政赔偿诉讼的起诉条件。一审法院判决驳回原告诉讼请求属于适用法律不当，应予撤销。原告起诉缺乏事实根据和法律依据，应予驳回。	二审/撤销（2016）京0111行初263号行政赔偿判决书；驳回原告的起诉。
4	（2018）京03行赔终15号 贺×诉×镇政府	撤销一审判决，发回或依法改判被告赔偿原告经济损失30万元。	上诉人诉称：1.一审判决认定的基础事实错误。2.一审判决法律适用错误。被告的强拆行为已被确认违法，依法应该承担赔偿责任。一审判决把证明上诉人因被告侵权行为所造成损失的举证责任全部分配给上诉人，与法律规定相悖。	1. 原告未提供证据证明涉案建筑为合法建设，故原告主张的房屋装修损失，不予支持；2. 经营损失及租金损失，不属于直接损失的范畴，不予支持；3. 因被告在拆除涉案建设时，对相关物品进行清点并制作了物品清单，亦履行了告知义务，原告应及时取走涉案物品，故对于物品损失不予支持。	二审/维持原判。
5	（2018）京0111行赔初29号 林×诉×镇政府	被告赔偿原告因拆除带来的门脸房、院墙、地面、饭店用具等经济损失100万元。	原告诉称：被告在原告不知情的情况下，强行拆除门脸房120平方米，门脸房后边院子、围墙也被拆除，屋内东西被丢弃到屋外空地，应予赔偿。	1. 原告主张的营业额损失不属于强拆造成的直接损失，不予支持。2. 涉案建筑物因未取得乡村建设规划许可，属于违法建设，建筑物损失不予支持；3. 因被告未提交录音录像及财产清单等证据，结合当事人陈述和证据，酌定被告赔偿屋内物品损失3000元；4. 因被告未通知原告清理建筑物残值，酌定赔偿2000元。	一审/被告赔偿原告直接损失5000元；驳回原告其他赔偿请求。

续表

序号	案号及名称	原告（上诉人）诉讼请求	原告（上诉人）质疑或被告（被上诉人）辩称	判决说理部分梳理	审级/判决结果
6	（2017）京01行赔终51号 苏××诉×区城管局、×镇政府	撤销一审判决，发回重审，应判决：1.被告无条件在北京市官方正式媒体公开道歉；2.被告无条件将涉案房屋建筑恢复原状；3.无条件返还抢劫所有可移动财产；4.赔偿出租收益损失422600元；5.赔偿租房居住损失18000元；6.赔偿非不动产财产损失300万元；7.赔偿精神损失费10万元。	上诉人诉称：1.一审法院程序违法，未对原告要求异地审理的请求先行裁决；2.原告经合法买卖获得此房屋，已善意取得涉案房产院落；3.涉案土地为国有军用土地，土地权属未依法变更，被告无权拆除；4.被告趁家中无人，非法侵入住宅、毁损财产、拆毁房屋，应予赔偿。	即使存在综合全案证据仍然无法查明事实的情况，也应当根据责任分配原则作出裁判，不得拒绝裁判。上诉人第六项赔偿请求，一审法院以搬离的物品"未归还清点"为由，认为"法院不宜径行判决"，故应认为一审判决主文的第二项中并不包含该项赔偿请求，一审已经构成遗漏行政赔偿诉讼请求。一审判决主文的第一项虽然是针对上诉人的第三项赔偿请求作出，但又未列明应当搬离的物品清单，且该赔偿请求与第六项赔偿请求也存在关联关系，故一审判决也构成对该项赔偿请求的部分遗漏。因被上诉人不同意与上诉人调解，且本案系单独提起的行政赔偿诉讼，不涉及对行政行为违法性的确认，故应发回重审。	二审/撤销（2016）京0109行初158号行政判决；发回重审。
7	（2018）京0111行赔初6号 王×诉×镇政府	被告赔偿原告因拆违造成的损失50万元。	原告诉称：原告分批次建设500平方米房屋，硬化部分路面。被告的强制拆除行为已被确认违法，故请求被告赔偿包括房屋建筑材料和工费等损失50万元。	1.因原告无法举证证明涉案房屋系合法建设，故房屋损失不予支持；2.因被告未通知原告自行清理建筑材料，酌定被告赔偿1万元；3.工费损失不属于直接损失，不予支持。	一审/被告赔偿原告损失1万元，驳回原告其他赔偿请求。

续表

序号	案号及名称	原告（上诉人）诉讼请求	原告（上诉人）质疑或被告（被上诉人）辩称	判决说理部分梳理	审级/判决结果
8	（2017）京0109行初113号 苏××诉×区城管局、×镇政府	1. 被告无条件在北京市官方正式媒体公开道歉；2. 被告无条件将涉案房屋建筑恢复原状；3. 无条件返还抢劫所有可移动财产；4. 赔偿出租收益损失422600元；5. 赔偿租房居住损失18000元；6. 赔偿非不动产财产损失300万元；7. 赔偿精神损失费10万元。	被告×镇政府辩称：1. 涉诉房屋系违法建筑，不具有合法利益，对其恢复原状及相关赔偿请求不应予以支持；2. 原告无权要求被告公开道歉及支付精神损害赔偿。 被告×区城管局辩称：被告未对涉案违法建设实施任何强拆行为，被告是负责外围环境保障工作。原告物品损失与被告无关。涉案建筑属于违法建设，不具有获得国家赔偿的权利。	对于第一、四、五、七项诉讼请求，无法律依据，不予支持。对于第二项诉讼请求，原告未证明其对涉诉土地拥有合法的使用权，故原告要求恢复原状的诉讼请求不予支持。对于第三项诉讼请求，经法院调查核实，存放物品确已灭失，客观上已无法返还，故原告要求被告返还物品的诉讼请求，不予支持。对于第六项诉讼请求，原告并未提供证据证明物品情况，故根据房屋的间数、用途等因素对物品损失予以酌情确定。	一审/两被告赔偿原告房屋内物品损失人民币10万元；驳回原告其他赔偿请求。
9	（2018）京0116行赔初42号 于×诉×镇政府	1. 被告赔偿因强拆造成的经济损失500480元；2. 被告赔偿误种农作物损失25000元，精神损失费50000元；3. 被告尽快恢复水电及损坏的农用设施。	原告诉称：原告承租涉诉地块4150平方米土地及44.6平方米的看护房。被告拆除看护房、铁艺围墙、大棚围墙、钢架、硬化地面的行为已被确认违法，故要求被告赔偿经济损失、农作物损失、精神损失费，尽快恢复水电及损坏的农用设施。	1. 因原告无法证明其建设为合法建设，故建筑物及附属设施赔偿，不予支持；2. 误种农作物损失、搬家费等不属于直接损失，不予支持；3. 被告未侵犯原告的人身权利，故精神损失不予支持；4. 被告未进行证据固定，酌定被告赔偿原告经济损失2278元。	一审/被告赔偿原告经济损失2278元；驳回原告其他赔偿请求。

续表

序号	案号及名称	原告（上诉人）诉讼请求	原告（上诉人）质疑或被告（被上诉人）辩称	判决说理部分梳理	审级/判决结果
10	（2017）京0113行赔初32号 周×诉×镇政府	1. 被告将违法拆除的建筑物、构筑物恢复原状；2. 被告赔偿因强拆被损坏的屋内财产损失248500元。	被告辩称：1. 原告无证据证明涉案建筑物具有合法性，无权获得国家赔偿。2. 原告称合法财产在拆除过程中被掩埋，无事实根据。	1. 因原告无法证明涉案建筑物、构筑物的合法性，故要求恢复原状或赔偿房屋损失、水泥硬化地面损失的请求，不予支持。2. 因停产停业损失不属于直接损失的范畴，不予支持。3. 因被告未通知原告处置拆除后的建筑材料，对残值部分被告应酌情赔偿。4. 线、网线、彩钢板等实际属于建筑物、构筑物、附属设施的一部分，不予支持。5. 因搅拌机的所有权人并非原告，且租赁搅拌机所付押金不属于直接损失，故不予支持。6. 原告个人合法财产，因原被告均无法举证，故酌情确定赔偿金额。	一审/被告赔偿原告建筑材料残值损失、室内外财产损失共计10万元；驳回原告其他赔偿请求。
11	（2018）京0105行赔初5号 ×公司诉×乡政府	被告将违法强拆的原告厂房房屋恢复原状；被告赔偿原告因强拆损毁的屋内财产遭受的损失共计5577945.7元。	被告辩称：被告并未实施原告所称的三次拆除行为，非本案适格被告。原告提出的赔偿要求及金额无任何事实与法律依据。	1. 被告强制拆除原告自建房屋的行为已被确认违法，故应当承担相应的赔偿责任。2. 原告未能证明其建筑的合法性，要求恢复被拆除房屋原状的诉讼请求，不予支持。3. 因原告并举证证明运营情况，且厂房系违法建设，其经营存在一定过错，故停产停业损失不予支持。4. 对于屋内物品损失和冷库损失，因原告举证仅能反映部分财产情况，故酌定赔偿数额。	一审/被告赔偿原告财产物品损失10万元。

续表

序号	案号及名称	原告（上诉人）诉讼请求	原告（上诉人）质疑或被告（被上诉人）辩称	判决说理部分梳理	审级/判决结果
12	（2017）京0118行赔初7号 杨×诉×镇政府	被告应赔偿：1.被强拆的15间正房、26间养殖用房及围墙的损失2171500元；2.生产设施、水电设施、饲料药品、燃煤、家具、生活用品及养殖的活鸡、狗等损失268420元；3.生产经营损失228万元。	被告辩称：原告就强拆行为曾提起行政赔偿诉讼，法院予以驳回。二审期间，原告撤回上诉。原告就同一行政行为再次提起行政诉讼，属重复起诉。原告所建设施为违法建筑，依法应予拆除。原告主张的养殖用房损失不属于国家赔偿的范围，生产经营收益损失不属于直接损失的范畴。原告未提供充分的证据证明损失是因强拆行为导致，故应驳回赔偿物品损失请求。2013年7月22日，被告拆除了原告的违法建筑，直至2016年1月8日原告才向被告提出国家赔偿请求，已超过两年的诉讼时效。2016年1月12日，被告向原告作出不予赔偿决定后，直至2016年9月5日，原告才提起诉讼，也已超过诉讼时效。	1.（2016）京0118行赔初5号行政赔偿案，系原告针对强制拆除决定违法而提出。本案系原告针对强拆行为提出的，故不属重复诉讼。2.原告一直通过诉讼的形式主张着权利。故原告主张行政赔偿未超过法定期限。3.原告所建违法建设不属于合法权益，请求赔偿正房、养殖用房及围墙损失，不予支持。4.生产经营损失不属于直接损失的范畴，不予支持。5.考虑到原、被告的过错程度及本案实际情况，酌情确定财产损失的赔偿数额。	一审/被告赔偿原告违法建设内财产损失28000元；驳回原告其他赔偿请求。
13	（2019）京0113行赔初82号 邢×诉×镇政府	被告赔偿原告各项损失共计27.8万元。	原告诉称：原告承租了×公司的大棚，大棚被被告强制拆除。×公司对被告的强制拆除行为已提起行政诉讼，法院判决确认强拆大棚的行为违法。原告的大棚在×公司的大棚内。原告向被告邮寄了赔偿申请书，被告至今未予答复。	原告承租使用了×公司开发建设的大棚及附属物，故被告强拆涉诉大棚的行为与原告具有利害关系。原告主张的大棚租金、利息、违约金、种植蔬菜预期收益损失不属于直接损失，不予支持。因原告未证明涉案建筑的合法性，原告主张的水电设施改造及大棚加固等建筑物、构筑物、附属物的损失，不予支持。	一审/驳回原告的赔偿请求。

续表

序号	案号及名称	原告（上诉人）诉讼请求	原告（上诉人）质疑或被告（被上诉人）辩称	判决说理部分梳理	审级/判决结果
14	（2017）京0109行初92号 曲×诉×城管局	被告应赔偿原告：1. 土地使用权损失8176100元；2. 80平方米的三居室一套或赔偿房屋价值损失7008592元；3. 经营损失921400元和租金损失；4. 临时安置补偿费1124679元；5. 停产停业补助55760元及利息；6. 周转费95400元；7. 因强拆导致原告在征收中应得到的工程配合奖80000元，提前搬家奖15000元，搬家补助费97091元及利息；8. 房屋装修损失及附属物损失271000元；9. 物品损失；10. 文物字画等损失200000元；11. 精神损害抚慰金及二年诉讼杂费200000元；12. 员工失业经济补偿金289670元；13. 诉讼费用由被告承担。	被告辩称：1. 被告有拆除违法建设的职权。2. 被告作出国家赔偿决定书事实清楚，证据确凿。被告拆除时违法建设内并无个人物品。原告所建违法建设无法进行产权登记，不能享有房屋的所有权，因此不受法律保护。原告第1项至第8项、第10项赔偿请求涉及征收补偿问题，与被告拆除违法建设行为无关，且法院已对赔偿请求人相关的赔偿请求作出了判决。原告第9项主张无事实依据。3. 被告作出国家赔偿决定书适用法律正确，程序合法。	1. 涉案房屋及院墙未依法取得相关规划审批手续，系违法建设，故原告第1项至第8项、第11项和第12项诉讼请求，不予支持。2. 被告通知原告清理拆除后的建筑材料，故就残值部分酌定被告赔偿500元。3. 原告主张的物品损失及文物字画损失，因原告未证明涉案房屋内存在上述物品，且其在诉×区政府一案中对有关物品亦进行了主张，故对原告第9项和第10项主张，不予支持。	一审/被告赔偿原告建筑残值损失500元；驳回原告其他赔偿请求。

附件2

拆违行政赔偿案件裁量参照手册

一、建筑材料残值损失的酌定办法

通过固定残值损失赔偿标准的方法，确定建筑材料的残值损失。由高级人民法院牵头，结合本地区物价、建筑材料价格和司法实践中残值损失的酌定情况等，明确规定本省市法院在审理拆违赔偿案件时每平方米残值损失的赔偿数额。以酌定标准乘以违法建筑的面积，计算出酌定赔偿残值损失的总额。以每年为单位，结合社会发展情况，对残值酌定标准进行定期更新。

二、受损财产损失的酌定办法

对于当事人主张受损的财物，可采取区别化的手段酌定赔偿数额。

（一）酌定基准

1. 家电、家居、农具的酌定基准

若当事人主张物品是从网上购买，则要求当事人提供购买截图、购买凭证及购买链接。

（1）若当事人能够提供购物链接，从有利于维护当事人合法权益的角度出发，以当前的全新物品价格作为酌定基准。

（2）若当事人无法提供购物链接，则根据高级人民法院通过实地走访制定的不同物品价格指引清单来确定物品的酌定基准。

物品价值指引清单的制作流程是：高级人民法院成立拆违赔偿案件专项工作组，在本省市范围内分别确定一家种类相对齐全、价格相对适中、客流量较大的家居店铺和家电店铺。通过实地走访和沟通询问，制作不同物品的价格指引清单。权威店铺的确定需要充分听取本省市经济社会发展部门的意见建议，以专题会议、座谈交流等形式确定，并报高级人民法院审判委员会研究通过。

（3）若当事人主张物品是在店内购买，则需走访店铺，确定全新物品的价格。如果店铺已经不存在，则要根据高级人民法院通过实地走访制定的不同物品价格指引清单确定物品的酌定基准。

2. 水果和蔬菜的酌定基准

拆除违法建设涉及的水果和蔬菜损失一般是指在大棚中种植的水果和蔬菜。在酌定水果和蔬菜损失时，可参照水果和蔬菜的市场价格。拆违赔偿案件专项工作组可实地走访本省市较大的水果蔬菜市场，采集水果和蔬菜的售价信息。建立联络对接机制，专项工作组每年要对水果和蔬菜价格进行更新。

水果和蔬菜市场的确定同样需要充分听取本省市经济社会发展部门的意见建议，以专题会议、座谈交流等形式确定，并报高级人民法院审判委员会研究通过。

3. 其他物品的酌定基准

对于其他物品，可根据案件情况，选择本省市对应的规模大、信誉高、销量高、关注量大的权威店铺，参照确定物品价值。具体流程与家电、家居、农具和水果、蔬菜损失的酌定流程一致。

（二）折旧办法

询问当事人物品的购买年份，从购买年份到拆除年份，按照每年折旧10%的方法计算。全新物品的价格乘以折旧年数，最终得出应当酌定的赔偿数额。

附件3

被强制拉走财产损失清单

案号：

序号	名称	数量	购买（投入）年份	购买（投入）价格	主张赔偿价格	有无证据	页数	证明目的	备注

提交人：

提交日期：

被毁损财产损失清单

案号：

序号	名称	数量	购买（投入）年份	购买（投入）价格	主张赔偿价格	有无证据	页数	证明目的	备注

提交人：

提交日期：

附件4

关于规范行政赔偿案件自由裁量权行使
保障裁判尺度统一的实施意见

（建议稿）

为规范行政赔偿案件自由裁量权行使、保障裁判尺度统一，确保行政审判公正高效，根据《中华人民共和国行政诉讼法》《最高人民法院关于适用〈中华人民共和国行政诉讼法〉的解释》《中国共产党中央委员会政法委员会、最高人民法院、最高人民检察院关于加强司法权力运行监督管理的意见》《最高人民法院关于在审判执行工作中切实规范自由裁量权行使保障法律统一适用的指导意见》等法律、司法解释和规范性文件有关规定，结合行政审判工作实际，制定本工作意见。

第一条【概念】本文所称行政赔偿案件自由裁量权，是指在行政赔偿案件审理过程中，在对于事实认定、法律适用及程序处理等问题具有一定选择和判断空间情况下，根据法律规定和立法精神，秉持正确司法理念，运用科学方法进行分析和判断，并最终依法作出公正合理裁判结果的权力。

第二条【工作意义】规范行政赔偿案件自由裁量权行使，是维护公平正义的要求，是实现裁判尺度统一、维护司法权威的体现，是构建良好法治秩序与环境的基础。

第三条【工作目标】规范行政赔偿案件自由裁量权行使应在准确认定案件事实、正确适用法律、确保个案公正基础上，最大限度地保证裁判尺度统一，保证审判质量、提升司法公信、树立司法权威。

第四条【工作原则】规范行政赔偿案件自由裁量权行使工作应遵循合法原则、合理原则、公正原则、审慎原则，确保程序公正与实体公正相统一；确保规范自由裁量权、实现审级监督与保障依法独立行使审判权相统一；确保政治效果、法律效果、社会效果相统一。

第五条【职能部门】高级人民法院行政庭是负责全地区法院行政赔偿案件规范自由裁量权行使工作的职能部门，具体职责包括：监督指导全地区法院行政赔偿案件自由裁量权规范具体工作；汇总全地区行政赔偿案件自由裁量权行使中存在的重大问题；制定行政赔偿案件自由裁量权行使统一标准；牵头建立规范行政赔偿案件自由裁量权行使工作机制；组织建立全地区法院行政赔偿案件自由裁量疑难问题交流平台；等等。

第六条【工作方法】规范行政赔偿案件自由裁量权行使工作应依托三级法院上下联动，贯穿行政审判全过程。应从审判理念统一、基础规范指引、疑难问题研究等不同层面着力；通过明确各级审判主体职责、加强审判监督管理、畅通信息沟通渠道、搭建配套保障平台等具体方式积极推进。

第七条【裁判理念】行政法官在行政审判工作中应牢固树立规范自由裁量权行使的理念，正确运用科学方法，准确认定案件事实、正确适用法律，确保自由裁量权行使尺度的统一。

第八条【上报机制】基层人民法院、中级人民法院要结合行政审判实际，从审判实践中、类案检索中或案件评查等过程中，及时发现并梳理汇总涉及自由裁量权行使的典型案例，将疑难困惑、意见分歧及时上报高级人民法院。高级人民法院要做好意见征集、沟通协调、规范指引等各项工作。

第九条【内部统一】在统一的裁判指引出台前，各级人民法院审理涉自由裁量权的案件，要首先在内部依托行政审判法官会议、集中培训等形式，对涉自由裁量权案件的审理进行归纳总结，确保内部类似案件类似处理，避免裁量差异较大情况的出现。各级人民法院在讨论自由裁量权行使统一疑难问题形成倾向性意见的，在向本地区公布前应层报高级人民法院行政庭审核，原则上审核回复时间不超过二十日。

第十条【意见审核】高级人民法院行政庭对本意见第九条中涉及的自由裁量权行使统一意见经审核达成共识的，可转发供本地区其他法院学习交流；经审核无法达成共识但确属重大疑难问题的，高级人民法院行政庭应报高级人民法院审判委员会讨论决定,该决定意见应向本地区法院公布。

高级人民法院行政庭在上述审核工作中,应借鉴吸收其中具有全地区范围自由裁量权行使统一指导意义的内容。

第十一条【沟通协调】高级人民法院要切实发挥指引管理职能,定期征集各级法院涉自由裁量权案件审理的问题,及时组织内部和外部沟通研讨,通过召开专业法官会议、座谈交流等形式,要尽早出台解决办法或审理规范指引,保障辖区各级法院裁量标准的统一和裁量办法的明确,促进类案裁判尺度的相对统一。对具有普遍法律适用意义的新型、典型、疑难的涉自由裁量的问题,必要时要向最高人民法院报告。

第十二条【意见公开】高级人民法院行政庭对经研究达成基本共识的类案自由裁量权统一的成果,可适时提请主管院长以类案自由裁量权行使统一标准形式报高级人民法院审判委员会讨论通过。通过后应在本地区法院公开,供各级人民法院参考使用。

法官的审理裁判结果与上述类案自由裁量权行使统一标准不一致的,应报院、庭长提请本院审委会讨论决定,审委会讨论决定与自由裁量权行使统一标准不一致的,应层报高级人民法院行政庭。

第十三条【成果转化】高级人民法院行政庭要以负责大类案件的法官为牵头力量,积极调动全市法院行政审判研究力量,适时依不同情况以个案答复、典型案例、参照指引、法官会议纪要等形式,实现类案自由裁量权统一成果转化。

第十四条【培训保障】对于涉自由裁量权的案件,要及时组织各级法院研讨培训、沟通座谈,积极选派业务骨干进行专门授课、交流,进行统一培训学习等,帮助各级人民法院统一裁判思路,提升综合素质,提高司法业务技能,保障自由裁量权的正当行使,不出偏差。

各级人民法院应有针对性地结合日常审判工作,着力加强裁判理念和裁判方法的系统培训。

第十五条【类案人才库建立】高级人民法院行政庭应依托自由裁量

权行使统一日常工作，与各院党组、高级人民法院教培处紧密配合，探索建立本地区行政审判领域类案人才库，发现和培养行政审判专业人才，努力打造全国行政审判人才高地。

对于各级人民法院参与本地区行政赔偿案件自由裁量权行使统一工作的类案人才库人员，高级人民法院在专家人才评比、奖励、遴选、培训、交流、授课等方面予以优先推荐。

第十六条【专业化建设】各级人民法院应依据不同情况通过专业庭室设立、专业审判团队组建、专业人才培养等措施推动行政审判专业化建设，以专业化建设促进自由裁量权行使统一。

第十七条【技术保障】各级人民法院行政审判庭在自由裁量权规范统一工作中应与技术部门协同研究，积极推动办案规范信息化工作，依托信息技术手段为规范查询、类案检索、关联类案标注、信息沟通、类案裁判标准公布等工作建立便捷的信息化平台。

第十八条【纪检监督】各级人民法院要严格按照法律法规规定，正确行使自由裁量权，廉洁自律，公正司法，防止权力滥用。要加大司法公开的广度和深度，自觉接受人大、政协、检察机关和社会各界的监督。纪检监察部门要切实履行监察职责，加大对自由裁量权行使的监督力度，对滥用自由裁量权并违法违纪的人员，根据法律法规、纪律规定严肃处理，绝不姑息。要定期开展警示教育，引导法官规范自由裁量权的行使，保障不出问题和纰漏。

第十九条【院外监督】行政赔偿案件自由裁量权规范统一工作中应主动邀请人大代表、政协委员、政府相关职能部门、相关领域专家学者参与，采取听取意见、研讨交流、邀请参与发布会等形式，吸收各方意见、接受各方监督。

高级人民法院行政庭应定期与各行政机关及行政法学研究会等就类案自由裁量权行使统一问题进行沟通协调。采取专题会议研讨专门问题、相互授课交流等方式，实现法律共同体共同合作解决疑难问题。

第二十条【生效日期】本意见自发布之日起施行。

市域社会治理形势下的一站式诉讼服务体系建设路径探究

——以邢台法院为样本

杜安龙[*]

摘要： 最高人民法院提出的加快建设一站式诉讼服务体系的目标与党的十九届四中全会提出的"加快推进市域社会治理现代化"的要求深度契合，内涵相连，如何在推进市域社会治理现代化整体形势下加快建设一站式诉讼服务体系是人民法院亟待深思探究之题。本文通过对邢台法院一站式诉讼服务体系建设工作的实地考察研究，在深度总结经验成果的基础上，对当前人民法院一站式诉讼服务体系建设存在的纠纷解决资源整合乏力、信息技术开发运用不深、体制机制运行流转不畅、建设推进成效不一等问题及困境进行了深入分析，并系统性地提出了构建法院诉服中心与党政主导的调处中心双向互动对接的多元解纷体系、橄榄型诉服中心运作模式等建设路径，通过四个"依"（依靠党政、依势而制、依托信息、依众聚力）实现一站式诉讼服务体系建设与市域社会治理的深度融合，协同并进。

关键词： 市域治理　一站式诉讼服务体系　邢台法院实践

---

[*] 河北省邢台市中级人民法院立案一庭法官助理。

2019年6月，最高人民法院提出建立集约高效、多元解纷、便民利民、智慧精准、开放互动、交融共享的现代化诉讼服务体系，即建设分层递进、繁简结合、衔接配套的一站式多元解纷机制、立体化集约化信息化的一站式诉讼服务中心。同年10月，党的十九届四中全会提出要"加快推进市域社会现代化治理"，即完善党委领导、政府负责、民主协商、社会协同、公众参与、法治保障、科技支撑的社会治理体系，实现共建共治共享的社会治理制度，以推进国家治理能力现代化。两个要求的提出均是顺应我国主要矛盾的变化及时代形势应运而生的，其共同的目的是及时妥善解决我国经济社会中日益增多的矛盾纠纷，满足人民群众不断增长的各项需求，从而提升国家治理能力，维护社会稳定和改革发展大局。市域社会现代化治理是一项整体系统工程，而其中一项关键环节和重要内容就是矛盾纠纷解决体系的构建，这与人民法院提出建设一站式诉讼服务体系目标一致、内涵互连。本文从对邢台法院一站式诉讼服务体系建设情况的考察研究着手，就一站式诉讼服务体系与市域社会治理的关系、人民法院在整个市域社会治理中的职能定位、一站式诉讼服务体系建设目前存在的问题以及困境进行系统的阐述分析，并有针对性地提出构建诉服中心与调处中心双向互动对接的多元解纷体系、橄榄型诉服中心运作模式，以及充分运用四个"依"字诀的建设思路方法，从而为人民法院在市域社会治理现代化形势下开展一站式诉讼服务体系建设提供思路，推进社会治理现代化的整体进程，希冀起到抛砖引玉、有所启益之作用。

一、邢台法院一站式诉讼服务体系建设的整体概况

建立一站式多元解纷机制、一站式诉讼服务中心的现代化诉讼服务体系是落实党中央关于推进司法体制改革的必然趋势，也是最高人民法院提出的明确要求，其核心要义体现在为群众解忧、为法官减负、为审执提速。为落实这一目标，邢台两级法院以人民为中心，坚持党政领导、科学谋划、多方参与、科技支撑，全方位推进一站式诉讼服务体系建设工作，取得了

较好的成果，对防范社会风险，推进诉源治理，维护社会和谐稳定大局起到了积极的作用。但同时也应清醒地认识到，目前一站式诉讼服务体系建设仍然存在纠纷解决资源整合乏力、法院职能定位认识不清等或客观或主观的问题，阻碍了一站式诉讼服务体系建设工作的推进。

（一）邢台法院一站式诉讼服务体系建设成果概述

1. 多方投入发力，实现诉讼服务中心提档升级

2019年6月以来，邢台两级法院累计投入资金2000余万元，升级改造诉讼服务中心面积9000余平方米，市中级法院和17个基层法院已初步完成改扩建提档升级任务；另有3个基层法院因受场地、资金等条件限制，初步拓展完善了立案庭相关功能，并已做好规划设计、财政预算申报等准备工作，计划2020年开工建设。升级后的诉服中心具备了从导诉分流、业务咨询、信访接待、诉前调解、立案、速裁快审等功能，能够为人民群众提供一站式诉讼服务，极大地提升了司法服务效率和司法便民度。

2. 强化诉源治理，构建共建共治共享大格局

主动融入党委、政府领导下的诉源治理格局，联合市委政法委、市检察院、市公安局出台《关于深入推进诉源治理加快建设一站式多元解纷新机制的实施意见》，推动行政争议化解中心在市中级法院挂牌成立。强化与政府相关部门、非诉解纷组织的沟通协调、联系对接，充实壮大多元化纠纷解决力量，促进形成问题联治、工作联动、平安联创的社会治理格局。

3. 深化分调裁审，提升审判工作质量效率

将分调裁审机制改革与两个一站式建设结合起来，在诉讼服务中心设立程序分流员，健全速裁团队，完善"多元调解+速裁"工作机制，实现源头解纷、轻重分离、快慢分道，简案快审、繁案精审，在确保公平公正的基础上，促进审判质效全面提升。

4. 引入社会服务，促进资源整合集约高效

以重塑诉讼格局、再造司法流程的决心，探索建立社会力量参与诉讼服务机制，引入公证员、仲裁员、调解员、律师、志愿者、退休司法

人员及银行、邮政、保险等第三方机构和人员，参与开展诉讼引导、法律援助、调解、代理申诉，将除审执主业之外的能够由社会化专业团队外包完成的辅助性、事务性、服务性工作全部集中到诉讼服务中心，通过自建团队、统一外包、购买服务等方式，实现集约化、社会化管理，促进诉讼服务人员集中、功能集约、效果集成。

5. 深化"互联网+"，加快智慧法院建设进程

深入推进"互联网+诉非衔接"工作机制，研发诉非衔接网络平台，并实现与"民调通"等各类平台的深度融合，整合解纷资源，构建了"一纵三横"调解网络。"一纵"即以市中级法院为中心、20个基层法院为分中心、190个人民法庭为辐射的纵向中枢系统，主司诉调对接工作；"三横"即中级法院与65家市直综治单位横向对接，基层法院与县（市、区）300多家综治部门横向对接，乡镇法庭与1000余家基层综治点横向对接，形成党政统领、多方推进、法院主导、综合发力、部门参与、优势互补、诉调对接的解纷大格局。2019年共调处纠纷27950件，调解成功13189件，成功率达54.95%，司法确认2056件，14个基层法院一审民商事案件收案数止增回落。充分依托最高人民法院的诉服质效平台，优化系统，大力推进网上立案、网上缴费、网上送达、网上质证、网上开庭的线上诉讼工作，培养人民群众线上诉讼意识，全面推进了智慧法院的各项建设进程。

（二）邢台法院一站式诉讼服务体系建设的经验

1. 领导重视，精心谋划

2019年，市中级法院党组将现代化诉讼体系建设作为全市法院工作的重中之重，统筹兼顾、重点突破、以点带面，率先对中级法院诉讼服务中心升级改造，引领带动基层法院整体推进。成立由一把手任组长的现代化诉讼服务体系建设领导小组，下设四个工作专班，对标《最高人民法院关于建设一站式多元解纷机制一站式诉讼服务中心的意见》，先后9次召开党组会、全市法院院长座谈会、现场调度会安排部署，聚力推动。两级法院一把手亲自研究部署、亲自督导落实，先后派员到浙江、

北京、甘肃等地考察学习、调研论证，明确时间表、路线图、责任链，靠前指挥、现场督导，全力推进两个一站式建设提档升级。

2. 因地制宜，优化布局

改扩建过程中，全市法院根据自身实际，因地制宜，秉持把最佳的位置留给群众，把最好的设施让给群众，把最优的服务带给群众的理念，力求做到布局合理、宽敞明亮、简约实用、功能完善、服务优质。聘请专业公司，采用窗口柜台开放式设计，色调以白色、蓝色、黄色为主，既体现了邢台的地域文化，又体现了法院诉讼服务中心以人为本、为人民群众提供暖心服务的情怀和宗旨。在原立案大厅登记立案功能基础上，科学划分十大区域，增设服务窗口，新增加"人脸识别、人工导诉、普法宣传、信息查询、跨域立案、自助立案、法律咨询、卷宗复印、执行接待"九大功能，将除庭审以外的十余项服务事项前移至诉讼服务中心一站式办理，实现了从审判辅助部门向综合业务部门、从单一服务向贯通全程、从现场服务向立体服务的转变，切实让人民群众真实体验"走进一个厅、事务全办清"的诉讼服务。

3. 以民为主，问题导向

坚持以人民为中心，坚持问题导向和创新意识，聚焦群众需求，盯着问题学、围绕效果改，先后召开由人大代表、政协委员、律师、群众和基层干警参加的座谈会，广泛征求意见建议，研究出台《关于为民心工程提供司法保障和全力做好便民利民十件实事的实施意见》。开通检察官、律师、残疾人士绿色通道，设置档案查阅、案款缴退费、诉讼信访等窗口。加大经费保障力度，健全完善软硬件设施，全市法院诉服中心普遍建设等候座椅、手机充电站、打印复印机、饮水机等各类便民设施。人民群众反映强烈的开具裁判文书生效证明、复印卷宗、网上缴退费、移送卷宗难等问题得到有效解决。同时，设立导诉台，推行年轻干警和志愿者双人双岗导诉，开展星级诉讼服务中心、星级服务标兵评选活动，形成"人人是窗口、个个是形象"的浓厚氛围，实现"咨询有人答、查询有人帮、材料有人收、电话有人接、联系法官有人找"，切实将司法为民落到实处，让当事人感受到人性化关怀，于细微处显服务、见真情。

4. 科技助力，解忧减负

引进人脸识别、3D 导航、电子门牌、自助查询终端，引导当事人快捷办理诉讼事宜，轻触屏幕或刷身份证即可自助查询案件信息，打印格式文书。全面应用移动微法院，开通律师服务平台、12368 热线，推行"一网通办"，当事人、律师足不出户即可享受"键对键""指尖化"一站式诉讼服务。

5. 注重融合，人文关怀

注重地域文化与法治文化融合，营造亲民和谐氛围，面向社会公开发布院标、诉讼服务中心标识征集启事，选定具有代表邢台地域特色、法律文化底蕴的 LOGO、标识，提升中心建设的影响力、参与度。在诉讼服务中心建立普法基地，安装电子显示屏，滚动播放法治文化、审执质效信息；对大厅、调解室进行家居风格装修，张贴悬挂和谐、宽容、诚信主题字画、温馨标语，让当事人在潜移默化中受到法治文化教育熏陶，着力打造具有邢台特色的法治文化殿堂，让司法便民更有温度、让司法利民更有厚度、让司法为民更有高度。

（三）一站式诉讼服务体系建设存在的困境

在取得成绩的同时，应该清醒地认识到，一站式诉讼服务体系的建设成果距离最高人民法院的要求仍然具有一定的差距，还无法满足人民群众日益增长的司法需求，无法完全应对因时代变局而呈"井喷式"爆发的社会矛盾，因人民法院在整合纠纷解决资源方面自身的局限性等客观原因，或因对参与社会治理的定位认识不清等主观原因，都严重制约着一站式诉讼服务体系建设的工作推进、作用发挥。

1. 纠纷解决资源整合乏力

现代化诉服体系的建设尤其是一站式多元解纷机制需要整合行政机关、仲裁、公证、行业调解、社团调解、人民调解等多方面的解纷资源，而这对于具有被动司法和终局裁判职能的人民法院是一个巨大的困难和挑战，具有天然的客观局限性。一是人民法院多方对接、四面开花，需要投入大量的人员和精力进行研究、探讨、配合，易造成疲于奔命、效果不佳的局面，严重的还可能影响审执主业；二是在立法制定、资金投入、人力配合、规则制定等方面，人民法院都具有客观的局限性，无法从整体和宏观的角度统一调度、统一整合，后续乏力。

2. 信息技术开发运用不深

依托信息技术，充分发挥大数据功能是构建现代诉服体系的应有之义，但当前在人民法院建设一站式诉讼服务体系的进程中，仍然存在对信息技术开发不够深、运用不到位的情况。一是法院内部的系统开发多头并进，比如不同法院开发各自的网上立案、送达、质证等平台，没有形成一个适用于全国法院的统一平台，造成数据无法共享、流转不畅，目前最高人民法院已经意识到这一问题，已经开始着手整合，这是一个好的现象和趋势。二是对已开发的系统运用不深入、不充分，如法院在诉前、诉中、诉后不同平台之间的数据流转不畅、12368查询平台与立案系统数据不同步、网上开庭或网上调解等远程庭审系统运用不熟练、电子卷宗系统使用不普遍（大部分法院移送卷宗仍然采用纸质卷宗的方式）等问题，都严重制约着一站式诉讼服务体系建设工作的开展。三是法院内部系统与外部系统对接、数据共享的问题。目前来看，在诉前纠纷化解平台方面，人民法院存在与多个部门分别对接的问题，没有形成一个一对一式的简单、明晰、流畅的对接渠道，数据来源杂乱且处理不畅；而且，法院与公安、人力资源社会保障、交通、银行、保险等部门未建立数据互通共享的平台，制约着法院送达、审理等各项后续工作；另外，对于区块链等新型技术在法院一站式诉讼服务体系建设方面的作用研究不深、重视不够。

3. 体制机制运行流转不畅

部分法院存在党组重视程度不够的问题，前期总体部署谋划不精细、不全面，没有形成系统完备、运转顺畅、行之有效的体制机制；部分法院与行政机关、仲裁机构、行业调解、人民调解等调解组织在程序安排、司法确认、法律指导等方面的衔接配合尚有发展空间；多元化纠纷解决机制运作联动不畅，缺乏一套完整配套、常态化、制度化的力量投入和奖惩机制，如一些调解人员能力有限，专业知识缺乏，不能有效发挥解纷、化解矛盾的作用；再如，因为缺乏有效的资金投入和奖惩机制，一些行业调解组织和解纷人员积极性不高，许多纠纷虽然进入诉前调解程序，但存在"空转"的现象，严重影响人民群众对于诉前调解的积极性和信任感。

4. 职能职责定位认识不清

部分法院对人民法院在参与市域社会治理中的功能定位和作用认识不清，导致出现偏轻偏重的问题。一是认为人民法院的一站式诉讼服务体系建设根本目的是解决法院日益增多的纠纷，缓解案多人少的矛盾，更多的是法院自身的建设，与市域社会治理虽有联系但关联不深。这一观点没有认识到人民法院与市域社会治理之间的内涵相连，忽略了人民法院在市域社会治理系统工作中的积极作用。二是过于强调人民法院在整个市域社会治理工作的作用和地位，认为人民法院应在市域社会治理工作中占据主导地位、起到全面作用，这一观点没有正确认识市域社会治理工作的整体性、系统性，没有区分好法院在诉讼内外的不同角色，致使法院工作重点缺失、本末倒置。

5. 配套设备措施保障不够

从目前来看，不管是从场地、设施、资金投入等硬件配套上，还是从信息手段、宣传力度、推进计划等软件配套上，部分法院都存在保障不够的问题。一些法院诉讼服务中心建设场地、调解场地、基本设施过于狭小，布局不合理，设备配置差，严重制约着各项工作的开展和纠纷导出工作；一些法院经费保障不足，尤其是向党政等部门申请专项资金困难重重，缺乏及时充足的奖励保障，一定程度上影响了诉讼服务中心的建设以及调解人员工作积极性；一些法院信息化手段单一，宣传不到位，导致社会公众缺乏对一站式诉讼服务体系工作的了解和正确认知，没有在社会上形成良好的舆论效应。

6. 建设推进成果参差不齐

客观来说，目前全国各地各级法院推进一站式诉讼服务体系建设的工作成果参差不齐，发展不平衡，差异性较大。以邢台全市法院为例，一些法院不管是在诉前多元解纷资源的整合上，还是诉讼服务中心的场地建设上都取得了较大的成果，当地党委支持、社会参与性高，群众也欢迎。但一些法院的诉讼服务中心建设在场地规划、硬件设备、布局划分上缺乏统一规划，推进缓慢；一些法院解纷资源稀缺、整合不到位，预防和化解纠纷的能力较低，也没有形成常态制度化的资金投入。这除了有场地有限等客观原因外，与部分法院领导重视不足、工作主动性缺失、创新意识不够等原因是密不可分的。

二、市域社会现代化治理与一站式诉讼服务体系的内在联系

从对邢台法院一站式诉讼服务体系建设经验成果及存在问题的综合分析，不难看出，人民法院的一站式诉讼服务体系工作离不开党政支持、社会协同、信息支撑等方方面面的力量，而市域社会现代化治理这一系统工程的提出，为人民法院推进一站式诉讼服务体系提供了良好的契机，在政策支持、财政投入、资源整合、平台搭建等方面能够为人民法院提供基础力量。厘清关系，找准定位，才能更好地融入和依托市域社会现代化治理这一系统工程，推进一站式诉讼服务体系建设走上快速道。

（一）市域社会现代化治理的系统性——为一站式诉讼服务体系建设提供基础力量和解纷资源平台

推动一站式诉讼服务体系尤其是一站式多元解纷机制的建设，需要整合大量的社会解纷资源和构建更大范围的解纷平台，这项工作仅靠人民法院自身的力量是很难实现的，需要投入大量的人力、物力、财力。而市域社会现代化治理工作的开展，其必然是要对社会各类解纷资源予以整合，并构建一个大统一平台，实现一站解决和归口管理，这就为人民法院开展一站式多元解纷机制的建设提供了基础，人民法院要紧紧依靠好、参与好、运用好党政主导及社会参与的综合解纷资源平台，实现一站式多元解纷机制工作质的飞跃。另外，在立法支持、资金投入、人

员调配、协调配合等各方面，市域社会现代化治理工作都能给一站式诉讼服务体系的建设提供有益的帮扶。

（二）一站式诉讼服务体系的功能定位——为市域社会现代化治理提供法律指引和法治保障

市域社会现代化治理是系统治理、综合治理、协同治理，离不开治理主体之间的有序分工、主次分明。相较于人民法院的司法被动性，党委政府的综合协调职能和行政管理职能更能在市域社会治理中发挥效果，人民法院在积极主动参与党委政府主导的社会治理和纠纷解决体系工作的过程中，要分清主次、找准定位，避免角色缺失或角色越位。人民法院在整个市域社会现代化治理中应扮演法律指引、法治保障的角色，包括为党委政府建立综合解纷体系出谋划策，引导其依法建立和进行；积极指导主管部门、行业、个人依法依规建立各类调解组织或调解室；引领各类解纷力量在法治轨道开展调解工作；主动定期对调解人员开展法律知识培训；公开典型性、普遍性司法裁判规则，开展法治宣传；积极快速为合法合规的调解协议进行司法确认；对于调解不成的矛盾纠纷进行繁简分流，依法裁判，发挥司法终局保障作用；等等。

三、市域社会现代化治理形势下一站式诉讼服务体系建设的模式探究及思路方法

构建矛盾纠纷多元解纷机制是推进市域社会现代化治理的必要内容和关键步骤，目前各地党委政府均在探索建立整合多方解纷资源的综合调处机构或平台，人民法院要抓住这一机会，充分发挥建议、引领、指导、保障作用，为当地党委政府整合构建一体化矛盾纠纷调处机构出谋划策，贡力献智，并最终充分运用党委政府整合后的解纷力量，实现法院诉服中心与党政主导的调处中心的互联互通、数据共享、深度融合，通过建立完善"两个中心"、一线、一库、一机制、一基地综合配套体系，构建从风险源头排查预警—矛盾纠纷诉前解决—诉讼终局裁判—诉后普法引

导—纠纷源头预防消减的分层递进、头尾相连、衔接配套的一体化解纷体系，真正实现纠纷的一站式解决，从而推动矛盾纠纷大量化解，实现社会善治、良治。本文从市一级法院角度予以详细阐述该探索模式。

（一）诉服中心与调处中心双向互动对接的多元解纷体系

1."两个中心"——法院的诉讼服务中心与党政主导的调处中心双向互动对接模式

（1）人民法院诉讼服务中心的组织架构。需要注意，对这里所说的法院诉服中心应作更为宽泛的理解。本文从市一级法院角度来进行阐述和说明，纵向上来说，应该包括市中级法院诉讼服务中心、县（区）法院诉讼服务中心、乡（镇）法庭、包村（社区）干警或外聘联络员四级单位；横向上来说，包括纠纷排查预警、诉前分流、立案后繁简分流、诉中快慢分道及终局裁判等各项职能。其功能涵盖诉源治理、法律指导、司法确认、纠纷终局、法治宣传等（见图1）。

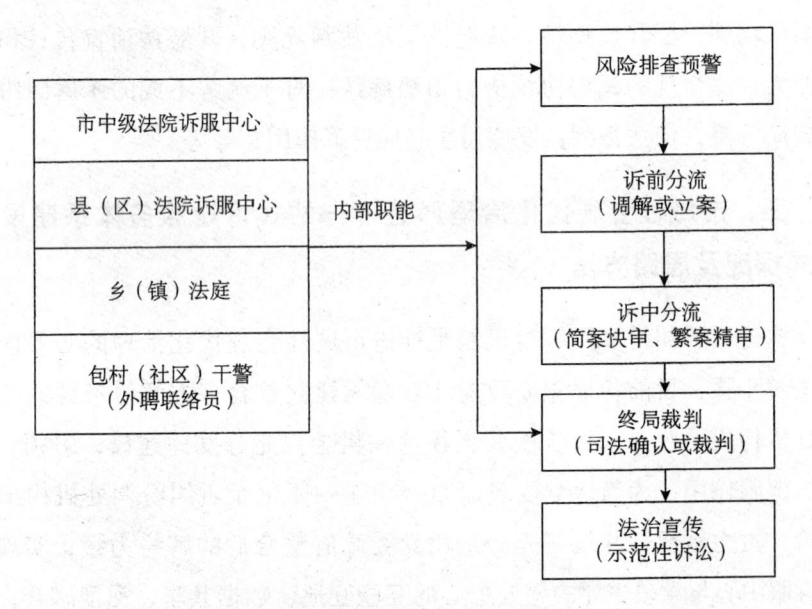

图1 法院四级诉服中心内部架构

（2）党政主导的调处中心组织架构。纵向上，要设立市、县、乡、村四级矛盾纠纷多元化调处中心，搭建四级矛盾纠纷多元化调处平台，实现矛盾纠纷分级负责、就地化解、联合调处；横向上，要设立党政主导、办公室、纪检监察、纠纷分流室等内设部门，整合公安、司法、信访、人力资源社会保障、交通、民政、住房和城乡建设、水务、工信、教育局、卫健委、农业农村、市场监督管理等行政机关，团委、妇联、工会等群团组织，行业调解、人民调解等各类解纷资源，加快司法行政机关推动主管行业范围内的调解组织的建立，实现各类纠纷有门可进、有人可调（见图2）。

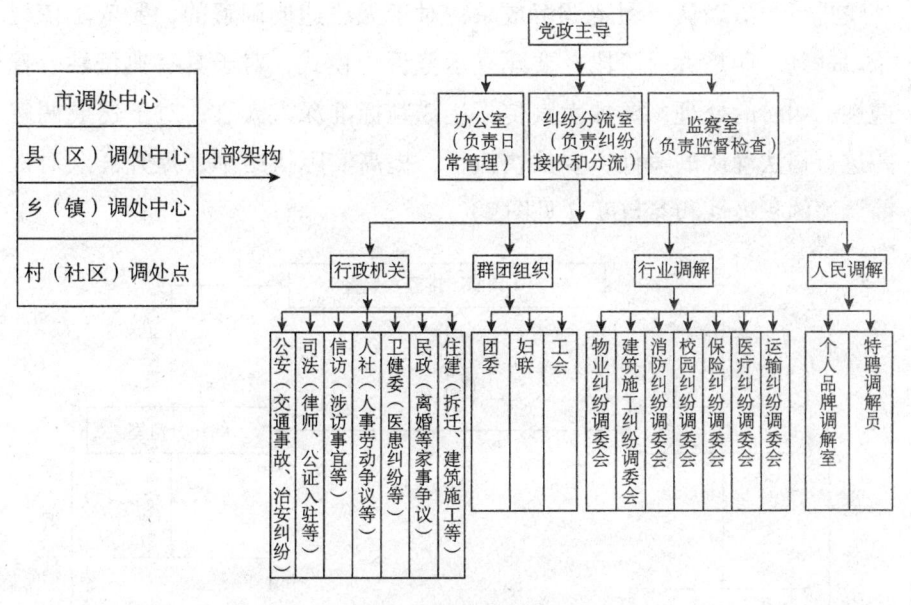

图2 党政主导的四级调处中心架构

（3）流程和功能。一是诉前阶段，建立前端纠纷预防、排查、预警、分流、调处联合机制，要充分依托人民法院诉调对接平台、一乡一法庭、村级联络员以及调处中心尤其是各个机关乡镇一级的派出机构、村（社区）调委会的力量，实现各方的实质对接，对矛盾纠纷进行分析研判、排查受理，发现苗头及时预警上报；拓宽"登"字号适用范围，实行一纠纷一登记，贯穿于各个部门、每段流程；对于已经发生的纠纷要及时分流，导入调解渠道，避免成诉；对于引入调解渠道的纠纷，由调处中心按照纠纷类型、难易程度等分流至相对应的调解组织，并对重大疑难、涉众纠纷形成多方参与、上下联动的调处机制，争取矛盾纠纷就地化解。二是诉中阶段，人民法院对于已经成诉的纠纷，要深化繁简分流、轻重分离、快慢分道相应流程，探索建立"智能筛选＋人工识别"的案件分流机制，按照案件的难易程度，将不同类型的纠纷分至不同审判团队适用不同程序办理，真正实现简案快审、繁案精审，能调则调，当判则判。三是终局裁判阶段，拓宽司法确认程序适用范围，对于达成调解的从速从快进行司法确认，固定调解成果；对于无法达成调解的，要依法依规予以裁判。四是诉后阶段，要建立示范诉讼模式，对于具有典型性、普遍性的纠纷的处理，要加大宣传，让裁判标准深入人心；对于达成调解并进行司法确认的案件，要从快执行，提高实际执结率，提升群众对诉前调解的积极性和参与度（见图3）。

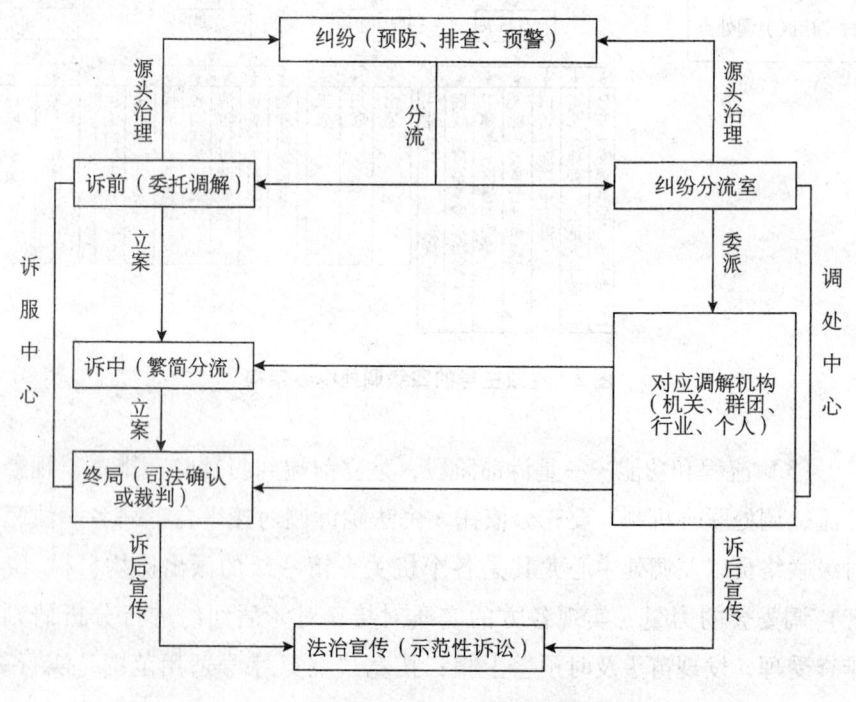

图3 "两个中心"一站式解纷流程

2. 配套体系（一线、一库、一机制、一基地）

（1）"一线"——一条贯穿从源头预防到诉前调解再到终局裁判的普法阵线。解决纠纷只是手段，从源头上预防减少矛盾的发生才是根本，要达成这一目标，就要充分发挥"两个中心"力量，将四级诉服中心和调处中心打造成普法宣传阵地，加大对诉源治理、多元解纷、常规法律、典型案例的宣传，形成党委依法决策、政府依法行政、群众依法办事、纠纷依法化解的良好法治氛围；要建立示范诉讼模式，在对矛盾纠纷的性质、因果关系等充分探讨认知的基础上，统一诉源至裁判全过程的观点口径，对于经多次调解仍达不成一致意见或具有普遍性、典型性的纠纷的处理，要在依法裁判的基础上，对调解过程中调解人员或调解组织的观点予以肯定。探索在裁判文书中对调解过程和调解观点予以说明、充分说理，引导群众优先选择调解解决纠纷。

（2）"一库"——建立集各项资源于一体的数据库。一是建立贯通各方的数据流转库，并运用区块链技术实现数据固定和不可篡改，在诉源处即对纠纷进行登记，不管该纠纷是先分流至诉服中心还是调处中心，均生成一个字号，实现一纠纷一登记。二是建立容纳各方的解纷人才库，将所有调解人员录入系统，分门别类，统一管理，资源共享。三是建立汇聚各部门的信息库，实现法院与公安、交通、人力资源社会保障、银行、保险等部门的数据共享，便于各类解纷组织能够快速有效查找涉纷人员的信息。

（3）"一机制"——建立有针对性、有实效性的常态化奖惩考核机制。要根据实际情况针对不同人员制定不同的奖惩机制，且落实到位，从而提高各类人员尤其是调解人员的积极性，推动"两个中心"的高效运转。对于政府机关等部门的人员，以精神奖励为主、物质奖励为辅，可将调解工作纳入整体的工作考核中，在晋升、提拔等方面优先考虑；对于行业组织等设立的调解组织，政府主管部门可从政策上予以支持和配合，采取政府指导和民主推举的方式，选拔优秀人员充实至行业协会，树立行业协会的权威性和指导性；对于个人设立的调解室，对调解案件数量多、调解成功率高的，加大财力支持，另可给予精神奖励，并将评选出的优秀调解人员予以公示。同时，奖惩制度要在同一类别人员中公平适用，及时兑现，考核常态。

（4）"一基地"——建立固定统一的培训基地。依托高等院校、党校、红色教育基地等，选定培训专门场所；将对调解人员的培训纳入财政计划，划定专项资金，为培训工作的开展提供财力支持；要建立授课人员人才库，定期对调解人员进行培训，适时更新业务知识储备，提高业务素质和解纷能力。

"两个中心"综合体系见图4。

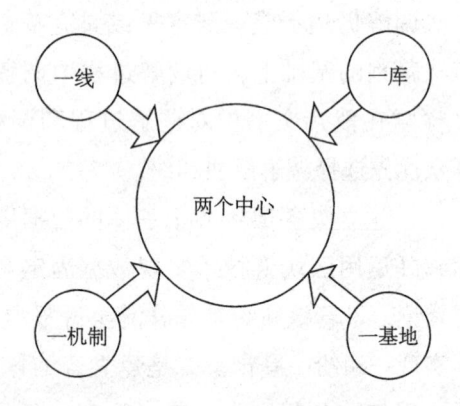

图4 "两个中心"综合体系

（二）橄榄型诉服中心运作模式

构建现代化诉讼服务中心的本质目的是完成法院各项司法工作的集约化、立体化管理，提升法院的司法服务水平，提高司法便民度，实现司法公平和司法效率的深度融合，为群众解忧，为法官减负。现代化诉服中心应布局合理、功能齐全，实行前端集中进入—内部扁平化处理—后端严格督察的橄榄型运作模式，其内部功能既涵盖业务咨询、材料收转、诉前调解、登记立案、诉费缴退、司法救助、速裁快审、判后释疑、文书开具、档案查阅、信访接待、便民服务等服务群众板块，也包括扫描组卷、卷宗调取、卷宗流转、集中送达、评估鉴定等服务法官板块（见图5）。

```
                    业务咨询
                    材料收转
                    诉前调解
                    登记立案
                    诉费交退
                    司法救助
                    速裁快审
    业务分流          判后释疑          监察监督
                    文书开具
                    档案查阅
                    信访接待
                    便民服务
                    扫描组卷
                    卷宗调取
                    卷宗流转
                    集中送达
                    评估鉴定
```

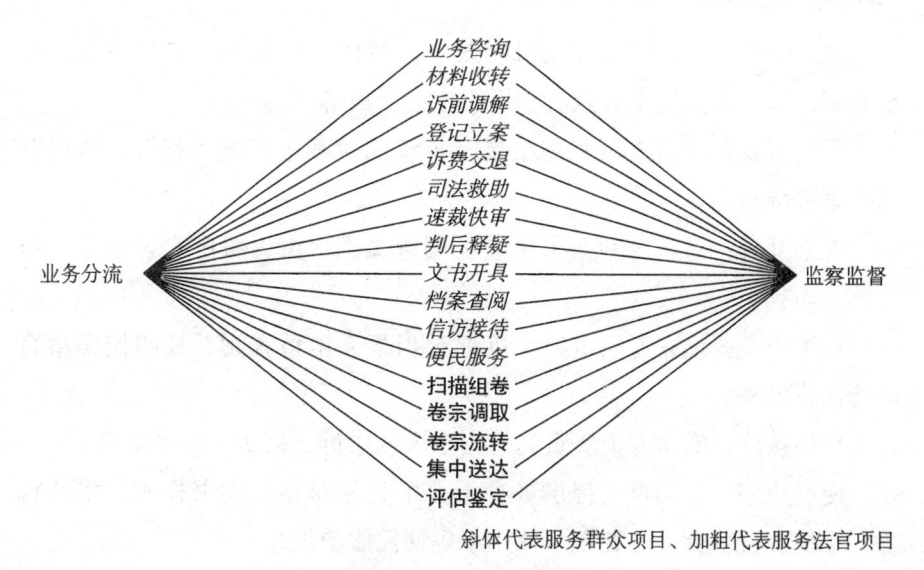

斜体代表服务群众项目、加粗代表服务法官项目

图 5　橄榄型诉服中心模型

1. 前端业务分流

诉服中心应实行业务一口进入、集中处理，对于不同的业务分流至内部对应的板块予以处理，以实现归口办理、高效办理。

2. 内部扁平化处理

业务咨询：为群众解答有关法律和诉讼问题，指导当事人依法诉讼。

材料收转：对于当事人递交的材料及时快速转至员额法官或相关部门。

诉前调解：积极引导当事人同意诉前调解，并将纠纷分流至相应的调解组织予以调解。

登记立案：对于不同意调解、调解不成且符合立案条件的诉讼，依法登记立案，进一步推行网上立案、跨域立案、自助立案等方式，切实保障群众诉权。

诉费交退：设立财务人员岗位，保障诉费交纳、退还快速、一次办理。

司法救助：实现诉讼费减缓免一次办好，对于符合司法救助条件的依法予以办理。

速裁快审：深化繁简分流机制改革，对成诉纠纷实现快慢分道、轻重分离，简单类型化案件及时在诉服中心予以解决。

判后释疑：当事人对裁判结果有异议的对其进行判后答疑，也可联系法官接待答疑。

文书开具：对于裁判文书生效证明等文书，由诉服中心设置专门窗口统一出具。

档案查阅：设立专门窗口，负责对当事人申请查阅、复印档案事宜进行快速处理。

信访接待：安排专人负责处理当事人的申诉、信访来信等事宜。

便民服务：为当事人提供各种形式的诉讼指南、文书样本、格式诉状、座椅、写字台、老花镜、饮用水等便民服务设施。

扫描组卷：对于接收的立案材料等及时扫描整理，对于审结完毕的案件统一组卷归档。

卷宗调取：处理需要向其他法院、检察机关、公安机关等部门调取卷宗事宜。

卷宗流转：建立全程留痕的卷宗流转程序，保障卷宗安全顺畅流转。探索推行电子卷宗流转方式，以解决卷宗流转周期长、效率慢、安全隐患大的问题。

集中送达：搭建集中统一送达平台，配足配强人员解决送达难问题。

评估鉴定：统一处理当事人或庭室移交的评估鉴定申请，保障程序的公平、效率。

3. 后端监督监察

要建立常态化、实效性的考核监督机制，确保各板块功能有序发挥作用，对工作落实不到位、侵害群众诉讼权益的行为予以惩处。

（三）四个"依"——推动一站式诉讼服务体系建设新体系新模式的方法

知易行难，构建现代化诉讼服务体系是一项长期、系统的工作，不可能一蹴而就，需要凝聚众力、多方参与、长期推进才能见到成效。如何实现一站式诉讼服务体系建设新构想落地，笔者在总结经验的基础上，结合当前人民法院的工作实际，提出四个"依"，为人民法院开展此项工作提供借鉴。

1. 依靠党政

一是立法支持，充分运用地方政府拥有的立法权，为解纷资源整合、诉前调解前置范围、解纷流程、司法确认适用范围提供法律依据和支撑；二是政策支持，要主动将一站式诉讼服务体系建设纳入社会治理综合体系，为一站式诉讼服务体系建设争取人力、物力、财力等支持；三是资源整合，充分依靠党委政府总揽全局、协调各方的职能，推动各类解纷资源的系统整合，并实现与人民法院的实质对接。

2. 依势而制

世界上没有完全相同的两片树叶。人民法院在推进一站式诉讼服务体系建设的工作中，既要不折不扣把《最高人民法院关于建设一站式多元解纷机制一站式诉讼服务中心的意见》提出的多元解纷机制"两个维度""四个层次"和诉讼服务中心"三化""四立""一平台"标准落实到位，又要坚持问题导向、目标导向、效果导向，在设计应用、提档升级上注重增强精准性、协同性、实效性，使两个一站式做到既好看又好用。一是要因地制宜，在对人民法院自身场地条件、硬件配置、纠纷数量等，以及党委支持力度、资金投入、当地经济发展水平等条件充分调研、综合研判的基础上，制定符合自身实际的一站式诉讼服务体系工作规划，要更加注重"软实力"的提升，避免教条僵化、华而不实；二是要因时制宜，在推进一站式诉讼服务体系建设过程中，要顺势而为，依时而变，根据上级精神的变化，有针对性地作出调整，要顺应时代的发展，提高创新意识，不断拓展诉讼服务中心的功能，以及时满足群众新的司法需求。

3. 依托信息

一是要对现有信息系统进行再开发、再完善、再整合，要以问题为导向，重视人工智能与司法规律的融洽性，重点解决系统功能运用不深、系统运转不畅、各类系统林立的问题，充分发挥诉非衔接平台、移动微法院、三方远程庭审等作用,实现对内智慧诉讼服务和对外智慧诉讼服务的同步推进,打造集"厅网线巡"为一体的诉讼服务中心。二是要充分运用大数据、人工智能、区块链等新的技术成果,开发满足实践需要和群众需求的新系统。例如,开发纠纷智能预警分析评估系统,利用大数据等充分评估矛盾风险发展态势,提前预测、防控化解重大矛盾纠纷,通过对人民法院海量裁判文书的智能分析,为当事人提供案件智能分析、结果预判及诉讼风险分析,提升当事人选择纠纷解决渠道的智能化、信息化水平,以信息化推进诉源治理工作;例如,运用区块链技术中的数据不可篡改的性质,实行一纠纷一登记,且每起纠纷的代字贯穿于纠纷发生至解决的全过程;再如,构建人民法院与各类调解组织之间、人民法院与银行等部门之间的共享数据库,实现数据在各类机构、不同阶段的互联互通,在送达、调解、鉴定、执行等方面形成合力。三是加强数据等信息安全,加强对智慧诉讼服务技术开发和维护公司的监管,探索建立统一的智慧诉讼服务中心管理机构,避免数据泄露或私用。

4. 依众聚力

"众人拾柴火焰高。"一站式诉讼服务体系建设离不开整个社会方方面面的支持和配合,要注重争取党委政府、社会组织、公众对人民法院工作的理解和支持。要广开言路、加大宣传,坚持公开化建设,每项工作推进开展之前要广泛征求意见,凝聚众智,要定期公布一站式诉讼服务体系建设进度及下一步规划,提高社会认知度和认可度。要重视德治的力量,充分发挥"礼法共治"的宝贵经验,肯定村规民约、道德观念在诉源治理、纠纷解决方面的重要作用。同时,人民法院也要积极主动参与社会治理工作,为党委政府出谋划策,提供法治保障,要主动为行政机关、群团组织、行业协会、调解人员提供法律培训,提高其依法办事能力,形成互帮互助、同心共力的良好局面,从而推动一站式诉讼服务体系建设,实现社会的良治、善治。

京津冀数字经济发展司法保障研究

——以数据不正当竞争案件的裁判思路统一为视角

方小康[*]

摘要： 数字时代的变革发展驱动着数字经济的飞速发展。北京国际大数据交易所、京津冀数字经济联盟等相继落地，进一步推动了京津冀三地在数字经济领域的一体化协同发展。然而，在创建数字经济试验区背景下，数据市场不正当竞争案件的司法裁判规则关系着京津冀三地数字经济的发展趋势。在数据市场不正当竞争案件的审理实践中，遵循传统物理空间的权利保护式裁判思路，无法有效解决数字空间带来的数据不正当竞争问题，司法裁判者必须以数字空间下的行为规制（分享与控制）逻辑进行裁判。对于数据不正当竞争案件，京津冀法院应统一裁判思路，通过借鉴图尔敏论证模型，破除行为判断难题，准确界定数据竞争行为的不正当性，为京津冀数字经济发展提供司法保障。

关键词： 京津冀数字经济　数据不正当竞争　行为规制　图尔敏论证模型

引　言

在建设全球数字经济标杆城市、建设国际科技创新中心城市的背景

---

[*] 作者单位：北京互联网法院。

下，2021 年 3 月 31 日，北京国际大数据交易所正式落地；同年 5 月 19 日，在中国科协的指导下，京津冀数字经济联盟在津成立，标志着京津冀三地在解决区域数字经济协同发展、推动产业数字化、数字产业化等方面迈出了重要一步。同年 3 月 26 日，最高人民法院召开新闻发布会发布了《最高人民法院关于人民法院为北京市国家服务业扩大开放综合示范区、中国（北京）自由贸易试验区建设提供司法服务和保障的意见》（以下简称《意见》），其中提到了"支持数字经济发展，推动打造数字经济试验区"，明确了"依法审理因数据确权、数据交易、数据服务、数据市场不正当竞争、数据隐私保护等产生的各类案件"。为贯彻落实《意见》精神，充分发挥审判职能，服务和保障北京"两区"建设，北京市高级人民法院制定发布了《意见》的任务分解，明确了全市各级法院的服务保障任务，为数字经济发展提供良好的法治环境保障。然而，在数据市场不正当竞争案件审理中，若司法裁判者依旧采用传统物理空间理念下的权利保护思路，忽视了数据竞争行为的特殊性，则无法准确判定数字空间下的数据竞争行为。

因此，本文在考察数据不正当竞争案件的司法实践基础上，通过对权利保护思路的反思，以行为规制进行裁判范式重构，并借助图尔敏论证模型，以反不正当竞争法第二条和第十二条的法律适用为逻辑起点，重塑了数据不正当竞争行为的论证范式，力争为京津冀三地法院构建数据市场不正当竞争案件的统一裁判思路提供有益参考，以新型案件的裁判思路统一，推动京津冀数字经济健康发展。

一、现状：京津冀数据不正当竞争案件的司法实践

数据作为生产要素，已成为数字经济时代的必争资源。我国民法典第一百二十七条规定："法律对数据、网络虚拟财产的保护有规定的，依照其规定。"这一原则性的规定，阐明了数据应受到法律保护。本文讨论的数据不正当竞争案件，主要指的是以数据为基础所展开的一系列互联网竞争行为，如数据的权属争议、数据开放利用争议以及其他数据行为

理论与实践探索

争议。①

随着产业数字化、数字产业化的进一步发展,围绕数据资源展开的争夺日益激烈,数据也成为各大企业平台竞争的对象。笔者以民事案件"不正当竞争"案由和"数据"为关键词进行搜索,一共获得京津冀三地案件 500 件,其中,北京 478 件、天津 10 件以及河北 12 件。② 通过对这些案件的裁判进行分析,笔者发现河北地区没有实质涉及数据不正当竞争案件(案件构成情况见图1);同时,笔者对北京和天津地区的案件进行筛选,以社会知名度、影响力、数据竞争行为的典型性等为标准,筛选了 2016 年至 2021 年 8 起典型案件进行分析,并对京津地区关于此类案件的裁判思路进行了梳理(见表1)。

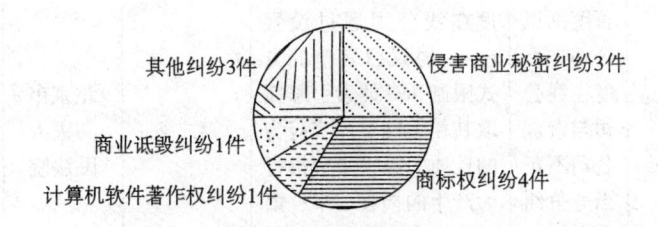

图1 河北地区涉及数据不正当竞争案件情况

其他纠纷3件
侵害商业秘密纠纷3件
商业诋毁纠纷1件
计算机软件著作权纠纷1件
商标权纠纷4件

表1 京津两地数据不正当竞争典型案件裁判思路

案号	案件名称	基本裁判思路	行为认定的反不正当竞争法依据	审理法院	裁判日期
(2019)京73民终3789号	蚁坊公司与微梦公司不正当竞争纠纷案	第一步分析认定双方具有竞争关系;第二步对数据竞争行为的不正当性展开论证,以数据获取行为为评价对象	第十二条	北京知识产权法院	2021年2月2日

---

① 参见张玉洁、胡振吉:《我国大数据法律定位的学说论争、司法立场与立法规范》,载《政治与法律》2018 年第 10 期。
② 数据来源:中国裁判文书网,https://wenshu.court.gov.cn/website/wenshu/181217BMTKHNT2W0/index.html?pageId=589aa02fdc65b8170ef4093a6426b5ab&s8=03,2021 年 6 月 1 日访问。

- 163 -

续表

案号	案件名称	基本裁判思路	行为认定的反不正当竞争法依据	审理法院	裁判日期
（2018）京0108民初68094号	红麦公司与氢元公司不正当竞争纠纷案	第一步分析认定双方具有竞争关系；第二步对竞争行为的不正当性进行判断，以行为人负有竞业禁止义务和具备主观故意进行评价	第二条	北京市海淀区人民法院	2020年6月30日
（2017）京民终487号	百度网讯公司、百度在线公司与奇虎公司不正当竞争纠纷案	分析百度网讯公司、百度在线公司通过设置robots协议白名单的方式限制360搜索引擎抓取其相关网页内容行为的性质。第一步分析行为产生的损害后果；第二步分析行为的不正当性	第二条	北京市高级人民法院	2020年7月3日
（2016）京73民终588号	淘友技术公司、淘友科技公司与微梦公司不正当竞争纠纷案	分析淘友技术公司、淘友科技公司获取、使用新浪微博用户信息、脉脉用户手机通讯录联系人与新浪微博用户对应关系的行为性质，提出了以反不正当竞争法第二条认定行为不正当性的六个条件，并分析了行为人的主观状态	第二条	北京知识产权法院	2016年12月30日

续表

案号	案件名称	基本裁判思路	行为认定的反不正当竞争法依据	审理法院	裁判日期
（2020）津0116民初3822号	腾讯计算机公司、腾讯科技公司、腾讯数码公司与王某楠不正当竞争纠纷案	分析行为是否构成不正当竞争行为，考虑以下方面：一是权利人是否享有反不正当竞争法所保护的权益；二是行为实施者与权利人之间是否存在竞争关系；三是被诉行为是否违反了诚信原则，具有不正当性；四是被诉行为是否损害了权利人或消费者的合法权益	第二条	天津市滨海新区人民法院	2020年9月24日
（2019）津01民初1319号	腾讯计算机公司、腾讯科技公司、腾讯数码公司与赵某涛不正当竞争纠纷案	分析行为是否构成不正当竞争行为，考虑以下因素：一是原告的商业利益和竞争优势是否应受反不正当竞争法的保护；二是原告与被告之间是否存在竞争关系；三是分析被告的行为性质	第二条、第十二条	天津市第一中级人民法院	2020年8月13日
（2019）津0116民初5880号	嘉瑞宝公司与欧豪雅公司、天猫公司等不正当竞争纠纷案	分析行为是否构成不正当竞争行为，考虑以下因素：一是原告在本案是否具有反不正当竞争法保护的权益；二是原、被告之间是否存在竞争关系；三是被告的主观恶意；四是被诉行为的损害后果	第二条	天津市滨海新区人民法院	2020年3月30日

续表

案号	案件名称	基本裁判思路	行为认定的反不正当竞争法依据	审理法院	裁判日期
（2019）津03知民初450号	腾讯计算机公司、腾讯科技公司、腾讯数码公司与湖南安悦公司不正当竞争纠纷案	分析行为是否构成不正当竞争行为，主要审查被诉行为是否违反诚信原则，损害了其他经营者的合法权益，扰乱市场竞争秩序。对于是否违反诚信原则，主要考虑：一是原告的商业利益和竞争优势是否应受反不正当竞争法保护；二是原告的商业利益和竞争优势是否受到被诉行为的损害；三是双方当事人竞争关系	第二条	天津市第三中级人民法院	2019年12月30日

正如表1所示，京津两地法院对于数据不正当竞争行为呈现认定思路的相似性和差异性。

一是相似性的体现。从京津两地法院的裁判思路来看，两地法院对数据不正当竞争案件的裁判均遵循权利保护式的进路，即遵循"行为+后果+关系"的侵权损害认定路径；在行为的不正当性判断上，都将行为人的主观过错状态、行为造成的损害结果以及对消费者等利益的损害纳入考量范围；在法律适用方面，基本上都以反不正当竞争法的第二条即一般条款为主进行不正当竞争行为的认定。

二是差异性的体现。北京法院基本以争议双方具备竞争关系为认定前提，在判定行为不正当性方面，着重分析竞争行为本身的合法性、合理性，关注行为本身；天津法院首先进行判定的是原告主张的权益是否受法律保护（即原告的诉讼主体资格问题），而在行为的不正当性判断上，则以诚信原则和商业道德为标准，关注的是原则性标准。

二、反思：权利保护裁判思路的错位分析

数据不正当竞争案件的审理，展现了当前京津冀司法实践中以侵权法为基本进路、权利保护式的裁判思路，且在法律适用方面主要以一般条款为准。京津冀法院在数据不正当竞争案件审理中，之所以遵循权利保护的侵权法认定思路，主要在于反不正当竞争法定位和逻辑适用的错位认识。

（一）反不正当竞争法的定位错位

1. 知识产权辅助保护法的错位

在19世纪后期的欧洲，并无反不正当竞争的专门立法，出于知识产权保护需要，反不正当竞争内容陆续被纳入《保护工业产权巴黎公约》（以下简称巴黎公约）之中。因此，巴黎公约确认的反不正当竞争行为，是知识产权专有保护的辅助。受巴黎公约的影响，其他国家在确认本国知识产权保护时，采用了反不正当竞争对知识产权的保护定位，诸如世界知识产权组织的"反不正当竞争示范条款"以及《与贸易有关的知识产权协定》中有关不正当竞争的内容，均强调了反不正当竞争对于工业产权的补充保护角色。受巴黎公约等国际条约影响，我国反不正当竞争法长期以来也被纳入知识产权法体系，人民法院在审理著作权、专利及商标相关案件中，涉及不正当竞争行为的，其案由部分往往表述为"著作权侵权及反不正当竞争纠纷"等，采取的便是知识产权的权利保护思路。

2. 保护竞争者的错位

通常而言，任何竞争都会发生损害，但发生损害结果并不代表竞争行为一定构成不正当竞争。[①] 我国京津冀数据反不正当竞争案件审理中，几乎所有的案件都以经营者利益保护为起点，个别案件中虽存在对竞争秩

[①] 参见张占江：《反不正当竞争法属性的新定位》，载《中外法学》2020年第1期。

序、消费者权益等利益保护的简单提及，但思路上依旧是非核心的附带考量。经营者利益、消费者利益以及竞争秩序利益（或称之为公共利益）三者关系，在竞争者保护的定位下，呈现出"平面结构"（见图2）。即使有的案件中提出了如"非公益不干扰"的不正当竞争审理原则，① 但在论证中仍以竞争者的视角展开，最终的落脚点仍在于竞争者利益的损害。②

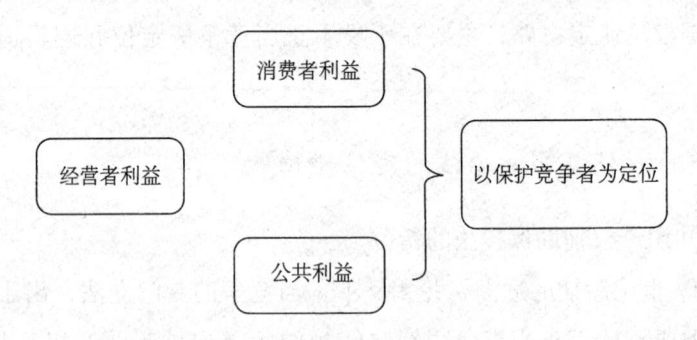

图2 竞争者保护利益关系平面结构图

3. 静态的竞争观错位

竞争观是对市场竞争行为的一种认识、观念和态度，裁判者持有怎样的竞争观将影响市场竞争秩序的构建和发展。从动态学角度观之，竞争观主要存在静态和动态之分，静态竞争观是一种线条单一、互不干扰以及和平竞赛式的理念。在数据不正当竞争案件审理过程中，主要以静态竞争观表述为主，如"处于同业领域的其他竞争者，在对本领域内出现的创新技术及商业模式给予评价时，应秉持中立、客观之态度""经营者应当本着诚实信用的原则，平等对待其他经营者"③。司法实践中，裁判者秉承静态的竞争观，并不能真正反映竞争行为的本质，不是竞争的本来面貌。④

---

① 参见北京市高级人民法院（2013）高民终字第2352号民事判决书。
② 参见张占江：《不正当竞争行为认定范式的嬗变——从"保护竞争者"到"保护竞争"》，载《中外法学》2019年第1期。
③ 参见北京市高级人民法院（2017）京民终487号民事判决书、北京市高级人民法院（2013）高民终字第2352号民事判决书。
④ 参见王磊：《法律未列举的竞争行为的正当性如何评定》，载《法学论坛》2018年第5期。

（二）逻辑的适用错位

1. 以竞争关系界定为条件的裁判逻辑错位

因定位于知识产权法领域，对于数据不正当竞争案件的审理遵循"行为＋主观过错＋损害结果"的侵权法认定思路。即首先找到一个特定的权益，界定纠纷各方存在的竞争关系，赋予其法律上受保护的地位；其次根据界定的权益，发现损害结果，分析行为人的主观过错；最后从商业道德、诚信原则等方面，考虑行为的不正当性。对于数据类不正当竞争案件，当前司法实践中遵循着"竞争关系界定—损害结果—行为正当性分析"的裁判逻辑，其背后所反映的仍是权利保护式的法律适用思维。

2. 以一般条款直接认定竞争行为的法律适用逻辑错位

在京津冀司法实践中，大多数数据不正当竞争案件的裁判以反不正当竞争法第二条（一般条款）的规定直接认定不正当竞争行为，而对于互联网专条（第十二条）内容多数没有提及，尤其是互联网专条中设有"其他妨碍、破坏其他经营者合法提供的网络产品或者服务正常运行的行为"的兜底性条款。依据法律适用的逻辑和反不正当竞争法的条文规定，互联网专条作为规制互联网领域各类不正当竞争行为的专门条款，应在行为判定中优先适用。虽然，互联网专条存在自身的问题，以致司法裁判者无法在数据竞争案件中直接予以适用，但是直接越过互联网专条而适用具有原则性质的一般条款来认定数据不正当竞争行为，在法律适用逻辑层面已违背了"特别优于一般"、规则与原则的适用法理，极易造成司法实践中的裁判混乱及不统一现象，无法保证法律对行为指引的确定性。

3. 以诚信原则和商业道德认定行为不正当性的判断逻辑错位

发生损害结果并不代表竞争行为构成不正当竞争，在数据不正当竞争案件中最为关键的就是竞争行为的不正当性判断。从京津冀三地法院的裁判来看，尤其是天津法院以行为违反诚信原则和公认的商业道德进而认定行为具有不正当性,而判决对于行为如何违背诚信原则和商业道德的判断论证没有统一的范式(具体论证的论据见图3),该思路依旧是权利保护范式的突出体现。反不正当竞争法一般条款规定:"经营者在市场经营活动中,应当遵循自愿、平等、公平、诚信的原则,遵守法律和商业道德。"但司法实践中对于数据竞争行为的不正当性往往以诚信原则和商业道德为直接判断因素,忽视了"遵守法律"这一规制行为的判断因素。此外,这一规制因素是在反不正当竞争法2017年修订后新增的,可以看出对于行为的不正当性判断确立了统一的标准因素。然而,在行为不正当性判断中,裁判者对于这一因素的考量少之又少,以诚信原则和商业道德替代,增加了行为模式判断的模糊性,带来了更多的司法不确定性,一定程度影响了数据市场竞争秩序的发展。

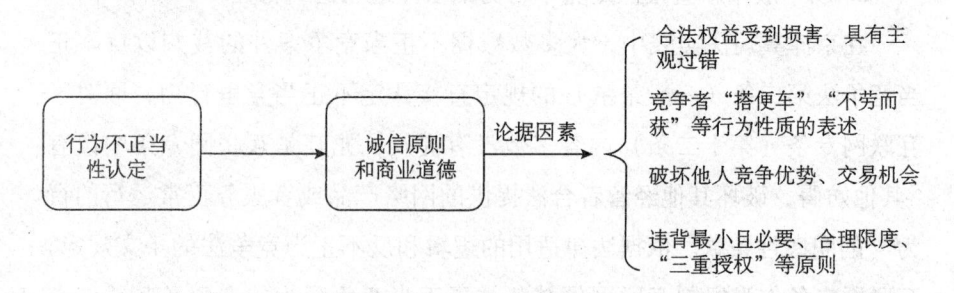

行为不正当性认定 → 诚信原则和商业道德 → 论据因素:
- 合法权益受到损害、具有主观过错
- 竞争者"搭便车""不劳而获"等行为性质的表述
- 破坏他人竞争优势、交易机会
- 违背最小且必要、合理限度、"三重授权"等原则

图3 诚信原则和商业道德的论据因素

三、重构:行为规制逻辑下的京津冀法院裁判路径统一

(一)思路前提:定位"转向"

通过前述分析我们可知,以权利保护为进路的裁判思路在解决数据不正当竞争案件中面临着诸多错位和难题,而解决这些问题的前提便是完成思路定位上的"转向"(见图4)。

1. 竞争法本位转向

不可否认,反不正当竞争法长期以来都被定位为知识产权领域的权

```
传统定位 ── 知识产权保护辅助法        定位转向 ── 竞争法本位
         ── 保护竞争者利益                    ── 保护市场竞争
         ── 静态竞争观                        ── 动态竞争观
```

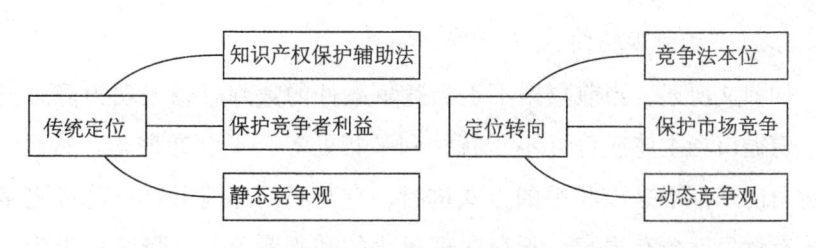

图 4　裁判思路定位转向对比

利保护法,但也因此遮蔽了其竞争法的本质。在国际、国内双重背景的发展下,反不正当竞争法越来越具有"公法"属性,尤其是 2017 年修订后的一般条款,引入了消费者利益保护、竞争秩序利益保护等概念,使得反不正当竞争法作为行为规制法的本质日益凸显。如果说社会现实需求决定了制度走向,市场竞争的行为规制需求亟待反不正当竞争法回归其竞争法的本质,以行为规制方式实现知识产权保护功能,而不是简单套用知识产权的权利保护思路。

2. 市场竞争保护转向

从反不正当竞争法的制定和修改历程来看,1993 年反不正当竞争法将不正当竞争限定为"损害其他经营者合法权益,扰乱社会经济秩序的行为",2017 年修订后,将不正当竞争行为界定为"扰乱市场竞争秩序,损害其他经营者或者消费者的合法权益的行为"。将社会经济秩序修改为市场竞争秩序,并加入了对消费者权益的保护。这一修法立场反映了立法者更多从纯粹市场或经济的角度来看待反不正当竞争法,体现了市场在资源配置中起决定性作用。[①] 此外,反不正当竞争法对竞争者的保护主要是保护其自由发挥经济能力和在市场上不受阻碍地提供其成果,争取竞争优势的利益。[②] 可见,反不正当竞争法的关注点应在于市场竞争,而非着重保护某一群体利益。

[①] 参见丁晓东:《互联网反不正当竞争的法理思考与制度重构——以合同性与财产性权益保护为中心》,载《法学杂志》2021 年第 2 期。

[②] 参见范长军:《德国反不正当竞争法研究》,法律出版社 2010 年版,第 111 页。

3. 动态竞争观转向

如前文所述,当前数据不正当竞争案件的裁判思想表现为静态竞争观,遵循市场主体应该互不干扰、和平相处等公平发展理念。然而,市场竞争向来都不是以和平的方式进行,在互联网环境下这一趋势更是如此。有竞争就会有损害,不存在理想化的和平竞争,市场竞争天生具有逐利性,市场主体之间更不会互不干扰、和平相处,诸如交易机会、竞争优势等概念,也并非固定不变。市场发展鼓励良性竞争,反不正当竞争法所要规制的行为也是不正当的竞争手段。因此,静态竞争观只是一种理想层面的竞争状态,而现实层面的竞争是一种动态、追求自由和效率的竞争,这一理念在互联网数据资源的竞争中更为明显和激烈。

(二) 路径选择：裁判方法重塑

定位转向是确保司法裁判方向正确的前提,而裁判方法的选择和重塑,是保证数据不正当竞争案件准确审理的关键。在当前京津冀数据不正当竞争案件司法实践中,普遍存在权利保护式思路的问题。因此,为进一步推动京津冀三地数字经济发展,充分发挥司法的服务保障作用,京津冀法院必须转变案件的审理思路,以行为规制为范式,重塑和统一数据不正当竞争案件的裁判方法。

1. 方法论选择：利益法学进路

受形式逻辑影响,我国司法裁判一直以来遵循演绎推理,即"大前提—小前提—结论"的司法三段论模式。利益法学并非一门独立的学科,其作为实用法学的一种方法论,所要确定的是法官在判决时应该遵循的原则。从利益法学视角来看,立法中的斗争不是为了准确地定义概念或前后一致地运用已确定的定义,而是为了满足各种利益。从历史的角度来看,法律便是利益的产物。[1]

在互联网背景下,数据不正当竞争案件的司法裁判直接反映的便是

---

[1] 参见 [德] 菲利普·黑克：《利益法学》,傅广宇译,商务印书馆2016年版,第8页。

利益冲突。利益法学以利益划分为原则，其主张的冲突理论，认为对每一个法律规范都要找出其决定性的利益冲突。这一方法论思想（或称之为利益冲突理论），能够从本质上厘清数据不正当竞争案件的利益冲突。此外，在利益冲突过程中，各方利益呈现动态竞争状态，与以经营者利益保护为主的平面结构不同，利益法学视角下，各方利益冲突呈现立体性结构，相互影响、不分位阶和先后次序（见图5）。采用利益冲突和利益划分原则的方法论，能更加深入地进行利益分析，对经营者利益、竞争秩序、消费者利益以及其他相关利益进行通盘考量，真正解决因数据竞争而引起的内在利益冲突，确保京津冀数字经济的稳步发展。

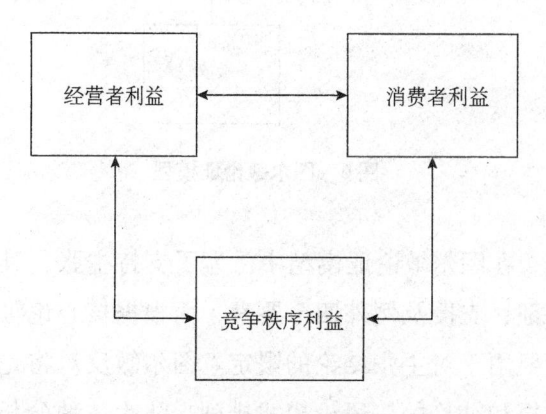

图5　利益冲突的立体性结构

2. 论证范式参考：图尔敏论证模型

在方法论上采用利益法学的衡量方式，只解决了裁判的进路问题，可以保证裁判的作出经过了利益冲突衡量和划分，但无法保证裁判结论的妥当性。在数据不正当竞争案件审理中，最为关键核心的是行为的不正当性判断。当前的司法实践多以司法三段论的形式论证竞争行为具有不正当性，且论证理由较为笼统，基本表述为违背"诚信原则和商业道德"，缺乏更为详尽的理由支撑其论证。图尔敏论证模型是由主张、理由、保证、支援、模态词和例外六要素组成的论证模式（见图6）。①

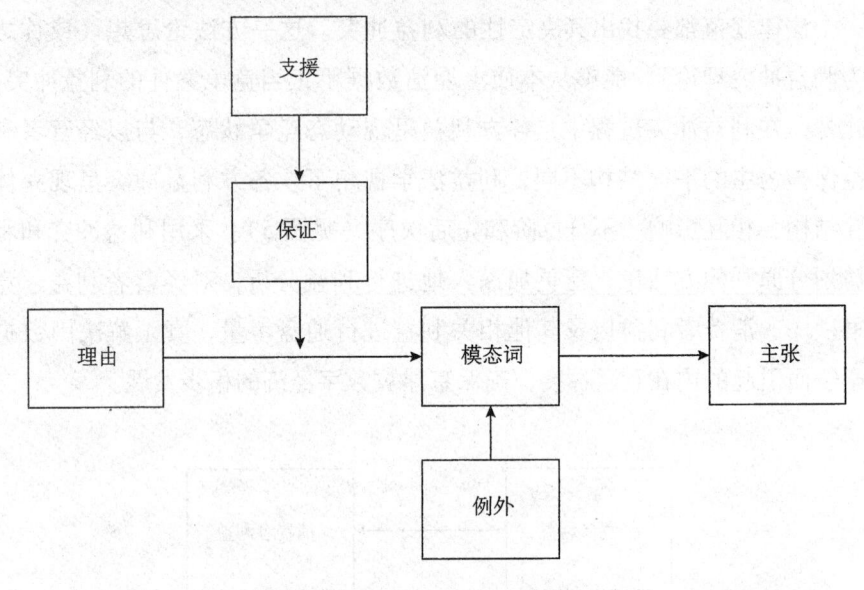

图6 图尔敏论证模型

可以看出，在图尔敏论证模型中，为了支持主张，其核心论证部分在于理由、保证、支援及例外四个要素，而根据核心论证要素的论证强弱，模态词主要用于对主张结论的限定。图尔敏反对将论证的要素按照大前提、小前提和结论的三段论模式排列，认为这种分析模式掩盖了前提之间的巨大差异，致使不同领域的论证显得夸张的一致。② 在数据不正当竞争案件中，我国司法裁判者采用形式逻辑的论证方式，以致数据竞争案件的裁判没有进行具体情景的分析，而只有笼统的论断。因此，基于由传统的物理空间转变为数字空间的巨大差异，互联网新型不正当竞争案件的法律论证模式也应相应发生变化。图尔敏论证模型能够让我们看到实践论证本质上是一种多个实践行动者之"主体间"的反思判断活动，"说服性论证"的最终目的在于商谈者一方通过论证使商谈对方信

---

① 参见王建芳：《基于论辩的论证结构研究》，载《逻辑学研究》2016年第3期。
② 参见王建芳：《基于论辩的论证结构研究》，载《逻辑学研究》2016年第3期。

服，从而达成"理性的共识"。①

具体到数据不正当竞争案件的裁判论证，基于反不正当竞争法一般条款（第二条）与互联网专条（第十二条）的适用现状，从法律适用逻辑而言，对于互联网竞争纠纷，首先应由互联网专条进行调整，但受制于互联网专条是从以往案例规则中提炼而来，因此，在法律适用方面，专条的兜底条款便有极大的适用空间。与一般条款一样，互联网专条的兜底条款也仅作了原则性规定，甚至比一般条款更为简单，无法对行为形成指引。借鉴图尔敏的论证模型，互联网专条内容可以成为法律主张论证的"理由"要素，一般条款则成为论证的"保证"要素，加之以利益冲突的原则划分（其可以成为"支援"要素），结合具体数据竞争案件的情形以及商业惯例、行业规定等特殊因素（其可成为"例外"要素），根据各要素的强度对比，确定"模态词"（必然性、可能性、预料等限定词），最终为行为不正当的主张提供论证范式（见图7）。

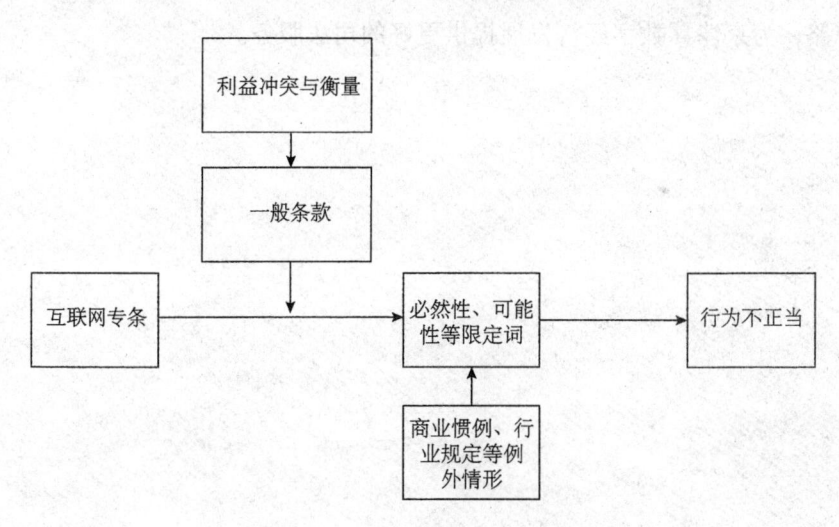

图7 行为不正当的论证范式

---

① 参见舒国滢：《法学实践知识之困与图尔敏论证模型》，载《国家检察官学院学报》2018年第5期。

因此，借鉴图尔敏论证模型，在保证互联网专条和一般条款遵循正确的法律适用逻辑前提下，可以构建符合数据不正当竞争案件特点的特殊论证范式，为我国审理数据不正当竞争案件、正确适用法律、准确作出裁判，提供行为规制的论证模式。

结　语

互联网领域的市场竞争具有浓厚的"注意力竞争"色彩，即最重要的市场资源不是传统意义上的货币资本和信息本身，而是注意力。然而，当前数据不正当竞争案件的审理依旧遵循以知识产权保护辅助法为定位的权利保护范式，在法律适用逻辑上直接适用一般条款进行不正当竞争认定，以致互联网专条被虚置。本文力图在定位转向基础上，以行为规制为逻辑起点，以利益法学为方法论工具，借鉴图尔敏论证模型，试图为京津冀法院的数据不正当竞争案件审理提供论证范式，统一裁判论证思路，为京津冀数字经济发展提供更好的司法服务。

滥用管辖权异议的判断标准及其规制

李阿鹏*

摘要：民事诉讼中的管辖权异议制度在保障当事人诉权的同时也易被滥用，从司法实务视角可对该滥用行为予以分类并确定判断标准，符合一定标准即可确认为滥用，进而对其作出相应规制。在现行法律框架内寻求对管辖权异议滥用行为的规制措施，不能类推适用民事诉讼法中的"强制措施"，而应直接适用民事诉讼法总则中的诚实信用原则径直裁定驳回其异议申请，如对方当事人受有损失，可另行提起侵权之诉。

关键词　管辖权异议　滥用行为　诚实信用原则　恶意诉讼行为

一、引论——"程序过剩"的管辖权异议制度

按照现有诉讼法理论的解释，管辖权异议制度的价值和目的在于"依照'审判公正假定'，通过给予被告异议的权利来平衡原告的起诉优势，在形式上体现了民事诉讼当事人平等这一基本原则"[1]。但该制度在具体的司法实践中颇受非议，民事诉讼法及其司法解释仍继续赋予当事人较低成本的异议权利，并允许其对异议裁定提起上诉，这种制度设计保护了当事人的诉权，但不可忽视的是，实践中的滥用管辖权异议行为

---

* 天津市高级人民法院立案一庭助理审判员。
① 张卫平：《管辖权异议：回归原点与制度修正》，载《法学研究》2006年第4期。

呈逐渐增长之势。① 继前些年针对管辖权异议的主体、范围及微观程序的争论之后，② 越来越多的研究者开始从整体上探讨该制度设计的弊端，甚至有学者认为该制度有"程序过剩"之嫌，并从立法角度提出了相应的解决之道。③

毋庸讳言，管辖权异议制度作为一种赋予当事人救济权的程序，应当接受司法实践的考验，学界及实务界对此制度的评价应引起足够重视，以期在进一步的法律修改中使该制度得到逐步完善。考察某项制度的优劣并提出应对之策似乎已是当前法学研究之惯例，本文无意从制度评价的角度来分析管辖权异议制度，因为这种"评价"毋宁说是一个立法问题，并不解决当下的实务难题，而司法实践则需要具体方案来纾解困局。所以，在既有相关法律及司法解释的框架下，如何解决司法实务中管辖权异议"程序过剩"问题才是当前的迫切之需，其中，遏制部分当事人的滥用行为是问题的关键。但首先要回答，能否依职权识别管辖权异议中的滥用行为，如何识别，以及这种识别有无具体标准。

"滥用"一词，在现代汉语中包含"胡乱地或过度地使用"的意思，④ 但呈现于书面法律材料⑤中的管辖权异议滥用行为无法予以直观甄别，毕竟，仅靠对文字、语言的解释并无法探寻当事人隐藏于其后的主观心理状态，也无法简单认定当事人行为背后的"故意"或"重大过失"。但通过审查当事人提出的异议申请，并结合其在个案中的整体诉讼

---

① 以天津市高级人民法院受理的管辖权异议上诉案件为例，2010年至2015年针对中级人民法院管辖权异议裁定提起上诉的案件数量分别是77件、54件、66件、113件、218件、295件，数量增速迅猛，给法院的审判工作带来了较大压力。

② 关于这些问题的争论，参见徐少波：《论我国管辖权异议的立法完善》，载《河南社会科学》2001年第5期；杨路：《管辖权异议若干问题探讨》，载《法学评论》1998年第5期；高博：《关于民事诉讼管辖权异议的思考》，载《广西大学学报（哲学社会科学版）》2008年第4期；孙明：《管辖权异议上诉程序探析》，载《华东交通大学学报》2013年第1期。

③ 例如，有的学者提出应取消管辖权异议上诉制度，认为该制度"人为地强化了管辖对于当事人的重要性，误导了人们对其程序正义的认识"。参见张卫平：《管辖权异议：回归原点与制度修正》，载《法学研究》2006年第4期。

④ 参见《现代汉语词典》，商务印书馆2012年版，第773页。

⑤ 包括被告提交的管辖权异议申请书、上诉状、庭审笔录、证据等。

行为，依据现有法律对恶意诉讼行为的具体规定，仍可划清滥用行为的大致界限，本文的论述即以此为前提①，即滥用管辖权异议的行为是具有可识别性的。在此基础上，进一步探求其识别方法和标准，并提出具体规制之道。

二、判断滥用行为的标准

2012年全面修订的民事诉讼法延续了旧法的规定，"人民法院受理案件后，当事人对管辖权有异议的，应当在提交答辩状期间提出"。寥寥数语，并没有将异议的具体条件和标准予以列明，且之后的最高人民法院司法解释也未作出进一步规定。这种高度概括性的法律条文给司法实践带来了难题，当事人提出管辖权异议的门槛较低，异议的理由也往往浅显简略，甚至有的当事人在异议申请书中的事实与理由部分罔顾民事诉讼法关于管辖的诸多具体规定，仅以"受案法院存在地方保护主义"或"该案由某法院审理更具诉讼便利性"等为由主张将案件移送至其所主张的法院审理，滥用异议权的行为非常明显。

通过当事人提交的书面材料探寻其背后的主观意图确为困难，有论者提出应从主观和客观两方面着手考察滥用管辖权异议的行为，"同时具备主观上的'恶意'与客观上的'滥用之行为'"②，即能认定为滥用。本文认为，无论主观上之"恶意"，还是客观上之"行为"，均不能以判断者的主观臆测所确定，需从当事人提交的书面材料内容及其诉讼行为出发，结合案件具体事实和法律争议，通过一种相对客观、合理的标准

---

① 如果说这种"可识别性"是一种"前提"，毋宁说是"假设"，因为从认识论的角度看，这种"识别"毕竟是认识主体"主观地认识客体"而已，而且，这种"客体"还是另一种较为"主观"的事物——行为。所以，本文"假设"滥用管辖权异议的行为具有可识别性。

② 刘远志：《管辖权异议的滥用与规制》，载张卫平、齐树洁主编：《司法改革评论》第14辑，厦门大学出版社2012年版，第146页。该文同时指出了滥用管辖权异议的概念，即异议主体"出于不合法的目的，超越管辖异议权行使的界限，在不存在或明知自己缺乏胜诉理由的情况下，提起管辖权异议的恶意诉讼行为"。

予以判断。① 那么，问题的出发点应当是如何界定"滥用"行为本身。

"滥用"行为，从法律特别是诉讼法角度分析，是不合理、超越界限地行使权利。有学者提出了认定权利滥用的六项具体标准：故意损害、缺乏正当利益、选择有害的方式行使权利、损害大于所取得的利益、违背权利目的以及违反侵权法一般原则等。② 具体到管辖权异议的滥用问题，上述标准稍显抽象，在司法实务中操作难度较大。从当前相关理论出发，结合司法实务，本文尝试提出如下标准。

（一）故意拖延时间

在审判实践中，可以发现很多当事人提出管辖权异议的直接目的就是拖延时间，为己方在原告起诉后的仓促准备中赢得时间，也间接为对方制造诉讼障碍，扭转己方的不利局面。③ 将故意拖延时间作为滥用管辖权异议的一项判断标准，面临如下争议：第一，说某行为是"拖延"，只是对事实的主观描述，无法予以客观标准化，毕竟，当事人达到何种状态才是拖延，并无标准；第二，即使确为"拖延时间"，但是只要在合法期间内，即使是在期间的最后一天作出某行为，亦难认定为权利滥用，因为很可能存在这样的情况：当事人主观上无恶意地认为受案法院无管辖权，但因异议材料的收集和准备过于烦琐而占用了过多时间而不得不将法律规定期间用完。那么，何种行为才能认定为故意拖延时间呢？

本文认为，应当综合判断异议申请人在法院异议审查和上诉程序中

---

① 毕竟，"客观上的滥用行为"中的"滥用"本身即为一种主观性极强的判断，也就是说，我们无法简单从一种行为中同时抽取出"恶意"和"滥用"两个主观判断。本文认为，"滥用"本身已包括"恶意"的意图，所以，下文将主要关注"滥用"之概念。

② 参见钱玉林：《禁止权利滥用的法理分析》，载《现代法学》2002年第1期。这六项标准或可称为"类型"，因为并非全部满足六项标准才可构成"滥用"。

③ 有研究者发现，一些案件的当事人"收到传票后一般会穷尽所有的法定诉讼期间，即答辩期第十五日提起管辖权异议，收到驳回裁定后第十日上诉；二审法院驳回上诉后，一审法院依法还要重新指定举证期限等，审理时间一般要拖一年多；如果再加上送达的在途时间或者当事人故意下落不明的公告时间，被告不配合的强制执行时间，原告有可能在两三年内都实现不了自己的实体权利"。参见刘远志：《管辖权异议制度之反思与重构——以地域管辖为视角》，载《法律适用》2012年第4期。

的具体诉讼行为来确定是否拖延时间，如果当事人不合理地穷尽了法律所赋予的诉讼期间，明显故意占用并浪费司法资源，那么就应当认定为故意拖延时间。在具体判断过程中，界定不合理地穷尽是审查的关键，但因此项判断较多涉及主观因素，且解释空间较大，从保护当事人诉权角度出发，应当从严把握。另外，还需结合具体案情进行分析。

（二）理由过于简单或明显不成立

当事人提出的管辖权异议普遍表现为理由过于简单或明显不成立，很多异议申请书中的事实与理由部分寥寥数语，不仅没有触及管辖权问题的实质，也为法院的审查工作带来难题。

1. "极简模式"

有的当事人提出了管辖权异议并指出其认为应当受理的法院，但是理由极为简略。比如，只写明根据民事诉讼法某条款的规定，某某法院没有管辖权，应当移送至某某法院。但对照其提出的法律条款，却发现其与具体案件情况毫无联系。更有甚者，异议者不提出理由，直接将"请求"内容作为理由重新表述一遍。

2. 理由明显不成立

当事人明知民事诉讼法关于管辖的条文，但仍提出了明显无法得到支持的理由，比如，合同已经约定了管辖条款，但仍以被告住所地不在受诉法院辖区为由提出异议；有的甚至提出了"路途遥远，不便诉讼"或"由某法院审理可能导致地方保护主义"[1] 这些与管辖权制度明显无关的理由。

在审查过程中，管辖异议理由过于简单或明显不成立，或可窥见当事人行使权利的主观恶意心态，因为，虽然当事人对自己的权利有处分

---

[1] 关于管辖权异议中的"地方保护主义"，张卫平教授曾有精彩论述，"理论上每一个法院审理案件都是公正的，笔者称之为'审判公正假定'……否则一旦司法地方保护主义成为一般情形，就意味着对我国司法公正性的彻底否定，那样，司法体系存在的基本合理性也就完全丧失了"。张卫平：《管辖权异议：回归原点与制度修正》，载《法学研究》2006年第4期。

权,但依据"权利人会认真对待自己的权利"的一般"利己性"假设,[1]如果行使权利过于草率且造成其他人"不成比例"的损失或社会资源的无谓耗损,应当推测权利人有主观恶意。在此情况下,有必要从社会整体利益增损的角度对此种行为进行规制。且根据司法实践经验,过于简单或明显不成立的异议理由,绝大多数是异议当事人的权力滥用行为所致。[2] 所以,将这一点作为判断滥用管辖权异议行为的标准有着充分的理论和实践依据。

有反对者可能会认为,异议理由过于简单或明显不成立或许是由于当事人诉讼能力不足或法律知识欠缺,如一概判断为"滥用",会影响相对弱势一方当事人的诉权,造成法律地位上新的不公平,违背管辖权异议制度设置的初衷。但从实践来看,情况可能相反,有能力提出异议并利用该制度维护己方权利的被告一方诉讼能力一般较强,[3] 通过异议制度对原告进行了有效"阻击",并在该制度产生的"时间差"中完成了己方诉讼能力的积累。

(三) 拒不提供证明材料或证明不充分

从性质上看,管辖权异议的审查程序与一般案件的审理程序有很大不同,其具有从属地位,依附于普通程序,法律并未规定需要经过完整的法庭调查、质证、辩论等程序进行审查。[4] 在实践中,法院一般会对当

---

[1] 这是"理性,同时利己"的假设。正如理性经济人的经济学假设一样,我们在法律世界中假设当事人会认真对待自己的权利,因为:第一,绝少当事人会非理性地随意处置自己的权利,这是社会生活中的一般情况;第二,诉讼法的立法和司法基础应当以"当事人会认真对待自己权利"这一假设作为基础,否则,程序将会"空转"。关于理性经济人假设在法律中的运用,参见[美]波斯纳:《法律的经济分析》,蒋兆康译,中国大百科全书出版社1997年版。

[2] 异议理由不成立的比例极高,很多调研报告认为异议申请驳回率达90%。参见高博:《关于民事诉讼管辖权异议的思考》,载《广西大学学报(哲学社会科学版)》2008年第4期。

[3] 有论者认为,"提起申请一方当事人或其委托代理人往往具备一定的法律专业水平,一般以律师等法律工作者居多,其对管辖权异议制度的设立、运用和法律后果、效果等均有较全面的把握。"参见刘晓燕、洪灶发:《滥用管辖权异议五类现象需关注》,载《人民法院报》2010年11月29日。

[4] 这种现象的理论基础或许是,管辖权的判断仅涉及形式审查,不应深入案件实体法律关系。

事人提出的书面材料进行判断，并依据具体请求内容要求当事人提供证据，在此基础上作出相应裁定。但现实情况是，很多当事人对自己提出的主张，在法院指定的时间内不积极提供证据加以证明，或提供的证据与所主张内容明显无关联性。如实践中经常出现的"住所地"或"经常居住地"问题，当事人仅提出了异议意见，但怠于举证，法院又无法拒绝裁判，导致耗费了大量的司法资源，也给异议相对方造成了明显的不合理障碍。

虽然无法直接以拒不提供证明材料或证明不充分为由证明当事人的主观恶意（就像法院不能以证据不足为由而拒绝审理一样），但在管辖权异议的审查中，应结合具体案情从严判断当事人诉讼行为中的主观意图，如没有正当理由拒绝提供证据，或提供的证据明显无关联性，应认定为恶意诉讼行为。理由有两个：第一，管辖权异议不同于案件中的具体诉讼请求，更多关乎当事人的程序权利，是一种"程序之外的程序"，与其实体权利的最终分配尚有一定距离，对此，应在审查程序中对当事人的诉讼行为进行从严规制，如在举证中有不合理行为，应对其处以比一般审理程序更严格的处罚。[1] 第二，如上文所述，司法实践和实证研究中的滥用管辖权异议行为已有泛滥之势，相较于关注当事人诉权的"过剩"的程序公正，应从实体公正和实质法治角度来规范管辖权异议制度，对损害对方当事人利益、浪费司法资源的明显不合理的行为应当施以惩戒。

（四）文字游戏

或许是对异议请求难以找到合理或适当的理由，有的当事人试着从文字、语句的字面意思上进行突破，提出了在法律视角中难以信服的理由。这种现象的出现，很多是由于当事人对法律概念进行了社会语境化的表达。法律概念都具有特定的含义，但因文字表达有时过于抽象，或

---

[1] 民事诉讼法第六十五条规定，"当事人逾期提供证据的，人民法院应当责令其说明理由；拒不说明理由或理由明显不成立的，人民法院根据不同情况可以不予采纳该证据，或者采纳该证据但予以训诫、罚款"。

没有确定的外延边界——这是文字无法克服的固有缺点——容易导致与社会生活中的一般表达方式发生重叠。① 有的当事人抓住这种特点借题发挥，从文字解释的角度提出了管辖权异议。比如，对于"法人住所地"，法律和司法解释已有详细规定，但有的当事人仍认为"法人即董事长的住所地在某地，所以本案应移送某地人民法院管辖"，混淆了"法人"与"法定代表人"。从司法角度看，这种异议理由近乎荒唐。如上文所述，虽然有的当事人确系法律知识不足，但能运用管辖权异议制度维护自己权利的当事人如何能不知类似于"法人"和"法定代表人"概念的区别？从盖然性角度分析，上述情况中当事人的滥用行为较为明显。

（五）制造送达障碍

当事人恶意提起管辖权异议的目的大多是拖延时间，阻却对方权利行使的同时也为己方赢得准备时间。为此，利用法院送达制度漏洞②来拖延时间成为部分当事人的选择。比如，有的当事人在提出管辖权异议后变更办公场所，驳回管辖权异议的裁定送达后再次变更办公场所，致使法律文书的每次送达都需经过几轮邮寄，确有必要时还需进行公告送达，造成程序资源的浪费。③ 变更办公场所一般是营业主体正常的市场行为，但在某些关键时间节点上屡次变更，则具有较强的针对性，应当认定为滥用管辖权异议行为。

上述五种标准之间并无明确独立性，比如第一项故意拖延时间一定程度上可以包含后四项，而文字游戏也常属于理由过于简单或明显不成立，这种分类纯为司法实践之方便所设，也需考虑管辖异议乱象之现状，

---

① 关于法律语境和社会语境中概念表达的区别，参见张东、张步文：《论证据规则中"众所周知的事实"——基于社会语境和司法语境的分析》，载《学术界》2009年第5期。

② 送达是一项非常重要的法律程序，为保障当事人权利，法律及司法解释设计了复杂的送达制度，其中有些内容难免僵化，但客观分析，这种僵化很难说是"漏洞"，毋宁说是立法者在公正和效率价值之间的无奈取舍。

③ 参见刘远志：《管辖权异议制度之反思与重构——以地域管辖为视角》，载《法律适用》2012年第4期。

难言科学。① 在司法实践中，管辖异议提出者常会综合采用上述两种以上方式。但从管辖异议制度的设立目的来看，本文认为当事人异议行为满足上述一项标准的，即应认定为"滥用"。

三、滥用管辖权异议行为的司法规制

鉴于司法实践中滥用管辖权异议行为已有泛滥之势，确有必要对其进行相应规制。确立判定标准仅为基础，如何采取以及采取何种方式和手段对此种行为进行制度意义上的惩罚、制约才是重中之重，这需要在理论和路径上进行深入探讨。

当前对管辖权异议的研究涉及规制措施的论文大多从立法视角出发，主要涉及两方面：第一，法律修改。比如限定当事人提出管辖异议的条件和期限、完善管辖权异议审理程序、缩短处理期限等。第二，法律移植。主张参考域外经验建立诸如异议损害赔偿责任制度及罚款制度等。② 这种立法视角的研究针砭制度之梗阻，设计深远，但法律修改程序严格而烦琐，"远水解不了近渴"，而司法实践所需急迫，需要在现有法律框架内寻找具体应对之道。

（一）理论前提：诚实信用原则与恶意诉讼行为

从 2012 年修订民事诉讼法及其相关解释出发，探寻滥用管辖权异议行为的规制之道，首先需要在基本理论层面确立对应原则或规则。

"滥用"行为本身即是违反民事诉讼法第十三条诚实信用原则的诉讼

---

① 社会科学特别是法学之分类，难以像自然科学那样周全而明确，往往只能达到相对合理的程度。

② 参见刘安琪：《民事诉讼管辖权异议滥用的分析和对策》，载《法制与经济》2014 年第 4 期；高博：《关于民事诉讼管辖权异议的思考》，载《广西大学学报（哲学社会科学版）》2008 年第 4 期；孙明：《管辖权异议上诉程序探析》，载《华东交通大学学报》2013 年第 1 期；周成泓：《民事管辖权异议制度完善研究》，载《法制博览》2015 年第 4 期。

行为，即在损害他人利益和社会利益的前提下追求自己的利益①。另外，诉讼上权能的滥用即为违反诚实信用原则的一种典型表现形式。② 所以，应当确认，滥用管辖权异议是违反民事诉讼法诚实信用原则的一种行为。

2012年修订民事诉讼法第一百一十二条规定："当事人之间恶意串通，企图通过诉讼、调解等方式侵害他人合法权益的，人民法院应当驳回其请求，并根据情节轻重予以罚款、拘留；构成犯罪的，依法追究刑事责任。"学界一般认为该条是前述诚实信用原则的具体表述之一，③ 有论者认为，滥用管辖权异议的行为应当参照民事诉讼法第一百一十五条关于罚款和拘留的具体规定对相关当事人进行处罚。④ 显然，从体系解释的角度看，该处罚条款是关于民事诉讼法第十章"对妨害民事诉讼的强制措施"中所有有关罚款和拘留条款的具体规定，而该章中与滥用管辖权异议行为最接近的规定就是第一百一十二条。那么，滥用管辖权异议行为能否适用第一百一十二条规定？

从文义解释角度看，民事诉讼法第一百一十二条中的"当事人之间恶意串通"显然是指双方当事人之间的行为，并且损害的是他人的利益，⑤ 而滥用管辖权异议仅涉及一方当事人的单方行为，且损害的通常是

---

① 当然，这种解释只是诚实信用原则的一个方面，该原则的内涵远非如此简单。关于该原则的具体含义，可参见梁慧星：《民法解释学》，中国政法大学出版社1995年版，第301页；徐国栋：《民法基本原则解释——成文法局限性之克服》，中国政法大学出版社1992年版，第74页。

② 参见张卫平：《民事诉讼中的诚实信用原则》，载《法律科学（西北政法大学学报）》2012年第6期；刘荣军：《诚实信用原则在民事诉讼中的适用》，载《法学研究》1998年第4期；王琦：《民事诉讼诚实信用原则的司法适用》，载《中国法学》2014年第4期。

③ 关于诚实信用原则在民事诉讼法中的具体表述，还有第一百一十三条关于恶意逃债的规定；另外，《最高人民法院关于适用〈中华人民共和国民事诉讼法〉的解释》（法释〔2015〕5号）关于自认的规定亦属于诚实信用原则的范畴。参见王琦：《民事诉讼诚实信用原则的司法适用》，载《中国法学》2014年第4期。

④ 参见刘远志：《管辖权异议制度之反思与重构——以地域管辖为视角》，载《法律适用》2012年第4期。

⑤ 《最高人民法院关于适用〈中华人民共和国民事诉讼法〉的解释》第一百九十条第一款同时规定："民事诉讼法第一百一十二条规定的他人合法权益，包括案外人的合法权益、国家利益、社会公共利益。"

对方当事人的权益。① 所以，适用第一百一十二条规制滥用管辖权异议行为，稍显不妥，有生搬硬套之嫌。② 即使是民事法律，类比适用相关条款也应具备相近性原则，文义概念明显不同情况下不能贸然适用其他类似条款。

纵观民事诉讼法及相关司法解释，并无相关条款对滥用管辖权异议行为作出规定，而直接适用诚实信用原则又面临着诸多理论和实务难题。③ 首先，作为一种具有高度概括性和抽象性的原则，诚实信用原则的适用没有具体标准和法律程序；其次，对于管辖权异议之类的程序性问题，法官依职权直接适用诚实信用原则尚无理论支持和实践检验；再次，直接适用诚实信用原则对具体诉讼行为进行判断，给予了法官极大的自由裁量权，对这种易产生"恣意"的权力进行限制约束，亦是一个难题。④

作为一项民事诉讼法的基本原则，诚实信用原则贯穿于民事诉讼的全过程，是民事诉讼的精神实质和指导思想，在民事诉讼立法和司法解释没有具体规定的情况下，法官可以根据需要行使自由裁量权，直接援引诚实信用原则对当事人的诉讼行为作出评价。⑤ 在民事诉讼法确立诚实信用原则之前，2001年《最高人民法院关于民事诉讼证据的若干规定》第七条就规定："在法律没有具体规定，依本规定及其他司法解释无法确定举证责任承担时，人民法院可以根据公平原则和诚实信用原则，综合

---

① 虽然滥用管辖权异议同时浪费司法资源，或涉及"社会公共利益"，但此种"浪费"相比对方当事人利益仍属次要地位。

② 2012年修订民事诉讼法关于"恶意串通"的新增规定，其出发点是规制当时愈演愈烈的虚假诉讼行为，对于恶意诉讼，因"属于一个主观性概念"，且"外延更为宽泛"，故修改中未出现该概念。参见最高人民法院民事诉讼法修改研究小组编著：《〈中华人民共和国民事诉讼法〉修改条文理解与适用》，人民法院出版社2012年版，第232～244页。

③ 有研究者认为，"没有具体规定的，法官根据需要行使自由裁量权适用诚实信用原则"，强调在没有具体下位规则可适用时，才可以直接适用诚实信用原则。参见王琦：《民事诉讼诚实信用原则的司法适用》，载《中国法学》2014年第4期。

④ 梁慧星先生认为，诚实信用原则的实质在于赋予法院自由裁量权。参见梁慧星：《诚实信用原则与漏洞补充》，载《法学研究》1994年第2期。

⑤ 参见王琦：《民事诉讼诚实信用原则的司法适用》，载《中国法学》2014年第4期。

当事人举证能力等因素确定举证责任的承担。"显然,根据该条规定的精神,在这里适用诚实信用原则的前提必须是"法律没有具体规定",肯定了可以直接适用诚实信用原则作出司法判断。所以,直接适用诚实信用原则对滥用管辖权异议行为作出判断有一定的理论支持,也有相应的"立法先例"。

关于法官自由裁量权容易被滥用的问题,就如同张伟平教授关于"审判公正假定"的分析一样,我们无法从生活经验和一般个例得出所有的自由裁量权都会被滥用这一结论,也不能以此为前提来评价现有相关制度,因为立法和司法的有效运转都必须基于"所有的法官都会竭力善意地作出特定环境下最合乎情理、公正的判决"① 这一假定,否则,制度运行的基本逻辑将会混乱。

(二) 对滥用管辖权异议行为的司法规制

讨论管辖权异议滥用行为的司法规制问题,应在现有法律框架内寻求解决之道,这是本文的方法论视角。但通过上文分析,似乎仅有民事诉讼法中的诚实信用原则可以作为规范性/规则性基础,在此情况下,如发现当事人滥用管辖权异议行为,将会产生何种法律后果?

1. 程序性责任:裁定驳回

直接适用诚实信用原则规制滥用管辖权异议行为,在民事诉讼法及司法解释中并无其他制裁性措施的情况下,对滥用行为无外乎裁定驳回而已。如上文分析,民事诉讼法第十章"对妨害民事诉讼的强制措施"的相关措施,不应类推适用于滥用管辖权异议行为,且滥用行为大多涉及主观行为,而罚款、拘留等措施又直接影响当事人的人身、财产权利,在无明确规定的情况下,宜慎重适用。但在裁定驳回时,应当考虑以下几个问题。

首先,对符合本文上述五类滥用标准的异议申请予以裁定驳回时,

---

① 杜丹:《诉讼诚信论——民事诉讼诚实信用原则之理论及制度构建》,法律出版社2010年版,第128页。

应当与进入正常审查程序的异议申请有所区别。进入正常审查程序的异议申请，应当结合案件事实理由对其异议请求与进行综合判断；而如发现有本文中的几类滥用行为，则无须进一步审查，可径直予以裁定驳回。

其次，在对管辖权异议的上诉审查中，无论一审中的异议是否成立，查明事实和适用法律是否正确，一旦发现当事人异议符合滥用标准，即应裁定驳回当事人异议申请，无须"驳回上诉，维持原裁定"。①

最后，对于滥用管辖权异议的行为，无须对方当事人提出请求、理由和证据，法院可依职权对异议当事人的请求予以驳回。

2. 实体性责任：侵权赔偿

在学界的一般理解中，违反诚实信用原则的民事责任主要是指侵权责任。②滥用管辖权异议行为无疑也会造成对方当事人的财产损失，这种损失产生于异议当事人不当行为对对方造成的时间延误，以及基于对异议一方合理行为之期待所实际产生的经济损失。在侵权责任法这一实体法框架内，虽没有对恶意诉讼行为的明确规定，③但滥用管辖权异议的行为具备侵权行为的一般特征和构成要件，应当受到侵权责任法的调整，且程序法本身所能提供的救济手段有限，需借助实体法补其不足。④

关于对滥用管辖权异议行为提起的侵权行为之诉，本文认为，应当由具有请求权的一方当事人提出证据，通过另案起诉。

四、结语

按照张卫平教授的说法，管辖权异议制度"实际上强化了与实体公正无关的程序利益争端，把管辖的内部分工外部化为一种诉讼利益"，且

---

① 因为管辖权异议的滥用不仅损害了对方当事人的利益，更重要的是挤占了大量的司法资源，对司法秩序形成了冲击，理应在二审程序中对其"一驳到底"。

② 参见王琦：《民事诉讼诚实信用原则的司法适用》，载《中国法学》2014年第4期。

③ 在《中华人民共和国侵权责任法草案建议稿及说明》中，杨立新教授曾建议将恶意诉讼、滥用诉权等行为视为侵权行为，但该内容未被后来通过的侵权责任法所采纳。参见王琦：《民事诉讼诚实信用原则的司法适用》，载《中国法学》2014年第4期。

④ 参见刘远志：《管辖权异议的滥用与规制》，载张卫平、齐树洁主编：《司法改革评论》第14辑，厦门大学出版社2012年版，第155页。

"人为地强化了管辖对于当事人的重要性,误导了人们对其程序正义的认识"①。学界对管辖权异议制度的批判久矣,观点亦精彩纷呈,但本文并无意深入这种纷争来探讨该制度的改进之策。从经验出发,对司法现状中的管辖权异议滥用问题进行分析,提出滥用的具体判断标准,并在现行法律框架内寻求解决之道,对该制度的正常运转或略有裨益,于制度之痼疾或可稍显舒缓。但本文所提出的判断标准及规制之道,因涉理论较多,难免主观臆测,在实务操作中尚待实践之检验。而问题的最终解决,无疑仍需立法上的"破立"。

---

① 参见张卫平:《管辖权异议:回归原点与制度修正》,载《法学研究》2006 年第 4 期。

京津冀一体化进程中破产案件协同治理研究

芦亮丛[*]

摘要：党的十九届五中全会之后，提出要加快构建"双循环"的新发展格局，逐步推动我国市场经济的健康发展。与此同时，京津冀一体化战略的稳步推进，也对人民法院积极融入新发展格局，促进京津冀协同发展提出了更高的要求，故而司法对经济社会的服务保障功能日益凸显。选择破产案件的区域协同治理为突破口的理由，一是三地法院对于破产领域的深度协作较少；二是通过抓住破产这一牛鼻子，推进供给侧结构性改革，以法治助力一流营商环境的发展。当前京津冀法院针对破产案件虽有初步的研讨合作，但仍存在发展不均衡、各部门衔接不畅、缺乏常态化监督和有效的权利救济等问题。因此，需要探索完善三地法院联动机制、加强审执部门的协作、深化府院联动、构建多元化权利救济机制来打破区域自治的藩篱，推动京津冀全面协调发展，实现营造一流营商环境这一目标追求。

关键词：新发展格局 京津冀一体化 破产案件 协同治理 营商环境

---

[*] 河北省保定市中级人民法院研究室法官助理。

引 言

作为我国区域协调发展的重大战略,京津冀协同发展已历经七个年头。七年的时光,京津冀三地法院为促进京津冀协同发展提供了高质量的司法服务和保障,同时为区域协调发展贡献了丰富的实践样本。但值得注意的是,当前京津冀法院在跨域立案、执行协作、智慧法院信息共享、环境资源等方面互动频繁,而关于破产等新领域的区域纵深协作探索却很少。这在一定程度上反映出司法应对新领域社会矛盾纠纷、促进区域创新驱动发展的准备尚不充足。[①] 现阶段,站在"十四五"规划的历史交会处,新的时代背景、新的发展格局对形成京津冀一体化格局,构建一流法治化营商环境提出了新要求。为有效回应这一新诉求,需要我们对京津冀地区破产案件协同治理这一新的话题进行深入研究。

一、京津冀破产案件协同治理的理论内涵

(一)京津冀破产案件协同治理的价值取向

人民法院作为定分止争、维护社会公平正义的有力防线,司法对区域一体化发挥的效能的大小,关系到各区域民众能否平等地享受到区域协同带来的同质的司法服务。打造跨行政辖区的协同治理模式,是为了实现整个区域的联动发展,其最终的落脚点是打破"一亩三分地"的现状,实现三地司法一盘棋,取得同频共振的发展。而随着京津冀协同发展战略目标的推进,三地的经济社会发展虽日益紧密,但三地法院的司法审判工作相对分离。[②] 实际上,这样条块状的司法状态客观上难以满足经济的均衡发展需要。因此,三地的司法审判必须肃清区域障碍,为经济平稳发展引航,以实现依托司法保障京津冀经济社会协同发展的价值取向。

---

① 参见陈煮、刘宇琼:《区域协同治理的司法促进——基于京津冀司法协同的考察》,载《河北法学》2020年第3期。
② 参见王欣新、郑志斌主编:《破产法论坛》(第十七辑),法律出版社2020年版。

（二）京津冀破产案件协同治理的目标追求

如果说区域协同治理的目标在于通过重新发挥司法功能的作用区域，以实现司法的外在效应，映射至区域整体经济社会发展的秩序性诉求，[①]选择以破产案件区域协同治理这一视角作为切入口则有两个目的：一是为了促进三地对破产纠纷的处理达成裁判的统一性；二是通过三地协同，实现淘汰落后产能、调整产业结构、拯救优质企业、营造区域一流营商环境。

二、京津冀破产案件协同治理的支撑力量

（一）时代诉求

从 1949 年至今，我国提出的区域发展战略经历了平衡—非均衡—协调—协同的四个演进阶段，[②]而在协同发展阶段推出的京津冀协同发展战略，是党的十八大以来党中央作出的重要决策。这一战略，基于政策的引领，目前已取得良好的发展效应，这一良好的发展前景显然需要法院的司法审判工作作出新的改变。而破产审判不同于普通的简单民商事案件，单个企业的破产可能会涉及众多债权人，债权人可能来自不同区域，法院对破产企业的审理也可能会涉及该企业的上下游产业链甚至是跨区域的案件审查。故而将破产案件的审理与京津冀司法协作结合起来，跨区域协同联动审理破产案件，可以促进京津冀三地破产法的统一适用，推动区域市场健康发展，更有力回应新发展格局下如何促进国民经济良性发展、循环畅通的时代诉求。

[①] 参见梁平：《京津冀协同发展司法保障的理论探讨与实践路径——基于司法功能的视角》，载《政法论坛》2020 年第 1 期。

[②] 参见本刊编辑部：《构建新发展格局共谋区域协调发展新思路——新发展格局下我国区域协调发展展望暨京津冀协同发展战略七周年高端论坛专家发言摘编》，载《经济与管理》2021 年第 3 期。

（二）政策支持

2018年7月，第一届京津冀破产审判研讨会在北京召开，来自京津冀三地的几十家法院，共计数百名法官围绕"新时代破产审判的司法进路"这一主题，对建立京津冀常态化破产审判交流机制达成了一致意见。2018年10月，北京一中院、天津二中院、河北石家庄中院、河北邢台中院、河北沧州中院共同举行会议，协同制定了《京津冀三省（市）中院推进区域清算与破产案件审理工作协作机制（试行）》，三地就建立联席会议、信息共享、案件深度协作、培训研讨达成了共识，以期更好地形成专业化审判优势以及区域优势。2019年7月，第二届京津冀破产审判研讨会在邯郸召开，这是京津冀三地法院就破产审判进行的第三次协作。此次研讨，与会法官就"深化三地区域协作，助力营商环境"进行了充分讨论。从现有的三次合作，可以看出京津冀三地法院对加强三地破产审判工作交流的重视，也可以看出各项政策对促进京津冀破产案件协同治理提供的重要支撑。

三、京津冀破产案件协同治理的现状分析

（一）建设一流法治化营商环境目标追求的呼唤

"法治是最好的营商环境"，这是习近平总书记在中央全面依法治国委员会第二次会议上提出的重要论断。这一论述虽短，但言简意赅，意义深重，从中可以深刻地感知到司法对构建良好的营商环境的重要作用。法院对营造营商环境的促进作用，一个重要的体现就是破产法律的有效实施和破产案件的优质审理。

"办理破产"指标是营商环境评判的重要参考。截至目前，世界银行营商环境报告显示，北京、上海、重庆等地"办理破产"指标在不断提升，但不容忽视的是，我国的整体排名仍然有待提高，京津冀三地亦有差距，对标更高标准，仍需继续努力，提升破产管理的专业度，不断向

一流的营商环境目标迈进。

(二) 当下京津冀破产案件审理出现的诸多问题

1. 破产案件数量上升但发展不均衡

近年来,三个地区的破产和清算案件数量均呈上升趋势。破产案件数量的上升,一方面是因为京津冀三地为推进供给侧结构性改革,产业结构升级,日益重视破产法在市场经济中的重要作用;另一方面,京津冀一体化战略中三地各自的功能定位,也会客观上影响破产案件数量的变化。但值得一提的是,三地有着较大的经济发展差异和各自的发展轨迹。例如,过去河北的经济增长主要靠钢铁等传统高耗能制造业,在产业结构升级过程中可能会淘汰部分低端企业,这些企业成为破产的主要主体。可见,三地破产案件数量不均衡,发生破产的原因不同,甚至各地法官对审理破产案件的专业度也有差异。

2. 审判庭与执行部门的衔接问题

各地法院十分重视"执转破"的衔接性,也为如何做好衔接进行过深入的探讨与尝试。但在实务中,有时候工作会陷入被动局面。因为在现有的审执分离工作格局下,审判部门和执行部门往往履行各自的职责,缺乏有效的沟通,可能会导致债务人的部分财产在被受理破产重整后仍个别执行的情形,并且可能会出现因程序衔接不当导致破产企业财产交接不畅,影响案件的审理进度等。开展跨行政区域的审执协作,要推动破产案件的信息互通、有效处理,沟通衔接难度会更大。

3. 缺乏上下联动机制

目前,各地法院都在积极贯彻最高人民法院出台的关于优化营商环境的司法政策,也大多都制定了保障民营企业健康发展、优化营商环境的地方性制度文件。但各级司法机关尚未就如何构建一流的法治化营商环境形成上下联动的体制机制,制度文件中有关举措与任务分工仍停留在"纸面",缺乏结合本地实际的具有针对性的落实方案。部分基层法院司法能动性不足,没有参照上级法院,结合本土发展实际,细化相应实施方案。部分上级法院对下破产业务指导不多，尚未形成有效的对下业务指导的长效机制。

4. 没有常态化监督制约机制

破产案件是关系到营商环境的重要案件，但目前上下级法院尚未就破产等商事案件形成有效的内部监督机制。且破产案件审理终结后，一般不会启动审判监督程序进行再审，一定程度上也限制了上级法院对下级法院破产案件的监督。

5. 权利救济渠道不畅通

企业破产案件不同于简单的民商事案件，单一的债务人可能涉及成千上万不同领域的债权人，涉案金额大、波及范围广，势必会造成多数债权人的心理恐慌。而部分债权人在向法院起诉时，不一定会想到申请破产重整，抑或即使申请涉诉企业破产，可能会面临破产申请"立案难"、审理期限长、债权等无法得到全部清偿或及时清偿等问题，部分债权人会因权利得不到及时救济而改变对法院的态度，最终影响司法的公正权威。

四、京津冀破产案件协同治理的路径探索

（一）完善协作联动机制

1. 不同地区法院审判庭的联动

联动不单单是将三地法院各自的资源进行简单的汇总，而应针对破产案件尤其是重大疑难、跨区域、涉众等具有重大纠纷隐患的案件联合签署合作机制。结合当下京津冀协同发展战略，在战略合作蓝图中明确各自的协作职责、明确责任业务庭室的对接、沟通、统筹协调方式等，以合作机制为指导，定期研讨交流，使跨区域破产案件的协作日益常态化。

跨区域破产案件协作，可能会产生管辖争议问题。例如，涉三地的关联企业一旦发生破产纠纷，三地法院对破产案件可能均有管辖权。如

关联企业或者部分债权人在不同法院申请破产，就会产生管辖的协调和移送等问题。对于跨区域的破产案件可依立案时间先后顺序，确定管辖。同时，也可根据债权人的数量、涉及的债权金额确定最优管辖法院。在这种情况下，三地法院要保持长期、及时的沟通，及时告知当事人并向相关债权人释明情况。

2. 审判庭与执行部门的联动

破产案件的审理周期偏长，从破产案件的申请审查、破产案件的受理直至向所有债权人发起申报债权的通知，在这一相当长的期间内势必会产生审判与执行之间的碰撞。故而，必须加强破产审判庭与执行部门的沟通协作。

应制定"执转破"工作机制，形成制度文件，细化责任分工，推动"执转破"案件有效启动。如果执行部门相关工作人员尚未知悉被执行人已申请破产重整，相关审判庭要在第一时间向其告知，执行工作人员在知悉被执行人申请破产后，可以暂缓执行，等待相应裁判作出后再作处理。倘若执行部门已将被执行人财产部分执行，个别清偿行为影响了其他债权人的利益的，建议执行部门根据破产管理人的申请，通过执行回转程序将部分执行的破产财产予以追回并移交破产管理人，将其纳入破产财产等待重整草案通过后，对全体债权人进行集中清偿。

对于跨区域的破产协作，不同区域的审判庭与执行部门应该在京津冀一体化战略下，依托智慧法院信息共享的成果，加强不同部门的衔接，严格遵守破产案件合作协议的有关规定。不同区域审判庭需要查询破产案件信息的，各地执行部门要予以配合，发挥执行部门拥有完备的财产查询系统的优势，帮助审判部门了解破产企业的财产状况。

3. 三地信息化技术的联动

当前，全国法院智慧法院建设如火如荼，依托大数据、人工智能、区块链等先进科技保障法院信息化建设的创举数不胜数。结合京津冀协同发展这一背景，未来的破产案件审理必然会促使跨区域的协同治理愈发频繁。因此，必须发挥三地法院各自的信息化优势，通过现代科技的助力，减少协同治理中合作办公的不便，提高审判效率。

一是可以依托最高人民法院全国企业破产重整案件信息网，结合三地破产案件的受理情况，创建京津冀破产案件信息查询平台。同时，在该平台上增加信息提示功能，若一地法院根据某一债权人的申请已受理破产案件，此时系统可以标识"预警"，用以展示目前案件受理状况并提示其他两地法院，确保三地法院对跨区域破产企业的信息共享顺畅。

二是可以从三地众多的破产案件中挖掘各具特色的破产重整典型案例，搭建起京津冀互联互通的破产案件典型案例共享数据库平台。三地法院可以学习参考具有典型示范引领意义的参阅案例，逐步缩小三地裁判标准的差异，统一破产案件审理的裁判尺度。

（二）深化府院联动发展

破产案件基于其自身的特性，往往涉及人员、利益众多，对于案件所产生的经济、就业、社会保障、社会安定等各种问题均需在审理案件时予以考虑。对于案件衍生出来的各种问题，需要依赖其他部门的配合，涉及影响社会稳定、劳动就业等民生问题的，更需要政府的大力配合，以妥善处理破产案件潜在的社会风险。

地方政府要注意解决破产案件审理过程中阻挡破产程序稳定推进的障碍，对于破产企业欠缴的税费、银行销户、企业注销、员工后续安置等要协助配合，对于破产引发的突发性事件，政府相关部门要配合法院做好维稳工作，要加强政府相关部门与法院的沟通对接，深化法院与政府的横向联动。

（三）构建多元救济渠道

跨区域的司法联动机制，需要我们创新工作思路，针对破产等新领域引发的各种纠纷和风险隐患，探索建立起三地法院多元救济机制。要重视因破产案件引发的信访事件，三地法院要持续深化多元解纷机制，加强信息沟通协商，配备专业化的信访化解队伍，向信访人释法明理，避免群体性恶意上访事件的发生。

为保障债权人权利救济的有效性,三地法院要破解破产案件立案难问题,对符合破产条件的申请及时受理。鉴于破产案件审理周期较长,要健全破产审判的制度机制,三地法院可协商交流,研究制定符合本地经济社会发展特点的破产案件繁简分流机制,对金额较小、财务状况明晰的简单案件快速审理,以提高破产审理效率。对"僵尸企业"经过严格审查,及时出清。对具有发展潜力的企业,加大重整力度,保护民营企业家的合法权益和当地经济的有效运转。

结　　语

区域的协同发展是解决各地发展不平衡不充分的有力武器,这其中应然性地包含区域治理上的司法协同。为更好地发挥司法对京津冀一体化的服务保障功能,选择以破产案件的审理这一小口径切入,是找准当下"双循环"新发展格局的时代背景,营造一流营商环境的必然要求。希冀通过上述路径畅想,打破区域的桎梏,健全破产案件的审理机制,深化三地常态化的协作,有效促进京津冀一体化战略的逐步推进、协作共赢。

关于构建京津冀自贸区商事纠纷多元化解机制研究

——以天津自贸区商事纠纷多元化解机制为视角

刘晓乐[*]

摘要： 法治是京津冀自贸区建设的重要保障。为回应自贸区市场主体对权利与救济便利化和解决纠纷渠道的多元化需求，同时为满足京津冀自贸区战略定位新形势对司法服务保障工作的新要求，构建京津冀自贸区商事纠纷多元化解机制，搭建调解、仲裁、诉讼有机衔接的一站式纠纷解决平台，推动解纷资源向"供给侧"倾斜成为大势所趋。本文立足于天津自贸区法院的成立，以天津自贸区法院商事纠纷多元化解机制为视角，深入了解自贸区内诉讼仲裁调解平台相关主体的各类需求，从探究自贸区当前诉讼仲裁调解对接现状及问题入手，探索符合京津冀自贸区商事纠纷多元化解平台构建路径，为京津冀自贸区一站式解纷平台的建构提供新思路，从完善国家治理体系和治理能力的角度，为京津冀自贸区创新司法改革，持续深入推进京津冀协同发展，最终助力全面深化改革提供强有力的司法保障。

关键词： 京津冀自贸区　商事纠纷　多元化解机制

随着京津冀协同发展的不断深入和京津冀三地自贸区建设步伐的不

---

[*] 天津市东疆保税港区融资租赁中心法庭法官助理。

断加快，自贸区内商事纠纷更加常态化、复杂化，因此，京津冀自贸区应准确把握司法服务保障自贸区建设的目标定位，建构商事纠纷多元化解机制，有效推动京津冀自贸区建设，加快司法改革。

一、京津冀自贸区商事纠纷多元化解机制的运行现状

（一）自贸区内商事纠纷多元化解体系的现实需求——以天津自贸区改革发展为视角

天津自贸区是中国大陆北方的第一个自由贸易试验区，成立于2014年，相较于北京自贸区、河北自贸区，天津自贸区成立较早。2015年4月8日，经国务院批准的《中国（天津）自由贸易试验区总体方案》在总体要求部分，就指导思想作出了努力打造京津冀协同发展对外开放新引擎的阐述；总体目标的最终定位是在京津冀协同发展和我国经济转型发展中发挥示范引领作用。由此可见，在天津设立的自贸区不仅是天津的自贸区，更是京津冀的自贸区。因此，本文以天津自贸区改革发展的视角来探析整个京津冀自贸区内商事纠纷多元化解体系的现实需求。

第一，天津自贸区高新技术企业、外资企业增多，当前司法资源难以满足企业日益增长的急迫性司法需求。天津自贸区内高新技术产业发展迅速，且国际外资企业数量增多，导致涉及高新领域和国际商事领域的纠纷增多，纠纷处理更加复杂，对商事诉讼服务的便捷性、时效性提出更高司法需求。单一的诉讼解纷方式处理周期长，且不利于企业形象树立，故而更期盼发展多元解纷方式，创新纠纷解决途径。

第二，天津自贸区形成固定产业集群，特定产业内纠纷频发，类案数量增多，案件处理周期长，诉讼成本大，集群企业诉累严重。经过十余年发展，天津自贸区形成了以主导产业为主，并逐步培育新型贸易业态的大格局，尤其是东疆片区已形成包括租赁业务、航运业务、平行进口车业务和融资租赁业务在内的产业集群。四大产业集群发展迅速，商事活动增多直接导致案件数量上升，且行业内普遍存在案件性质相同、

情节相似的现象。同一商事主体可能同时牵连上百个类似的纠纷案件，处理周期长，诉讼成本大，企业诉累严重。针对特定集群产业设立专业的纠纷解决机制，有助于此类案件高效解决，提高司法效率。

第三，随着收案类型复杂化、多样化发展，普遍存在案多人少现象，对司法部门工作人员提出了更大挑战及更高要求。尤其近些年来，随着京津冀协同发展战略的持续深入和京津冀三地自贸区的成立，目前京津冀自贸区内收案数持续攀升，新类型案件呈现井喷态势。同时，由于当前基层法院案多人少的矛盾越来越突出，员额法官人数与案件受理数的涨幅不成正比，社会期望值和法院自身要求越来越高。法院的案多人少必然影响法官办案质量。法官承办案件增多导致办案周期延长，平均处理每个案件的时间和精力减少，无法追求案件精细化处理。同时，法院案多人少影响法官与当事人进行沟通交流，无法满足当事人急迫的司法需求，易使当事人产生不满情绪，长期如此，必然导致群众与法院的矛盾加深，不利于法治社会构建。因此，必须构建多元化解纠纷机制，深化案件繁简分流，以提高司法质效，保障"繁案精审、简案快审、类案专审"，减轻基层法院压力。

（二）天津自由贸易试验区人民法院开展商事纠纷多元化解的基本情况

2015年国务院发文明确指出，建立天津自贸区是党中央、国务院作出的重大决策，是新形势下全面深化改革、扩大开放和加快推进京津冀协同发展战略的重大举措。为服务自贸区建设，应充分发挥自贸区的司法引领作用和辐射效应，进一步推动京津冀协同发展，落实一带一路发展战略。打造自贸区司法高地，提升自贸区审判的国际公信力和影响力。

一是高标准建立一站式民商事纠纷多元解纷平台。为助力多元化解纠纷机制的建立健全，天津自由贸易试验区人民法院（以下简称天津自贸区法院）严格按照宪法与法律的规定，汇编一站式多元化解纷和诉讼服务体系规范性文件，在多元化解纷、立案诉服、分调裁审、审判辅助、涉诉信访等五个方面为一站式诉讼服务中心提供标准化的工作流程和办事指南，积极搭建多元化解纷机制，深入开展法官"下社区""搭平台"，设立调解中心，将人民调解、律师调解和特邀调解纳入诉调对接机制。

天津自贸区法院以多元解纷工作为依托，建设诉调对接平台，建立法院主导的诉前联动纠纷解决机制。以法院为中轴向外辐射，对接矛盾化解、诉前调解等工作；以法院的多元解纷指挥中心为顶层设计，内设人民调解员调解室、律师调解员调解室、特邀调解员调解室、法官工作室；外设10个互联网社区法庭、10个互联网律师事务所，对接21个街镇矛调中心以及街镇下设的139个村委会、302个居委会，以片区形式设立法官工作室；充分利用40余家专业调解组织及人民调解委员会的现有资源，勾勒出以点带面、以上带下的立体式网络构图，有效形成多元对接网格化管理，覆盖整个滨海新区，打造"滨海模式"服务体系。

二是加大力度开展金融案件多元化解机制建设调研工作。天津自贸区法院自成立以来，就把金融审判作为专业化的重点打造内容，积极调研金融纠纷多元化解渠道，提升司法服务精准性。2020年5月7日，张长山院长深入滨海新区金融工作局，就加强沟通协作，以更好的金融审判助力新区金融产业创新发展，有效防范区域性金融风险，与滨海新区金融工作局、东疆保税港区金融工作局负责同志座谈交流。2020年6月11日，滨海银保监分局局长史江平一行到天津自贸区法院，就推进金融纠纷多元化解，有效防范区域性金融风险，助力新区金融产业创新发展进行座谈。

三是签约一带一路国际商事调解中心促国际商事纠纷多元化解。2020年8月21日，天津自贸区法院、滨海新区司法局、一带一路国际商事调解中心三方共同签订《诉调对接、一站式纠纷解决合作协议》，标志着多元化解一带一路国际商事纠纷机制在滨海新区建立。天津自贸区法院将通过一带一路国际商事调解中心对接合作，充分发挥专业调解机构的优势，探索"法院审判＋专业调解"的纠纷解决模式，有效化解具有新区特点的融资租赁、商业保理等各类纠纷。为一带一路服务机制成员及其相关方和一带一路相关国家的政府、企业、其他商业组织及个人提供调解服务。推广和谐、互利、平等的调解文化，促进形成一带一路良好的经济秩序。一带一路国际商事调解中心的建立对于全面推进一站式解纷和诉讼服务体系建设有着积极的推动作用。

四是东疆多元化纠纷共治中心于2021年5月8日揭牌成立，首批进驻的法律服务机构有5家，分别是：一带一路国际商事调解中心融资租赁调解室、北海国际仲裁院天津金融中心、天津市泰达公证处自贸调解中心、天津市大公公证处东疆智慧公证中心和天津市滨海新区公信金融调解中心。东疆多元化纠纷共治中心在中心业务、运作原则、功能布局上进行了一系列体制机制创新，建立与诉讼、仲裁、调解、公证对接机制，打造以融资租赁纠纷化解为样板，金融纠纷诉讼、仲裁调解、公证一体化的法治化国际营商环境和司法服务平台，从市场主体的多元化司法需求出发，以提升自贸区解决纠纷和诉讼服务水平为着力点，围绕涉诉市场主体，谋划纠纷源头治理之策，围绕行业突出问题，构筑多元化解平台，全力将东疆自贸区打造成商事纠纷解决优选地、多元化解纷示范区、自贸区形象新窗口和法治建设新高地。

二、京津冀自贸区构建一站式解纷平台存在的问题

（一）对商事案件多元化解的优势理解不深，举措未能同步跟进

随着中国对外开放质量的进一步提高，自贸区内企业涉外因素增多，国际化程度也越来越高，仅凭传统的诉讼和仲裁已经无法满足自贸区内企业对商事纠纷解决的需求。从自贸区法院商事纠纷多元化解的实践看，存在以下问题。

一是专业调解力度与当前多元化解需求不相适应，与银行、证券、保险等金融商事调解组织的联系和合作尚未全面展开，特邀调解名册，

特邀调解组织和特邀调解员的选聘、管理、使用尚未有程序性规定。二是司法确认程序有待优化。商事纠纷因缺乏人民调解组织的直接确认优势，当前对行业调解、特邀调解往往仍沿用司法审查程序，当事人需另立案件进入司法审查程序出具调解书，而不能直接出具司法确认书，商事纠纷多元调解司法确认的程序要求及特邀调解与司法确认的衔接机制尚不健全。三是类案专业商事纠纷诉调对接模式尚需完善。自贸区法院尝试的"标签化立案＋要素式审判＋示范式判决＋专业调解＋司法确认"等全链条的融资租赁纠纷多元化解机制尚未形成成果输出，在加大宣传力度，形成预判效应，引导更多类型化纠纷案件当事人通过调解化解纠纷力度方面还不够。四是在线调解平台和流程还不完善。2021 年以来，天津自贸区法院诉前调解商事案件 500 余件，在积极引导当事人采用在线调解方式解决纠纷，扩大与专业调解组织的在线合作，增强调解实效，合力化解矛盾上还有欠缺。

（二）与现有多元解纷平台对接不畅，机制研究有待加强

天津自贸区法院在商事纠纷多元化解机制的建构上存在以下几点问题：一是商事调解配套机制的供给严重不足，影响了国际商事争议当事人运用调解解决争议的积极性。二是各律师调解组织的调解业务规范、案件来源、调解方式以及结果执行方面都没有统一规范，对于究竟如何开展规范化、系统化的调解业务目前尚无定论，例如，设立律师调解工作室，如何处理好个案委托与律师工作室接受委托调解的关系，律师调解的业务模式及律师调解进驻法院导致律师调解的中立性受到质疑。三是我国关于传统民事调解的规定比较丰富，未有商事调解的一般性规定，对哪类案件可以调解、哪类案件不适合调解没有明确规定。四是调解员的统一资质要求与认证制度缺失。商事调解组织活跃性需求与实际的司法供给还有差距。一些商会调解组织、知识产权保护中心等非营利性调解组织和采取一定市场化收费的调解组织的专业资质与调解组织性质不被一些地方司法行政机关认可。

（三）对商事纠纷多元化解机制理解不透彻，未能处理好与其他机制之间的关系

天津自贸区商事纠纷多元化解机制的建立，应与繁简分流、集约送达、类案检索、示范判决等其他机制密切配合、相互联系，方能最大程度发挥出制度的效能。

当事人可以通过多种方式启动调解程序，其中调解成本的考量也是一个重要因素。高质量的调解服务能为当事人节省高额诉讼费用或仲裁支出，但当前，人民法院诉讼收费并不高，法院的诉讼效率、质量，特别是法院生效裁判的既判力、采取保全等紧急措施的保障性及当事人对商事调解协议履行强制力的考量都成为一些当事人不选择商事调解的原因。一些商事调解组织特别是市场化运作的调解组织的收费很难显现出与法院相较在解纷成本上的优势。

送达环节的完善是建立纠纷多元化解机制的前提和保障，一些商事案件例如金融借贷案件，公告送达多，当事人找不到，案件送达不了导致案件无法调解。采取非诉方式解决争议的，解决方式由各方当事人共同协商自愿达成，在执行过程中更容易实施，能够有效降低公司的经营风险。因此，商事纠纷当事人的经营状况也关系调解的成效，一些被告已不具有偿债能力，原告往往担心被告利用调解拖延履行，不愿调解。案件争议较大的，诉讼保全是否有效对调解率具有较大影响，采取有效保全的，被告配合调解的概率大大上升，究其原因，关键是诉讼保全可以促使被告更加积极地参加诉讼和更有诚意地解决纠纷，促进案件有效调解。

（四）对商事纠纷国际性、外向性重视不够，缺少对商事纠纷多元化解的前瞻性思考

围绕自贸区国际化、市场化、法治化建设的多元化司法需求，自贸区法院要审理好涉外商事案件，坚持国际化、市场化理念，在审判工作

中全面贯彻平等保护、意思自治等国际通行规则。从司法统计情况看，2020年1月至9月底，天津自贸区法院受理涉外案件134件。虽然天津自贸区法院受理的涉外案件还不是很多，但是，天津自贸区作为北方首个自贸区在建设过程中与京津冀协同发展、滨海新区开发开放、一带一路等国家战略相互叠加，自贸区将进一步深化改革开放。若对商事纠纷的国际性、外向性重视不够，将难以应对自贸区经济发展带来的机遇和挑战。

三、构建符合京津冀自贸区发展定位的商事纠纷多元化解机制的设想

构建符合京津冀自贸区发展定位的商事纠纷多元化解机制的"自贸区方案"，既要充分考量自贸区内商事纠纷案件的多样化、常态化，也要科学定位司法服务保障自贸区进一步对外开放的职能作用，同时借助天津自贸区法院建设过程中形成的优势地位；立足于天津自贸区法院前身自贸法庭多年来在化解商事纠纷方面形成宝贵经验，广泛吸收全国各地法院在多元化解纠纷方面的先进理念和成熟体制机制，探索在更高起点、更高水平构建符合京津冀自贸区发展定位的商事纠纷多元化解机制。

（一）搭建平台：以专业法庭建设为切入点，"四步走"搭建现代化一站式解纷平台

搭建商事纠纷多元化解机制的关键在于案件分流以及诉与非诉的衔接工作，以天津自贸区法院东疆融资租赁法庭为例，该融资租赁法庭长期为天津自贸区服务，与自贸区企业及其他兄弟单位均保持着良好的沟通交流。以融资租赁法庭为切入点，合理运用法庭现有资源，并加强与律师行业组织、仲裁机构、公证机构等相关部门合作，签订长期合作关系。以法庭为中心构建商事纠纷解决网络，发挥法庭辐射效应，通过案件分流、专业审判、多元解纷、诉非对接四步走，为多元解决商事纠纷提供新思路，为当事人提供更多节约诉讼成本的解纷途径。

第一，案件分流。依托专业化法庭，或根据实际需要，专门设立自贸区内商事纠纷诉讼、仲裁、调解一站式解决工作室、工作站或服务窗口等平台，集合诉讼、仲裁、调解资源，为当事人提供更高效、更低成本的纠纷解决服务，简化解纷流程。坚持纠纷解决方式多元化原则。提高对涉自贸区复杂化、多样性商事纠纷的应对能力，积极推动纠纷"能调则调、适仲则仲、当判则判"。同时也以当事人意愿为先，切实保障当事人自愿选择纠纷解决方式的权利，维护当事人合法利益。

依托商事纠纷诉讼、仲裁、调解一站式解决平台，为当事人提供纠纷解决指南、纠纷评估、解纷方式引导工作，推动案件繁简分流。依托平台及其他合作机构，推出《京津冀自贸区法院商事多元化纠纷解决机制促进条例及平台管理办法》，向当事人介绍诉讼、仲裁、调解三种解纷方式的适用范围、优势特点以及主要办事机构，帮助当事人了解不同解纷方式的优势、劣势。同时在当事人咨询时根据实际情况为当事人提供纠纷评估工作，提示诉讼风险，根据纠纷类型及当事人意愿，引导当事人选择合适的解纷方式。推动案件分流工作，通过一站式平台及时对接诉讼、仲裁、调解机构。对于案情较为简单、双方争议不大且双方均有调解意愿的纠纷通过调解解纷。对于双方具有仲裁协议或者曾约定过仲裁条款，或适合仲裁方式解决的纠纷通过仲裁解纷。对于案情复杂，或需公告送达、当事人不愿调解及仲裁的纠纷则及时推进立案、审理等程序，尽快诉讼解决。

第二，专业审判。以东疆保税港区融资租赁中心法庭为例，东疆融资租赁法庭是集中审理融资租赁合同、保理合同及自贸区范围内的贸易、投资、保险等商事案件的专业化法庭。需进一步加强专业审判，精准对接涉自贸区企业的司法需求，引导行业良性发展。

积极构建"简案快审、类案专审、繁案精审"的审判格局，实行案件轻重分离、快慢分道。探索领办制、示范办案制、大合议制办案机制：通过领办制，快速审理事实清楚、法律关系明晰的批量案件；通过示范办案制，示范办理新类型、有重大有影响案件；通过大合议制，运用集中开庭、合议的方式，对重大疑难复杂案件专门、精细化审理。

充分发挥人民陪审制度在新时代的积极作用，尝试引入国际贸易、金融等领域专家担任人民陪审员，形成法律思维与技术专业思维的优势合力，有力应对自贸区创新发展中新情况、新问题，为专业化审判提供技术支撑和智力保障。

此外，自贸区法庭应重点发挥好引领、推动、底线、终点四方面作用。人民法院经过长期司法工作的积累，具备丰富的调解、审判经验，能够同时兼顾情、理、法三者之间的关系。作为司法主体的人民法院应充分发挥引领和推动作用，承担起一站式解纷机制的构建、衔接作用，使多元化纠纷解决机制向精细化、规范化、便捷化发展，构建服务型、专业化多元化纠纷解决机制。除此之外，人民法院是社会公平正义的最后一道防线，要坚持底线思维，发挥终点作用，坚持公正司法、把握法律底线，维护法律权威。

第三，多元解纷。一是推动综合治理机关、行政机关、人民调解组织、商事调解组织、行业调解组织、仲裁机构、公证机构等各类治理主体参与其中，发挥预防与化解矛盾纠纷的作用，推动建立调解前置机制。二是加强非诉人才队伍保障和经费支持。建立和完善特邀调解组织和特邀调解员制度，统一进行调解员执业资质认定工作，加大对非诉组织的投入力度，落实调解工作经费，提高调解人员工作积极性。发挥律师在多元解纷中的作用。积极支持律师依法执业，保障律师执业权利，重视律师对案件繁简分流和诉讼程序选择的意见，积极推动律师参与调解、代理申诉等工作。

第四，诉非对接。运用互联网及大数据分析，完善诉调对接工作平台建设，形成内外联动的诉讼服务协作机制。人民法院依托网上诉服平台、移动微法院等已上线平台，积极对接调解组织和仲裁机构已有的互联网服务平台，为当事人提供一站式网络服务，打造三种解纷方式相互配合、顺利转化、顺畅衔接的运行机制，提升商事纠纷解决的效率与效果。

（二）与一带一路国际商事调解中心进行对接，以一站式解纷平台为基础签订框架协议，探索"法院审判+专业调解"纠纷解决模式，共同解决自贸区商事纠纷

北京融商一带一路法律与商事服务中心暨一带一路国际商事调解中心成立于2016年10月14日。该调解中心本着公益性、中立性和专业性的原则，为一带一路服务机制成员及其相关方和一带一路相关国家的政府、企业及其他商业组织与个人提供调解服务。目前已有多个市区与一带一路国际商事调解中心开展合作，成立一带一路国际商事调解中心工作室。天津港作为京津冀的海上门户和中国一大重要港口，目前并没有与一带一路国际商事调解中心进行对接及合作。加紧与一带一路国际商事调解中心展开合作，搭建天津调解工作室，将助力营商环境软实力提升，填补天津市在国际贸易商事调解领域的空白，更有助于天津市依法、妥善地解决国际商事争端。以天津自贸区法院与一带一路国际商事调解中心、滨海新区司法局三方共同签订《诉调对接、一站式纠纷解决合作协议》为起点，继续深入做好协调服务工作，积极配合搭建调解工作平台，全面推进多元化解纠纷，进一步提高商事调解能力和调解效率，为辖区公民、法人及其他组织提供更加高效便捷的法律服务，更好地服务社会，助力滨海新区高质量发展。通过三方合作必将充分发挥一站式纠纷解决机制优势和调解组织调解商事纠纷的专业优势，更好地实现诉源治理，公正高效保护中外当事人合法权益，进一步优化新区法治化营商环境。

（三）出台多元化解商事纠纷工作流程及标准化文件，从制度层面提炼转化调研成果，从完善国家治理体系和治理能力的角度，为京津冀自贸区创新司法改革，最终为全面深化改革提供强有力的司法保障

一是制定审判指引，统一司法裁判标准。制定审判指引可以规范自

由裁量权的运用，进而一定程度上统一司法裁判标准。立足于京津冀自贸区的独特发展定位以及长远发展目标，应积极对新型纠纷进行研判，在总结经验的基础上，适时制定审判指引。

二是健全一站式纠纷化解平台管理制度，实现一站式解纷平台运行规范化。制定《多元化纠纷解决机制促进条例及平台管理办法》，全面梳理服务项目，将导诉分流、诉调对接、审前调解、仲裁解纷、司法确认、立案登记、财产保全、公证鉴定、集约送达、日常管理等十个方面工作纳入管理办法，对工作职责和内容进行规范。在调解解纷方面，出台《特邀调解员选聘管理办法》《律师调解员选聘管理办法》。将调解员选任聘任、绩效考核、调解流程及规范细化，确保调解工作开展的每一步有规可循。同时，如在法庭诉服中心设立调解工作室，也需出台关于在诉服中心设立调解工作室的规定，并与调解组织形成稳定合作关系。出台《京津冀自贸区融资租赁合同纠纷多元化解工作办法》，保障金融创新运营示范区、国家租赁创新示范区建设，依法、公正、高效地化解融资租赁纠纷，畅通融资租赁纠纷解决渠道，深入推进多元化纠纷解决机制建设，推动融资租赁行业高质量发展。

京津冀自贸区司法服务优化中涉竞业限制劳动争议案件的法律适用

——以京津冀地区近五年 2949 件案例为样本

刘钟泽[*]

摘要： 竞业限制纠纷是劳动争议案件中与商业秘密、市场发展结合较为密切的一类案件，此类案件的裁判难点在于如何在商业秘密的保护与劳动力的自由流动之间作出合理判断，维护劳动者的自由择业权利，同时积极保护商业主体的商业秘密，进而促成司法服务和保障自贸区建设。本文立足京津冀地区[①]近三年来的劳动争议生效判决，以劳动者违反竞业限制为关键词进行检索，以提供优质高效的司法服务和保障为出发点，整理和探析此类案件以往概况及未来发展趋势，进而提出劳动争议中竞业限制问题应当关注的工作重点，以及优化司法服务和保障工作中如何权衡维护劳动者自由择业权利与积极保障商业秘密不受侵犯的建议。

关键词： 京津冀自贸区建设　优化司法服务和保障　竞业限制　商业秘密

---

[*] 北京市丰台区人民法院立案庭法官助理。

[①] 根据《京津冀协同发展规划纲要》，京津冀地区包含北京市、天津市和河北省的保定、廊坊、唐山、石家庄、邯郸、秦皇岛、张家口、承德、沧州、邢台、衡水 11 个地级市以及定州和辛集 2 个省直管市。

京津冀地区是我国的"首都经济圈",位于环渤海的核心地带,是我国北方地区经济规模最大、最具活力的地区,受到我国乃至整个世界的瞩目。2020年京津冀地区生产总值合计占全国的8.5%。但是同时也应当看到京津冀地区相较于长江三角洲、珠江三角洲地区欠发展的事实。京津冀地区受制于区域发展不平衡,京津两大核心城市之外的其他地区存在开放理念不足、制度约束等诸多因素的限制,劳动力方面突出表现为人才流动性差、人才吸附难等问题。京津冀自贸区建设中的劳动争议纠纷是司法服务的重要落脚点。《最高人民法院关于为京津冀协同发展提供司法服务和保障的意见》要求人民法院依法履行审判职能,促进京津冀地区创新、协调、绿色、开放、共享发展,要求依法审理涉及劳动争议类民生案件,促进就业创业,为京津冀协同发展提供优质高效的司法服务和保障。

一、概括梳理:近五年涉竞业限制案件的整体情况和发展趋势

通过梳理2016年至2020年涉竞业限制案件可知,其呈现以下特点。

(一)案件数量区域差距巨大,除京津外其他地区审结数量很少

从京津冀地区2016年至2020年涉竞业限制案件审结数量看,北京地区法院涉及竞业限制纠纷最多,共计2367件,天津法院次之,共计257件,河北省各地市级法院审结数量都很少,基本维持在几十件的水平。其中,石家庄、唐山、邯郸法院审结涉竞业限制案件数量分别位列河北省内前三,其余部分地区审结案件数量甚至仅有个位数,最少的张家口法院五年内审结的案件数量仅为5件(见图1)。

从每年审结数量上看,案件数量总体呈逐年上升趋势。其中,2016年审结187件;2017年审结248件,同比增长32.6%;2018年审结347件,同比增长了39.9%;2019年审结493件,与2018年相比增长42.1%;2020

年审结数量高达1092件，较2019年增长了121.5%（见图2）。

（单位：件）

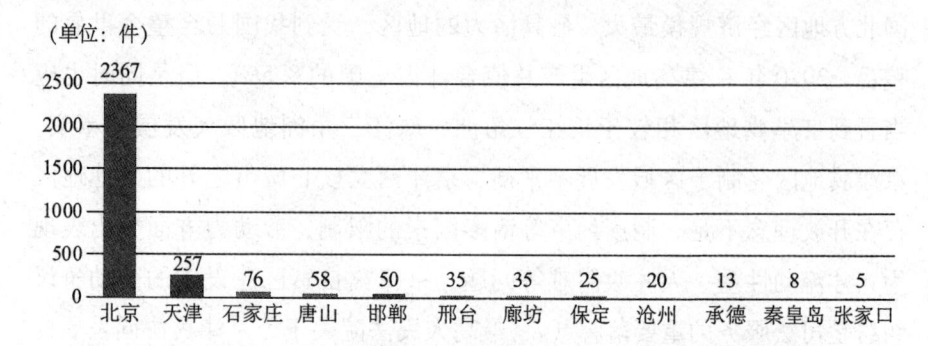

图1　2016年至2020年京津冀地区审结涉竞业限制案件数量

北京 2367、天津 257、石家庄 76、唐山 58、邯郸 50、邢台 35、廊坊 35、保定 25、沧州 20、承德 13、秦皇岛 8、张家口 5

（单位：件）

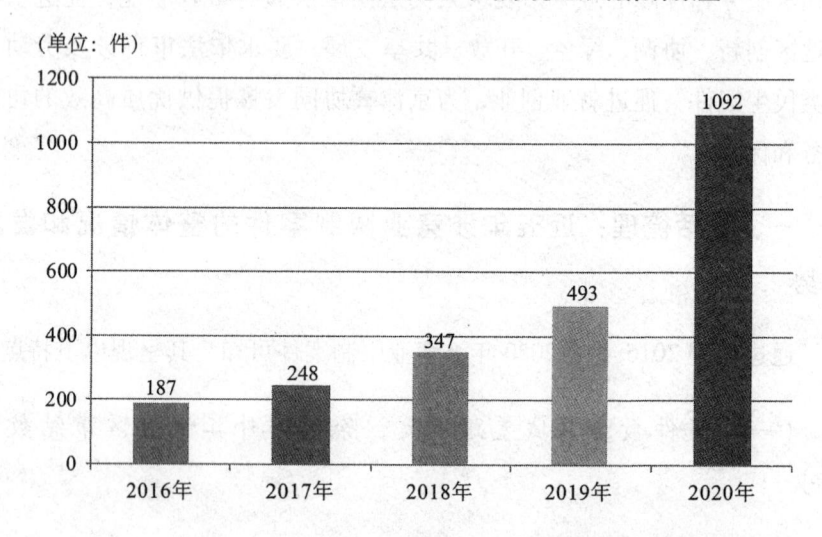

图2　2016年至2020年京津冀地区涉竞业限制案件结案数量

2016年 187、2017年 248、2018年 347、2019年 493、2020年 1092

（二）案件判决率较其他类型案件高，当事人调解意愿低

经统计，涉竞业限制案件较其他类型案件调解和撤诉比例较低，判决率较高。近五年来，京津冀地区共审结涉竞业限制案件2949件，其中判决2309件，调解或撤诉640件，判决率为78.3%。其中，2016年审结案件中169件判决结案，判决率为90.1%；2017年审结案件中237件判决结案，判决率为95%；2018年审结案件中336件判决结案，判决率为

96.8%；2019 年审结案件中 483 件判决结案，判决率为 98.1%；2020 年审结案件中 1084 件判决结案，判决率为 99.3%（见图 3）。

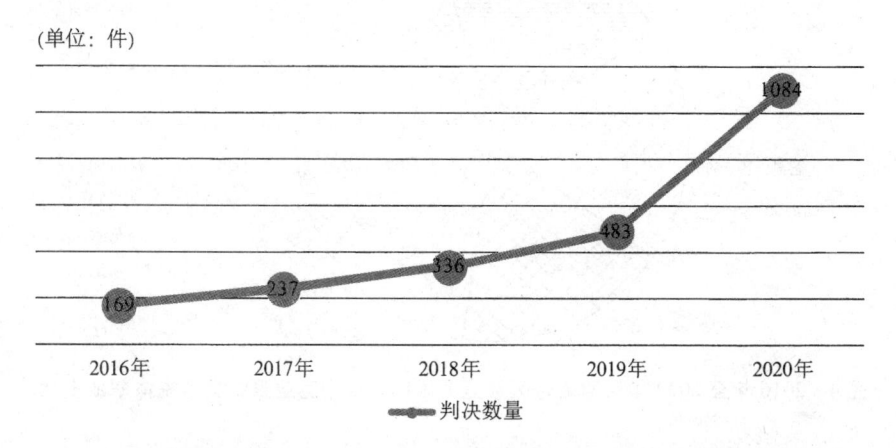

图 3 2016 年至 2020 年京津冀地区涉竞业限制案件判决结案数量

之所以出现上述情况，主要原因在于涉竞业限制案件往往涉及企业之间人才资源、商业秘密、经营经验、市场资源等方面的竞争。一方面，案件的裁判对于业内行规的树立，是与非之间的价值判断具有重要指引作用；另一方面，该领域的司法经验尚处于空白状态，具有示范效应的典型案例能够表明司法的导向，指示人才合理流动的边界，划定合法竞争的界限，因此，涉竞业限制案件的当事人更青睐于通过法院判决解决纠纷，通过调解解决纠纷的积极性相对不高。

（三）涉诉主体多属于竞业限制义务中第三类保密义务人员

法律规定的竞业限制义务主体有高级管理人员、高级技术人员和其他负有保密义务的人员。样本中，涉高级管理人员的案件有 157 件，占比 5.31%；涉高级技术人员的案件有 546 件，占比 18.52%；其余均涉及其他负有保密义务的人员，如销售、教培、客服、推广等职业，分别占比 19.72%、17.52%、19.35%、19.58%（见图 4）。

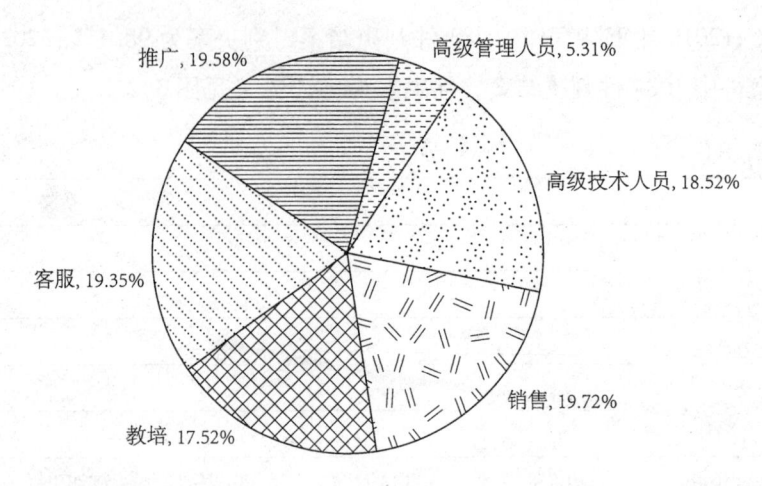

图4 2016年至2020年京津冀地区涉竞业限制案件中竞业限制义务主体职业占比

(四) 当事人约定的竞业限制经济补偿比例过低

按劳动者离职后每月能获取的经济补偿占其在职期间月平均收入的比例统计，低于10%的案件为464件，占比15.74%；占比在10%至20%的案件为1209件，占比41%；占比在20%至30%的案件为1118件，占比为37.89%，其中有不少案件是竞业限制协议中没有约定经济补偿，法院依法按照劳动者月平均工资的30%确定；超过30%的案件仅为158件，占比5.37%（见图5）。

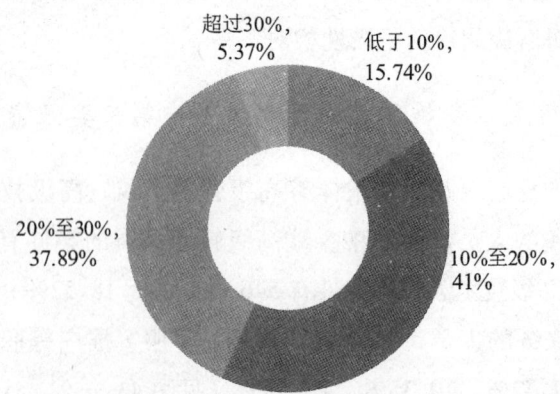

图5 2016年至2020年京津冀地区涉竞业限制案件中竞业限制经济补偿占工资比例

（五）法院对约定的违约金数额调整幅度较大

竞业限制协议中约定的违约金数额绝大多数为劳动者一年全部收入的数倍。在劳动者违反竞业限制义务，用人单位诉请支付违约金的 986 件案件中，获得法院支持的有 791 件。这些案件中，法院调低幅度在 20% 以下的有 98 件，调低幅度在 20% 至 50% 之间的有 234 件，调低幅度在 50% 以上的有 419 件，还有个别案件调整幅度在 90% 以上，按照约定的违约金数额支持的仅有 31 件。调整之后的违约金数额平均为 21.5 万元，其中，违约金最低的金额为 2500 元，最高的达 300 余万元（见图 6）。

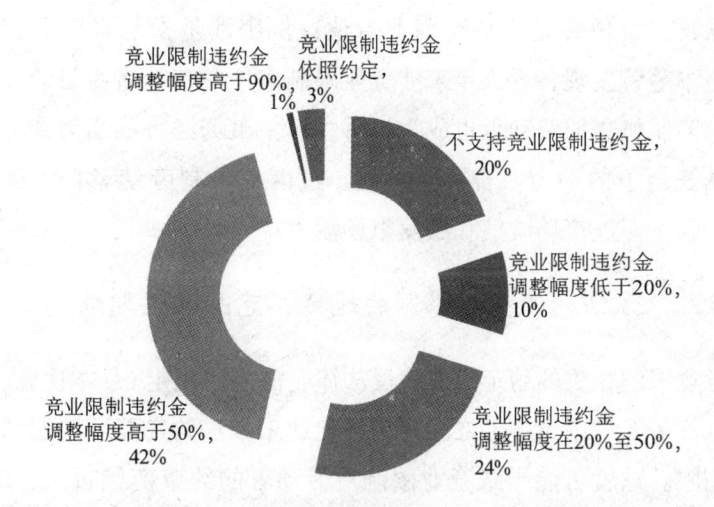

图 6　2016 年至 2020 年京津冀地区涉竞业限制案件中约定的违约金数额调整幅度

二、问题提出：当前京津冀地区涉竞业限制案件的特点

竞业限制又称竞业禁止，是用人单位与掌握商业秘密的劳动者约定在劳动合同解除或终止后的一定期限内，劳动者不得利用其掌握的信息与原用人单位进行竞争的制度。竞业限制实质上是对商业秘密的保护，商业秘密的保护散见于劳动合同法、反不正当竞争法、民法典、刑法，

竞业限制即是商业秘密保护在劳动法领域的投射，劳动者应尽力避免或减少对原用人单位之损害。有时即使在劳动关系结束后亦应基于诚信，尽一定之保密与竞业限制义务。①

当前京津冀地区涉竞业限制案件具有如下特点。

（一）竞业限制义务主体的泛化

竞业限制义务的主体应严格限定，需限缩至能接触到商业秘密的人员。负有竞业限制义务的劳动者的范围在劳动合同法中有明确规定。② 劳动者保密的主要内容系商业秘密，其具有三种特性：秘密性、价值性、保密性。秘密性是指不为公众知悉的，不为所属领域相关人员普遍知悉和容易获得；价值性是指均有商业价值；保密性是指已采取保密措施。本次调研中笔者发现，近三年来涉竞业限制案件中劳动者身份趋于泛化，接触不到商业秘密的劳动者也成为被诉主体。市场经济的活力在于竞争，人才流动是竞争的动力，若不合理地、过度地限制劳动者自主择业权，最终将不利于促进市场诚信和激发市场活力。

（二）未依法约定竞业限制的地域、范围以及期限

与竞业限制相关的约定不得违反法律、法规的规定。③ 本次调研中笔者发现，许多案件中当事人之间并未约定或未依法约定竞业限制的范围、地域和期限。这就可能导致竞业限制对劳动者的约束范围过大、适用期限过长、限制地域过大，这样的竞业限制无疑成了劳动者的"就业限制"，造成劳动者择业困难。通过调研笔者发现，许多判决中对上述问题持有"全有或全无"的观点，认为过于宽泛的竞业限制偏离了保护商业秘密的初衷，有碍于社会的发展与进步，应认定属于无效。但是，如此，

---

① 参见李永明：《竞业禁止的若干问题》，载《法学研究》2002年第5期。
② 劳动合同法第二十四条规定："竞业限制的人员限于高级管理人员、高级技术人员和其他负有保密义务的人员……"
③ 劳动合同法第二十四条第一款规定："……竞业限制的范围、地域、期限由用人单位与劳动者约定，竞业限制的约定不得违反法律、法规的规定。"

对于需要保护商业秘密的用人单位而言显失公平。就竞业限制期限而言，司法实践及域外法对其作出限制性规定，例如，法律明确规定竞业限制期限不得超过两年，当事人约定的竞业限制期限超过两年的部分应为无效。

（三）忽略竞业限制协议的双务合同属性

竞业禁止协议是用人单位与劳动者之间的合同。在合法有效的竞业限制协议或条款中，双方都有各自的权利和义务。用人单位的权利是要求劳动者履行竞业限制义务，其义务是对竞业限制行为进行补偿。劳动者的权利为获得竞业限制补偿，义务为按照约定的范围、地区和期限不能在生产、经营同类产品或者从事类似业务的用人单位工作，或者不得生产、经营同类产品或者从事类似业务。

竞业限制协议虽然具有民事契约的特点，但是在订立该契约时，双方不仅属于普通合同的民事主体，而且是经济性和人身依附性相统一的劳动关系主体，并且后者其实更为重要。最初普遍认为竞业限制协议违背了经济自由的原则，因此是无效的；从权利的位阶秩序理论看，劳动者获得的经济补偿是一种经济方面的权利，自由择业是一种人身方面的权利，两权相较，自由择业权应更值得保护；从利益比较的角度看，总体上，用人单位通过该协议获得的利益远远高于其支出的经济补偿，而劳动者的经济补偿不足以弥补其因履行竞业限制义务而遭受的经济损失，竞业限制协议下，双方的利益是失衡的；从缔约时双方的法律地位来看，劳动者居于缔约的劣势地位，用人单位在协议签订时居于主动地位，存在侵害劳动者权益的可能性。[①] 签订竞业限制协议时很难谓劳动者与用人单位具有相同的协商能力。所以仅仅以普通的民事契约中的契约自由原则不足以论证竞业限制协议的合法性基础。而劳动合同法之所以承认其合法性，乃是基于劳资伦理关系的正当合法，即竞业限制协议是以劳动

[①] 参见刘哲：《离职竞业限制违约金问题探究》，载《中国劳动关系学院学报》2017年第1期。

关系的身份伦理为依托而订立的民事契约，劳动者对原单位履行忠实义务，不得损害用人单位利益，体现的是劳资伦理责任。所以竞业限制是以民事协议为表象、以劳动关系伦理为内核的法律契约。

三、他山之石：竞业限制域外立法的经验借鉴

竞业限制协议保护是世界各国和各地区的普遍做法。但由于经济发展水平和价值观念的不同，不同国家和地区对竞业限制的主体、范围、内容和方式的立法也不尽相同。

（一）英美法系国家

英国判例法中相关竞业限制的规定在衡平商业秘密保护与劳动者自由择业权利维护以及劳动力市场的健康发展之间，更加倾向于保护劳动者的自由择业权，将整个劳动力市场的健康发展置于更加重要的地位。其规定竞业限制不得侵害劳动者的自由择业权利，不得损害社会的公共利益，如果竞业限制有违上述权益保护目的的话，则法院有权认定竞业限制约定无效。此外，劳动者离职后违反竞业限制的约定与规定，利用其在职期间掌握的原用人单位的经验、技术等商业秘密从事与原用人单位具有竞业关系的工作，致使原用人单位遭受损失，原用人单位要求劳动者承担竞业限制责任的，原用人单位应当承担举证责任。

在美国，关于竞业限制并没有统一的联邦法律，美国各州对于竞业限制的态度不一，就竞业限制的立法也各有区别。但是，美国主流观点认为，应在合理性原则判断基础上通过衡量各方面要素，从保护人才流动与人才市场活跃性的角度考量竞业限制。如果为了竞业限制而阻碍了人才合理流动及人才市场的活跃，则此种限制无疑限制的是整个社会的积极发展，将不利于区域发展，乃至国家进步。因此，美国在竞业限制方面有着更加严苛的规定，秉持劳动者友好原则，对竞业限制的时间、地点、范围、标准进行限制，综合考虑劳资双方的利益平衡，并由此衍生出竞业限制是否有效的三种类型，即绝对无效的竞业限制、相对有效

的竞业限制与有效的竞业限制。第一种竞业限制的约定是绝对无效的，法院不予支持用人单位的主张；第二种系相对有效的竞业限制，法院在综合各方要素后，就某方面的竞业限制予以支持；第三种竞业限制系有效的竞业限制，此种情形下，劳动者务必遵循竞业限制的规定或约定，否则，将承担不利后果。

（二）大陆法系国家

大陆法系国家认为，竞业限制是否有效往往取决于其是否有害于社会公共利益。[①]

德国将竞业限制划分为法定与约定两种类型。对于代理人、法定代表人这一类对公司有职务上的代理关系的人员，采取更为严格的法定竞业限制规定，而对于众多的普通劳动者来说，其更多的是适用约定竞业限制。德国商法典第74条第1款明确规定，签订竞业限制协议必须满足双重形式要件，一是以书面形式订立，二是用人单位必须将由其签名的竞业限制协议呈交给劳动者，二者缺一不可。[②]该法典亦规定，在劳动者离职后的竞业限制期间，原用人单位应当支付经济补偿，竞业限制期间，每年竞业限制补偿不得低于劳动者在职期间月工资标准的一半，如果原用人单位支付劳动者竞业限制补偿金不足上述标准，则竞业限制约定对劳动者将不再具有约束效力。[③]

瑞士的竞业限制规定见于瑞士债务法中，该法就竞业限制中商业秘密的范围作了更为明晰的限定，将商业秘密范围限缩为客户来源、技术秘密等。判断是否构成违反竞业限制，着重强调是否对用人单位构成了重大损害。就竞业限制的内容明确规定：竞业限制必须作出明确约定；竞业限制期间限制至多为三年；劳动者违反竞业限制的，需要支付违约

[①] 参见王博：《竞业限制制度研究——以权力冲突及其化解为视角》，武汉大学出版社2016年版，第157页。
[②] 参见朱军：《德国的离职竞业禁止制度》，载《国际劳动》2011年第2期。
[③] 参见朱军：《德国的离职竞业禁止制度》，载《国际劳动》2011年第2期。

金，劳动者支付违约金后则视为竞业限制协议履行完毕，此后劳动者无须再受其限制，但是损害可期待利益者除外。[①]

比利时雇佣合同法第65条也规定，年收入不超过25万比利时法郎的雇佣合同中的竞业限制条款无效，年收入在25万到50万比利时法郎之间的雇佣合同，其竞业限制条款也仅适用于集体劳动合同所规定的某些职务及某类职务中。

四、潜在挑战：劳动者违反竞业限制义务的认定难点探讨

确定竞业限制的含义是认定违反竞业限制义务行为的理论前提。事实认定包括证据采信、证据的证成事实、证据证明力、诉讼参加人、法律判断与社会价值导向。虽然根据案件事实和证据的不同，案件可能略有不同，但仍然可以从标准问题中提取出一致性规律。如果按照不同的主体区分违反竞业限制义务的行为，就更容易判断用人单位的违约行为。大多数竞业限制案件的争议焦点集中在劳动者是否违反竞业限制义务，这需要完整地还原案件事实。与劳动争议案件中许多举证倒置规则不同，违反竞业限制义务的举证责任分配遵循"谁主张，谁举证"的基本原则。用人单位提出劳动者违反竞争限制的相应证据。

在认定劳动者是否违反竞业限制义务时，主要有以下问题值得思考。

（一）违反竞业限制义务的程度影响

1. 判断劳动者违反竞业限制的基础

如何判断劳动者是否存在违约行为？仅入职具有竞业性质的新用人单位就认定对原用人单位构成违反竞业限制，或是仅考量是否存在明显违反竞业限制的行为？经过本次调研笔者发现，多数判决中认为只要用人单位证明劳动者入职了有竞争性的其他用人单位，证明责任就发生转移，亦即劳动者需要证明其在新单位没有从事有竞争性的工作，其未提

---

① 参见盛建：《约定竞业限制的比较法分析》，载《山东审判》2005年第2期。

供证据或者其提供的证据不足以证明的，应当承担不利后果。之所以这样认定，一方面，用人单位依然负担初步的证明责任，如此，并不会使得劳动者负担过重的证明责任；另一方面，劳动者掌握着其在新用人单位的工作内容的证据，更容易举证。劳动合同法第二十四条在规定劳动者与竞争企业的相关性时，遣词为"至"，而非"建立劳动关系"。何况要求用人单位证明案外单位与劳动者之间建立劳动关系违反了竞业限制太过苛刻，对用人单位的举证能力太过苛求。同时，在事实认定上也将法院置于被动境地，不利于查清案件事实。

2. 社保缴纳记录与个税缴纳记录的证明力

由于第三方公司代为缴纳社会保险和代扣个人所得税在实践中屡见不鲜，在确定劳动关系时，社会保险缴纳记录和个人所得税缴纳记录不能单独作为确定劳动关系的决定性证据，而是需要有其他证据支持，形成完整的证据链。以北京为例，主流意见认为，社会保险缴纳记录与建立新的劳动关系并无必然联系，不能由社保缴纳记录推论出建立劳动关系的结论。[①] 因此，在确认劳动者是否违反竞业限制义务时，上述证据不能作为认定劳动关系的关键证据。

3. 是否以造成损害后果为要件

劳动者对用人单位具有经济上和人格上的从属性，而从属性是劳动关系的基本特征之一。劳动合同法第二十三条规定，用人单位与劳动者可以在劳动合同中约定保守用人单位的商业秘密的有关事项。这可以视为劳动者对用人单位的忠诚义务的规定。因此，竞业限制义务的本质属性是劳动者对用人单位的基本忠诚。当违反竞业限制义务时，双方的信任基础被破坏，劳动者应承担相应的先予义务，损害的责任和损害结果的存在不会影响第一忠实义务的遵守。从损害赔偿的角度来看，损害后果的证明并非毫无意义。虽然它不是违约成立的要件，但它可以作为损

[①] 《北京市高级人民法院、北京市劳动人事争议仲裁委员会关于审理劳动争议案件适用法律若干问题的答复》第10条规定："不能仅以社会保险缴纳记录作为认定劳动者与新单位形成劳动关系的依据。"

害赔偿的事实理由存在。

（二）竞业限制不宜扩大至关联企业及劳动者亲属

对于竞业限制是否能扩大至关联企业的问题，存在争议。一种观点认为，应追加案外关联企业，以清楚调查事实；另一种观点则认为，无须追加。在本次调研案例中，法院大多数没有追加案外关联企业。从判决案外关联企业承担竞业限制责任的文书中可见，如现有证据充分证明劳动者确实违反了竞业限制义务，追加案外公司并非必要的程序，完全可以据在案证据判决。法定的竞业限制主体仅限于有可能接触商业保密的劳动者本人，不包括劳动者家属。擅自将竞业限制主体由劳动者扩展至其亲属，限制亲属的就业权，不仅违法，也有违社会公共利益，因此，劳动者亲属就职竞业公司不宜认定劳动者违反竞业限制义务。

（三）劳动者自营竞争下的补充思考

劳动者违反竞业限制的另一种情况是自营公司或自己从事竞争业务。例如，用人单位提出了劳动者在竞业限制期内注册并设立了与原用人单位相同的经营范围的公司的证据，劳动者也予以认可。但劳动者称，注册公司目的是以公司名义为其家庭购买房屋。在这种情况下，不仅要把注册公司作为违反竞业限制义务的事实认定依据，还要调查是否存在违约行为，包括自营公司是否在经营，并调查相关税收和审计情况。因此，除非双方明确约定不得成立类似公司，否则，在自营公司的情况下，审查重点还是应该放在竞业行为本身。

五、进路探明：明晰违反竞业限制的法律适用

竞业限制协议是以劳动关系的身份伦理为依托而订立的民事契约，劳动者对原用人单位履行忠实义务，是以劳动关系伦理为内核的法律契约。同时，用人单位支付的经济补偿是用人单位履行照顾、关怀和保护劳动者的劳资伦理责任的延续。

（一）未支付经济补偿的法律后果

用人单位未支付经济补偿的，劳动者仍应履行竞业限制义务。一是竞业限制制度设立的目的在于保护用人单位的商业秘密和与知识产权相关的保密事项，若用人单位的确存在这些值得保护的利益，因其未支付经济补偿，就认为劳动者可以在其他用人单位使用这些商业秘密、知识产权，未免显失公平。二是如上所述，劳动者是否履行竞业限制义务并不仅仅源于用人单位支付了经济补偿，故用人单位未支付经济补偿自不影响竞业限制条款的效力。三是司法解释也赋予了劳动者相应的救济途径，即因用人单位原因三个月未支付经济补偿，劳动者可以解除竞业限制协议。这样足以平衡劳动者的权益，不会对劳动者的生活造成过重负担。

（二）约定的经济补偿过低的法律后果

《最高人民法院关于审理劳动争议案件适用法律问题的解释（一）》（法释〔2020〕26号）第三十六条对双方未约定经济补偿时如何确定经济补偿提供了解决方案。但是对于约定的经济补偿过低时，法院能否予以调整，并无明确规定。多数法院认为，可以根据劳动者的请求直接予以调整。调整的数额可以参照《最高人民法院关于审理劳动争议案件适用法律问题的解释（一）》第三十六条的规定，即竞业限制的经济补偿不得低于劳动者月平均工资的30%，且不得低于当地最低工资标准。首先，从经济补偿的性质看，其并非劳动者履行竞业限制义务的前提和基础。其次，从《最高人民法院关于审理劳动争议案件适用法律问题的解释（一）》第三十七条来看，当用人单位未支付经济补偿时，劳动者依然应履行竞业限制的义务，举重以明轻，故在用人单位支付的经济补偿过低的情况下，劳动者依然应履行竞业限制义务。在此种状况下，如果不允许根据劳动者的请求对约定的经济补偿予以调整并不妥当。因为经济补偿不同于普通债权，若其标准过低，有可能影响劳动者的正常生活。

（三）已支付经济补偿的返还

竞业限制协议中明确约定劳动者违反竞业限制义务应全额返还用人单位已经支付经济补偿的，人民法院能否支持？

经济补偿是对劳动者履行竞业限制义务的一种补偿，劳动者已经履行竞业限制义务而受领的经济补偿，无须返还；其未履行竞业限制义务自然不能获取相应的经济补偿，针对该部分的经济补偿，用人单位诉请返还的，应予支持。在违约金不足以弥补损失的情况下可以要求违约方承担损害赔偿。[①] 但是在劳动者返还竞业限制经济补偿后，法院在确定违约金数额时，也应考虑已返还经济补偿的因素。关于劳动者违反竞业限制义务的期间，虽然竞业限制义务是一种持续性的不作为义务，但是用人单位无须证明劳动者持续性违反该义务，自用人单位证明劳动者违反竞业限制义务之日起，就推定劳动者持续性地违反竞业限制义务，劳动者若主张其已停止从事竞业行为，应当提供证据予以证明。

结　语

竞业限制制度对劳动权保障、人才流动、地区经济发展均具有重要意义，特别是对于京津冀自贸区建设来讲，人才发展才能带动整个地域的经济活跃。有学者认为，违约金具有惩罚性，可能限制劳动者的就业权以及人才流动，易被强势主体滥用。[②] 京津冀自贸区建设过程中应妥善处理人才流动中的竞业限制问题，避免竞业限制成为人才的"就业限制"，公平实现各种价值诉求，平等保护各方利益，在盘活京津冀自贸区经济的同时，尽可能减少或避免对劳动者合法权利的不合理限制。

[①] 参见丁婷、彭小坤：《论竞业限制的违约责任》，载《科技与法律》2012年第6期。
[②] 参见董保华、于海红：《劳动合同违约金立法评析》，载《中国劳动》2005年第2期。

京津冀协同背景下法庭参与乡村治理中的继承与创新

——以新时代"枫桥经验"为中心

张 哲[*]

摘要：习近平总书记提出"把非诉讼纠纷解决机制挺在前面"。创新发展新时代"枫桥经验"，完善诉源治理机制，深化多元化纠纷解决机制改革，是落实这一指示的应有之义。本文以法律史学、法哲学和法社会学为视角，对人民法庭解纷现状进行考察，剖析限制法庭参与乡村治理的原因，进而通过借鉴中国基层社会善治传统，提出新时代法庭参与治理路径的完善建议。

关键词：京津冀协同　人民法庭　乡村治理　枫桥经验

引　言

习近平总书记在 2019 年中央政法工作会议上提出"把非诉讼纠纷解决机制挺在前面"。创新发展新时代"枫桥经验"，完善诉源治理机制，深化多元化纠纷解决机制改革[①]，是落实这一指示的应有之义。在乡村矛

---

[*] 作者单位：北京市门头沟区人民法院。
[①] 《最高人民法院关于深化人民法院司法体制综合配套改革的意见——人民法院第五个五年改革纲要（2019—2023）》。

盾纠纷呈多元化发展趋势的背景下，人民法庭参与治理具有地缘优势[1]和专业支撑。新时代人民法庭[2]在面临传统解纷格局颠覆、差序格局根基解构、法理礼俗冲突加剧、调解适用范围限缩、基层政权影响力弱化等现实问题时，应当深层透视当下乡土司法的逻辑架构与村民价值观念的变迁，借鉴中华传统善治文化和治理理念，建构人民法庭参与乡村治理的善治之路。

一、实践检视：乡村人民法庭化解纠纷的现状分析

现代法律制度与民间传统和习惯的矛盾及冲突几乎都发生在乡村人民法庭的一审案件之中，而且集中体现为以下五类矛盾。

（一）法律理性化思维方式与情理性结构话语耦合缓慢

"在乡土社会中法律是无从发生的。"[3] 虽然转型期乡村矛盾纠纷整体上呈现多元化特征，不再囿于传统"熟人社会"[4] 常见的纠纷类型，但其中家事纠纷仍占据首位（见图1）。乡村居民对纠纷的理解并非建立在对具体案件证据的收集和事实的论证之上，也不注重法律规则的逻辑，其据理力争之"理"蕴含调整乡土秩序的道德、伦理、纲常、习俗与人情，很难用纯粹的单一权利义务关系进行区分。再加上当事人对法庭的不信任，人民法庭的裁判往往不能使纠纷得到最终解决，反而会加剧当事人心理上的对抗和敌视，演变为后续长期的矛盾或者缠诉、闹访等行为。

---

[1] 根据《最高人民法院关于全面加强人民法庭工作的决定》的规定，人民法庭应当主要设置在农村或者城乡接合部，城市市区、基层人民法院所在的城镇不再新设人民法庭。
[2] 笔者所论述的人民法庭仅指乡村人民法庭。
[3] ［美］本杰明·卡多佐：《司法过程的性质》，苏力译，商务印书馆1998年版，第39页。
[4] 费孝通：《乡土中国》，北京出版社2005年版，第6~9页。"熟人社会"，指人与人之间通过私人关系联系起来，构成一张张关系网。背景和关系是熟人社会的典型话语，民间"熟人好办事"的说法是对这种社会模式的朴素表达。

理论与实践探索

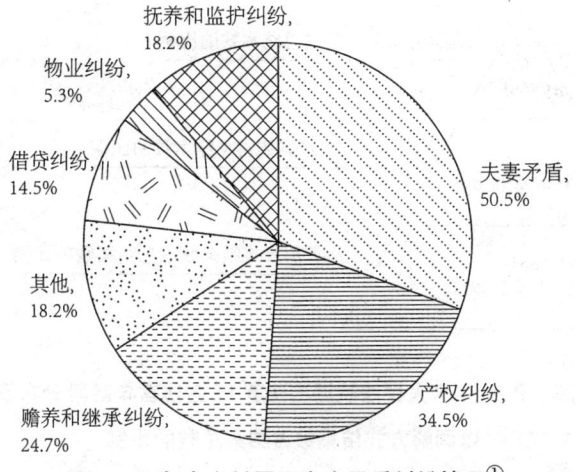

抚养和监护纠纷,18.2%
物业纠纷,5.3%
借贷纠纷,14.5%
其他,18.2%
赡养和继承纠纷,24.7%
产权纠纷,34.5%
夫妻矛盾,50.5%

图1 一年内乡村居民发生矛盾纠纷情况[①]

(二)法官职业化培养模式与平民化现实需求承接断层

审理乡土纠纷的主力军可能是刚从事审判工作、没有乡村生活经历的年轻法官(往往学历较高)。这类法官群体虽然具有较为完备的法律知识体系,但缺乏洞察乡村纠纷产生、发展、变化规律的领悟力和体察力,有效调解难。[②] 笔者对B市M区人民法院派出法庭的15名法官(34岁以下的法官占56%)进行访谈(见图2),并按顺序排列受访者认为制约司法调解能动性的因素为:调解经验多来源于民商事案件的调解习惯和认知结构,针对性不够;家事纠纷人身依附性强,当事人心理需求难把握;调解需花费大量时间和精力修复情感关系;留守老人和儿童往往并非案件直接当事人,在诉讼过程中保障其权益难。

---

① 参见浙江大学中国农村家庭研究创新团队:《中国农村家庭发展报告2016》,浙江大学出版社2017年版,第265页。其他纠纷包括干群纠纷、财产纠纷、医疗纠纷、用水纠纷、人身伤害纠纷、环境纠纷等。

② 参见陈爱武:《论家事审判机构之专门化——以家事法院(庭)为中心的比较分析》,载《法律科学(西北政法大学学报)》2012年第1期。

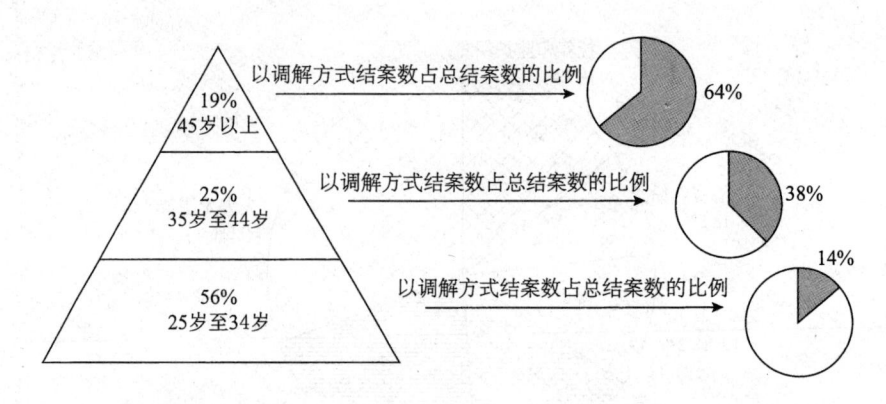

图2　B市M区人民法院派出法庭15名法官年龄段分布及
以调解方式结案数占结案总数的比例

（三）裁判统一性适用标准与差异化地方共识和洽困难

[案例1] 龙某1与龙某2、龙某3法定继承纠纷案。原告龙某1与被告龙某2、龙某3系同胞兄弟姐妹。原告出嫁后一直对父母履行赡养义务。原、被告父母生前拥有一栋房屋，其父母在去世时未对该房屋作出处理。由于该房屋如今面临拆迁，两被告将房屋占为己有，遂原告提起诉讼。

案例1[①]中两被告的做法与继承法中男女平等和子女为第一顺序继承人的法律规定相冲突。纠纷未能在起诉前得到有效化解，诉讼反而可能使家人之间的关系变得更加紧张。从当前乡村社会发展和社会治理的一般现实来看，法理规范与礼俗规范处于矛盾状态的情形较多。在土地价值不断增长及乡村福利不断提升的背景下，妇女权益处于不利状态的事实进一步固化甚至加剧。由"外嫁女"集体收益权、征地补偿等引发的纠纷，说明乡村社会仍未走出发展与秩序的悖论困境。新秩序尚未形成，旧秩序仍发挥作用，二者之间存在冲突或模糊地带，导致难以适用统一标准调整。

[①] 参见江西省宜春市袁州区人民法院（2018）赣0902民初4898号判决书。

（四）法庭现代化发展路径与本土化实践资源接轨乏力

[案例2] 甲与乙耕牛纠纷案。甲与乙系同村村民，甲于购买耕牛时向乙借取一半购牛款。双方约定甲无须偿还借款，所借款项作为乙的"搭伙费"，耕牛所有权归甲，甲保证乙每年都有牛使用。后因乙私自将耕牛转卖他人，甲将乙诉至法庭。

在案例2[①]中，"搭伙"在当地一般是由拥有者承担耕牛死亡的风险，在耕牛死亡时拥有者向搭伙人归还搭伙费用。但这一做法却无法在制定法上找到相应的概念。人民法庭所面临的大量乡土社会纠纷都很难被涵盖于目前的法律概念体系（而不是法律）中，难以经受法条主义的概念分析。人民法庭的法官常纠缠于格式化的司法与非格式化的现实之间，但其实这些产生于困境之中的法律创造和创新，正是解决乡土司法难题的关键所在。本土化的实践资源就产生于这类群体处理乡土事务的司法经验、习惯和技能之中，但我国法学研究在分析总结初审法官的实践和经验方面存在巨大的理论空白。[②] 乡土司法只有突破现代法律适宜市民社会生长的土壤，充分挖掘中华民族传统资源的宝藏，才能建构自己的发展路径。

（五）司法有限性解纷效果与多元化治理主体能动性不足

人民法庭尚未与其他机构组织建立长效纠纷解决联动机制，缺乏社会性。2007年，人民法院审理一审案件收案数与各类民间组织调处纠纷的比例为1∶0.86。到2017年，这一比例骤降为1∶0.39。[③] 近年来，乡村"去集体化"、农户分散化以及农业税的取消、生育观的变化，日益淡化了村委会和村干部在乡村集体中的控制职能和纠纷解决能力。此外，

---

① 参见苏力：《纠缠于事实与法律之间》，载《法律科学（西北政法学院学报）》2000年第3期。

② 参见苏力：《送法下乡——中国基层司法制度研究》，中国政法大学出版社2000年版，第16页。

③ 数据来源于国家统计局网站，http://data.stats.gov.cn/index.htm，2019年6月24日访问。

乡村社会的政治小气候使这些机构组织在解决纠纷时，时常受到复杂利益关系和行政压力的干扰。在有关机构组织的职能分配呈条块分割的情形下，由于缺乏经费保障和更高级别的机构统筹，仅凭人民法庭的力量，难以协调各权力主体相互协作，无法形成解决纠纷的社会资源合力。①

二、问题探源：乡村人民法庭化解纠纷的客观限制

转型时期的乡土司法，"礼治约束力下降，无讼乡土社会成为历史。"② 法律"进入"广大农村并"嵌入"乡土社会秩序的实际进程中所面临的复杂性、渐进性和长期性问题③，成为人民法庭化解纠纷的客观限制（见图3）。

```
                    ┌─ 原因1 传统解纷格局颠覆 ─ 家庭结构内部动态变化 ─┬─ 伦理逻辑丧失存在客观基础
                    │                                                   └─ 妇女依附父系权威地位改变
                    │
                    ├─ 原因2 差序格局根基解构 ─ 利益导向型实践关系 ─┬─ 外出打工需要
解纷客观限制 ──┤                                                   └─ 市场不确定因素增多
                    │                                                   ┌─ 获取信息渠道下沉
                    ├─ 原因3 法理礼俗冲突加剧 ─ 传统治理术衰退 ──────┼─ 价值观念行为异化
                    │                                                   └─ 乡村居民身份异化
                    │                                                   ┌─ "去集体化"的乡村
                    └─ 原因4 调解适用范围限缩 ─ 社会变迁体制转型 ───┴─ 离散化的乡村居民
```

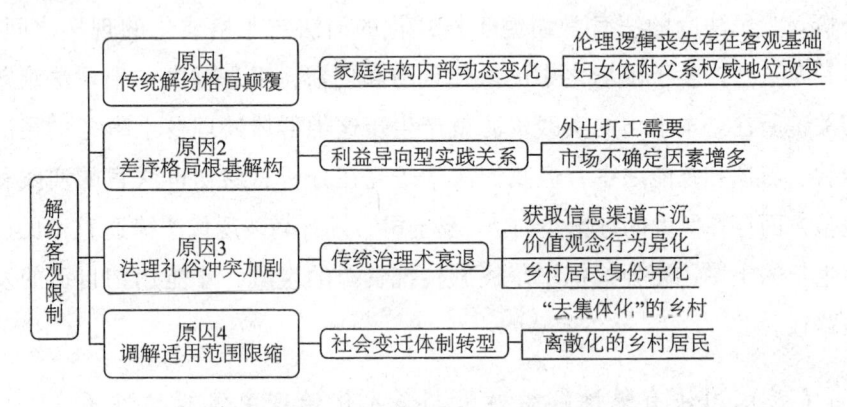

图3 乡村人民法庭化解纠纷的客观限制

（一）家庭结构内部动态变化颠覆传统解纷格局

乡村社会自20世纪80年代初农业体制改革以来，逐渐进入劳动力"大流动"时代，大量青壮年人口未在乡村常住，纵向的代际关系与横向

---

① 参见厦门大学法学院课题组：《福建法院创建"家事法庭"的探索与实践》，载齐树洁主编：《东南司法评论》（2016年卷），厦门大学出版社2016年版，第263页。
② 重庆市第四中级人民法院艾庆平、王宏整理：《转型时期中国乡土司法模式的构建——中国转型时期的"乡土司法"论坛述要》，载《人民法院报》2012年8月22日。
③ 参见刘武俊：《享受法律——一个法律人的思想手记》，法律出版社2003年版，第188页。

的夫妻关系面临解构的现实压力。一方面，依赖长幼之序的伦理逻辑逐渐丧失其存在的客观基础。打工经济与务农收入之间的巨大差额，使青年后辈话语权提升。价值观念、文化素养、判断能力、交往范围等超越父辈的变化，使传统解纷格局赋予的道德、伦理、礼俗的约束不再奏效。另一方面，传统小农经济模式下妇女依附于家中父系权威的逻辑亦逐渐式微。妇女同样能够进城务工。在经济收入、迁徙流动、认知结构、婚恋资源等方面前所未有的自主独立，提升了妇女处理家事纠纷的独立性和自主性，其抵抗能力亦随之增强。家庭结构内部动态变化使姻亲关系的亲密程度超过血亲关系。离散化的生活状态冲击着传统家庭内部稳定的人际结构，细碎的家庭矛盾纠纷往往在短时间内演变为难以消解的分家析产或离婚抚养类的彻底决裂。

（二）利益导向型实践关系解构差序格局根基

商品社会与市场机制嵌入传统乡村社会，异化其内在秩序搭建与维系的中国式特色因素。家庭内部异于外部的纠纷调处方式已渐趋消弭，以利益为导向的实践关系能够轻易打破熟人之间的关系网络。差序格局[①]下，乡村成员彼此熟悉程度较高，矛盾双方当事人能够轻易寻找各自同心圆交集区域的人作为调处纠纷的中间人。一旦双方当事人之间的纠纷长期处于悬而未决的状态，还会波及其他成员之间的关系连接，进而影响整个乡村秩序的稳定。矛盾纠纷的涉己性自然会使第三人愿意从中斡旋，修复潜在的紧张关系。当下，外出打工的需要和市场不确定因素的增多，使个体之间形成以实践性利益关系为基础的新型网络结构。利益成为纠纷解决过程中单一、赤裸的诉争点，原先差序格局强调的"关系""面子"等区域性资本日渐淡出人们的视野，而维系乡村整合的动因亦被湮没。

---

① 差序格局，指发生在亲缘、地缘关系中，以己为中心像波纹推及出去后，关系由亲至疏形成的同心圆格局。参见费孝通：《乡土中国》，北京出版社2005年版，第29～40页。

(三) 传统治理术衰退及文化断裂加剧法理礼俗冲突

获取信息渠道下沉、价值观念行为异化、乡村居民身份多元化等因素深刻影响传统治理术衰退的变迁，法理规则和礼俗规则之间的裂痕短期内难以弥合。① 现代传媒技术飞速发展，使乡村居民处理纠纷的思路不再局限于区域习俗，法律成为大众能够消费起的批量化、商品化和标准化产品。乡村居民表达民意、寻求救济、获得上层关注有了更为便捷的渠道。利益导向型实践关系逐渐瓦解传统伦理逻辑，屈从于财富排序的价值观更关注向上流动的可能，甚至抛开财富获取手段的道德评判。② 当代乡村居民兼具人民、公民、市民、乡村居民多重身份，身份聚合带来欲求增加。而在政策重重限制下，这类群体的身份认同出现分离、破碎趋向。出嫁女、丧偶离婚妇女土地权益问题尤为突出。

(四) 社会变迁体制转型限缩调解适用广度深度

乡村"去集体化"、乡村居民离散化击碎了传统调解赖以生存的公共组织结构，调解人只能凭借自身智慧和说服能力尝试性调处纠纷，不再对矛盾的化解有决定性作用。传统社会中以里甲、老人等为中心的组织结构抑制乡村经济的流动与扩大，调解在既定的生存支配关系与稳定的空间秩序构造中展开。解放战争时期，熟知马列思想的党员干部与先进分子成为调解人，离婚、析产等涉及私人或家庭领域纠纷的解决被纳入党服务人民群众的公共领域之中，高度集体化的生产生活与充分一致的意识形态确保了调解结果可预期。1949年以后，村委会、村干部凭借对集体资源的控制和户籍制度下介绍信的开具职权成为调解人，"服从集体意志"被定义为超越个体纠纷利益的更高价值。改革开放以来，乡村流动性不断增强，市场导向型体系使资源转移到乡村居民手中，村委会、村干部职权与权威渐趋没落。纠纷利益成为当事人考虑的核心，调解丧

---

① 参见栗峥：《国家治理中的司法策略：以转型乡村为背景》，载《中国法学》2012年第1期。
② 参见郭亮：《走出祖荫——赣南村治模式研究》，山东人民出版社2009年版，第140页。

失根本性地位（见图4）。

传统社会 里甲、老人 → 解放战争时期 党员干部、先进分子 → 1949年以后 村委会、村干部 → 改革开放以来 利益

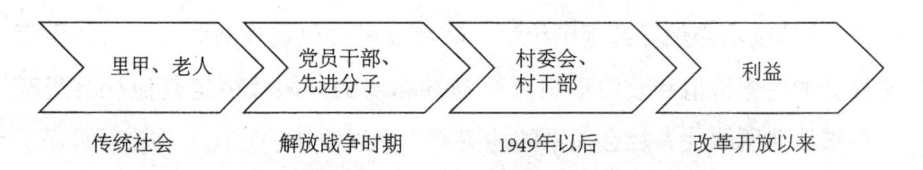

图4　不同时期调解人或调解考虑因素的变化

三、传统赓续：乡村人民法庭参与治理的路径完善

善治，既是中国基层社会治理模式的核心理念，也是当代公共治理的最新理念和治理模式，其核心在于通过国家权力与社会力量的协作与互动参与，实现良性的社会治理和秩序。乡村人民法庭实现善治的关键在于衡平国家（法律）、村民与社会共同体之间的关系，在法治的前提下促进道德秩序的生长，并推动社会自治发展。善治的要素见图5。

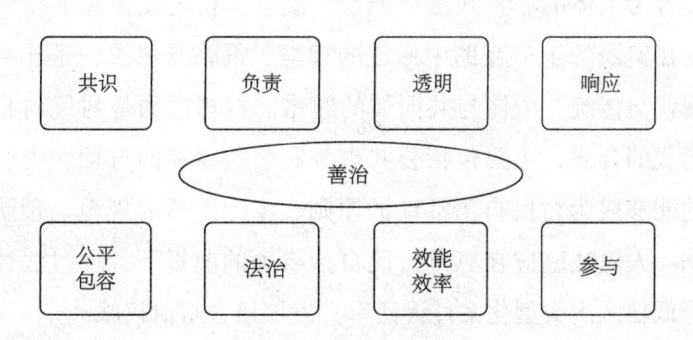

共识　负责　透明　响应

善治

公平包容　法治　效能效率　参与

图5　善治的要素[①]

---

① What is Good Governance?，载http://www.unescap.org/pdd/prs/ProjectActivities/Ongoing/gg/governance.asp，2019年6月24日访问。

（一）法律统一下的规则多元化

"法律统治必然导致规则统治，然而规则仅仅是规则而已，它并不考虑社会的道德价值和政治理想。"① 法律自身的局限性决定其他社会规范不会被法律所取代，社会关系的冲突亦不能以法律一元化方式进行调节。

以法律规范为标准统合法理、礼俗规则。人民法庭参与乡村社会治理时，秉持法律规范在社会规则体系中的至上性是毋庸置疑的。在法理规则和礼俗规则出现不可调和的矛盾时，尚需国家法理力量引导乡村礼俗力量实现合理的自主革新。强制性的改造逻辑易忽视乡村社会的自主性、多元性和内生性，导致法律一元主义。司法活动中，应注重运用社会主义核心价值观进行说理，结合公序良俗、公共道德、自治规则、民族习惯等社会规范，倡导通过协商性纠纷解决方式酌情处理，协调衡平，兼顾法律效果与社会效果。

以村规民约为依托推动治理规范多元化。以民族文化、传统道德、风俗习惯等为主体的非正式法律渊源，蕴含乡村居民在长期持续的生存合作与反复实践的生产互助中形成的智慧、策略与习惯，是连接现下与历史、现代与传统、个体与共同体的纽带。村规民约是村民对自治范围内事项达成的合意，主要包括公共事务和公益事业两方面。内容完备的村规民约能够成为村民自治活动的原则、生产生活的规范、预防化解纠纷的根据。人民法庭应在尊重村民自治事项的前提下，通过法律层面的指导，降低辖区内类型化案件诉讼率，发展培育自治权威。

以地方性知识②为基础建构场域化治理范式。乡村变迁程度取决于当地经济社会发展水平。因而，人民法庭的善治实践需以中国基层社会治理经验模式为基石，探寻具有地方特色的版本和路径。地方性知识生长

---

① [美] 罗杰·科特威尔：《法律社会学导论》，潘大松等译，华夏出版社1989年版，第182页。
② 参见 [美] 克利福德·吉尔兹：《地方性知识：事实与法律的比较透视》，邓正来译，载梁治平编：《法律的文化解释》，生活·读书·新知三联书店1998年版，第73页。

于区域文化生态和民族认知模式，由某一文化群体或社会组织独享，长期指导当地村民生产和生活实践。一方面，人民法庭的司法活动应发挥民间习惯的作用，运用地方性知识解纷，扩大民间纠纷解决机制触及领域，鼓励当事人在调解中参照适用民间社会规范；另一方面，基于立法功能、司法功能和综合功能的分类，适时组织民商事习惯调查，使习惯以文本形式显性化，为乡村善治提供制度供给。

（二）现代司法主导下的纠纷解决机制多元化

多元化纠纷解决机制的合理性和正当性源于社会需求、价值和文化的多样性。一方面，推动人民法庭循序渐进地实现现代化变革，在不断提升法律解纷的公信力和认可度的同时，固化诉讼作为纠纷解决最后一道防线的地位，实现矛盾纠纷前端化解；[①] 另一方面，引导和培育村民的协商自治能力，逐步增强其对法律规范和程序正义的共识。

以内部改革为契机高效配置司法资源。村民对法律的需要随着社会经济发展与法治观念普及迅速增加。倡导多元化纠纷解决机制，推行"分流、调解、速裁"机制改革，是为了将有限和重要的司法资源用于处理法律关系疑难复杂的案件。人民法庭应选任具有乡土生活经历的法官或通过社会体察、学习培训等方式增强年轻法官的办案能力。一旦纠纷进入诉讼程序后，法官能够在诉前、诉时、诉中、诉后视个案情况，结合当事人意愿，搭建其他社会组织参与调解的平台，并恰当运用公共道德、民族习惯等进行调解。

以衔接机制为桥梁提升非诉机制权威。诉讼与非诉讼机制之间的有效对接，是提升非诉讼纠纷解决机制的潜能、权威的内在要义。诉调对接的主体包括人民调解委员会及其他各类基层调解组织。人民法庭通过探索人民调解与司法确认"零距离"的诉源治理新机制，加强对各级调解组织和调解员在法律知识、调解技能、文书制作等方面的培训，并结

---

① 参见倪寿明：《推动诉讼与非诉机制各就其位》，载《人民法院报》2019年6月3日。

合区域实际对其进行专业指导,充分发挥法庭在诉调对接机制中的推动作用。

以源头治理为导向减少诉讼增长数量。一方面,人民法庭通过自身司法活动为价值观异化的村民提供方向性指引。例如,在裁判文书的说理部分弘扬传统美德、传承优良家训、培育社会主义核心价值观等,重建农村道德文化共识,淡化市场经济下唯利益导向的价值观。另一方面,人民法庭通过延伸司法职能,培育乡村自治权威在纠纷解决中的前端性地位。例如,确保村规民约的制定过程、条文内容合法合规,规范村委会和村干部的权力运行体系,在村委会建立法律服务工作室等。虽然中国的乡村社会经历了巨大的社会变迁,但乡土本色通过村落共同体、熟悉关系和礼俗传统部分地延续着。舆论和道德力量在规范和约束村民行为方面仍发挥着不可替代的作用,加强农村法律服务供给能够进一步增强此类主体的治理能力。

(三)法治秩序下的公共治理主体多元化

乡村结构的多元化和公共领域的扩张为法治秩序的运作和发展提供了土壤。公共治理共同体可以将文化、传统、情理、习惯等融于利益调节和法律的强制之中,减少对国家权力及法律的过度依赖,使乡村社会与法制现代化同步发展。

以职能机构为切入点搭建综治联动平台。仲裁、公证、行政裁决、行政复议等是纠纷解决的第二道防线,也能够将特殊类型的矛盾纠纷化解在诉讼前端。以往国家机关条块化的职能划分及村级政权组织控制能力的弱化,限制了各主体综治效能的发挥。人民法庭应能动、积极地回应综合协同治理的整体需要,建立与其他职能机构的长效协作机制,为纠纷的化解提供法律支撑。

以社团组织为连接点整合社会治理力量。随着乡村社会经济的不断发展,各种行业组织、非政府组织、民间社会团体、地方性组织等在公共事务方面呈现出愈加活跃的状态,其涉及范围遍布经济、社会政治生活、文化和公益等各个领域。这些社团组织在人员构成、专业知识、情感联结等方面有着优于人民法庭的天然优势,对婚姻家庭、邻里、土地等纠纷的化解便于修复当事人之间的关系。人民法庭可以通过专业知识的指导、退休法官的参与、定期组织培训等方式,提升其他主体治理的法治化水平。

以新乡贤为内生资源赓续传统善治体系。党的十八大以来,中央文件多次指出要发展新乡贤文化,依托乡情乡愁激发新乡贤参与故乡建设的热情。新乡贤区别于传统乡贤,由当地老党员、老干部、道德模范、企业法人、"返乡走亲"机关干部、社会工作者、经济文化能人、教育科研人员、在乡村创业投资的外来人员等具有一定知名度和影响力的人构成。① 这类人员可通过基层组织推荐担任人民陪审员、被吸纳为人民调解员、参与村规民约的制定与实施等方式,提升乡村治理的法治化水平。乡村人民法庭参与治理的路径完善方式见图6。

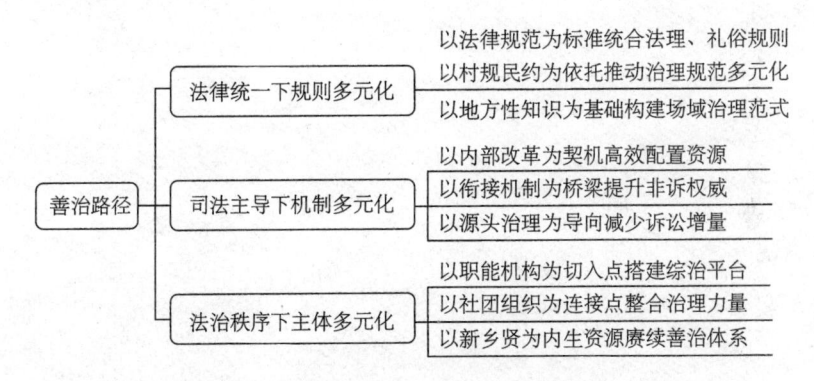

```
                    ┌─ 法律统一下规则多元化 ─┬─ 以法律规范为标准统合法理、礼俗规则
                    │                        ├─ 以村规民约为依托推动治理规范多元化
                    │                        └─ 以地方性知识为基础构建场域治理范式
                    │
         善治路径 ───┼─ 司法主导下机制多元化 ─┬─ 以内部改革为契机高效配置资源
                    │                        ├─ 以衔接机制为桥梁提升非诉权威
                    │                        └─ 以源头治理为导向减少诉讼增量
                    │
                    └─ 法治秩序下主体多元化 ─┬─ 以职能机构为切入点搭建综治平台
                                             ├─ 以社团组织为连接点整合治理力量
                                             └─ 以新乡贤为内生资源赓续善治体系
```

图6 乡村人民法庭参与治理的路径完善方式

---

① 参见王斌通:《新时代"枫桥经验"与基层善治体系创新——以新乡贤参与治理为视角》,载《国家行政学院学报》2018年第4期。

结 语

"从基层上看去，中国社会是乡土性的。"[①] 要解决社会转型时期乡土社会存在的大量矛盾纠纷，人民法庭仅仅依靠审判职能是远远不够的，必须以善治理念为导向，传承中国传统乡村社会治理理念，融合国法、天理、人情、习俗等生活的艺术、经验、智慧，用实用性的递进思维和综合思维继承与革新"枫桥经验"，通过实现法律统一下的规则多元化、现代司法主导下的纠纷解决机制多元化、法治秩序下的公共治理主体多元化，重构具有中国特色的人民法庭审判职能和制度，推进乡村治理体系和治理能力现代化，夯实乡村振兴的基层基础。

---

① 费孝通：《乡土中国》，北京出版社2005年版，第1页。

附件1

××人民法院关于在村居推进多元化纠纷解决机制的实施办法

（建议稿）

第一条 为推进诉源治理，促进基层村居"自治、法治、德治"融合发展，推动构建和完善共建共治共享的基层社会治理大格局，结合辖区及本院实际，制定本办法。

第二条 人民法庭应有效整合辖区党委政府、人民法庭、司法所、村（居）委会、人民调解组织等纠纷化解力量，努力将矛盾纠纷化解在基层，实现刑事案件基本不发、民事诉讼数量下降、群体越级访杜绝的基层社会综合治理效果。

第三条 在村居挂牌成立巡回法官工作室，指派法官定期前往办公，就地化解矛盾纠纷、提供法律服务、开展法治宣传。法官每次接待时间不少于半天，并提前进行公示和告知。

第四条 实行法官包片联系村居制度，向包片村居发放便民联系卡，定期开展法律知识、调解技能等培训，邀请村居两委成员旁听法院庭审，参与普法宣传等，提升基层村居运用法律手段化解矛盾纠纷的能力。

第五条 对于村居范围内的矛盾纠纷，应坚持以非诉讼方式解决为主、以诉讼方式解决为辅的化解思路，完善人民调解、行政调解、司法调解联动衔接的工作制度。

第六条 村居范围内的矛盾纠纷，一般应先由村居两委班子、人民调解组织先行调解。调解成功的，及时做好笔录或制作人民调解协议；调解不成的，及时向镇街司法所、包片法官报告，由镇街司法所、包片法官先行调解。

第七条 对镇街相关部门调解成功的矛盾纠纷，及时由镇街人民调解组织制作人民调解协议；对包片法官诉前调解成功的矛盾纠纷，符合出具调解书情形的，依法制作调解书。

第八条 调解过程中，需相关委办局、镇街党委政府相关科室配合解决的矛盾纠纷，由包片法官会同镇街司法所负责协调。案情较为复杂的，由主要负责庭室上报区人民法院协调解决。

第九条 对调解不成进入诉讼程序的矛盾纠纷，法官应与相关镇街、村居及时沟通，并将调解工作贯穿整个诉讼过程。对当事人提出申请，且符合条件的人民调解协议，及时进行司法确认。

第十条 坚持巡回审判制度。对于案由适宜、类型典型的民商事案件，法官可以组织开展巡回审判，就地公开审理，并结合普法宣传，通过释法说理，弘扬社会主义核心价值观，提升群众的法治意识。

第十一条 协助制定村（居）民自治章程。主动协调基层组织对朴素的乡规民约进行细化和提升，对矛盾多发领域重点规范，形成村（居）民自治章程。通过道德教化作用，引导群众规范行权，加强互助互谅，从源头减少矛盾发生。

第十二条 实行日常通报反馈机制。对重点村居范围内的民商事案件进行定期分析通报，提示基层自治关键环节，督促做好矛盾排查化解工作；对涉基层自治组织、经济组织案件进行月度通报，促进基层村居规范管理，提升风险防控能力，有效减少涉诉案件数量。

第十三条 人民法院应与辖区党委政府、镇街司法所、基层村居等单位进行定期会商，通报工作进展、进行经验交流、提出意见建议，确保工作取得实效。

附件2

××人民法庭巡回审判工作办法
（建议稿）

第一条 为进一步贯彻落实司法为民、公正司法的工作要求，方便群众参与诉讼，主动为辖区群众提供优质的司法服务，发挥司法服务与保障职能。根据工作实际，制定本办法。

第二条 巡回审判工作应当坚持以下原则：

（一）公开原则；

（二）调解原则；

（三）公正与效率并重原则；

（四）法律效果与政治效果、社会效果相统一原则；

（五）廉洁原则。

第三条 巡回审判工作应当包含以下内容：

（一）巡回立案，通过预留便民联系卡、群众意见收集信箱、预约立案、指导远程立案等方式开展巡回立案；

（二）巡回审判，就地审理除依法不能公开审理案件外的适宜的民商事案件；

（三）巡回法治宣传，通过案件旁听、法治讲堂等形式定期开展法治宣传活动；

（四）巡回法律指导，定期开展针对基层自治组织、人民调解员、新乡贤的法律培训和指导工作。

第四条 巡回审判工作依托巡回审判点开展，巡回审判点的设立应满足以下条件：

（一）人民法庭与辖区镇街、村居充分协商，共同设立；

（二）覆盖范围为群众交通不便或距离人民法庭较远的地区；

（三）辐射面超过三个以上行政村。

第五条 对于下列案件应当积极开展巡回审判：

（一）当事人因行动不便、居住偏远等到人民法院参加诉讼有困难的；

（二）家事纠纷、邻里纠纷及其他涉民生纠纷；

（三）具有规范、引导、教育意义的典型案件；

（四）当地群众广泛关注、有较大社会影响的案件；

（五）其他适宜开展巡回审判的案件。

第六条 巡回审判工作开展前应当做好以下工作：

（一）制定工作预案，提请庭长审批同意后实施；

（二）及时联系群众，做好旁听和调解准备工作；

（三）提前三日公告通知；

（四）做好代表联络、技术支持、安全保卫、音像档案资料收集、媒体联系等工作；

（五）提前布置国徽、法槌、电脑、打印机、身份牌等物品；

（六）对重大风险进行评估防范。

第七条 巡回审判中审判人员应按照规定着制服并佩戴徽章，并使用符合法律规定的通俗易懂的语言。

附件3

××人民法庭党群司法服务站建设工作办法
（建议稿）

第一条 为进一步发挥党组织的辐射作用和聚合作用，完善党群司法服务站的功能职责，推动司法工作深入参与基层社会治理，更好地服务发展大局、服务人民群众，制定本办法。

第二条 党群司法服务站突出服务人民群众、对接党委政府、参与基层治理、锻炼党员干部等功能，着力推进党组织间的合作共建，主动融入基层社会治理大格局，促进依法行政和规范自治，及时回应群众诉求，提升党组织的战斗力和执行力，带动队伍建设和审判工作取得实效。

第三条 党群司法服务站应规范化运行，建立专门活动室，悬挂统一的标识和标牌，实行全天候轮流值班接待与不定期走访相结合，对各类工作活动全程记载留痕。

第四条 在党群司法服务站常态化开展"三会一课"、政治学习、党员培训等活动，增强党支部凝聚力，强化党员责任意识、担当意识，将思想和行动统一到党中央、上级党组织重大决策部署上来，提升党支部、党员服务保障中心工作的自觉性和主动性。

第五条 构建多方党组织合作共建机制，以党群司法服务站为纽带，整合辖区内党政部门、人大代表、基层村居和社会团体的力量，搭建有效沟通桥梁、共享优势资源、凝聚重要共识、赢得理解支持，切实融入基层社会治理大格局中。

第六条 定期与镇街党委、驻镇街单位党组织、村居党组织开展联合党日活动、学习交流会、微党课等，保持常态化沟通联络。

第七条 主动征求基层需求，主动提供司法服务。积极对接镇街党委、驻镇街单位党组织、村居党组织、人民群众，聚焦辖区中心工作、基层党组织建设和社会治理、产业发展等方面的司法需求，提供法律研判、纠纷化解、制度建设、品牌共建、组织培训、学习资源等方面的支持。

第八条 主动沟通协调，主动评价通报。主动向党委汇报工作，协调处理矛盾纠纷、推进解决工作机制方面存在的困难。及时向镇街党委、驻镇街单位党组织、村居党组织通报审理中发现的依法行政、基层自治方面的问题，对涉基层自治组织、经济组织案件进行研判通报，并以司法建议等形式提出法律建议和应对方法。

第九条 党群司法服务站全天候、零距离为群众提供司法服务，及时接待群众咨询来访、提供法律指导、诉前调解化解纠纷。针对群众反映集中的热点、焦点、难点问题，及时送法上门、发送司法建议、协调责任部门解决。

第十条 主动以开放日、满意度调查、征求意见座谈会等形式，征求镇街党委、人大代表、村居党组织和人民群众对人民法院党建工作及审判工作的意见和建议，并主动反馈整改落实情况。

第十一条 开展党员浸润式体察学习。选派年轻党员干部到镇街党委政府、基层村居挂职锻炼，深入一线开展工作，学习掌握群众工作方法，提升调处矛盾、主动服务的能力。

京津冀司法一体化背景下跨域立案诉讼服务制度研究

王连斌[*]

摘要： 京津冀地缘相接、文化传承一脉，历史渊源深厚，完全能够相互融合。随着京津冀一体化的深入推进，区域间的司法协作不仅为促进京津冀地区的合作与发展提供了重要保障，也为京津冀地区的协同发展提供了有利法治环境。跨域立案在体现诉讼效率和便民司法的同时，为保障京津冀地区的经济发展提供了法治保障，运行以来取得了一定的效果，但在运行中也存在一些现实问题和制约因素。本文立足于司法实践，对京津冀地区跨域立案推行情况样本进行分析，对完善跨区域立案诉讼服务制度提出优化路径的意见和建议，在"跨"字上更加凸显司法的公正高效便民，在四个方面取得突破。

关键词： 跨域立案　调配制度　繁简分流

一、跨域立案制度梳理

跨域立案的开展实现了京津冀区域间司法协作的无缝对接，既节约了有限的司法资源，也为当事人提供了诉讼便利，该制度自运行以来广

---

[*] 河北省邯郸市丛台区人民法院院长，三级高级法官。

受社会各界好评。

(一) 跨域立案制度的概念及特点

跨域立案，是指当事人或诉讼代理人通过选择就近的人民法院诉讼服务中心向有管辖权的异地法院提交立案申请，人民法院为其提供相应的立案登记诉讼服务。[①] 具体的工作方式是当事人选择较为便利的法院提交跨域立案申请后，由接收法院对材料进行审查，符合立案登记要求的，通过信息化系统将扫描上传的起诉材料推送至管辖法院。管辖法院经审查起诉材料，认为符合立案登记条件的应当当场立案，并将立案信息推送给接收法院和案件当事人。跨域立案模式正是以"高效、便民"为突破口，极具创新性与变革性，使得目前有限的司法资源得到了有效利用，而且为当事人提供了便利，也为区域间的经济协调发展提供了法治支撑。其主要特点有以下三个。

首先是一站式。跨域立案是立案登记制的延伸，除法律规定需当事人亲自到场办理的事项外，不论该案件属于区域内的哪级法院管辖，其他诸如申请立案、材料转递等程序性事项当事人都可以选择离自己最近的法院完成立案相关工作。

其次是标准化。以京津冀跨域立案为例，为了进一步推进跨域立案制度的发展，河北省各级法院在 2019 年制定了《河北省跨域立案工作方法》，北京市也制定了《北京跨域立案工作方法》，力求实现"三个统一"即"统一的规章制度、统一的跨域立案服务流程、统一的跨域立案人员培训"，争取在立案细节上统一标准，给群众相同的诉讼体验，把司法便民的举措落到实处，进而全面提高诉讼服务水平，增强司法的公信力。[②]

最后是信息化。借助现代信息技术，整合全国各级法院资源，打破

[①] 参见李小兴、黄金菊：《试论民事诉讼一审跨域立案制度的构建》，载《东南司法评论》2015 年第 15 期。

[②] 杨维立：《跨域立案全覆盖彰显诉讼服务改革新成效》，载《人民法院报》2019 年 8 月 11 日。

地域局限，为当事人提供"跨越时空"的司法服务，将互联网与立案登记有机结合，便利当事人跨空间远距离行使诉权，一定程度上引领了"接近正义"的世界潮流。

（二）独具中国特色的跨域立案制度的发展历程

跨域立案制度是一项跨级别、跨区域的新型立案制度。通过查阅资料，笔者未发现国外的相关司法制度中跨域立案制度的相关记载。我国独具特色的跨域立案制度是司法制度回应群众切实需求的体现。跨域立案制度也经历了阶段性的发展历程，主要分为四个阶段（见图1）。

2015年11月24日	全国法院诉讼服务推进会在安徽合肥召开，开启了法院诉讼服务制度改革的新篇章，周强院长强调："深入总结诉讼服务中心建设的经验做法，以创新、协调、绿色、开放、共享发展理念为引领，加快实现诉讼服务中心的系统化、信息化、标准化、社会化，推动诉讼服务中心建设实现新发展，切实满足人民群众日益增长的多元司法需求。"
2017年2月	2017年，最高人民法院在全国7个高级人民法院和7个中级人民法院开展跨域立案诉讼服务试点工作。此举改变了各个法院之间条块分割、各自为战的状况，建立起法院之间横向和纵向系统化、常态化、制度化的协同联动机制，开创了跨地域、跨法院、跨层级的诉讼服务新格局
2019年8月2日	京津冀法院跨域立案全覆盖启动仪式在河北省高级人民法院举行，三地法院在全国率先实现跨域立案全覆盖
2019年11月9日	京津冀法院跨域立案系统对接云南省法院系统，内蒙古自治区法院系统开始进行调试，为跨域立案在全国范围内推广奠定基础

图1　跨域立案制度发展历程

（三）跨域立案制度是立案登记制的补充和发展

跨域立案制度不仅是司法改革的一次理论制度创新，同时也是司法观念改变的体现。立案登记制的立法本意是解决案件当事人"立案难"的问题并从制度上保障当事人的诉权，跨域立案制度以其"高效、便民"的特点，成为立案登记制的补充和发展：案件当事人起诉至人民法院，只要符合起诉条件，就可以向法院提起诉求，这既是立审分离的要求也是立案登记制的内涵，为跨域立案中的案件审查提供了基础。

二、京津冀司法一体化背景下跨域立案诉讼服务制度运行中存在的问题

自跨域立案制度实施以来，取得的最大成果就是便民利民，减少了讼累。距离近、交通便利地区的法院为交通不便地区的法院提供跨域立案服务，各法院为下辖法庭提供跨域立案服务，不仅便于人民群众进行司法诉讼，而且合理地配置了司法资源。京津冀法院跨域立案制度，不仅能有效防范局部利益对共同利益的损害，还能够在维护京津冀地区共同利益的基础上创造良好的法治环境，为京津冀区域协同发展提供有力支撑。虽然京津冀地区跨域立案取得明显成效，但在运行过程中也暴露出较多的问题。河北省邯郸市作为全国法院跨域立案制度先试先行的地区，邯郸市两级法院的实践经验对于跨域立案在全国开展具有一定的借鉴意义。经历了两年多的跨域立案制度运行，该制度存在的以下问题应当引起重视。

（一）跨域立案推广缺乏制度支撑

跨域立案制度运行两年多来，给当事人带来了实际的便利，受到最高人民法院的肯定和人民群众的欢迎，但其本质是一项便民措施还是一项审判制度仍存在一定争议。京津冀三地已出台的跨域立案工作方法目前尚未上升为制度性文件。从法院角度来看，接收法院需要为管辖法院做大量事务性工作，对于一些本身案多人少情况比较突出的法院而言，是一件"利他"而不"利己"的事情。由于跨域立案工作方法内容简单，缺乏细节，其实施只能依赖诉讼服务工作人员的"奉献"精神，具有很大的随意性。从当事人角度来看，如果接收法院不愿为其提供跨域立案服务，当事人较难寻求救济，这一点与立案登记制是有巨大差别的。即使接收法院提供了跨域立案服务，如果管辖法院不能及时有效审核，当事人不能当场立案而仍需要奔波，其效率还不如直接到管辖法院申请

网上立案高，导致跨域立案效果不佳。

（二）跨域立案案件类型单一

从河北省邯郸市两级法院关于跨域立案的统计数据来看，2017年2月至2021年4月29日，河北邯郸市两级法院共跨域立案1172件。其中，民事一审跨域立案1169件，行政一审跨域立案1件，申请执行跨域立案2件。由以上数据可知，大多数的跨域立案是民事一审案件，执行案件和行政案件较少，跨域立案的案件类型比较单一。主要原因：一是跨区域民事案件本身较多且审查相对容易。随着京津冀地区的社会融合和京津冀区域的协同发展，该区域内的社会主体民事活动频繁，民事案件数量与日俱增。民事一审案件立案当事人提供材料较为规范且当场立案率高，所以跨域立案制度执行得比较顺畅。二是行政案件本身较少，跨域立案案件更少。行政案件管辖与行政区域划分紧密结合，原告与被告一般在同一区域内，所以跨区域立案的案件不多。

（三）当场立案率低，卷宗流传时间长

从目前的司法实践情况来看，跨域立案的案件当场立案率并不高，跨域立案申请虽然通过信息网络系统很快得以审查，但是从接收法院到管辖法院卷宗材料流转时间偏长，也是一个值得重视的问题。如果案件的接收法院没有及时将书面材料移送管辖法院或者管辖法院接收后未及时转交给本院的承办法官，但是审限已经开始计算，导致办案法官在原本较为紧张的审限内更加被动，进而影响了各级法院对跨域立案的热情。

（四）裁判结果的"司法地方化"现象凸显[①]

实践中接收法院要对管辖权进行实质判断，如果接收法院审核出现瑕疵，就会导致起诉人不能及时向管辖法院起诉。京津冀民事案件的管

---

① 参见邵亚如：《论我国民事跨域立案制度》，载《湖北经济学院学报（人文社会科学版）》2018年第7期。

辖权判定标准和案件审理标准存在不统一的情况，京津冀区域内尚未建立案件审理的交流沟通常态机制，三地裁判"同案不同判"问题在一定程度上存在。京津冀发展不平衡的现象是现实存在的，区域差异呈现的多样性和复杂性较为明显，而司法联动发展水平仍比较低。因此，建立京津冀三地法院司法区域化协作，规范京津冀地区司法裁判文书是大势所趋。

（五）智慧法院建设投入和应用对接存在不足

由于部分法院经费紧张，诉讼服务中心的网络设备陈旧，有的在立案庭只提供一到两台电脑设备供跨域立案当事人使用，由于不注重系统维护，常常出现系统运行缓慢的问题。

（六）跨域立案制度使人案矛盾更加凸显

法院案多人少的矛盾是不可回避的问题，推行跨域立案实际上又加重了法院的负担。虽然跨域立案"法院忙一点，民众轻松点"的宣传让人民群众备感温暖，但跨域立案的实施导致法院的工作量极大增加，数量不变的工作人员面对更大的工作量，其压力可想而知。

三、京津冀跨域立案诉讼服务制度未来的优化路径

京津冀地区协同发展战略是国家重要发展战略之一，三地司法区域化的形成在促进京津冀协同发展的同时，为实现京津冀优势互补打下法治基础，进而为三地形成和谐共赢的新格局奠定作出贡献。[①] 京津冀地区的各级法院应提高认识，把握京津冀地区法院跨域立案对当前法院工作提出的新目标和新要求，找准审判工作服务京津冀地区法院跨域立案的着力点，主要应在以下四个方面取得突破。

---

① 参见许颖：《法制协调是京津冀协调发展的重要保障》，载《河北日报》2015年2月4日。

（一）从成本优势到制度规范，完善跨区域立案诉讼服务的顶层设计①

跨域立案制度在"跨"字上做文章，核心理念和运作模式就是通过立审分离为当事人提供更加高效便捷的司法服务。在跨区域立案的运作模式下，只要当事人提交的诉讼材料不存在不予受理或者违反法律规定的情况，接收法院就应当在规定时间内予以接收并且推送至有管辖权的法院，案件立案与否，都由具有管辖权的法院负责。从这个意义上讲，如果能够以法律的形式对跨域立案作出规定，必然能够进一步促进立与审之间的有效衔接，真正地通过实行立审分离发挥跨域立案所蕴含的制度优势，破解"立案难"问题。首先，京津冀地区法院之间应当完善跨域立案的相关制度，就跨域立案实施过程中的一些问题达成具体协议。例如，接收法院是否一并接收纸质材料并邮寄？管辖法院如果认为案件不属于本院管辖如何处理，应在几日内处理并反馈？如果超时未处理，如何向相关部门寻求救济？是否需引入考核考评机制？其次，强化社会监督，完善相关制度后应进行广泛社会宣传，明确告知当事人其享有的跨域立案诉讼服务方面的权利，与此同时，通过不断强化人大、政协、新闻传媒、公众等外部监督，倒逼和促进人民法院执行和推动跨域立案制度的良性发展。

（二）从优化结构到繁简分流，为跨域立案提供现实基础

京津冀地区跨域立案工作开展以后，更多基层人民法院尤其是各城市的主城区法院，因其地理位置区域优势、基础交通设施完善、人口基数较大等诸多原因，成为跨域立案的首选。这些法院本身受理案件数量较多，在承担本法院立案工作时尚力不从心，在跨域立案工作开展后可能会出现"立案难"现象。其深层次的原因还是人案矛盾，解决这个问

---

① 参见许少波：《论民事案件受理权与管辖权的统一与分开》，载《法律科学（西北政法大学学报）》2019年第3期。

题主要有两种方式：首先是法院优化人员的内部管理结构，这依赖于案件繁简分流，加强速裁队伍建设，实现"简案快审、繁案精审"的目标。其次是建立有效的案件调配机制，这一点在相关文件中已有表述，即"探索建立与行政区划适当分离的司法管辖制度"等方案。跨域立案的开展通过各种宣传逐步为当事人认知和接受，也受到了当事人欢迎，从目前的跨域立案数据来看，主城区法院接收案件较多，案多人少矛盾较突出，应当考虑建立以各地中级人民法院为中心的案件调配中心，对于一些不需要一方当事人来回奔波的借款合同、涉房地产、涉保险合同等案件，在一个区域内进行案件调配，由案件数量多的法院申请，中级人民法院对这几类案件进行指定管辖，在一个区域内实现案件数量平衡，防止部分法院案件过多，审判质效下滑。

（三）从单一诉讼服务到统一诉讼尺度，协调推进跨域诉讼服务标准化建设

区域内的诉讼服务建设合作包含两个层次。首先，应加强信息化建设，即依靠科学技术的发展实现区域内法院的互联互通和案件推送等跨域技术性工作。目前，京津冀地区法院系统依托移动微法院平台，已经可以无障碍地开展跨域立案工作，但是由于各地法院使用的立案系统不同（例如，河北法院网上办案大多使用的是华宇系统而其他法院则有的使用通达海系统），造成的跨域立案时间延迟。为推进跨域立案的工作，应加大科技投入，开发统一的诉讼服务平台，既给当事人相同的诉讼体验，又方便法院立案人员操作系统。其次，应当明确诉讼服务质量，即从群众的角度确立质量标准。针对跨域立案而言，群众评价的标准和内容主要依赖于对外服务质量，即群众更关心的是跨域立案的服务尺度。例如，同一类案件的收案标准是什么，需要提供的材料是什么；跨域立案后的书面材料由谁收取和邮寄，如何区分不同案件的繁简标准，如何有效实施案件分类。诉讼服务尺度所指的是诉讼当事人对诉讼服务是否满意和如何评价的问题。法院的服务尺度大多涉及案件的实体问题，宜

由京津冀地区法院通过签订一系列的框架协议，在服务尺度和服务内容上协调统一，口径一致；同时，三地法院严格按照区域化的诉讼服务标准提供跨域立案服务，为当事人提供一致、流程化、可预知的诉讼服务。

（四）从强化交流到司法协作，提升跨域立案制度的质和量

京津冀跨域立案制度可以参考借鉴我国行政机关异地任职、挂职的做法，由三地法院立案机构作出计划安排，分期分批互派优秀审判人员开展任职、挂职交流学习，以更为感性的认识直接学习各地区的优秀立案做法及案件审理方式，丰富自身办案经验，提升办案水平。[①] 建立京津冀三地民商事系统审判人员培训机制，要经常性、有针对性地组织开展京津冀三地民商事系统审判人员培训，共同研讨京津冀三地优秀跨域立案裁判案例。京津冀三地的高级人民法院可通过组织立案法官培训、发布京津冀地区法院跨域立案案例、召开立审业务会议等形式，指导辖区法院立案和审判，以统一、规范京津冀三地法院同类案件裁判标准，更好地实现京津冀地区法院跨域立案司法协作。

[①] 参见郭丹云、赵红染：《京津冀区域人才合作的法制构建探讨》，载《法制与社会》2013年第7期。

【调查研究】

"建设中国特色一站式多元纠纷解决和诉讼服务体系促进矛盾纠纷公正高效实质性化解"调研报告

石建虎[*]

  人民法院一站式多元解纷和诉讼服务体系建设，是坚持以习近平新时代中国特色社会主义思想为指导，深入贯彻落实习近平法治思想，坚持以人民为中心的发展思想，坚持需求导向和问题导向，在深入分析新时代矛盾纠纷成因特点和当前人民法院面临的形势任务，准确把握司法规律特点，全面总结党的十八大以来诉讼服务中心建设经验和司法体制改革成果基础上，立足当前、着眼长远所作出的一项重大改革部署，体现了寓社会治理和化解纠纷于诉讼服务之中的工作思路，是一项系统性、基础性、全局性工作，对于提升新时代人民法院化解矛盾纠纷能力水平，实现审判体系和审判能力现代化，健全完善中国特色社会主义司法制度，推进国家治理体系和治理能力现代化具有重要意义。

  为坚决贯彻落实习近平总书记重要讲话和关于司法为民的系列重要指示精神，完整、准确、全面贯彻新发展理念，紧紧围绕让人民群众在每一个司法案件中感受到公平正义的目标，促进矛盾纠纷公正高效实质性化解，全国法院坚持服务党和国家大局、服务人民群众、服务审判执行、服务社会治理的功能定位，以增强群众司法获得感为目标，突出一

---

[*] 作者单位：最高人民法院立案庭诉讼服务建设指导办公室。

站、集约、集成、在线、融合五个关键，聚焦提升人民法院纠纷解决和服务群众能力水平，依托立体化、集约化、信息化的一站式诉讼服务中心，建设富有活力和效率的一站式多元解纷机制，为人民群众提供分层次、多途径、高效率、低成本的纠纷解决方案，让当事人只进一个门、最多跑一次、可以不用跑，构建符合中国国情、满足人民期待、体现司法规律、引领时代潮流的中国特色纠纷解决和诉讼服务模式，努力打造司法为民的亮丽品牌。

一、全面推进诉讼服务中心转型升级，树立司法为民新标杆

诉讼服务是司法文明的重要窗口。服务好不好、人民群众满不满意，直接关系人民司法事业的兴衰成败。党的十八大以来，各级人民法院按照成都会议、合肥会议、南昌会议精神，将"最好的场所、最便捷的服务"提供给人民群众，推动诉讼服务从最初服务窗口到"三位一体"诉讼服务中心，再到当前集立案、服务、裁判于一体的一站式现代化诉讼服务体系，实现各项建设长足发展。人民法院诉讼服务独树一帜，逐渐成为与政务服务并行的两大公共服务体系。

一是服务载体全面建成。截至2020年底，全国98%的法院建立了诉讼服务大厅，总面积为198.5万平方米，平均面积为581.3平方米。全国98%的法院运行诉讼服务网，逐步将线下一站式服务项目拓展到线上。全国法院均开通12368诉讼服务热线，提供自助或人工查询咨询等服务。在以诉讼服务中心为主体，以诉讼服务指导中心信息平台、人民法院调解平台、中国移动微法院、人民法院送达平台、12368诉讼服务平台、人民法院网上保全系统、人民法院委托鉴定系统、全国法院涉诉信访管理系统、全国法院视频监控系统、人民法院律师服务平台十大信息化系统为支撑的"一个中心、十大系统"的一站式建设基本架构下，人民法院虚拟实体、线上线下、对内对外立体式、全覆盖、一体化的诉讼服务格局已经形成。

二是集约化效能日益优化。按照系统化、集约化工作思路，将庭审

以外的全部诉讼服务工作集中到诉讼服务中心，诉讼服务功能从单一的诉讼引导、立案审查等八大功能，拓展为贯通诉讼全程的一站式服务，涵盖诉讼指引、便民服务、诉讼辅助、纠纷解决、提高效率、审判事务等六大类近50项功能。40%以上的法院将保全、鉴定、评估、送达等审判辅助工作前移至诉讼服务中心，实现人员集中、功能集约、效果集成，通过"物理合并"形成"化学反应""耦合效应"，最大限度提升服务群众、服务法官、服务审判的整体效能。不少法院贯彻共建共享理念，为社会第三方提供法律服务，将诉讼服务中心打造成社会公共法律服务平台，引入专家、律师、心理学家、社会志愿者等，为人民群众提供立案咨询、心理疏导、矛盾化解、代理申诉等服务，不断提升服务水平。

三是服务机制更加完善。全面加强诉讼服务标准化建设，最高人民法院在2019年7月31日出台关于建设一站式多元解纷机制、一站式诉讼服务中心意见的总体框架后，连续出台深化"分调裁审"机制改革、为律师提供一站式诉讼服务等意见，下发网上立案、深化跨域立案服务改革、在线办理保全、在线办理委托鉴定、12368诉讼服务热线一号通办、为跨境诉讼当事人提供网上立案服务等10余个工作规范，明确各地法院需要建机制、定规则的23个项目清单，加快推动各地出台落实意见。截至2020年底，90%以上法院已经联合有关部门或者单独制定出台23项工作实施细则。如北京法院修订汇编成《北京法院民事案件"多元调解+速裁"机制工作规范》，进一步统一管理部门、统一调解员使用管理和培训、统一工作流程、统一信息系统；天津法院在诉服大厅、信访大厅等窗口设立"党员先锋岗""青年文明号"，做到"回答问题一口清、咨询事项一纸清、发放材料一次清、办理业务一事清"；福建省三明市中级人民法院通过精细设置诉讼服务各项建设标准和工作标准，实现诉讼服务有流程可管、有指标可依的标准化规程。人民法院标准统一又兼顾实际的一站式制度体系逐步形成。

二、创新发展新时代"枫桥经验"，形成纠纷解决新格局

"将矛盾消解于未然，将风险化解于无形"是新时代推进基层社会治

理体系和治理能力现代化的应有之义，也是人民法院坚决落实"将非诉讼纠纷解决机制挺在前面"的生动展现。党的十八大以来，人民法院认真落实中央办公厅、国务院办公厅《关于完善矛盾纠纷多元化解机制的意见》（中办发〔2015〕60号）文件精神，从眉山会议，到马鞍山会议，再到南昌会议，一直对多元化纠纷解决机制建设工作紧抓不放，会同中央单位出台相关改革文件，充分发挥司法在矛盾纠纷多元化解机制中的引领、推动和保障作用。

一是参与社会治理更加深入，纠纷源头预防效果初显。围绕将非诉讼纠纷解决机制挺在前面目标，人民法院主动融入党委领导的自治法治德治相结合的城乡治理体系，积极发挥司法参与、推动、规范、保障作用，推动社会治理从化讼止争向少诉无讼转变，形成源头上预防和减少矛盾纠纷的工作格局。福建法院创新"嵌入式""主导式""云联式"三式路径，2020年参与源头化解纠纷同比增加41.66%；内蒙古109个旗县法院推动旗（县）党委成立135个矛盾纠纷化解中心，实现一揽子多元化解各类矛盾纠纷；四川法院在全省设立813个诉讼服务站、2358个诉讼服务点，将快捷高效的纠纷解决机制延伸到网格化辖区的"神经末梢"；新疆法院建立101个"枫桥式"法庭、1200个法官工作站、56个巡回法庭，打造"庭、站、点、员"四位一体社会治理平台。大量矛盾纠纷通过源头治理及时有效得到预防和化解，诉讼案件持续攀升态势得到初步扭转。2020年，全国法院新收一审民事案件与2019年相比，下降5.166%。同时，全国法院诉前成功调解民事纠纷424万件，同比增长191%，大量诉前调解成功案件自动履行，让本应当以超过10%速度持续增长的民事案件，出现自2004年持续上升后的首次下降。源头预防调处化解纠纷的新路径正在形成，展现出司法在基层治理中不可或缺的力量。

二是坚持"总对总"与"点对点"相结合，建立在线多元解纷"大超市"。加强与综治组织、行政机关、人民调解委员会等解纷机构的对接，打通数据平台，形成类型化案件的统一裁判标准，并向社会公开，提高诉外解纷方式的吸引力。改变法院在纠纷解决中的"独舞"局面，形成开放共享、多元共治的工作格局。最高人民法院积极与全国总工会、中国侨联、全国工商联、国家发展改革委、人民银行、银保监会、证监会、国家知识产权局等部委进行对接，联合签订证券期货、商事、涉侨、知识产权等纠纷"总对总"在线诉调对接文件，陆续与中国证监会中国投资者网、全国工商联商会调解服务平台、中国人民银行中国金融消费纠纷调解网等实现平台对接，并完成全国总工会、中国侨联、国家发展改革委、银保监会、国家知识产权局调解组织和调解员平台入驻工作，覆盖证券期货、金融、银行保险、劳动争议、涉侨、价格争议、知识产权等专业程度较高的纠纷领域，建立专群结合、类型多样的解纷资源库，充分满足当事人各类解纷需求。以"道交一体化"平台为例，通过与公安部、司法部、银保监会开展道路交通损害赔偿纠纷"网络数据一体化处理"改革试点工作，已在全国2928家基层法院上线"道交一体化"平台，实现全国85%机动车车辆保险一键理赔。各地法院也积极运用在线多元调解方式，建立线上多元化解矩阵集群，如上海法院一站式多元解纷平台实现与全市6400多家调解组织的互联互通；北京法院打造覆盖不同行业领域和纠纷类型、专业性和规范性较强的超大城市类型化纠纷化解体系；山西省高级人民法院依托人民法院调解平台，率先实现与省公安厅掌上派出所、司法厅智慧调解服务系统对接，打造在线多元解纷新样板；海南法院创新建立一站式涉外民商事纠纷在线多元化解平台，进入平台的涉外案件80%通过调撤方式解决；浙江法院将人民法院调解平台对接本地区在线矛盾纠纷化解平台（ODR）、智慧调解平台等，实现"一网解纷"，让群众不出户、纠纷线上解。2018年、2019年、2020年调解组织数量分别为1264个、22014个、32937个，三年增长了25倍；调解员数量分别为13791名、85003名、165333名，三年增长近11倍。

三是线上线下一站式多元解纷，高效便捷实现正义。线上，全方位推动人民法院调解平台应用，努力建成化解案件量最多、调解资源最丰富、诉调对接最顺畅、智能程度最领先、纠纷化解最高效的在线多元调解平台。全国3500多家法院全部实现与调解平台对接，2018年2月上线以来，至2020年底，平台入驻调解组织3.29万个，调解员16.5万名，调解平台应用率达100%，累计汇聚调解案件1360万件，调解成功率达65%，平均调解时长23天。2018年、2019年、2020年诉前调解成功的民事案件数量分别为56.8万件、145.5万件、424万件，三年增长了近6.5倍；在线音视频调解数量分别为2917件、16649件、1011181件，三年增长了约345.6倍。特别是2020年，人民法院调解平台全面得到应用，工作日平均每分钟就有66件矛盾纠纷在平台上进行调解，每天有近1.7万件，也就是不到2秒钟就有一件案件成功调解在诉前。在新冠肺炎疫情防控期间，各级人民法院通过调解平台为当事人提供不见面、一站式的全时空、跨地域、全流程"云"上解纷服务，2020年2月至4月新增的音视频调解量是2019年全年的3.5倍，实现了纠纷化解不停摆、公平正义不止步。线下，在人民法院诉讼服务中心大力推进繁简分流，2016年9月，出台《最高人民法院关于进一步推进案件繁简分流优化司法资源配置的若干意见》，2017年5月，印发《最高人民法院关于民商事案件繁简分流和调解速裁操作规程（试行）》，推进"分流+调解+速裁+快审"机制改革，2019年起草《最高人民法院关于人民法院深化"分调裁审"机制改革的意见》，指导全国法院深入开展分调裁审机制改革，设立程序分流员，开辟专门调解场地，建设开放式速裁法庭，优化诉调对接机制，配足分流调解速裁快审人员力量，运行分调裁审信息系统，形成基层法院多数案件在诉讼服务中心通过调解、速裁、快审一站式解决，将诉讼服务中心打造成快速解纷"门诊部"，促进一大批案件在诉讼服务中心及时就地解决。江苏法院打造速裁快审"无卷宗+无书记员"、类案要素式集中审理、表格式分离式判决办案新模式；江西法院建立覆盖全类型、全审级、全流程的分调裁审机制；陕西法院因地制宜推出"苹果法庭""旅游法庭""能源法庭"等线下诉调对接机制。2020年，全国法院多元解纷区、在线调解室、自动繁简分流实现100%全覆盖。通过速裁、快审方式审理案件693.27万件，一审服判息诉率达95.5%，平均审理周期36天，不足一审民商事案件平均审理周期的一半。诉讼服务中心实质性化解纠纷，达一审民商事案件的85%。线上线下相结合的中国特色一站式多元解纷格局基本形成，其有利于在法治轨道上更加及时有效保障权益、维护正义。

四是强化在线管理，打造诉前调解智能监管"枢纽站"。针对解纷入口分散、数据共享不畅、业务协同不足、用户体验感不好、多元解纷效能不强等问题，与中国侨联、国家发展改革委等部门组成联合调研组，多次开展实地调研，听取调解员、当事人等的意见建议，不断创新对接模式，优化平台功能，增加调解协议自动生成、语音识别、类案推送等智能辅助工具。加快与中国移动微法院、人民法院律师服务平台、审判流程管理系统、"道交一体化"平台、国际商事法庭一站式纠纷解决平台等系统对接，打通各平台之间信息壁垒，实现一个入口服务当事人和调解员，方便全流程、全时空、一站式在线开展咨询评估、音视频调解、司法确认、网上立案、一键归档等事务，让调解"掌上办""指尖办"。为了实现调解案件全程留痕、可视监管，下发诉前调解案件编号通知，要求各级人民法院对导入平台的全部诉前调解案件实现编号管理，并明确30日调解时限。规定时限内调解不成，且当事人不同意继续的，直接转入立案系统，坚决防止"伪造调解""久调不立"等问题。提供全程录音录像留痕功能，确保在线调解工作可查询、可追溯、可监管。将诉前调解成功率、诉前调解自动履行、调解员活跃度等反映调解效果的指标纳入四级法院诉讼服务质效评估体系，促进全国法院在线多元调解质效全面提升。

三、全面建设"智慧诉讼服务"，打造诉讼服务新模式

全国法院积极顺应时代发展潮流，以智慧法院建设为支撑，聚焦群众诉讼不便等突出问题，按照"服务群众、服务法官、服务审判"工作思路，全面促进诉讼服务工作与现代科技深度融合，将审判辅助性、事务性、服务性工作进行线上系统集成、线下人员集约，以互联网思维、信息化手段、大数据技术推动智慧诉讼服务建设，实现功能更加集聚、

资源更加集中、方式更加集成、效能更加集约，全国法院诉讼服务水平不断实现新提升。

一是在线诉讼更加便利。随着大数据、人工智能等科技创新成果同诉讼服务工作的深度融合，诉讼服务工作进入更加便捷、透明、高效的"智慧时代"，努力让人民群众全时空、全流程"一网通办"各项诉讼事务。全国 3500 多家法院全部上线中国移动微法院小程序，并与人民法院调解平台、保全平台、委托鉴定平台以及各地法院审判流程、诉费交纳等系统互联互通，通过一个公共服务入口，为当事人提供立案、查询、交费、调解、庭审、保全、委托鉴定等 29 项在线诉讼服务。其中，立案、联系法官、证据交换、事项申请、多方视频、调解、庭审、保全申请、委托鉴定、智能问答等核心功能做到四级法院 100% 全流程在线。2020 年，全国法院接收网上立案 1080 万件，占一审立案数量的 54%。当事人在 8 小时之外的非工作时段提交的网上立案申请数量，占全部网上立案申请数量的 23.6%；非工作日的立案申请数量，占网上立案申请数量的 10% 左右，实现立案服务"零距离""不打烊""指尖办"。为了解决长期困扰当事人和法院的"送达难"问题，让群众更及时参与诉讼，更便利接收诉讼文书，四级法院全面应用人民法院送达平台，并与工信部三大运营商、公安专网等进行数据对接，及时告知当事人涉诉信息，与中国邮政集约送达服务平台"总对总"对接，在 286 个地市建立 288 个邮政集约送达服务中心，对异地送达实现全域集中打印，直接送达、电子送达、邮寄送达、公告送达等实现网上流转。2020 年以来，平台电子送达 617.7 万次，目的地集中打印邮寄送达 95.3 万次，大大提升了送达质效。使用诉讼活动通知查询后有四成以上案件实现成功送达，以"看得见"的高效破解"送不到"的难题。为推动保全、鉴定工作更加公开透明、便捷高效、可监督，让当事人尽快实现胜诉权益，建立人民法院保全系统，提供在线保全服务；建立人民法院委托鉴定系统，对接全国鉴定机构鉴定人员数据库，做到申请鉴定、受理审查、风险告知、选定机构、办理委托、移转材料、沟通协调、流程管理、催办督办、质效评价一条龙服务。保全系统自2020年1月在广西试点、11月实现全国法院全覆盖，到2020年底，网上保全案件9.3万件，占保全案件总量的64%，总标的额突破820亿元。委托鉴定系统自2020年5月在山东试点、9月实现全国法院全面推广，到2020年底，12585家专业机构入驻，累计在线委托鉴定98124件，覆盖454个案由和29项鉴定类别，鉴定后采信率达99.87%，平均周期比线下鉴定缩短45.96%。各地的特色经验更令诉讼服务工作"捷报频传"。杭州、北京、广州互联网法院推进诉讼服务全流程网上办理；甘肃法院研发直接送达一体机，将区块链技术运用到集约送达中；天津法院率先运用在线保全中心，实现一网申请、集约办理；江苏全省118家法院将财产保全职能、121家法院将委托评估鉴定职能整合到诉讼服务中心。智慧诉服已经成为人民法院诉讼服务的主要方式，让群众更加充分享受信息化带来的"数字红利"。

二是便民服务更加精准。为解决群众异地诉讼不便问题，人民法院在全面实现网上立案的同时，经过一年半的持续努力，实现跨域立案服务四级法院全覆盖。依托最高人民法院、高级人民法院、中级人民法院、基层人民法院及1万多家人民法庭连接起来的一张"立案协作网"，为群众提供"异地受理、无差别办理"的立案服务。从2019年8月到2020年12月，全国法院提供跨域立案服务82022件，88.77%的案件管辖法院实现30分钟内响应。为了让律师参与诉讼更加高效、便利、受尊重，在诉讼服务大厅提供律师"一码通"服务，并与司法部联合建立人民法院律师服务平台，针对律师执业中的痛点、难点、堵点问题，提供35项在线诉讼服务，做到"一次核验、全网通办、全国通办"。2021年1月14日该平台上线后，截至当年4月底，10万名律师申请注册，在线申请立案43.5万件，在线开展事项申请6.6万件，为律师提供排期避让提醒服务2.1万次，提供扫描二维码快速通过安检通道20万次，律师满意度评价平均为4.6分（满分5分）。为满足跨境诉讼当事人网上立案的迫切需求，依托中国移动微法院开发跨境诉讼网上立案系统，为外国人、港澳台同胞、华人华侨以及在境外登记注册的企业和组织跨境诉讼提供在线身份认证、一审民商事网上立案、委托代理视频见证等服务，并设置英语、简体中文、繁体中文，让便捷高效的诉讼服务惠及各类当事人。该系统上线当日，青岛市中级人民法院受理全国首例跨境网上立案，浙江省丽水市青田县人民法院在 15 分钟内办妥省内首例跨境网上立案和代理见证手续。广东法院开通港澳案件授权见证平台，方便港澳当事人在线授权委托代理诉讼事项。截至 2021 年 5 月，全国法院已提供跨境立案服务 375 件。充分依托 12368 诉讼服务热线被广泛知晓的优势，在原先查询、咨询功能基础上，推动实现"一号通办"服务，赋予热线实质性办事功能。2020 年，全国法院共接听来电 231 万人次，响应时间在 25 秒以内，21 个省（市、区）实现 12368 免区号呼入，及时为当事人答疑解惑，提供办事指引。考虑到我国各地区经济、社会、文化发展不平衡，群众司法需求呈现出多层次、多样化的特点，人民法院在提供网上、热线服务的同时，在乡村、社区等群众需要的地方普遍建立诉讼服务站点，加强巡回服务、送法上门；为老年人等特殊群体设立绿色服务窗口，加强诉讼指引和辅导，通过人性化的诉讼服务，让他们摆脱"数字鸿沟"带来的隔阂。山西法院实行"小前台、大后台"的诉讼服务模式，努力实现"走进一个厅、事务一站清"。河南一半以上基层法院在诉讼服务中心开展"门诊式"审判。青海法院全面推行双语诉讼服务。内蒙古、四川、西藏、宁夏法院发扬新时代"马背法庭"精神，全面推行"车载法庭""移动背包科技法庭"等"流动的人民法庭"。诉讼服务的多样化、便捷化、精准化，更加有效满足了群众多元司法需求，让各类当事人都能亲历司法的过程，感受正义的裁判。

三是制约监督更加到位。为确保一站式诉讼服务各项部署要求原原本本、扎扎实实在四级法院落地见效，最高人民法院将工作目标、建设路线、重点项目和应用成效一一细化，建成以诉讼服务质效评价指标体系为核心，以建机制、定规则、搭平台、推应用为框架，贯通四级法院，联通十大诉讼服务平台，覆盖多元解纷、分调裁审、立案服务、审判辅助、涉诉信访五大业务的诉讼服务指导中心信息平台。在这个"横向到边、纵向到底"的"一网统管"大平台上,四级法院 70 多项诉讼服务数据自动汇聚、智能抓取、每日更新,便于随时随地对全国法院一站式建设情况进行监督指导、视频巡查。充分依托信息化手段,做到四级法院一抓到底不走样、长效推进不放松。对在信息平台上得分落后的地区,及时开展线上线下专项指导帮扶,做到"一个不掉队"。2020 年 11 月,最高人民法院和 7 个地区法院首次以"组团"形式赴西藏法院开展专项援助,一个月的时间,西藏法院一站式建设水平全面提升,形成了踊跃争先、以优带弱的良好氛围。江苏法院建立重点工作月调度制度,对诉前化解、在线调解等情况每月排名通报;安徽法院将在线调解平台建设列入党组重要议事日程,对工作推动不力的法院进行专项督促指导;山东法院建立院庭长实时网上监管机制;北京建立"收、转、办、督"工作办理模式,完善"考、评、汇、报"监督管理机制,实现诉讼服务事务统一管理。当前,与一站式建设工作相适应、上下一心的一网式管理体系基本形成,创造了人民法院全流程在线指导监督新模式。

安徽法院诉源治理工作调查分析报告

安徽省高级人民法院课题组[*]

加强诉源治理是以习近平同志为核心的党中央作出的重大战略部署。2021年2月19日,习近平总书记主持召开中央全面深化改革委员会第十八次会议,会议审议通过的《关于加强诉源治理推动矛盾纠纷源头化解的意见》,就加强诉源治理工作进行顶层设计、作出专题部署,为人民法院做好诉源治理工作指明了方向、明确了任务。为落实中央及最高人民法院、省委部署要求,进一步加强诉源治理工作,从源头上减少诉讼增量,安徽省高级人民法院成立课题组围绕全省法院诉源治理工作调研分析,提出建议。

一、诉源治理的界定及法院的定位

诉源治理是社会治理的重要内容,是实现矛盾纠纷预防调处化解的重要实践,对于建设更高水平平安中国具有重要意义。作为党领导下的国家审判机关,人民法院在诉源治理中肩负重要职责,必须把加强诉源治理工作切实抓紧抓好。

(一)党中央有关要求

党的十八大以来,以习近平同志为核心的党中央就社会治理现代化提出一系列新理念新思路新战略。党的十八大提出"加强和创新社会管

---

[*] 课题主持人:董开军。课题组成员:徐致平、汪晖、李鹏程、徐步明、戴李强。

理"。党的十八届三中全会提出"创新社会治理体制",从社会管理到社会治理,实现了观念上的转变。党的十八届四中全会提出,坚持系统治理、依法治理、综合治理、源头治理,健全社会矛盾纠纷预防化解机制,完善调解、仲裁、行政裁决、行政复议、诉讼等有机衔接、相互协调的多元化纠纷解决机制。党的十九大明确提出,打造共建共治共享的社会治理格局,完善党委领导、政府负责、社会协同、公众参与、法治保障的社会治理体制,提高社会治理社会化、法治化、智能化、专业化水平。党的十九届四中全会强调,坚持和发展新时代"枫桥经验",畅通和规范群众诉求表达、利益协调、权益保障通道,完善信访制度,完善人民调解、行政调解、司法调解联动工作体系,健全社会矛盾纠纷多元预防调处化解综合机制,努力将矛盾化解在基层。党的十九届五中全会提出,健全基本公共服务体系,完善共建共治共享的社会治理制度。2019年1月,在中央政法工作会议上,习近平总书记强调,要坚持把非诉讼纠纷解决机制挺在前面,从源头上减少诉讼增量。2020年11月,在中央全面依法治国工作会议上,习近平总书记强调,法治建设既要抓末端、治已病,更要抓前端、治未病。我国14亿人口的国情决定我们不能成为"诉讼大国",大大小小的事都打官司,必然不堪重负。要推动更多法治力量向引导和疏导端用力,完善预防性法律制度,坚持和发展新时代"枫桥经验",完善社会矛盾纠纷多元预防调处化解综合机制。2021年2月19日,习近平总书记主持召开中央全面深化改革委员会第十八次会议,强调要坚持和发展新时代"枫桥经验",把非诉讼纠纷解决机制挺在前面,推动更多法治力量向引导和疏导端用力,从源头上减少诉讼增量。

为贯彻落实以习近平同志为核心的党中央决策部署,近年来,最高人民法院始终把加强诉源治理工作摆在重要位置。2016年6月,最高人民法院出台《最高人民法院关于人民法院进一步深化多元化纠纷解决机制改革的意见》。2019年1月,全国高级法院院长会作出全面推进一站式多元解纷和诉讼服务体系建设的工作部署。2019年2月,最高人民法院发布"五五改革纲要",要求创新发展新时代"枫桥经验",完善诉源治理机制,坚持把非诉讼纠纷解决机制挺在前面，推动从源头上减少诉讼增量。2019年8月，最高人民法院出台《最高人民法院关于建设一站式多元解纷机制一站式诉讼服务中心的意见》，要求主动融入党委和政府领导的诉源治理机制建设。在近年召开的全国高级法院院长会议、高级法院院长座谈会上，最高人民法院周强院长多次就加强诉源治理工作进行部署强调。

学习领会习近平总书记一系列重要讲话指示精神，学习中央有关部署要求，我们有四点认识。

第一，加强诉源治理是践行"两个维护"的实际行动。习近平总书记重要讲话精神和党中央决策部署为做好诉源治理工作，提供了根本遵循、指明了工作方向。必须提高政治站位，增强政治自觉，坚持和发展新时代"枫桥经验"，把非诉讼纠纷解决机制挺在前面，推动更多法治力量向引导和疏导端用力，从源头上减少诉讼增量，以实际行动和实际成效践行"两个维护"。

第二，加强诉源治理是处理新形势下人民内部矛盾的有效方式。伴随我国经济总量持续增长，人民群众多元司法需求日益增长，诉讼案件数量也相应逐年增长。实践中，许多形成诉讼的案件往往由一些"小"矛盾引起，多是因为得不到及时有效的回应处置，以致对簿公堂，甚至"小事拖大""大事拖炸"。诉讼虽是预防和化解矛盾纠纷终局性的法律保障，但仍具有周期长、程序复杂、成本高、对抗性强等特点。通过加强诉源治理，将大量"家长里短"、简易普通的纠纷通过协商和解、人民调解、行政调解等非诉讼纠纷解决机制快速解决，能够及时修复破损的社会关系、人际关系，有利于增强人民群众获得感、幸福感、安全感。

第三，加强诉源治理是一项全局性、系统性工作。诉源治理涵盖矛盾纠纷预防、调处、化解的全过程，诉讼案件的处理仅是其中一环。加强诉源治理，绝非法院凭一己之力就可以干好。各级党委加强领导是诉源治理工作的重要保障，各级政府及有关职能部门、负责矛盾纠纷多元化解工作的机构、人民法院、人民检察院和有关社会组织都是加强诉源治理的重要力量。

第四,加强诉源治理需重点把握三个环节。平安中国建设协调小组《关于加强诉源治理推动矛盾纠纷源头化解的意见》(平安中国组〔2021〕1号)文件,提出要重点把握"源头预防""前端化解""关口把控"三个环节。其中,"源头预防"强调推动更多法治力量向引导和疏导端用力,完善预防性法律制度,坚持和发展新时代"枫桥经验",最大限度将纠纷遏制在萌芽之中;"前端化解"强调把非诉讼纠纷解决机制挺在前面,充分发挥社会调解等非诉讼解决方式在化解纠纷中的作用,将大量矛盾纠纷化解在前端;"关口把控"强调矛盾纠纷化解中非诉讼与诉讼的衔接,高效化解进入法院的诉讼纠纷。这三个环节构建起分层递进的诉源治理机制。

(二)人民法院在诉源治理工作中的定位

结合党中央部署要求以及人民法院工作实践,课题组认为,"诉源治理"中,"诉"是指法院的诉讼案件,"源"是指纠纷产生的根源、来源。诉源治理是通过多种治理方式,预防潜在纠纷、化解已有矛盾纠纷,减少进入诉讼环节的案件数量;通过分流诉讼中的案件,定分止争,有效防止案结事不了。无讼是诉源治理的最高境界,非诉是诉源治理的最佳方式,诉讼是诉源治理的最后途径。

因此,可将诉源治理从矛盾纠纷源头预防到化解的全过程分为三个阶段:第一阶段是矛盾纠纷萌芽之前,这个阶段主要是源头预防;第二阶段是矛盾纠纷萌芽后直至未形成诉讼案件之前,这个阶段主要是发挥非诉讼纠纷解决机制的作用,将矛盾纠纷化解于前端;第三阶段是前端非诉过滤失效后矛盾纠纷以诉讼的方式进入法院,通过诉前调解或者法院作出裁决从而得以化解。其中,第一、第二阶段是"抓前端、治未病",第三阶段是"抓末端、治已病"。人民法院作为审判机关,处于矛盾纠纷化解的最后一道关口,在矛盾纠纷化解前端和末端上,角色定位应有所不同。

1. 矛盾纠纷化解前端——矛盾纠纷进入法院前,法院是诉源治理的"参与者"

通常认为,司法具有被动性、中立性,这是司法公信力的关键所在。

人民法院作为国家审判机关，其优势在于有国家强制力保障，有掌握系统法律知识、娴熟法律方法、丰富司法实践的专业法官队伍，以及司法大数据资源等。在矛盾纠纷未以诉讼案件的方式进入法院之前，人民法院应在党委的统一领导下，立足自身职能特点和专业优势，以"参与者"的角色，配合和协助地方各类诉源治理主体共同做好矛盾纠纷的预防和化解工作，重点是大力支持以非诉讼方式解决纠纷。

2. 在矛盾纠纷化解末端——矛盾纠纷进入法院后，法院是诉源治理的"主导者"

进入人民法院的矛盾纠纷已经从社会转移到法院，这些纠纷以诉权的实现为目的，社会上其他单位和机构已经没有主动介入处理的现实冲动和法律依据。按照现行制度规定，对于当事人同意接受诉前调解的，在立案前可以委派调解方式派给法院以外的社会调解组织或常驻法院内的调解组织及人员进行调解；调解不成的依法立案。在通过诉前委派调解、委托调解以及依法裁判化解纠纷上，人民法院责无旁贷，理应发挥主导作用。

诉前调解工作流程见图1。

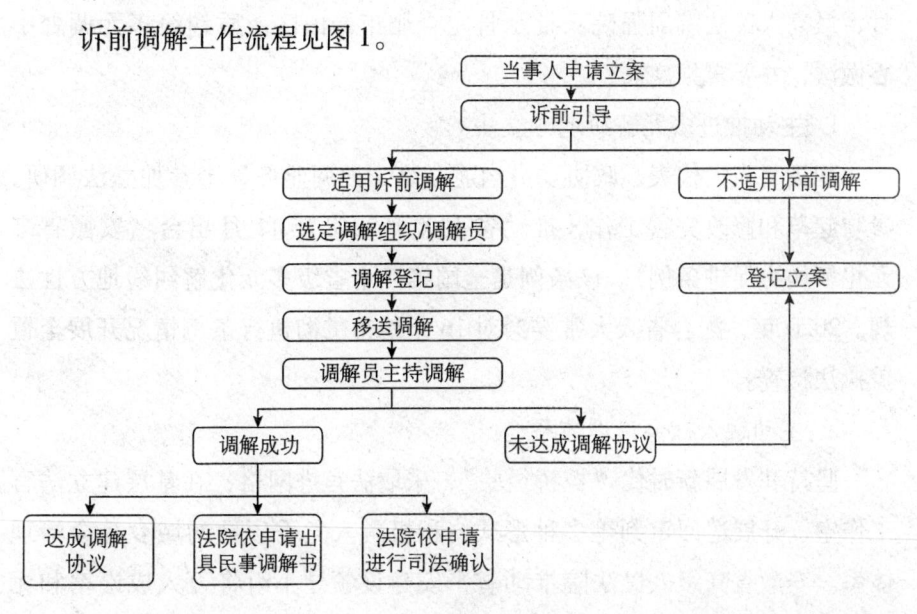

图1 诉前调解工作流程

二、安徽法院诉源治理工作现状

（一）工作成效

近年来，安徽法院坚持以习近平新时代中国特色社会主义思想为指导，认真学习贯彻习近平法治思想，深入贯彻《最高人民法院关于人民法院进一步深化多元化纠纷解决机制改革的意见》，全面开展一站式多元解纷和诉讼服务体系建设，持续加大多元化解纠纷工作力度，全省法院工作取得新进展。全省法院审判执行质效连续三年位居全国法院前列，2020年全省法院审判执行案件结案率、省高级人民法院结案率、全省法院执结率、全省法院诉讼服务质效评估得分均居全国法院第二位；一站式建设、人民法庭建设等12项工作被中央政法委、最高人民法院推介；多项工作写入《最高人民法院工作报告》。2020年，全省法院诉前调解案件331942件，占一审民商事案件的54.9%，全省民商事案件万人成诉率同比下降4.9个百分点，全省45家法院新收案件同比下降。2021年5月，最高人民法院周强院长批示肯定合肥市蜀山区矛盾纠纷多元调处中心做法，并要求推广。

1. 主动推进多元解纷地方立法

积极与人大代表、政协委员沟通联络，抽调业务骨干参加立法调研，参与起草和修改完善工作，推动省人大于2018年11月出台《安徽省多元化解纠纷促进条例》。该条例是全国第四个省级多元化解纠纷地方性法规。2020年，配合省人大常委会对16个地市贯彻执行条例情况开展全覆盖执法检查。

2. 主动融入社会治理体系

坚持和发展新时代"枫桥经验"，采取法官进网格、在基层建立法官工作室、开展巡回审判等多种形式，积极融入党委领导的城乡社会治理体系。安徽省高级人民法院推动省平安建设领导小组将万人成诉率和无讼村（社区）创建纳入全省平安建设考评指标，运用司法大数据对全省

16个地市万人成讼率和无讼村（社区）创建情况进行考核。芜湖法院针对金融监管、招投标、市场监管等领域社会治理存在的短板问题发出司法建议。黄山法院专门出台规范司法建议工作办法，运用"一案一建议一治理"制度，引导社区基层组织发挥好预防矛盾纠纷的第一道防线作用。

3. 主动强化诉调对接机制建设

安徽省高级人民法院先后与省工商联、侨联、银保监局、消保委、旅游局、证监局、妇联、司法厅、知识产权局、企业联合会等16个省直单位、55家综治成员单位联合出台诉调对接工作意见，实现省级层面诉调对接全覆盖（见图2）。广泛引入人民调解、行业调解、商事调解、律师调解等社会调解组织入驻诉讼服务中心参与调解，截至2021年4月30日，全省法院建有126个诉调对接中心，入驻特邀组织1292个、特邀调解员2813名。各中级人民法院同步推进与市直有关单位和行业组织建立诉调对接工作机制。滁州法院联合工商联、仲裁委、消协等多个单位，搭建9个诉调中心、81个诉调对接平台、10余个纠纷专业调处平台。亳州法院依托"片、组、邻"三长制度，及时对物业纠纷进行协调处理，将调解成效纳入社会治安综合治理工作考评。

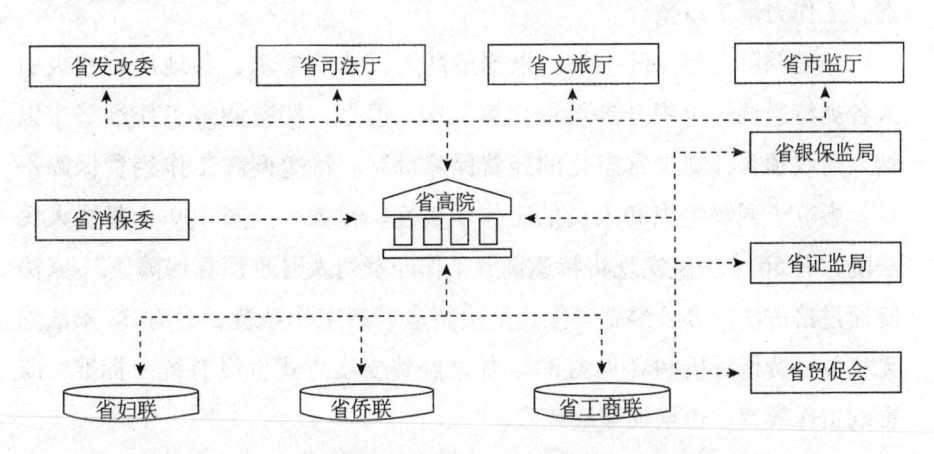

图2 安徽省高级人民法院与部分省直单位诉调对接情况

4. 主动发挥在线多元解纷优势

作为全国在线调解试点六个省份之一，安徽法院自 2020 年初全面应用人民法院调解平台，汇聚线上特邀调解组织、调解员，为当事人提供全时空、跨地域、全流程的网上解纷服务。特别是在 2020 年新冠肺炎疫情期间，人民法院调解平台为群众提供不见面、全天候的纠纷调解服务，为维护疫情防控秩序、维护社会大局稳定、服务"六稳""六保"作出积极贡献。2021 年以来，平台新增在线调解 138094 件，结案 125904 件，调解成功 73921 件，调解成功率为 58.71%；在线音视频调解 32776 件，占在线调解总数的 23.73%；在线申请司法确认 11643 件。

（二）困难和问题

当前，诉源治理工作仍存在一些困难和问题。

1. 从法院外部来看

一是工作合力凝聚不够。目前，人民调解、行政调解、行业调解、行政裁决、行政复议、仲裁、公证等非诉解纷力量分散于司法行政部门、其他政府职能部门以及社会自治组织，一些地方党委和政府重视不够，缺少统一领导和有效管理，各类调解组织处于各自分散和各自为战的状态，工作力量难以整合。

二是调解经费保障不够。根据最高人民法院要求，各地法院积极引入各类特邀调解组织开展诉前化解工作。但是，特邀调解工作经费难以纳入财政预算，缺少常态化的经费保障机制。特邀调解工作经费保障不足，影响了调解组织和人员的工作积极性。目前，全省 109 个基层人民法院只有 56 个法院实现将特邀调解工作经费列入财政预算保障，21 家法院通过挤占法院办公经费等渠道解决特邀调解工作经费，另有 32 家法院无相关经费保障机制（见图 3）。加之经费支出方式也没有统一标准，既影响工作效率，也增加廉政风险。

三是矛调中心建设融合不够。全省 109 个县区（市）已建有 72 个社会矛盾纠纷调处中心（以下简称矛调中心），但大多采取的是在综治中心

无相关经费保障机制，29%

列入财政预算保障，52%

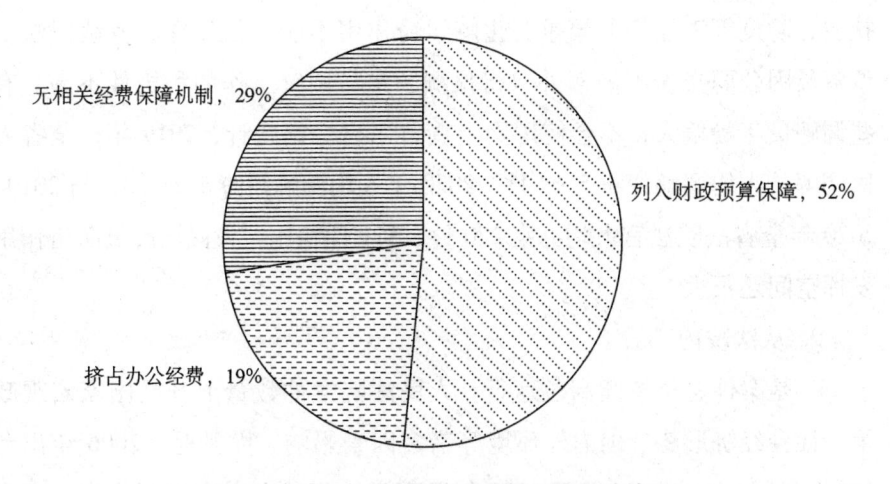

挤占办公经费，19%

图3　全省109个基层法院调解经费保障情况

或信访接待中心加挂牌匾，实行"一套人马两块牌子"的办公模式，对辖区内各种纠纷化解力量缺少科学统筹整合，距离县域社会治理的要求尚有差距。在72个矛调中心中，诉调对接中心入驻矛调中心11个，矛调中心入驻诉调对接中心2个，入驻比例仅为18%，实际融合程度和水平较低，联动化解矛盾纠纷的作用难以发挥（见图4）。

全省109个县区（市）已建有72个矛调中心 → 诉调对接中心入驻矛调中心／矛调中心入驻诉调对接中心　共13个 → 入驻比例仅为18%

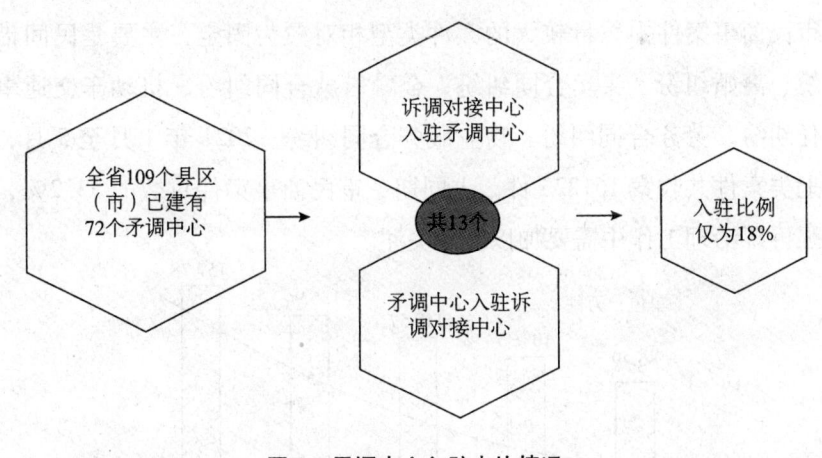

图4　矛调中心入驻占比情况

四是人民调解作用发挥不够。一些乡村人民调解员多由村干部兼任，

- 275 -

扶贫、防疫等工作任务繁重，化解纠纷作用不能有效发挥。乡镇司法所调解员因公职身份不能额外取得报酬，参与调解工作的积极性不高。有些调解员年龄偏大，不会使用网上调解平台。据统计，2019年，全省人民调解员人均调解纠纷5.64件，2020年人均调解纠纷5.26件，与2019、2020年全省法院法官人均办案270件、311件相比，人民调解员队伍作用发挥空间还很大。

2. 从法院内部看

一是案件总量持续高位运行。人民法院案件数量上升受国家宏观政策、社会经济形势、国内外环境等诸多因素影响。尤其是，2006年出台《诉讼费用交纳办法》以及2015年民事诉讼领域立案审查制改为立案登记制后，普通民事纠纷当事人进入诉讼程序的成本大大降低，大量案件涌入人民法院（见图5）。2020年，全省法院共受理各类案件约157.78万件（含诉前调解案件331942件、涉诉信访案件18841件），同比上升15.2%；截至2021年5月15日，全省法院新收各类案件620377件，比2019年同期增长25.3%（因2020年受新冠肺炎疫情影响，案件数据不具可比性，故以2019年数据为基准进行比较），总体增幅较大。与此同时，一审民商事案件中数量较大的案件类型相对较为固定，主要是民间借贷纠纷、离婚纠纷、买卖合同纠纷、金融借款合同纠纷、机动车交通事故责任纠纷、劳务合同纠纷、物业服务合同纠纷。2021年1月至5月，前述七类案件共收案161223件，占同期一审民商事案件总数的53.2%，在加强诉源治理工作中需要加以重点关注。

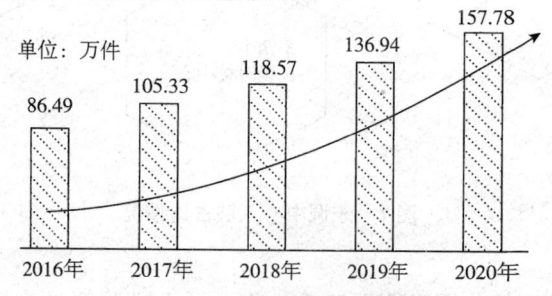

图5 2016年至2020年全省法院受理案件数量走势

年份	案件数量（万件）
2016年	86.49
2017年	105.33
2018年	118.57
2019年	136.94
2020年	157.78

二是一次性化解矛盾纠纷难度大。其一，当前，新类型案件不断涌现，2020年全省法院审结涉网络购物、在线教育、直播带货、网络游戏著作权等案件43090件，占民商事案件总数的6.23%，这些案件在证据采信、事实认定和法律适用上面临新的难题，延长了审理周期，加大了裁判难度。其二，人民群众利益诉求更加多元，通过诉讼手段、司法程序尽可能实现诉求的意识日益强烈，上诉、申诉案件仍有不少（见图6）。其三，上下级法院审判职责出现倒置，也在一定程度上影响案件的有效化解。以安徽省高级人民法院为例，2020年安徽省高级人民法院受理民事再审审查案件5303件，占受理案件总数的40.3%，这些案件大多为裁定驳回申请的简单案件，耗费高级人民法院大量精力，弱化了上级法院对重大疑难复杂案件的直接实体审理、对下级法院的监督示范作用；受一审民商事案件管辖标准多次调整影响，中基层人民法院审理越来越多的重大疑难复杂案件，能力、精力上难以适应，影响了化解纠纷的实际效果。

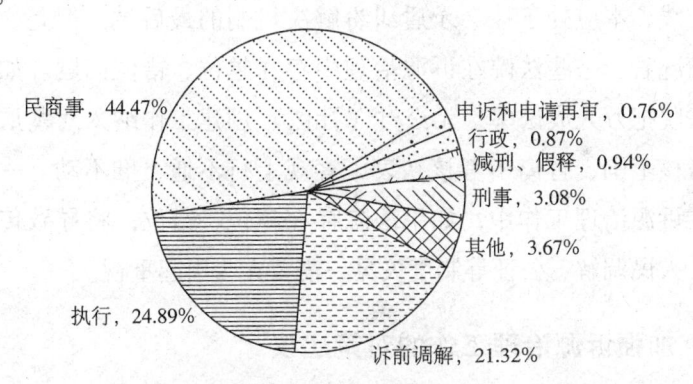

民商事，44.47%
申诉和申请再审，0.76%
行政，0.87%
减刑、假释，0.94%
刑事，3.08%
其他，3.67%
执行，24.89%
诉前调解，21.32%

图6　2020年全省各类案件占案件总数比例情况

三是诉前调解作用发挥不充分。一些法院对诉前调解宣传力度不够，人民群众对非诉讼纠纷解决机制比较陌生、信任度不高，选择诉前调解的意愿不强；一些法院只是向当事人出具诉前调解征询意见书，让当事人签署意见是否接受诉前调解，缺少有效诉前引导；少数律师出于经济利益考虑，不愿协助法院做诉前调解工作。诉前调解案件数占一审民商事案件数的比例仍需提升（见图7）。

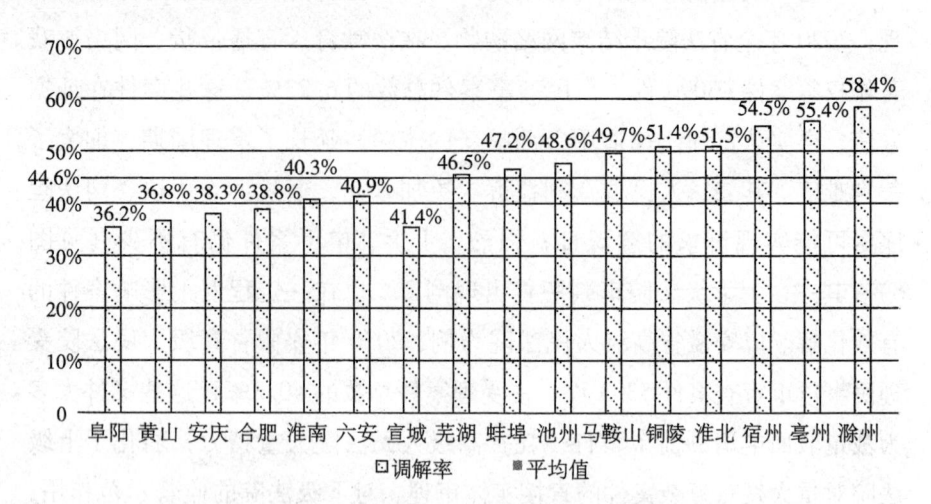

图7 2020年全省16个地市法院调解率分布情况

四是少数法院定位不准。法院作为审判机关，是社会公平正义的最后一道防线，本应处于社会矛盾纠纷解决机制的最末端。但是，从调研了解的情况看，一些法院在诉源治理中存在越位、错位问题。如有的中级人民法院把万人成讼率、无讼村（社区）创建工作纳入对基层人民法院目标考核范围，背离了考核初衷，客观上行不通、推不动。一些调研反映，在诉源治理工作中，如果法院存在越位、错位，将导致传统的行政调解、人民调解、公证等制度失灵，需要尤为引起重视。

三、加强诉源治理工作的对策建议

坚持以习近平新时代中国特色社会主义思想为指导，深入贯彻习近平法治思想，认真落实《关于加强诉源治理推动矛盾纠纷源头化解的意见》（平安中国组〔2021〕1号），切实发挥人民法院在诉源治理中的参与、推动、规范和保障作用，努力实现案件增幅减缓、总量减少目标。

（一）在压实责任上下功夫，进一步加强对诉源治理工作的领导

各级党委、政法委要高度重视诉源治理工作，把诉源治理工作纳入基层社会治理、平安建设大格局中部署推进，协调解决场地建设、部门入驻、人员整合、经费保障等事项，推动完善诉源治理工作机制。各级政府要加强纠纷预防和化解能力建设，促进各类纠纷化解组织发展，督促各行政部门落实纠纷化解职责，整合乡镇（街道）、村（社区）各类基层力量，促进纠纷就地受理、就地化解。各级法院党组要把加强诉源治理工作作为一把手工程，经常性听取诉源治理进展情况汇报，研究解决加强诉源治理工作中出现的新情况新问题。

（二）在对接协调上下功夫，积极搭建多元解纷平台

大力推动一站式矛调中心建设，推进综治中心、信访接待中心、公共法律服务中心、行政争议调解中心、诉讼服务中心、检察服务中心等整合，探索实现诉讼服务团队入驻矛调中心，实现场所的一站式。积极吸收行业性专业性调委会、法律咨询、心理服务、社会帮扶、仲裁、鉴定、公证、评估、保险、公益服务等社会力量，完善诉调、警调、检调、仲调、专调、访调等联动体系，实现功能的一站式。充分运用大数据、人工智能、区块链等信息化手段，加强在线矛盾纠纷多元化解平台建设，全面推动人民法院调解平台进乡村、进社区、进网格，实现矛盾纠纷在线咨询、在线评估、在线分流、在线调解、在线确认，实现线上的一站式。

（三）在立足职能上下功夫，把加强诉源治理作为人民法院参与社会治理的主要任务

始终把加强诉源治理作为人民法院参与社会治理的重要载体，坚持有所为、有所不为，确保不越位、不错位。聚焦"源头预防"，建立民

事、行政案件万人成讼率通报机制，每季度发布全省民事、行政案件万人成讼率情况，推进无讼村（社区）创建；充分运用司法大数据技术，对纠纷易发多发领域等进行分析研判，为党委政府决策提供参考；健全司法建议提出机制，围绕民间借贷纠纷、离婚纠纷、买卖合同纠纷、金融借款合同纠纷、机动车交通事故责任纠纷等易发多发纠纷，就办案中发现的管理漏洞等有针对性地提出司法建议，促进堵塞漏洞、改进工作。聚焦"前端化解"，通过在人民法庭建立诉讼服务站、在乡镇（街道）建立诉讼服务点，常态化开展调解指导、纠纷分流、联合化解、巡回审判、便民诉讼等工作；建立典型案例发布机制，定期向社会发布典型案例，明确类型化纠纷裁判标准，提高人民群众对纠纷化解及裁判结果的预判能力；进一步优化司法确认程序，推进在线调解与在线司法确认顺畅衔接，依法支持和保护非诉调解成果。聚焦"关口把控"，进一步完善立案登记制，既保障当事人诉权，又严格把关，对不符合法律规定的起诉、自诉和申请，依法及时作出不予受理或者不予立案的裁决；推广智能化诉讼风险评估自助终端，对婚姻家庭纠纷、抚养继承纠纷、劳动争议纠纷、民间借贷纠纷等纠纷实行智能评估，生成风险评估报告及法律意见书，引导当事人选择非诉讼渠道解决纠纷；探索调解前置程序，对民间借贷纠纷、离婚纠纷、买卖合同纠纷、金融借款合同纠纷、机动车交通事故责任纠纷、劳务合同纠纷、物业服务合同纠纷等纠纷，在征求当事人意愿的基础上实现调解前置，推动诉前调解数占一审民商事收案数比例不断提升。用足用好最高人民法院"总对总"在线诉调对接调解资源库，积极引导调解组织和调解员开展在线调解工作。

（四）在借鉴推广上下功夫，健全完善诉源治理工作机制

积极借鉴浙江经验，突出"信访打头、调解为主、诉讼断后"，构建分层递进多元化解纠纷工作体系；按照经济总量、外来人口数、纠纷数等因素将全省划分为不同地区，确定诉讼服务中心入驻矛调中心模式，原则上采取整体入驻模式，不满足整体入驻条件的，采用团队入驻模式。

推广应用蜀山矛调中心经验，采用"中心+"的思维，通过"引进来""走出去""强对接"增强中心解纷功能；注重党建引领，选派党员法官（法官助理）入驻矛调中心，加强与街道、律师事务所等基层党支部的结对共建，打造特邀党员律师调解室，充分发扬党员在多元解纷工作中的先锋模范作用；注重科技助力，广泛应用"道交一体化"平台等信息技术平台，创新采取线上方式开展无讼村（社区）创建及法官进网格，打通服务群众的"最后一公里"。借鉴中立评估的思路，探索在医疗卫生、不动产、建筑工程、知识产权、环境保护等领域建立中立评估机制，聘请相关领域专家担任中立评估员，引导当事人自行和解或进行调解。强化自动履行正向激励，对自动履行诉前调解协议的当事人，依法给予诉讼费减免、优先办理诉讼事务、降低担保成本等正向激励，促进纠纷一次性化解。

江苏省沭阳县人民法院开展诉前鉴定的调研报告

江苏省沭阳县人民法院

为深化一站式多元解纷建设,方便当事人纠纷化解,提升矛盾纠纷诉前调解成功率和合格率,促进繁简分流、简案快审,提高审判质效,自2020年3月起,江苏省沭阳县人民法院(以下简称沭阳法院)探索将司法鉴定工作前移至诉前调解程序中开展。经过一年多的实践,该项工作已经步入正轨,得到了当事人的认同和上级法院的肯定,被江苏省高级人民法院确定为试点法院,取得了初步的经验。

一、开展诉前鉴定工作的有利条件

(一)诉前鉴定已有一定实践经验积累

2011年,在人民法院全面强化调解工作,中央综治委、最高人民法院等16部门联合印发《关于深入推进矛盾纠纷大调解工作的指导意见》的背景下,以及在"人案矛盾"、审判质效考核的双重压力下,诉前鉴定工作在部分法院探索开展。主要是将鉴定工作提前至法院立案前,总体而言是自下而上的"自发探索"模式。实践中,形成法院主导型、法院引导型和法院推动型三种模式,[①] 为诉前鉴定的启动、适用范围、程序、

[①] 参见王继荣、李益松:《诉前鉴定的司法试验及其制度化思考》,载《人民司法》2009年第23期。

鉴定的证据效力认定，以及诉前鉴定工作的推动等进行探索与积累，取得了一定的效果，形成了初步共识。这些先行先试法院的经验得失，为后续工作的开展提供了有益借鉴。

(二) 诉前鉴定司法政策依据逐步明朗

随着诉前鉴定基层实践的逐步推进，最高人民法院、一些省（市、自治区）高级人民法院在一些会议上也鼓励探索开展诉前鉴定。近年来，在分调裁审机制改革、一站式多元解纷和诉讼服务体系建设工作的推动下，① 诉前调解前置改革取得明显成效，诉前鉴定工作有了进一步的发展。2019 年 11 月，《最高人民法院关于深化"分调裁审"机制改革的意见（征求意见稿）》第 14 条规定"鼓励诉前鉴定"，明确交通事故、医疗损害、保险合同、产品质量等纠纷，双方当事人可以在诉前调解期间申请鉴定。2020 年 2 月 2 日印发的正式文件中，第一次明确在诉前调解中开展诉前鉴定工作，② 为诉前鉴定的开展提供了司法政策依据。《最高人民法院关于深化"分调裁审"机制改革的意见》第 11 条规定，当事人申请鉴定评估的，人民法院按诉前调解编立的案号出具相关手续。也就是说，在诉前调解阶段，双方当事人均可以申请鉴定，如果启动鉴定程序，则由人民法院对外委托鉴定机构，使用的编号为"诉前调"案号，对外委托的主体是人民法院，而不是人民调解组织。在具体的操作层面，则未作规定，留给基层在实践中去探索和完善。

(三) 诉前鉴定的前提即诉前调解常态化

诉前调解是开展诉前鉴定的前提条件，没有诉前调解就没有诉前鉴

---

① 2019 年 7 月 31 日，最高人民法院发布《最高人民法院关于建设一站式多元解纷机制一站式诉讼服务中心的意见》（法发〔2019〕19 号）。

② 《最高人民法院关于深化"分调裁审"机制改革的意见》（法发〔2020〕8 号）第 11 条规定："……在人民法院调解平台上开展诉前调解的民事、行政、执行、刑事自诉案件，以'收案年度+法院代字+案件类型+诉前调+案件编号'编立案号，当事人申请鉴定评估的，人民法院以上述案号出具相关手续……"

定。2019年以来，江苏省宿迁市两级法院将一站式建设作为一把手工程，形成了多元解纷机制改革的"宿迁样本"。① 沭阳是全国百强县，苏北第一大县，常住人口193万余人，沭阳法院每年新收民事案件2万件左右，案件量居全省前列，是"宿迁样本"的重要组成部分，诉前调解的制度机制、调解员队伍建设、诉前调解案件总量都取得了长足进步。② 目前，沭阳法院共有常驻法院调解员19人，与9家单位协作设立9个专门调解工作室选任非常驻调解员30人，还有乡贤调解员80人，律师调解团队15个。2020年诉前调解13930件，调解成功4560件，成功率为32.7%；2021年上半年诉前调解8847件，调解成功3360件，成功率为37.8%。诉前调解的系统化、常态化、规范化、规模化运行，为诉前鉴定的开展提供了坚实基础。

二、诉前鉴定的主要做法

2020年3月，沭阳法院在充分调研的基础上，决定在诉前调解程序中开展诉前鉴定工作，出台《关于在诉前调解程序中开展司法鉴定的实施办法（试行）》，先行在鉴定数量较多的道路交通事故等损害赔偿类案件进行试点，强化对当事人的引导、宣传，在实施中逐步完善制度，推广到全部案件，修订出台较为成熟的《关于在诉前调解程序中开展司法鉴定的实施办法》。

（一）明确诉前鉴定的适用范围

通过对以往司法鉴定案件进行类型化分析，对诉前鉴定适用的范围进行规定，主要分为两类：一是必须通过鉴定才能明确诉讼请求的案件。对于道路交通事故、医疗损害、人身损害等常见多发的案件，往往需要对当事人的伤残等级、因果关系、"三期"等事项进行鉴定后，才能得出

---

① 参见蒋安杰、丁国锋：《多元解纷机制改革"宿迁样本"的多元视角》，载《法治日报》2021年4月14日。

② 崔永峰：《"四强化"促进一站式多元解纷》，载《人民法院报》2021年5月20日。

诉讼请求的具体标的额。该类案件的鉴定事项，属于诉讼的先决条件，当然应纳入诉前鉴定的范围。调解员要主动先行审查是否需要鉴定，积极引导当事人开展诉前鉴定。二是需要通过鉴定解决争议事项的案件。主要涉及民间借贷、建设工程、产品质量等案件，在诉前调解过程中，有的当事人会对文书真伪、工程质量、工程造价等问题提出异议，导致诉前化解受阻。此时需要在对相关事项进行鉴定后，再引导当事人进一步化解纠纷，故也应纳入诉前鉴定的范围。要求立案人员、调解员尽量对涉及鉴定事项的案件进行识别，引导当事人在诉前启动鉴定。

（二）设立两个专门调解工作室

司法鉴定事项的确定、组织对鉴定材料质证的听证等工作具有很强的专业性。为弥补调解员业务能力不足，保障诉前鉴定的质量和效率，沭阳法院设立两个专门调解工作室，选任退休法官为调解员，选聘相关行业专业人员为特邀调解员，作为两个专门调解工作室的调解员，专门负责审查诉前鉴定事项及相关工作，确保准确性、专业性和及时性。一是设立道路交通事故纠纷调解工作室。选任两名退休法官作为驻院调解员，专门负责道路交通事故纠纷以及相类似的身体权纠纷、财产保险合同纠纷等的诉前调解和诉前鉴定审查工作。二是设立建设工程纠纷调解工作室。建设工程类纠纷专业性强，鉴定的事项复杂、适用比例高、周期长，有一定的难度。因此设立专门调解工作室，选任一名退休法官为驻院调解员，从住建局选任两名建设工程专业人员为特邀调解员，还从全县律师事务所中选出五名律师调解员，专门负责建设工程类纠纷的诉前调解工作和诉前司法鉴定审查工作。三是其他调解员鉴定案件的扎口移送。两个专门工作室之外的其他调解员，如其发现案件需要鉴定，则将案件流转至两个专门工作室，由专门工作室扎口审查办理，确保专业性。

（三）建立法官同步指导制度

为了进一步保障诉前鉴定工作的质量和效率，必须要强化法官的责任与担当，确立法官对诉前鉴定的同步指导制度。为了方便法官同步指导制度的实施及诉调对接，特别是与两个专门调解工作室的对接，方便对诉前调解、诉前鉴定的指导，还需要建立细化、配套措施：一是确立道路交通事故纠纷案件由速裁庭集中审理、建设工程纠纷案件主要由民一庭审理。主要解决参与指导、对接的部门和人员过多、分散，不利于管理及效率低下等问题，而且，集中在一个部门办理可以统一指导尺度，减少不必要的内耗。二是在诉前调解立案时，对道路交通事故纠纷、建设工程纠纷实行"一案两分"。即在确定调解员的同时，同步确定案件的指导法官，由其负责指导诉前调解和诉前鉴定工作。三是要求指导法官在调解员邀请其参与听证时，要全程参加调解员组织的鉴定听证工作，强化对鉴定的必要性、鉴定事项、鉴定材料质证的审查指导。四是确立如案件最终调解不成进入诉讼程序，该案直接由指导法官承办制度，以此倒逼指导法官认真履行指导职责。

（四）严格诉前鉴定的办理程序

按照鉴定流程，明确关键节点的办理要求与标准，严格落实，确保权利保障、程序规范、衔接高效、责任清晰。一是强化调解员主动释明。专门工作室接收案件后，对案件主动审查，如发现当事人的诉请与抗辩涉及鉴定事项的，则主动与当事人联系，释明可以申请诉前司法鉴定，做好提交材料的引导工作。二是规范权利义务告知。专门工作室收到诉前鉴定申请书和有关材料后，要向当事人送达诉前鉴定通知书、权利义务告知书等文书，明确告知当事人不按时参与谈话又不提出书面意见的，不影响启动诉前鉴定。三是组织听证、质证。听证程序由调解员主持，可以邀请指导法官全程参与指导，听证过程全程录音录像。通过听证方式对当事人提交的鉴定材料进行核实，明确鉴定事项。对方当事人对鉴定材料没有异议的，或虽有异议但异议不成立的，诉前鉴定程序继续进行，如异议成立的，终止诉前鉴定程序。四是规范鉴定机构选取。涉人身损害赔偿、建设工程等案件，当事人可以协商选择鉴定机构；涉车辆损失评估的案件，当事人不可以协商选择评估机构，由鉴定评估中心摇号确定。五是限期移送委托鉴定。专门工作室应当于当事人提出诉前鉴定申请之日起20日内办理完毕诉前鉴定移送工作，将相关材料移送给本院鉴定评估中心。鉴定评估中心负责审查并以"诉前调"字号对外办理委托鉴定事项，并负责跟踪督办，已协商选择鉴定机构的，直接办理对外委托鉴定手续；未协商选择的，摇号确定鉴定机构。六是鉴定意见反馈。鉴定结束后，鉴定评估中心将鉴定意见移交专门工作室，专门工作室负责送达当事人。当事人对鉴定意见或评估报告有异议的，可在指定期间内以书面方式提出。七是诉调程序衔接与期限。诉前鉴定期间不计入诉前调解期限。专门工作室根据鉴定意见或评估报告组织当事人进行诉前调解，也可以邀请相关部门协助调解。调解不成的转为正式立案，并将调解有关信息及时录入诉前调解平台。

（五）强化组织保障和宣传工作

开展诉前鉴定这一新做法，首先要取得法官的认同，需要出台文件、强化工作部署推动，统一法官认识，诉前鉴定等同于诉中鉴定，不能在审判中直接否定诉前鉴定的证据效力。优先选择常见多发的道路交通事故等损害赔偿类案件先行试点，循序渐进地开展；明确立案庭和速裁庭为试点牵头部门，边开展边总结，在实施过程中逐步改进做法，总结得失。经过一段时间积累后，于2021年初修订出台较为成熟的《关于在诉前调解程序中开展司法鉴定的实施办法》，推广到全部案件。在诉前鉴定工作开展过程中，同时强化对当事人、律师、法律工作者的引导、宣传，争取律师和法律工作者的认同与支持，以诉前鉴定的成功先例激励当事人在诉前开展鉴定，逐步扩大诉前鉴定工作的社会知晓度。强化对驻院调解员的培训，使其充分掌握诉前鉴定的司法政策依据、办理程序和常见鉴定事项当事人需提交材料的指引，确保启动诉前鉴定第一关的调解员充分理解、积极正确地开展诉前鉴定工作。同时，为了调动调解员开展诉前鉴定的积极性，在工作量考核上，将完成一件诉前鉴定的工作量等同于调解成功一个案件,绩效考核相同,如鉴定后又调解成功,则再次给予奖励。

三、诉前鉴定的主要成效

(一)大量纠纷在诉前完成鉴定

2020年3月至2021年6月,沭阳法院启动鉴定程序案件共1812件,其中,诉前鉴定1241件,占68.5%,诉中鉴定共571件,占31.5%。鉴定机构完成鉴定事项,已反馈鉴定意见1731件,其中,诉前鉴定1185件,占68.5%,诉中鉴定546件,占31.5%。全面推行诉前鉴定的2021年上半年,沭阳法院共启动鉴定681件,其中,诉前鉴定526件,占77.2%,仅有少量案件进入诉讼程序启动鉴定,诉前鉴定已经成为沭阳法院的主流。从诉前鉴定的类别来看,诉前鉴定主要为法医类(占89.9%)、保险公估(占7%)、工程类(占1.9%)和资产评估(占0.6%)。

(二)诉前鉴定效率相对较高

鉴定从启动到鉴定结果反馈经历两个阶段:一是从当事人申请到完成材料审核移送法院内部鉴定中心;二是鉴定中心对外委托、鉴定机构完成鉴定反馈到法院。从第一阶段的用时来看,法医类鉴定通常10日左右可完成,工程类鉴定耗时较多,一般在20日内能完成,但诉讼中法官的移送平均时间在30日左右。从第二阶段的用时来看,已完成鉴定的1185件诉前鉴定平均用时为45.1天,较2019年诉中鉴定少33.2天,较同期完成的546件诉中鉴定用时少12.4天。两个阶段效率提高的原因,主要是诉前鉴定由专人专门办理,一次性及时收集材料,集中集约化处理,比法官零星办理在程序启动、时限管理上更高效,特别是鉴定机构要求补充材料时,零星办理鉴定会导致沟通效率低。

(三)诉前鉴定事项零差错

自开展诉前鉴定以来,该项工作整体平稳有序,到目前为止,未发生鉴定事项错误，鉴定材料不准确，拖延鉴定，引发重新鉴定等负面情况，已完成诉前鉴定的 1185 件鉴定意见均在诉前调解或诉讼中得到应用。从当事人的反映来看，当事人尚没有信访投诉诉前鉴定工作的，均能积极配合开展工作；从诉讼中法官的反馈来看，诉前鉴定意见与诉中鉴定意见没有差别，没有出现因诉前鉴定问题导致审判难以进行，或因鉴定不全面导致再次鉴定的问题。

（四）促进矛盾纠纷诉前化解

随着诉前鉴定意见的作出，当事人原本不明确不具体的诉讼请求得以明确具体，有争议的相关事项得到鉴定机构的专业意见，让双方当事人对案件事实有了客观的判断，避免因错误认知导致难以和解。当事人双方之间的争议进一步缩小，有利于公正地解决纠纷，[①] 当事人也更容易接受调解，紧张的对峙得到缓和，极大地方便了调解员调解。2020 年 3 月至 2021 年上半年，352 个案件在鉴定意见作出后，在诉前成功调解，占作出鉴定意见案件的 29.7%。

（五）促进繁简分流提升效率

在诉前鉴定后，即使调解不成功，案件的主要事实、争议焦点也基本得到了固定，实现了诉前调解所追求的另一个目标即合格要求。进入诉讼程序后，可以准确地对案件进行繁简分流，实现简案快审、繁案精审。2020 年 3 月至 2021 年上半年，诉前鉴定后，诉前调解不成转入诉讼程序的案件有 833 件，已审结 761 件，平均用时 63.7 天，较 2020 年、2021 年该院民事案件平均审理天数分别少 34.5 天、11.5 天；其中，超 6 个月结案 4 件，超 12 个月结案 0 件，法定审限内结案率达 99.5%。

[①] 有学者也认为诉前鉴定可以促进公正解决纠纷。参见潘溪：《作为纠纷解决机制的诉前鉴定研究》，载《金陵法律评论》2014 年第 1 期。

（六）获得当事人的普遍认同

诉前鉴定的高效、规范、有序开展，赢得了当事人的普遍认同，绝大多数当事人和代理人能积极配合诉前鉴定工作。道路交通事故等常见多发纠纷，当事人和代理人已经形成新的路径依赖，直接申请诉前鉴定。诉前鉴定的引导与实践，让当事人明白有些鉴定是其提出具体诉讼请求的先决条件，其必须等待这一过程，扭转了当事人认为鉴定是法院的事，所耗费的时间是法院在拖延诉讼的错误认识，强化了当事人的自身责任。此外，诉前司法鉴定开展后，解决了当事人单方委托鉴定问题，避免了因单方委托鉴定而导致的重新鉴定、时间延误、鉴定意见冲突等一系列问题，当事人对法院工作的满意度进一步提升。

四、诉前鉴定存在问题和不足

（一）一些当事人或代理人还抱有疑问

随着诉前鉴定的稳定开展，其得到大多数当事人或代理人的普遍认同，但也会有少数当事人或代理人还有疑虑。又因相关法律法规并未对诉前鉴定进行规定，诉前鉴定工作也没有在全国范围内广泛开展，一些当事人或代理人对诉前鉴定存在法院开展诉前鉴定是否合法、鉴定意见是否存在法官不采纳的风险、是不是法院在变相人为控制立案等疑虑，容易出现当事人不配合的情形。

（二）调解员的诉前鉴定专业能力不足

诉前鉴定的相关事项由调解员负责，必须确保其专业性。虽然沭阳法院设立了两个专门工作室、选任退休法官、律师为调解员负责诉前鉴定的审查工作，用退休法官、律师的专业优势弥补调解员开展鉴定工作能力的不足，但这毕竟是特殊情况下的选择。诉前鉴定要成为一项制度性安排，则必须面对调解员的专业性问题，需要对从事诉前鉴定的调解员作出选任的条件要求，并持续地开展专业能力培训，否则必然影响诉前鉴定质效和工作推进。

（三）同步指导法官可能越俎代庖

建立法官同步指导制度，是为了辅助诉前鉴定工作的顺利开展。同步指导法官的职能定位是辅助性的，是通过对调解员的指导来履行职责。但实践中，有些法官会混淆身份，没有准确把握自身角色定位，直接冲在第一线安排工作，主持听证，调解员反而成了摆设。更有甚者，一些法官完全一手操办，取代了调解员的工作，架空了诉前调解制度。这些行为可能导致指导法官与调解员的非良性互动，进而影响当事人对诉前鉴定工作正当性的评判。

（四）对当事人不配合时的处理存在分歧

一方当事人申请诉前鉴定后，另一方当事人收到通知后不来谈话，也不提交书面意见，不参加听证程序，能否直接启动鉴定程序？对此，实践中存在不同观点，有的认为，应视为当事人放弃相关权利，不影响诉前鉴定程序的启动；有的认为，当事人不配合表明其不愿意进行诉前鉴定，应转立案后在诉中开展鉴定。

（五）对当事人不当行为缺乏法律约束

诉前鉴定是在诉前调解程序中开展的，调解员对当事人的行为缺乏程序法上的约束。若当事人在诉前鉴定时实施虚假陈述、毁灭证据、伪造鉴定材料等行为，在诉前调解程序中，无法对其进行有效规制和相应的法律制裁。

五、诉前鉴定工作进一步开展的建议

（一）强化诉前鉴定正向外在效应

当前，诉前鉴定工作在全国范围内逐步开展，但主要还是集中在中基层人民法院，只有湖南等少数高级人民法院发文在全省开展该项工作。①虽然诉前鉴定工作成效得到了实践充分检验，但仍然需要在更大范围内取得共识，打消当事人及其代理人的疑虑，营造更好的适用诉前鉴定的环境。诉前鉴定新制度的确立、运行，对原有诉中鉴定制度构成冲击，虽然二者并行不悖，但毕竟涉及的当事人、法官、鉴定机构也是原有制度运行中的主体，必然要面临摆脱原有的路径依赖，并逐步形成新的路径依赖的问题。改革总是要改变原有的惯性做法，必然会有新旧做法的摩擦，需要统筹推进，循序渐进，逐步完成。在此过程中，要进一步加大对诉前调解、诉前鉴定工作的推广宣传力度，通过内外部的宣传，扩大社会知晓度，形成内外共识，以更好地促进诉前鉴定开展，进一步促进诉前鉴定的制度形成和法定化。

（二）开拓驻院调解员专职发展路径

诉前调解的"宿迁样本"表明，组建一支驻院专职调解员队伍，才能保障诉前调解的常态化、可持续发展。有学者指出，将一些有经验的聘任制书记员转为专职调解员是具有创新性的宿迁范式。②要实现制度化地开展诉前鉴定工作，则必须要保障诉前调解的可持续发展，保障从事诉前鉴定的调解员有必备的鉴定业务专业知识。"正确的政治路线确定之后，干部就是决定的因素。"③法院在开展诉前鉴定时，选择退休法官为调解员，就是为了破解调解员诉前鉴定工作能力不足问题，但这难以制度化。从长远来看，还是要加强经费保障，建立一支年轻化的专职调解员队伍，保障驻院调解的常态化、可持续发展。同时，加强对调解员的鉴定工作专项业务培训，提升其专业知识和工作能力，让调解员能在诉

---

① 参见李果：《湖南法院全面试行诉前委托鉴定制度》，载《人民法院报》2020年7月12日。

② 参见蒋安杰、丁国锋：《多元解纷机制改革"宿迁样本"的多元视角》，载《法治日报》2021年4月14日。

③ 毛泽东：《中国共产党在民族战争中的地位》，载《毛泽东选集》（第二卷），人民出版社1991年版，第526页。

前鉴定工作中挑大梁，逐步减少对指导法官的依赖。

（三）规范法官同步指导制度

在开展诉前鉴定的初始阶段，建立法官同步指导制度，以及"一案两分"的强化指导法官职责的制度，是保障诉前鉴定有效运行不可或缺的手段和制度保障，相当于"扶上马，送一程"。从沭阳法院以及其他基层法院的实践来看，法官同步指导制度有其积极意义和程序价值，实践中还有人提出了由法官助理主导的建议，[①] 但这还缺乏说服力和制度支撑。经过一年多的实践，沭阳法院常见的道路交通损害类诉前鉴定，指导法官介入的工作已经越来越少，但其他类型的鉴定对法官指导的需求比较大。必须要明确的是，诉前鉴定是在诉前调解程序中进行的，调解员是程序的主导者，指导法官是辅助者，指导法官不能越俎代庖。这就要求指导法官摆正位置，正确履责，落实以调解员为主的诉前鉴定工作机制，要"甘当绿叶"，尊重并指导调解员主动履职。

（四）明确诉前鉴定的启动

诉前鉴定虽然是在诉前调解程序中开展，但不可否认的是，根据最高人民法院的司法政策，仍然是依托人民法院对外委托鉴定，由人民法院以诉前调解案件的案号出具手续，法院具有主导性。另外，对当事人而言，在诉前鉴定还是在诉中鉴定并无本质的区别，只是时间、地点不同而已。因此，对必须通过鉴定才能明确具体诉讼请求的案件，法院可以制度化地直接确立为诉前调解案件，进入诉前调解程序，并在该程序中积极引导当事人开展诉前鉴定工作。而对于在诉前鉴定过程中，出现一方当事人不配合鉴定情形的，调解员和指导法官应当向当事人释明，充分告知其权利义务后，引导其配合鉴定工作。如果当事人仍然拒不配合，不提交书面意见，也不出席参加听证程序，则可视为其放弃相关权

---

① 席飞：《论民事诉前鉴定程序及其建议——以诉前鉴定试点情况展开》，载《中国司法鉴定》2021年第1期。

利，直接启动鉴定程序，人民法院不能因一方当事人未配合诉前鉴定而在诉讼中以此为由否定鉴定意见的采纳。对恶意虚假陈述、伪造鉴定材料等妨碍诉前鉴定的行为，在进入诉讼程序后，人民法院要依法予以制裁。只有如此，才能引导当事人配合诉前鉴定，保障诉前鉴定制度的正常运转。

(五) 严格诉前鉴定办理程序

诉中鉴定由法官主导，依然会出现鉴定事项不准确、遗漏鉴定事项、重复鉴定、不及时移送等问题，诉前鉴定由专业知识相对欠缺的调解员主导，难免也会出现类似问题。这就需要严格诉前鉴定办理流程，通过制定可视化的流程指引提示、事项办理工作标准和便捷的流程衔接，进一步规范调解员和同步指导法官诉前鉴定工作的开展。比如，做好当事人提交鉴定材料的指引，针对不同类型的鉴定事项，详细列出所需要提交的材料目录；制定详细的听证流程操作模板，方便调解员驾驭听证程序、突出听证重点、强化质证认证；强化诉讼服务中心对诉前鉴定各个环节的管理，把诉前鉴定工作纳入日常管理，定期通报进展，将其与绩效考核挂钩等。通过为诉前鉴定提供程序性指示服务与流程监管，全面提升诉前鉴定的工作成效。

结 语

纠纷解决机制的多元化、一站式多元解纷，是社会治理体系和治理能力现代化的重要内容之一。在诉前调解程序中开展诉前鉴定有效弥补了鉴定对纠纷解决的供给不足问题，强化了多元机制的有效性。基层人民法院诉前鉴定的实践，为进一步推进制度构建、确立正式制度提供了实证资料，但尚需探索发展。

吉林市中级人民法院诉源治理工作调研报告

姜富权[*]

党的十八大以来，以习近平同志为核心的党中央高度重视社会治理工作，提出了一系列重要论断和思想。党的十八届四中全会提出"健全社会矛盾纠纷化解机制，完善多元化纠纷解决机制"。党的十九届四中全会明确提出推进国家治理体系和治理能力现代化的总体目标。为此，最高人民法院将诉源治理纳入"五五改革纲要"，作为人民法院一项重要改革任务，并作出专门安排部署。吉林市两级法院立足司法实际，从探索诉源治理模式入手，开辟出一条打造新时代"枫桥经验"吉林样板的新路径。

一、吉林市诉源治理工作概况

（一）基本情况

《2019 年人民法院工作要点》第一次在最高人民法院层面明确提出"诉源治理"这一概念，要求在坚持创新发展新时代"枫桥经验"中推进"诉源治理"。2019 年 2 月，《最高人民法院关于深化人民法院司法体制综合配套改革的意见——人民法院第五个五年改革纲要（2019—2023）》进一步要求要完善"诉源治理"机制，坚持把非诉讼纠纷解决机制挺在前面，推动从源头上减少诉讼增量。2019 年 7 月，《最高人民法院

---

[*] 吉林市中级人民法院党组书记、院长。

关于建设一站式多元解纷机制一站式诉讼服务中心的意见》提出要主动融入党委和政府领导的诉源治理机制建设的工作要求。

按照最高人民法院的工作部署，吉林市两级法院坚持以习近平新时代中国特色社会主义思想为指导，认真贯彻习近平总书记有关重要指示批示精神，坚持以人民为中心的发展思想，深刻认识诉源治理的重要意义，根据矛盾纠纷的发展变化规律，在原有多元化纠纷解决机制的基础上，创新打造了以"矛盾尚未发生时，精准普法无诉讼；矛盾发生未成诉，多元化解在萌芽；矛盾成诉先行调，司法确认作保障；矛盾成诉难调和，繁简分流保质效"为核心的诉源治理新模式，持续推动发展新时代"枫桥经验"吉林样板。

（二）初步成效

2019年，全市法院共受理民事、行政一审案件41893件；其中通过多元化纠纷解决机制导出11792件，案件导出率为28.15%，导出案件调解成功5587件，导出调解率为47.37%。

2020年1月至8月，全市法院新收案件42602件（全口径），同比下降15.46%，首次实现了新收案件数负增长，降幅位居全省法院前列；诉前导出案件17346件，诉前调解成功15692件，调解成功率达90.46%，位列全省法院第一；全市法院速裁案件11644件，速裁率为58.28%，简易程序适用率为84.07%，小额诉讼程序适用率为59.22%，行政案件简易程序适用率为65.54%；一审民事案件平均审理天数30.3天，相比去年同期缩短19.8天；息诉服判率达95.75%，同比提升6.46%。

通过深入开展诉源治理工作，减少诉讼增量的阶段性成果初步显现。船营区人民法院被最高人民法院评为全国法院一站式多元解纷和诉讼服务体系建设先进单位。丰满区人民法院在2020年全国高级法院院长座谈会上向最高人民法院院长周强及各与会领导汇报了诉源治理工作经验。吉林市中级人民法院（以下简称市法院）专题向吉林市人大常委会汇报诉源治理工作情况，得到充分肯定和高度评价。实践证明，诉源治理是落实党中央决策部署、提升新时代社会治理水平的有效途径，是构建多元解纷防线体系的现实路径，更是破解法院案多人少瓶颈的必然选择。

二、吉林市诉源治理工作措施

(一) 聚焦长效机制建设，凝聚内外合力，夯实诉源治理长远发展基础

1. 构建外部治理格局

市法院主动争取党委和政府支持，推动建立以"党委领导、政府负责、社会协同、公众参与、法治保障"为特点的工作体制，努力实现诉源治理由"单兵作战"向"党委主导"转变。2020年6月，市法院提请市委政法委将万人成讼率指标纳入各级综治考评体系，有力推动了诉源治理工作在基层落地生根。积极协调市政府召开府院联动第一次联席会议，联合出台《关于建立府院联动机制的意见》，把诉源治理作为一项重要内容，在两级政府和法院之间建立了常态化工作机制，为深入推进诉源治理奠定了坚实基础。

2. 健全内部工作机制

始终坚持把诉源治理作为全市法院工作的重中之重，纳入年度目标责任制考核。成立了以市法院主要领导为组长、各基层法院院长为组员的工作领导小组；学习借鉴先进地区经验，研判制定全市法院诉源治理工作实施方案，扎实推进各项任务落地落实；注重加强调查研究，由市法院分管院长带队，逐一指导各辖区基层法院结合本地本单位特点，创新诉源治理模式，初步形成了各具特色的良好局面。

3. 优化诉服平台建设

深入践行司法为民理念，将一站式诉讼服务中心建设融入诉源治理工作，着力构建集约高效、智慧互动、开放共享、便民利民的现代诉讼服务体系。近年来，全市两级法院全面升级改造诉讼服务场所，持续优化硬件设施以及信息化功能，不断拓展线上线下业务办理渠道，为当事

人提供导诉、分流、立案、信访、调解、判后答疑等诉讼服务，实现了方便群众和法官减负的双赢效果。特别是新冠肺炎疫情发生以来，两级法院通过音视频化解纠纷4309件，远程确认人民调解协议533件，为满足疫情期间人民群众纠纷化解需求提供了有力保障。

（二）紧盯诉内案件，推进分调裁审改革，分层递进实质性化解纠纷

1. 规范分调裁审流程

坚持"调解优先、调判结合"的工作原则，把调解贯穿于立案、审判、执行、信访、再审等各个环节。市法院积极构建"41012"多元化调解工作体系，制定下发《全市法院进一步完善矛盾纠纷多元化解机制工作意见》《关于进一步深化分调裁审机制改革的实施意见》，建立了一套行之有效、运转有序、方便快捷的制度体系。目前，全市两级法院已全部完成分调裁审平台建设，并实现了与多元纠纷化解机制有机衔接。

2. 推进诉调精准对接

在全市两级法院建立了专门诉调对接中心或诉前调解机构，设立诉前分流员，加强立案分流，在立案前先行开展司法调解。借助社会优势资源，促进提升纠纷化解实效。市法院与市司法局联合出台《律师调解工作实施细则》等文件，引入法律专家、律师、社会志愿者等多方力量，在法院内部设置律师调解工作室、法律志愿者服务窗口等专业调解设施，为人民群众提供立案咨询、矛盾化解、法律援助等服务。截至2020年8月，全市法院已入驻调解组织63个、特邀调解员165名。龙潭区人民法院引入社会力量参与纠纷调解的经验做法在全省法院推广，并被《人民法院报》头版头条报道。

3. 推行速裁快审模式

全市两级法院积极组建立案、民事、行政、执行等四个类型案件的新型专业化速审团队，统一案件繁简分流标准，细化速裁快审流程。对调解不成转入诉讼的简单案件集中快速审理，疑难复杂案件由院庭长精

细审理。加快推进速裁审理方式和裁判文书改革，最大限度做到一庭审结、当庭宣判、当场送达裁判文书，实现效率与质量同步提升。

（三）围绕诉外纠纷，主动拓展审判职能，助力市域治理现代化

1. 主动融入基层治理格局

精准对接地方综治平台，充分发挥司法确认等职能，对达成调解协议的，依法提供司法保障，有效节约社会资源；对调解不成的，及时引导当事人起诉立案，推动形成"社会调解优先、法院诉讼断后"的纠纷预防化解体系。桦甸市人民法院、丰满区人民法院协助辖区政法委建立市、乡、村三级综治中心指挥平台，全面实现视频互通，并通过视频开展信访接待、纠纷化解、法治宣传等工作，收到良好效果。舒兰市人民法院与当地司法局联合开展"百姓说事、法官说法"，在村屯、社区设立"百姓说事点"，努力实现"小事不出村，大事不出乡镇"的工作目标。磐石市人民法院助力乡村振兴战略，打造磐石市富太镇长岗村、南长岗村无讼示范村试点，受到当地人民群众的普遍好评。

2. 注重加强类型化纠纷调解

大力推进行业调解和专业调解，进一步丰富拓展多元解纷体系。市法院与相关部门联合出台家事案件、劳动争议、涉企纠纷等六个诉调对接意见，并通过诉前调解，圆满处理了市属重点企业涉上亿元借款合同纠纷案件，受到市政府相关领导肯定批示。船营区人民法院与区工商联成立民营企业纠纷调解工作室，昌邑区人民法院与区总工会成立劳动争议协调化解中心，永吉县人民法院会同当地司法局、妇联等多个部门组织建立调解衔接工作站，均收到良好社会效果。全市两级法院均建立"道交一体化"调解平台，将大量机动车交通事故纠纷化解在诉前。

3. 全方位提供法律服务保障

主动前移法院法治宣传功能，强化群众学法、守法、用法意识。利用"网格＋网络"方式开展常态化普法宣传，通过巡回审判和以案释法，

引导群众理性处理矛盾纠纷。加强各类调解人员法律知识和专业技能培训，不断提升业务能力水平。市法院连续四年开展"百名法官进百企，服务三抓促振兴"、法官"六进"等主题实践活动，通过法律讲座、发放手册等形式，集中对不同行业、群体进行有针对性的普法教育和法律服务，受到了各界群体的广泛好评。

三、推进诉源治理工作面临的问题

全市两级法院在深入开展诉源治理工作，推进多层次、多领域纠纷解决体系建设的实践中，采取了一些措施，取得了初步的成效，但也反映出工作中存在的一些问题和不足。

一是诉源治理工作格局还需进一步完善。诉源治理是党委政府主导下社会治理的有机构成，绝不是人民法院一家主导、一家操持的事，仍存在政府职能部门、行业协会、社区村镇、人民法院"各自为战"等问题，相关部门、组织间的联动仍需进一步畅通，各类调解资源尚未得到有效整合。

二是保障等机制仍需进一步健全。人民调解员虽然社会经验丰富，但缺乏系统培训、物质激励，导致调解员队伍积极性不高，调解能力不足，效果不好。同时，未经过司法确认的调解协议无强制执行力，导致人民群众对调解解纷的安全感也大大降低。

三是信息共享机制仍需进一步强化。一方面，调解组织的运行大多都"各自为政"，相互之间信息交流无法及时实现共享，容易造成各类调解力量重复性劳动；另一方面，大多数矛盾纠纷未经前段调解就进入司法调解阶段，各类调解机制有时未充分发挥其作用。

四、进一步做好诉源治理工作的对策

（一）坚持政治统领全局，准确把握诉源治理工作方向

1. 发挥政治优势和制度优势

紧紧依靠党委领导，传承发展新时代"枫桥经验"。发挥司法在矛盾

纠纷多元化解机制中的引领、推动、规范和保障作用,健全多元化纠纷解决机制,积极构建符合中国国情,体现司法规律的中国特色案件处理新模式,不断提升人民群众获得感、幸福感和安全感。

2. 推动工作向纠纷源头防控延伸

坚持把非诉讼纠纷解决机制挺在前面,深刻认识诉源治理工作在市域社会治理、城乡基层治理、平安吉林建设中的重要意义,全力抓好纠纷多元化解。加强和创新社会治理,完善党委领导、政府负责、民主协商、社会协同、公众参与、法治保障、科技支撑的社会治理体系,助力打造共建共治共享的社会治理格局。

3. 主动融入辖区诉源治理机制建设

立足司法职能,开展对非诉讼方式解纷的支持、指导和规范,积极做好与党委政府创建无讼乡村社区、一体化矛盾纠纷解决中心、行政争议调解中心的对接工作。坚持以人民法庭建设为载体,强化人民法庭就地预防化解矛盾纠纷功能,建立以法庭为支点,乡镇法律服务所、村治保主任、人民调解员等各方参与的立体化纠纷解决体系。

(二)树立司法为民理念,全力推进诉源治理工作开展

1. 进一步建立健全工作体制机制

充分整合司法资源,逐步形成分层递进、繁简结合、衔接配套的一站式多元解纷机制,推动形成从法院主推到党政主导的诉源治理工作的良好局面。充分发挥府院联席会议制度作用,注重加强与行政机关、仲裁机构、公证机关、调解组织和社会公益团体等协调联动,提升各部门、各行业参与度,将诉源治理工作落到实处。

2. 进一步落实好一站式建设目标

从全面建设集约高效、多元解纷、便民利民、智慧精准、开放互动、交融共享的现代化诉讼服务体系出发,整合各类解纷资源,逐步实现诉前调解与诉调对接、分流化解的有机结合。加大对诉源治理工作和相关典型案例的宣传力度,打造各具特色的多元解纷经验,推动形成"人人

有责、人人尽责、人人享有的社会治理共同体"的社会氛围。

3. 进一步强化监督考评体制建设

在党委政法委将万人成讼率指标纳入各级综治考评体系的基础上，进一步完善诉源治理工作具体考评体系和监督机制，推动诉源治理工作良性健康持续发展。同时，法院自身在加强各类调解基础上，进一步做好判后答疑，努力减少各类衍生案件，减轻当事人诉累，避免因诉讼时间过长、案件反复审理，引发新的矛盾纠纷。

（三）凝聚纠纷化解合力，持续提升诉源治理工作成效

1. 推动构建社会治理新格局

将人民调解、行业调解、行政调解和司法调解等多种平台融入地方综治平台建设，有效整合资源，实现多台合一、统一管理、资源共享。加强各类人民调解委员会建设，优化人民调解员队伍结构和素质，提升矛盾纠纷化解的能力和水平，进一步健全司法确认程序，完善推广线上线下相结合的司法确认模式，实现人民调解司法确认快立快办。

2. 推动建立健全诉外调解制度

进一步建立健全矛盾纠纷过滤机制，充分发挥好各类调解组织的作用。加强行政调解，推动重点领域行政调解全覆盖，推动将行政调解工作情况纳入行政机关和法治政府绩效考核体系。大力推进行业专业调解，推动建立由人民法院、行业主管部门、行业协会共同参与的行业、专业调解组织。推进律师调解、商事组织调解，完善委托调解、特邀调解机制，积极扩大公证、仲裁、行政复议、刑事和解等方式的适用。

3. 推动建立诉源治理保障机制

推动建立以政府支持为主的矛盾纠纷多元化解工作的经费保障机制，加大对诉源治理工作的财政支持力度，提高调解工作人员场所、设施和经费等配套保障水平，促进诉源治理和诉前调解工作健康发展。落实调解补贴政策，对各类调解员开展以奖代补，给予物质和精神奖励，为诉源治理工作注入源源不断的动力。

4. 推动现代科技与社会治理深度融合

大力提升多元解纷科技含量，积极探索将人工智能、大数据、云计算、5G 技术等引入多元化纠纷解决机制中，不断丰富多元解纷机制的技术应用广度、深度和力度。建立大数据共享平台，强化系统整合对接，实现信息化共享共用，为当事人提供便捷高效的服务，不断提升基层社会治理智能化水平。推广"网络＋网格"工作模式，依托地方综治平台全面实现视频及网络互通，高效开展信访接待、纠纷化解、法治宣传等工作。

北京市高级人民法院关于预付式消费纠纷的调研报告

范 琳[*]

2020年以来，北京法院受理各类预付式消费纠纷13082件，同比增长23%。其中，教育培训类纠纷为预付式纠纷的最主要类型，共受理6144件，同比增长87%，占全市预付式消费纠纷的47%。近期，北京市高级人民法院进行专题调研，梳理相关问题并提出对策建议。

一、预付式消费纠纷概况

预付式消费纠纷产生的原因主要有以下三个：一是合同履行过程中因服务缩水、不符合合同目的，消费者要求解除合同；二是因经营者搬迁、转让、下落不明等原因，消费者要求解除合同；三是因经营者主体资格丧失如关闭、停业、被吊销资格等造成合同解除终止。总体来看，预付式消费纠纷呈现以下特点。

一是群体诉讼特点显著，易在短期中集中爆发，给法院的受理、审判工作带来较大压力。据不完全统计，2020年至少有10家法院收到14起以上的涉预付式消费群体诉讼。最典型的案件为涉"优胜教育"的系列案件，两个月内全市法院收案量达1108件。

---

[*] 北京市高级人民法院立案庭法官助理。

二是个案标的额不等,同一机构涉案标的总额大。教育培训类纠纷中个案标的额普遍过万元,美容美发领域个案标的额达十几万元。在群体诉讼中,被诉同一机构的案件标的总额普遍在几十万元甚至几百万元。

三是消费者维权困难,权益易受侵害。(1)举证难。多数预付款消费未签订合同,或签订合同不规范,一旦发生消费纠纷,消费者举证难。(2)审理周期长。此类纠纷中多存在被告机构无法联系的情况,送达困难。案件审理过程中,涉案相关事实查证难。(3)执行难。纠纷发生时,经营者往往已经处于资不抵债、停产停业甚至是"跑路"状态。案件进入执行程序后,消费者债权也难以得到清偿。

二、预付式消费行业存在的问题

(一)行业运行不规范、商家诚信缺失问题突出

一是存在虚假宣传。即虚假承诺服务内容与实际不符。二是签订合同不规范。经营机构不与消费者签订书面合同,或超出合同内容口头允诺现象普遍。部分合同没有公章或公章名称与实际经营机构名称不一致,机构管理者相互推诿。还有一些合同设置霸王格式条款。三是办卡容易用卡难。办卡后,部分经营机构巧立名目,限制消费者的权益。四是经营机构管理混乱。存在无照经营、超范围经营,营业场所的设施安全不达标,服务人员水平良莠不齐,不向消费者出示消费凭证等问题。五是经营者随意变更、停业。经营者单方调整合同内容或擅自停止营业现象普遍。甚至有的商家以装修、搬迁、转让、停业等为借口,擅自终止服务"卷钱跑路"。六是收费混乱。收费无标准、乱收费;违反对预付式消费经营中关于预收费金额的规定,大幅度超过规范许可范围收费;收款账户并非服务机构;交费后无收据、发票或收据、发票无公章;消费者受误导被"套路贷"等。七是恶意利用预付式消费模式进行欺诈甚至犯罪。2019年,朝阳区博学(北京)国际教育咨询有限公司突然关闭,短时间内引发民事起诉852件。法院在审理中发现该公司存在恶意携款潜

逃，利用预付费经营模式进行合同诈骗的嫌疑。已移送公安机关对该公司立案侦查。

（二）行业监管不到位、监管力度不足

一是行政管理中准入、退出门槛过低。目前，预付式消费领域企业多为小微企业、个体工商户，企业登记注册门槛低，公司成立仅需认缴注册资本，经营过程中如股东未实际认缴，易出现公司资金短缺、无应急保障资金等情况。二是监管对象不全面。现行法律规定的预付式消费的被监管对象限于零售业、住宿和餐饮业、居民服务业的企业法人，未针对个体工商户的预付式消费作出规范，大量中小企业游离在监管之外。三是预付费资金监管不到位。虽然有相关文件规定预付式消费需要备案登记，并实行资金存管制度，但实际上部分涉案预付式销售处于"三无"状态，即无备案、无存管、无监管。部分经营者对于消费者预存的资金随意使用、任意支取。四是监管力度不够。作为监管依据的规范性文件效力层级低，处罚轻。《单用途商业预付卡管理办法（试行）》规定的处罚金额较低，经营者违法成本较低，不能形成有效的震慑作用。行业协会的自律自治不足，行业内尚未建立系统的以行业协会为中心的监督及纠纷化解机制。五是有关文件倡导的保证保险等防范预付费资金风险的措施并未得到真正推广。《单用途商业预付卡管理办法（试行）》《商务部、保监会关于规范单用途商业预付卡履约保证保险业务的通知》规定了单用途商业预付卡履约保证保险业务。实践中，该险种因为覆盖率低、收益小、手续烦琐等未落地成长。

三、预付式消费相关问题引发的风险

一是社会安全风险。预付式消费领域涉及人员众多，标的额数目庞大，消费者维权成本高，挽回损失的可能性小，经营者"跑路"后，极易演变成群体性维权事件，引发社会稳控风险和舆情风险。

二是政治安全风险。预付式消费纠纷易引发社会公众对政府及司法

的不满。经营者的违约、不诚信、携款潜逃等损害消费者权益的行为如果不能得到有效遏制，消费者对经营者的不满情绪有可能转嫁到相关监管部门，对政府监管行为产生怀疑和不满。而在纠纷解决环节，法院面临事实认定困难、判决后执行困难等问题，消费者可能因维权困难而质疑司法公信力。

四、对策建议

1. 完善预付式消费相关法律制度，对经营主体行为予以全面规范

一是健全监管对象，将小微企业、个体工商户等预付式消费经营主体纳入监管范畴。二是建立严格的预付式消费经营主体的市场准入及退出制度，引入保证金制度，对主场主体退出实行实质审查。三是针对预付式消费行业暴露出的违规、违法等问题，梳理现有规范，查缺补漏，从经营者资格、合同内容、责任义务、违约责任、监管部门、消费者救济途径等各个方面进行制度完善，使预付式消费行为有法可依。四是制定有力的预付式消费惩处规定，加大对违法、违规行为的惩处力度。

2. 完善预付式消费市场监管体系，明确监管主体

建立以政府、行政机关行政监管为主、行业协会监管为辅的共同监管体系。明确预付式消费各行业领域、各运营环节的监管责任主体，防止出现监管部门权责不清、消费者投诉无门的情况。

3. 引入第三方托管与商业保险，加强对预付款的资金监管

建立资金托管机构、金融保险机构和第三方数据科技企业共同参与预付式消费的风险防控；引入预付款资金第三方管理，保障专款专用。大力推进互联网、大数据、区块链等科技手段在预付卡管理与服务领域的应用；充分发挥商业保险的风险分担作用。

4. 建立预付式消费经营主体的信息公开、信用惩戒体系

建立经营主体诚信档案，将其法定代表人、股东、高管人员的行为纳入征信体系进行评价，对发卡企业进行信用评级并公开，对不良经营者加大力度披露，建立"一处失信、处处受限"的监督惩戒体系。

5. 加强日常监督查处力度，对违规、违法行为及时纠正

一是定期开展市场专项整治检查活动，督促落实相关法律法规的执行，对消费者反映突出的违规、违法经营情形，依法给予查处。二是建立市场监管行业大数据分析，对多次、恶意、频繁变更登记信息的经营者加强跟踪，警示提醒，杜绝横向迁移。三是加大对预付式消费违法行为的打击力度，严惩携款隐匿、恶意侵权、诈骗等违法犯罪行为。

6. 前移关口，构筑多元化解纷格局，实现诉源治理

一是充分挖掘行业自律组织的管理职能及纠纷解决作用，实现行政监管与行业自律的有机统一。二是探索构建多方联动解纷工作机制，畅通法院与市场监管、消费者权益保障等部门的沟通交流渠道，将纠纷化解关口前移，形成共治格局，从源头化解纠纷。

7. 加大诉前调解力度，审慎处理预付式消费纠纷案件

一是积极开展诉前调解，加强与属地政法委的沟通、协调，通过多部门配合协作尽量将预付式消费矛盾化解在诉前。二在处理预付式消费纠纷时，注意合理分配举证责任，确保案件依法正确处理。三是及时总结类案经验，研判相关法律风险点，通过新闻发布会、微博、微信等多种方式进行普法宣传。

【案例评析】

关于变更、追加执行异议之诉的起诉条件及相关问题研究

——以北京农资公司诉门某甲追加被执行人执行异议之诉为例

谷 升[*]

一、基本案情及裁判结果

北京农资公司与营口化肥公司不正当竞争纠纷一案，法院判决营口化肥公司赔偿北京农资公司经济损失、合理费用20万元。判决生效后，北京农资公司向一审法院申请强制执行，后因营口化肥公司暂无财产可供执行，一审法院裁定终结本次执行程序。北京农资公司认为，2015年10月19日，营口化肥公司原股东门某乙将其持有的80%营口化肥公司股权转让给门某甲，但门某甲并未实际出资，说明门某乙2012年6月13日的足额缴纳出资已经抽逃。门某甲作为新股东对门某乙抽逃出资的事实明知，其应对营口化肥公司债务不能清偿的部分承担补充赔偿责任，故向一审法院申请追加门某甲为被执行人。一审法院经审查后，裁定驳回北京农资公司的追加申请。北京农资公司遂提起追加被执行人执行异议之诉，请求：判决追加门某甲为本案被执行人；判决门某甲在未缴纳出资范围内对营口化肥公司的债务不能清偿的部分承担补充赔偿责任。

---

[*] 作者单位：北京市高级人民法院立案庭。

一审法院认为，执行案件和执行异议审查案件是本案的前置和基础，本案系申请执行案件和执行异议审查案件不必然发生的后续程序，本案的被告应与执行程序中的被执行人、执行异议程序中的被告具有连续性和统一性。根据一审法院查明的事实，本案被告之一营口化肥公司在本案诉讼期间已经注销，其作为企业法人的身份已经终结。本案前置的执行案件的被执行人已经注销，而在未经法定程序确定新的权利义务继受人，且执行程序中尚未依法变更被执行人的情况下，在执行异议之诉案件直接变更被告，缺乏法律依据。北京农资公司应当依据相关法律、司法解释等规定，通过另诉确立新的权利义务继受人或先行通过在执行程序中申请变更被执行人的主体后再行主张权利。本案项下营口化肥公司不再是适格被告。综上，北京农资公司在本案中以营口化肥公司作为被告起诉，主体不适格，故依法裁定驳回北京农资公司的起诉。

北京农资公司不服一审裁定，提起上诉，请求撤销一审裁定，裁定本案由一审法院继续审理。

二审法院经审理认为，首先，本案执行异议之诉中有两个被告，被告营口化肥公司被注销，不影响法院对北京农资公司与被告门某甲之间诉讼的审理。其次，关于被执行人注销和执行异议之诉的关系问题。一是从司法解释上看，《最高人民法院关于民事执行中变更、追加当事人若干问题的规定》（法释〔2016〕21号，以下简称《变更、追加规定》）第三十二条第二款规定："被申请人提起执行异议之诉的，以申请人为被告。申请人提起执行异议之诉的，以被申请人为被告。"上述条款未要求被执行人必须参加执行异议之诉。二是从诉讼地位上看，被执行人即便参加变更、追加执行异议之诉，也只能是选择支持申请人或被申请人一方的诉讼，一般不具有独立的诉讼地位，对执行异议之诉的审理结果无实质影响。三是从权利救济上看，被执行人合法权益在执行程序中受到损害，无须通过变更、追加执行异议之诉，可依法通过执行异议、复议、监督等途径寻求救济。就本案而言，虽然被执行人营口化肥公司在本案诉讼中被注销，但被申请人门某甲仍是本案的适格被告，一审法院应在执行异议之诉中,对北京农资公司与门某甲的主张及理由进行审查,并依法作出裁判。若根据本案具体情况,一审法院认为确需向被执行人核实相关事实的,可依法对本案中止诉讼,等待被执行人营口化肥公司确定权利义务承受人后,再行恢复诉讼,而不是直接对本案执行异议之诉裁定驳回起诉。综上,二审法院依法撤销一审裁定,指令一审法院继续审理本案。

二、评析意见

本案的重点和难点是变更、追加执行异议之诉的起诉条件及审理程序等问题。相关问题的解决,并无法律、司法解释的明确规定可供适用,且理论界论及较少,实务界处理也不统一。

(一)变更、追加执行异议之诉的由来

变更、追加执行异议之诉是基于《变更、追加规定》提起的一种新型诉讼,在性质上属于执行衍生诉讼。

在执行程序中变更或者追加执行当事人,对各方当事人的程序权利和实体权利影响巨大。尤其是将案外人变更或追加为被执行人,意味着其在未参加诉讼、无法获得正当程序保障的情况下,需接受于己不利的裁判结果。为维护当事人合法权益,确保程序和实体公正,在追求执行效率的同时,亦应注重为当事人提供相应救济。《变更、追加规定》遵循审执分立原理要求[①],依据变更、追加事由是否涉及实体权利义务的判断,为当事人分别赋予程序上与实体上的救济途径。若申请变更、追加事由涉及程序性事项、法律事实较为简单的,在执行程序中予以救济,通过执行异议、复议处理;若申请变更、追加事由涉及实体性事项的、司法判断性较强的,先通过执行异议前置审查,再通过诉讼程序处理,允许当事人提起执行异议之诉予以救济。

---

① 参见肖建国:《审执关系的基本原理研究》,载《现代法学》2004年第5期。

《变更、追加规定》规定的这种救济模式，一定程度上借鉴了我国台湾地区的规定。我国台湾地区"强制执行法"第14条规定：债务人主张非执行依据执行力所及，其可在执行程序终结前向执行法院对债权人提起债务人异议之诉。债权人对执行力所及之人申请强制执行而被裁定驳回时，债权人可于裁定送达后十日的不变期间内，向执行法院对债务人提起许可执行之诉。[1]

根据起诉人不同，变更、追加执行异议之诉可分为申请人执行异议之诉和被申请人执行异议之诉。其中，申请人执行异议之诉系申请人不服执行法院驳回其变更、追加被执行人申请的裁定，或者不服执行法院变更、追加被执行人的裁定，认为该变更、追加裁定遗漏责任主体或认定债务人责任范围有误，所提起的变更、追加执行异议之诉。被申请人执行异议之诉则系被申请人不服执行法院变更、追加其为被执行人的裁定，认为该变更、追加裁定错误或认定债务人责任范围有误，所提起的变更、追加执行异议之诉。本案系北京农资公司对一审法院作出的驳回其追加申请裁定不服提起的申请人执行异议之诉。

（二）变更、追加执行异议之诉的起诉条件

因《变更、追加规定》相关规定内容不多，且相对原则，实务中对变更、追加执行异议之诉的起诉条件问题存在认识分歧。其中争议较大的是被执行人主体资格应否属于执行异议之诉的起诉条件。关于这一问题，实务中主要有两种意见。

第一种意见为肯定观点，其认为，执行实施案件、执行异议案件是变更、追加执行异议之诉案件的前置和基础，变更、追加执行异议之诉系执行实施案件和执行异议案件不必然发生的后续程序，变更、追加执行异议之诉的被告应与执行程序中的被执行人、执行异议程序中的被告具有连续性和统一性。故执行程序中的被执行人应作为变更、追加执行

---

[1] 参见卢正敏：《台湾执行当事人适格制度述评及启示》，载《台湾研究集刊》2008年第1期。

异议之诉的被告，被执行人主体资格也因此属于变更、追加执行异议之诉的起诉条件。一审法院即持该种意见。

第二种意见为否定观点，其认为，执行实施案件、执行异议案件以及变更、追加执行异议之诉案件，虽然彼此联系紧密，但亦属于相对独立的案件。以变更、追加执行异议之诉案件为例，作为执行衍生诉讼，其只需符合民事诉讼法及相关执行司法解释明确规定的起诉条件，并不需受执行实施案件的制约。被执行人是否具有主体资格，不影响变更、追加执行异议之诉的立案、审理，不属于变更、追加执行异议之诉的起诉条件。

笔者认为，起诉条件直接限定当事人起诉权的行使，是加强诉权保障应重点关注的环节和内容。变更、追加执行异议之诉是执行司法解释旨在为变更、追加被执行人提供实体救济途径的衍生诉讼。为确保这一救济途径的充分、有效，变更、追加执行异议之诉的起诉条件，应严格遵循法定主义要求，基于民事诉讼法及司法解释相关规定确定，不得随意增减，也不得任意改变。基于此，二审法院采纳了第二种意见。主要理由包括：

首先，从法律、司法解释规定看，变更、追加执行异议之诉作为诉的一种，需符合2017年修订民事诉讼法第一百一十九条第二项"有明确的被告"之规定。《变更、追加规定》第三十二条第二款进一步规定："被申请人提起执行异议之诉的，以申请人为被告。申请人提起执行异议之诉的，以被申请人为被告。"该条款对执行异议之诉的被告作了明确要求，但并未将被执行人主体资格规定为执行异议之诉的起诉条件。就本案而言，本案被告营口化肥公司（被执行人）虽被核准注销，但本案另一被告门某甲（被申请人）主体资格仍是明确适格的，故本案符合民事诉讼法及《变更、追加规定》中关于被告的要求。

其次，从诉讼地位上看，变更、追加执行异议之诉系对申请人或被申请人不服执行法院变更、追加裁定的救济途径，申请人与被申请人之间存在实质性的对抗，二者也居于执行异议之诉的原告与被告地位，而被执行人即便参加变更、追加执行异议之诉，也只能是选择支持申请人或被申请人一方的诉讼，一般不具有独立的诉讼地位，对执行异议之诉的审理结果无实质影响。

最后，从权利救济上看，变更、追加执行异议之诉主要解决执行依据的执行力范围能否扩张到被申请人的问题，为不服相关裁定的申请人或被申请人提供救济途径；而若被执行人合法权益在执行程序中受到损害，无须通过变更、追加执行异议之诉，可依法通过执行异议、复议、监督等途径寻求救济。

综上，被执行人主体资格不应作为执行异议之诉的起诉条件。即便被执行人因注销等原因丧失主体资格，但被申请人仍是案件适格被告，在全面审查申请人与被申请人主张及理由的基础上，人民法院完全可依法作出裁判。

提起变更、追加执行异议之诉，除应符合民事诉讼法规定的起诉的一般条件之外，还必须符合《变更、追加规定》第三十二条的特殊规定。结合相关法律规定及司法解释，笔者认为提起变更、追加执行异议之诉的起诉条件应包括：（1）原告资格。原告是变更、追加裁定或驳回申请裁定所载明的被申请人或申请人。（2）被告资格。被告是变更、追加裁定或驳回申请裁定所载明的申请人或被申请人。被申请人提起执行异议之诉的，以申请人为被告；申请人提起执行异议之诉的，以被申请人为被告。（3）诉讼请求。有明确的变更、追加被执行人，或者不同意变更、追加被执行人的诉讼请求，或者与变更、追加被执行人相关的遗漏责任主体、认定债务人责任范围有误等诉讼请求。（4）审查前置。执行法院已对申请人的变更或追加申请进行审查。若因变更或追加申请不符合受理条件，执行法院对该申请未予审查，亦未作出变更、追加裁定或驳回申请裁定，则当事人不能提出执行异议之诉。此外，执行法院需系依据《变更、追加规定》第十四条第二款、第十七条至第二十一条规定作出相关裁定的。对于申请变更、追加事由涉及程序性事项，法律事实较为简单的，执行法院依据《变更、追加规定》第二条至第十三条、第十四条第一款、第十五条、第十六条规定作出裁定的，不能提起执行异议之诉，应通过执行复议进行救济；对于申请变更、追加事由涉及实体性事项，司法判断性较强的，执行法院依据《变更、追加规定》第十四条第二款、第十七条至第二十一条规定作出裁定的，才能提起执行异议之诉。(5) 管辖法院。变更、追加执行异议之诉在性质上属于执行衍生诉讼，由执行法院管辖。(6) 起诉期限。应自变更、追加裁定或驳回申请裁定送达之日起十五日内提起。该十五日属于不变期间，不能中止、中断或延长。

当事人起诉是否符合法定起诉条件，是人民法院受理并作出裁判的前提，人民法院应依职权主动审查，不受当事人主张的限制。当事人提起变更、追加执行异议之诉不符合法定起诉条件的，人民法院应裁定不予受理；已经受理的，裁定驳回起诉。反之，对于符合法定起诉条件的变更、追加执行异议之诉，人民法院应依法审理，作出支持或不支持原告诉讼请求的判决；而不得在法定起诉条件之外，另行增设起诉条件，并据此对案件不予受理或驳回起诉，阻碍当事人正当起诉权的行使。

（三）在被执行人注销的情形下，执行异议之诉如何审理

对于这一问题，实务中主要有两种意见。

第一种意见认为，应将执行异议之诉驳回起诉，因被执行人已被注销，不再是适格被告，故对执行异议之诉应裁定驳回起诉。申请人需依据公司法、民事诉讼法及相关司法解释等规定，通过另诉确立新的权利义务继受人或通过在执行程序中申请变更被执行人后再行主张权利。一审法院持该种意见。

第二种意见认为，应对执行异议之诉继续审理，既然被执行人主体资格不属于执行异议之诉的起诉条件，则法院应对案件继续审理，而不能据此裁定驳回起诉。二审法院主要采纳第二种意见，并予以细化。

笔者亦支持第二种意见，主要理由为：变更、追加被执行人执行异议之诉的审理对象，为被申请人是否符合法定变更、追加条件，以及变更、追加后的责任范围，即所谓执行依据的执行力扩张问题。该审理对

象更多涉及债务的可转移性、责任财产的恒定性等实体问题，即便被执行人因注销等原因丧失主体资格，人民法院仍可围绕相关争议焦点，全面审查申请执行人与被申请人的主张及理由，并依法作出裁判，决定是否支持原告的诉讼请求。

　　鉴于《变更、追加规定》中规定的变更、追加事由，往往牵涉被执行人与被申请人之间的实体权利义务关系，故实务中可能出现因被执行人被注销，人民法院难以核实案件事实，影响后续审理的情形。在此种特殊情形下，依照2017年修订民事诉讼法第一百五十条第一款第三项、第二款的规定，作为一方当事人的法人或者其他组织终止，尚未确定权利义务承受人的，中止诉讼；中止诉讼的原因消除后，恢复诉讼。因此，若人民法院确需向被执行人核实相关事实的，可依法对案件中止诉讼，待被执行人确定权利义务承受人后，再行恢复诉讼。

依据诚实信用原则处以司法强制的审查

何 君* 蔡旻君**

裁判要旨：2017年修订民事诉讼法第一百一十一条对诉讼参与人等有妨害民事诉讼行为可以依法予以罚款的情形作了明确规定，且该条规定系完全列举的封闭条款，无兜底条款的规定，这表明法律对可适用妨害民事诉讼强制措施的具体情形，系采限制性规定，无法外自由裁量的余地。鉴于民事诉讼法规定的罚款、拘留等强制措施，属于公法制裁行为，需要严格遵循处罚法定原则，在法律缺乏具体规定的情形下，对当事人提出管辖权异议的行为，径直依据诚实信用条款予以处罚，适用法律不当。

一、基本案情

2017年，中江国际信托有限公司（以下简称中江信托）与泉州安华物流有限公司（以下简称安华物流）签订《信托贷款合同》，约定中江信托为安华物流提供不超过1亿元借款。郭某泽为前述《信托贷款合同》提供保证，并与中江信托签订了《保证合同》。上述合同均约定，因合同发生争议的由中江信托住所地法院管辖。郭某泽的配偶林某查亦在《保

---

* 作者单位：最高人民法院。
** 作者单位：南京师范大学。

证合同》落款页上签字。江西省高级人民法院（以下简称江西高院）受理中江信托诉安华物流、安能控股股份有限公司、郭某泽、林某查借款合同纠纷一案后，依法向当事人送达应诉材料。林某查于管辖权异议期间内向江西高院提出管辖权异议，主张案涉《保证合同》首页列明的保证人只有郭某泽一人，林某查仅在《保证合同》落款页上签字并承诺其作为郭某泽的配偶同意提供连带责任保证担保，但林某查并未与中江信托约定管辖，且未有任何愿意接受约定管辖的意思表示，其住所地在福建省，且本案标的额符合福建省高级人民法院（以下简称福建高院）受理一审民商事案件的标准，应移送福建高院管辖。

二、裁判结果

江西高院经审查认为，中江信托与安华物流签订的《信托贷款合同》中及中江信托与林某查签订的《保证合同》均约定，因合同发生争议协商不成时，由中江信托住所地法院管辖。故林某查提出管辖权异议于法无据，江西高院据此裁定：驳回林某查提出的异议。此外，江西高院认为，林某查在已有合同明确约定且无其他专属管辖等事由的情况下，仍提出管辖权异议，存在拖延诉讼的主观恶意，滥用诉讼权利，违反了民事诉讼法中的诚实信用原则，依据2017年修订民事诉讼法第十三条、第一百一十五条作出了（2019）赣民初54号罚款决定，决定对林某查罚款10万元。

处罚决定作出后，林某查不服，向最高人民法院申请复议。最高人民法院复议认为：2017年修订民事诉讼法第十章关于"对妨害民事诉讼的强制措施"的规定，赋予法院对妨害民事诉讼的特定行为依法作出拘传、罚款、拘留等强制措施的权力，以确保审判执行活动的顺利进行。2017年修订民事诉讼法第一百一十一条对诉讼参与人等有妨害民事诉讼行为可以依法予以罚款的情形作了明确规定，且该条规定系完全列举的封闭条款，无兜底条款的规定，表明民事诉讼法可适用妨害民事诉讼强制措施的具体情形，系采限制性规定，无法外自由裁量的余地。鉴于民事诉讼法规定的罚款、拘留等强制措施,属于公法制裁行为,需要严格遵循处罚法定原则。在法律明确采取完全列举条款限制罚款强制措施适用范围的前提下,并无依据诚实信用原则在司法上扩张适用该项强制措施的余地。故江西高院依据诚实信用原则,对当事人课以罚款,适用法律不当。据此撤销江西高院罚款的决定。

三、评析意见

2012年修订的民事诉讼法第十三条第一款新增加了"诚实信用原则",这标志着诚实信用原则这一原本只作用于实体法的"帝王条款"以诉讼原则的地位延伸到民事诉讼领域,用以规范参与民事诉讼当事人及法院行为,推动诚信诉讼秩序的建立。本案中林某查在合同明确约定管辖法院的情形下,提起管辖权异议,有违诚实信用原则,江西高院依法予以裁定驳回,是以司法裁判贯彻落实诚实信用原则的体现,但在法律明确采取完全列举条款限制罚款强制措施适用范围的前提下,江西高院仅依据诚实信用条款对林某查的行为作出司法强制,存在适用法律不当。

(一)司法强制应遵循处罚法定原则

对妨害民事诉讼的强制措施,是指在民事诉讼中,对有妨害民事诉讼秩序行为的人采取的排除其妨害行为的强制措施。学界对于司法强制措施的性质一直存有争议,代表性观点有三种:其一是强制手段或教育手段说,该学说认为它是一种强制手段,旨在制止妨害行为的继续进行,或是一种教育手段,旨在使行为人改正错误,遵守法律,不再实施妨害民事诉讼的行为;[①] 其二是法律制裁说,该学说认为上述措施实质上是对违法者的一种惩罚,即是一种法律制裁;[②] 其三是具有制裁性质的强制手段说,该学说认为,相较于依据实体法作出的刑事制裁、民事制裁和行政制裁,对妨害民事诉讼的强制措施的不同在于,它是根据程序法的规

---

① 参见柴发邦:《民事诉讼法教程》,法律出版社1982年版,第233页。
② 参见柴发邦:《民事诉讼法学新编》,法律出版社1992年版,第267页。

定，为维护民事诉讼秩序，对妨害诉讼的人采取的带有制裁性的强制教育手段，还有学者创造性地提出"程序性制裁理论"。[①] 上述学说分别从不同的角度、以不同的侧重点对司法强制行为进行了概括与评价，但其共同强调了一个核心就是该行为的实质是由司法机关作出，是司法机关使用国家强制力介入民事诉讼关系的具体表现，具有司法强制的特征。有鉴于此，即使对于该行为定性存在争议，但其公法制裁特性不可否认。本案中，江西高院对林某查作出的罚款10万元的决定，体现了民事诉讼中强制措施直接剥夺当事人财产权的强制性。

国家机关所享有的权力不仅与人民群众的利益密切关联，而且具有强制性、单方性、主动性等特点，一旦失去约束，将会威胁甚至严重损害公民的合法权益。因此，我国法律规定任何国家机关包括司法机关的权力都来源于法律，这意味着在服从法律这一点上司法机关与行政机关没有差别，维护司法权威本质上不是维护司法机关的权威而是维护授权司法机关的法律的权威。[②] 作为通过公权对社会经济关系进行二次调整的手段，司法强制与行政处罚所要保护的权益是高度同构的，其运行逻辑也相似，均是以权力来保障和规范权利的行使。即对于公法制裁行为，因为其涉及国家的公权力，为保护私权利不受公权力的任意侵犯，需要严格贯彻处罚法定的基本原则。具体表现为对于诉讼参与人等采取的司法强制措施应有法律的明确规定，凡法律没有规定的，不得认定该诉讼参与人等的行为违法，更不得对这种行为采取强制措施；尤其对于直接减损实体权利的拘留与罚款，需要严格遵循处罚法定原则。具体到本案中，江西高院对当事人林某查进行司法罚款必须有明确的法律规定。

---

① 该理论将法院在民事诉讼过程中，为维护秩序、司法权威等作出的罚款、拘留等强制措施定义为程序性制裁，即由于当事人和其他诉讼参与人实施的诉讼违法行为，而产生的金钱、自由或名誉等方面的惩罚性后果。参见陈瑞华：《程序性制裁理论》，中国法制出版社2005年版，第55页。

② 参见陈宏：《论民事虚假诉讼、恶意诉讼的规制——以诚实信用原则的适用为视角》，载《法治论坛》2017年第4期。

（二）对管辖异议处以罚款欠缺法律具体规定

管辖权异议，是指当事人认为受诉人民法院对该案无管辖权，而向该法院提出的不服该法院管辖的意见或主张。管辖权异议制度的设立，主要目的是保障当事人的诉讼权利和人民法院正确行使管辖权，在程序上体现出案件审理的正当性。① 管辖权异议的制度价值在于弥补立案登记阶段对管辖权审查不周全、不严格的不足，赋予当事人救济权利，保障管辖权正确行使。提出管辖权异议属于当事人在进行民事诉讼活动中的合法权利，而对当事人处以罚款属于司法机关实施强制措施的行为，两者均由我国民事诉讼法予以授权和规制。我国民事诉讼法第十章"对妨害民事诉讼的强制措施"专门对其进行了规定，在当事人有拒不到庭、违反法庭规则、诉讼欺诈与规避执行、不履行协助调查或执行义务等行为时，法院享有对妨害民事诉讼的上述行为依法作出拘传、罚款、拘留等强制措施的权力。该章中各条款对法院可适用司法强制的相关情形均为明确列举，无兜底条款，这表明当下立法并未给予适法者以自由裁量权扩大可适用司法强制的情形。

从管辖权异议制度构建的角度出发，管辖权异议是民事诉讼法明文赋予当事人的诉讼权利，且法律仅在时效方面进行限制，并无其他方面的要件限制。换言之，民事诉讼法及相关司法解释所列举的可对当事人处以民事诉讼强制措施的妨害司法行为中，并不包括当事人提出管辖权异议的行为。即民事诉讼法并未将滥用或不当申请管辖权异议行为列入妨害民事诉讼可适用强制措施的情形中。故在法律尚未将当事人以提起管辖权异议的方式拖延诉讼的行为列入予以处罚范围的情形下，因该行为所造成的诉讼不便，属于当事人选择民事诉讼途径解决社会纠纷所需承担的制度成本，法院及另一方当事人对此有容忍义务。本案中，江西高院对当事人林某查处以司法罚款缺乏法律的具体规定。

---

① 参见江伟、肖建国主编：《民事诉讼法》，中国人民大学出版社2015年，第104页。

（三）仅依据诚实信用原则处以罚款存在不当

诚实信用原则作为裁判说理依据逐渐得到我国司法实务界的肯定，其在解释和补充法律与法律行为、评价当事人的行为、调整当事人之间的利益关系方面着实发挥了应有的作用。[1] 但在本案中，司法机关仅依据诚实信用原则便对当事人行为给予了否定评价还据此施以司法强制，超越了诚实信用原则解释法律、评价当事人行为等功能，使其成为公法制裁行为的授权条款，存在法律适用不当。

首先，从法律适用方法的视角出发，为防止向一般条款逃逸，适用法律原则要遵循以下条件，否则，合法性将受到质疑：第一个条件是"穷尽规则"，即穷尽法律规则，方得适用法律原则；第二个条件是"实现个案正义"，即法律原则不得径行适用，除非旨在实现个案正义；第三个条件是"更强理由"，即其强度必须足以排除支持此规则的形式原则，尤其是确定性和权威性。[2] 有鉴于此，司法实践中适用诚实信用原则进行裁判，必须先确定无具体规则可适用或者适用具体规则会导致个案不正义。林某查一案并不属于法律规定存在漏洞或者法律规定不明确抑或适用现行法律规定会导致个案不正义的情形，适用法律原则进行裁判有向一般条款逃逸之嫌。

其次，从具体条文理解适用的视角出发，民事诉讼法中规定的诚实信用原则，具有宣示和评价功能，诉讼当事人在民事诉讼活动中理应诚信诉讼，正确行使法律赋予的权利。对于当事人利用管辖异议制度故意拖延诉讼程序的行为，法院依法裁定驳回管辖异议，正是司法裁判贯彻诚实信用原则的体现，而当事人提出的管辖权异议被驳回已是法律规定的其应承担的后果。并且，在法律明确采取完全列举条款限制罚款等强

---

[1] 参见骆意：《论诚实信用原则在我国民事司法裁判中的适用——基于对〈最高人民法院公报〉中53个案例的实证分析》，载《法律适用》2010年第11期。

[2] 参见舒国滢：《法律原则适用中的难题何在》，载《苏州大学学报（哲学社会科学版）》2004年第6期。

制措施适用范围的前提下，并无依据诚实信用原则在司法上扩张适用该项强制措施的余地。

最后，从诉讼实现社会价值要求的视角出发，提出管辖权异议是民事诉讼法明文赋予当事人的诉讼权利，这是对民事诉讼辩论原则和处分原则的具体落实，是对当事人合法利益的保护。法院仅以诚实信用原则为依据，对当事人提起管辖权异议的行为予以罚款，不仅可能破坏管辖权异议制度纠正法院错误管辖、维护当事人合法诉权的价值，减少当事人维护自身合法权益的渠道，还有可能造成司法制裁权的滥用。能否仅依据诚实信用原则处以罚款，其本质是在司法强制措施中实现诚实信用原则与处罚法定原则的价值平衡。"民法最忌讳以保护社会公共利益或国家利益为名任意干涉个人权利和自治空间"[1]，所以，诚实信用条款绝不是弃处罚法定原则于不顾的绿色通道。本案中，江西高院仅依据诚实信用原则对当事人采取罚款措施，存在不当。

（四）对于违反诚实信用原则提出管辖异议行为的处理

我国法律并未规定法院可直接适用诚实信用原则对当事人采取司法强制措施，如果规定将不仅扩大了法院在公法强制中的自由裁量权，而且会引起公权力的不当适用，同时削弱法的确定性，与当前的法治理念不符。但司法实践中，部分当事人利用管辖权异议，拖延诉讼，逃避实体责任，对民事诉讼效率的提升、司法资源的合理配置、相对方合法权益的及时实现、诚信诉讼秩序的建立均造成极大影响。对于较为棘手的当事人滥用管辖权异议等矛盾，应通过合理的方式予以解决。首先，从源头减少当事人提出管辖权异议。针对当事人不当提出管辖权异议影响民事诉讼秩序的问题，人民法院可以通过严格审查立案条件，对当事人提出管辖权异议的申请要件、理由作出排除性规定、做好法律释明工作，引导当事人诚信诉讼，减轻当事人对审判结果的疑虑，进而得以从源头

---

[1] 王立争：《民法谦抑性的初步展开》，载《法学杂志》2009年第7期。

减少管辖权异议案件。目前四川省高级人民法院和山东省高级人民法院均出台文件，规制滥用管辖权异议的行为，对某些明显滥用管辖权异议的情形不予审查。① 其次，以提高效率的方式减少管辖权异议制度造成的程序拖沓。对于当事人利用管辖权异议拖延诉讼的情形，应提高上下级法院处理管辖权异议案件的裁判效率。在现有的条件下，推进管辖权异议案件审理程序改革，将管辖权异议案件归入民商事速裁案件范围，简化审理程序、文书样式及送达程序，进而提高此类案件的处理效率。最后，推进管辖权异议制度规范化。民事诉讼法明确规定管辖权异议须在提交答辩状期间提出，但对提起管辖权异议的主体、客体以及程序适用等问题均未作出明确规定，管辖异议制度空洞化，导致部分当事人滥用管辖权异议，达到不正当目的。应在深入调研的基础上，适时出台相应规定，加强对管辖权异议的规范和制约，保障各方当事人的合法权益，确保诚信诉讼秩序的建立。

---

① 《山东省高级人民法院关于简化民商事纠纷管辖权异议审查程序的意见（试行）》第三条规定："被告下列申请属于滥用管辖权异议权利，人民法院依法可以不予审查：（一）被告提出管辖权异议被人民法院裁定驳回后，又就同类其他案件反复向同一法院提出管辖权异议的；（二）被告在异议申请中虚构被告住所地、合同履行地、合同签订地、原告住所地、标的物所在地等与争议有实际联系的地点和事由的；（三）原告与被告在书面协议中明确约定管辖法院，且不违反级别管辖和专属管辖规定，被告又针对约定的管辖法院提出管辖权异议的；（四）其他明显缺乏事实和法律依据、以拖延诉讼为目的提出的管辖权异议申请。"《四川省高级人民法院关于审理民商事纠纷管辖权异议案件的工作规范（试行）》第六条第二款规定："对下列管辖权异议申请，人民法院依法不予审查：（一）未在提交答辩状期间提出管辖权异议的；（二）第三人或其他不适格主体提起管辖权异议的；（三）反诉被告对反诉提出管辖异议的；（四）原告在诉讼中增加或减少诉讼请求，致使诉讼标的额超过或达不到受诉法院级别管辖权限的，但违反级别管辖和专属管辖规定的除外；（五）诉讼中争议的民事权利义务主体发生变更或转移的，不影响当事人的诉讼地位；（六）提出管辖权异议明显缺乏事实依据和法律依据的；（七）其他不予审查情形。"

再审申请人寇某某与被申请人党某赠与合同纠纷再审案

邵静红 吴 利[*]

一、基本案情

党某国、寇某某向广东省广州市黄埔区人民法院（以下简称一审法院）起诉，请求判令：确认党某国、寇某某与党某于2013年4月3日签订的《赠与合同》无效；党某向党某国、寇某某返还坐落于广州市越秀区通贤里××号×××室的房屋（以下简称涉案房屋），房屋价值约600万元；本案诉讼费由党某承担。事实与理由：党某国、寇某某与党某于2013年4月3日签订《赠与合同》，将涉案房屋赠与党某，广东省广州市南方公证处（以下简称南方公证处）为该《赠与合同》出具了编号为（2013）粤广南方第034167号公证书（以下简称公证书）；党某持该公证书于2013年4月12日办理了涉案房屋所有权变更登记，将该房屋登记至其名下。作为党某国、寇某某法定代理人的长子党某群、长女党某某却对此始终不知情，直至2017年10月下旬，因党某为借高利贷将涉案房屋抵押给贷款公司，并因拖欠巨额债务被贷款公司在该房屋门前张贴欠款催收通知书，党某群、党某某方才知晓。为此，党某某认为：首先，寇

---

[*] 作者单位：广东省高级人民法院立案庭。

某某在签订《赠与合同》时不具有完全民事行为能力，其签订的《赠与合同》依法应当属于无效合同；南方公证处在为该《赠与合同》办理公证时，未对赠与人的行为能力进行必要审查，公证程序违法，依法不能作为证据使用。寇某某于2013年4月16日住院，次日（即《赠与合同》签订之日后第十四日）即被医院确诊为患阿尔兹海默症（老年痴呆症），有入院检查病历为证。而党某国的病历也记载了党某国在签订《赠与合同》之前已经有"近时记忆力下降明显，对刚说过的话或做过的事情随即就忘，有时不认得家人""有时自言自语，表达及理解能力下降"等症状；2012年党某国的头颅磁共振成像检查结果记载："左侧额、枕叶脑梗死、左侧颈内动脉狭窄、左侧顶叶脑梗死、脑桥右侧软化灶、脑白质疏松、脑萎缩""于2013年4月送入我院养老，曾在我院诊断为痴呆"。可见党某国在签订《赠与合同》之日不能被认定为具有完全民事行为能力。但南方公证处并未审慎审查赠与人的行为能力，在寇某某已具有多种行为异常的情况下，在其所作的公证书中仍表述"经查，申请人各方在订立上述合同时均具有法律规定的民事权利能力和民事行为能力"，显属认定错误。其次，南方公证处公证程序错误，党某某通过查看公证录像，发现该录像没有将党某国、寇某某在《赠与合同》上签字、按指印的关键环节予以录制，无法证明该合同上的签名是否属实。最后，南方公证处没有告知两位80多岁高龄老人申请公证事项的法律意义和可能产生的法律后果。涉案房屋长期由党某国的养女党小某（党某国兄长之女，由于年幼时父亲病故，由党某国抚养成人）居住，党小某无其他房屋可住。而南方公证处在办理公证时，未将房屋的使用情况予以查明，也未将党小某在该房屋被赠与后将无权继续居住的后果向党某国、寇某某告知、解释。综上，党某国、寇某某在签订《赠与合同》时不具有完全民事行为能力，其签订的《赠与合同》无效；南方公证处出具的公证书不具有公证效力，根据公证法第四十条的规定，特提起本案诉讼。

二、查明的事实

广东省广州市越某区人民法院于2019年4月1日分别作出（2019）

粤 0104 民特 29 号、30 号民事判决书，确认党某国、寇某某为无民事行为能力人，指定长子党某群、长女党某某、次子党某军（系党某父亲）为党某国、寇某某的共同监护人。随后，党某某作为党某国、寇某某共同监护人之一，代理二人于 2019 年 7 月 2 日提起本案诉讼，事后监护人党某群书面表示同意，但监护人党某军反对起诉。党某国于 2019 年 7 月 24 日去世。

三、裁判结果

一审法院于 2019 年 10 月 14 日作出（2019）粤 0112 民初 9418 号民事裁定：驳回党某国、寇某某的起诉。裁定书送达后，寇某某不服，提出上诉。广东省广州市中级人民法院（以下简称二审法院）于 2019 年 12 月 12 日作出（2019）粤 01 民终 20565 号民事裁定：驳回上诉，维持原裁定。寇某某不服，向广东省高级人民法院申请再审。广东省高级人民法院于 2020 年 3 月 27 日作出（2020）粤民申 732 号民事裁定提审本案，并于 2020 年 6 月 29 日作出（2020）粤民再 182 号民事裁定：撤销一审法院（2019）粤 0112 民初 9418 号民事裁定和二审法院（2019）粤 01 民终 20565 号民事裁定；指令一审法院对本案进行审理。

四、裁判理由

法院生效裁判认为：民法总则第三十四条第一款、第二款规定："监护人的职责是代理被监护人实施民事法律行为，保护被监护人的人身权利、财产权利以及其他合法权益等；监护人依法履行监护职责产生的权利，受法律保护。"可见此种监护人代理被监护人实施民事法律行为的权限是基于法律规定的身份而产生，不同于被代理人在具备完全民事行为能力的情况下进行的委托代理。本案中，党某群、党某某作为党某国、寇某某的法定监护人，认为党某国、寇某某在不具备完全民事行为能力的情况下，将自己名下的涉案房屋赠与党某，会损害党某国、寇某某的合法权益，而代理党某国、寇某某起诉请求确认涉案《赠与合同》无效的同时要求党某将涉案房屋返还给党某国、寇某某，该起诉行为是党某群、党某某作为法定监护人对被监护人党某国、寇某某的财产处分，基于法定监护人应当妥善管理和保护被监护人合法财产的监护职责和尽到善良管理人应尽到的注意义务，为实现和保护被监护人合法权益的代理形式。因此，党某群、党某某代理党某国、寇某某提起的本案诉讼符合2017年修订民事诉讼法第一百一十九条规定的起诉条件，人民法院应予受理并进行实体审理。本案争议的焦点是共同监护问题，故一审、二审裁定适用民法总则第一百六十六条关于委托代理中的共同代理的相关规定裁定驳回本案起诉、上诉，属适用法律错误，依法应予以纠正。

五、评析意见

在被监护人存在多个共同监护人的情况下，部分监护人基于保护被监护人合法权益的目的代理被监护人向法院起诉的，诉权应当如何行使，目前的法律法规均没有明确规定。而在审判实践中，则主要存在三种观点：第一种观点即一审、二审裁定的裁判理由，认为为了防止滥用监护权，当处理被监护人的财产权益相关的重大事宜时，有数个监护人的，应当参照民法典第一百六十六条"数人为同一代理事项的代理人的，应当共同行使代理权，但是当事人另有约定的除外"的规定进行严格审查；尤其是如果诉争标的利益巨大且明显涉及数个监护人自身内部利益，应先自行通过全部监护人内部讨论解决，一致行使代理权。第二种观点认为，共同监护可以参照共同代理的规则，民法典第一百六十六条是关于共同行使代理权的具体方式的规定，但非强制性规定，在代理人与被代理人之间有约定的情况下，按照约定进行；在没有约定的情况下，则应当允许数个代理人之间通过约定进行分工，在出现争议时可以通过协商多数决的方式进行，经全体代理人协商或者按照多数人意思形成代理意见，但这时应当将数个代理人的分工情况及协商情况及时向被代理人报告。同理，共同监护在出现争议时也应当可以通过协商多数决的方式进行，如认为被监护人的合法权益被侵害，共同监护人也可以通过协商多数决的方式进行维权，包括代理被监护人行使诉权。第三种观点认为，为充分、及时保障被监护人的合法权益，不宜以共同行使或多数决作为监护人代理被监护人行使诉权的前置条件。共同监护人当中的其中一个监护人认为有损害被监护人合法权益的行为发生的，或者认为另一个监护人的监护代理行为损害被监护人的利益的，该监护人如纯粹是为了被监护人的利益而以被监护人的名义起诉主张权益的，这种法定代理行为应属于一种纯获利益的民事法律行为，不应当存在人数上的限制。

　　结合本案，党某国、寇某某是涉案《赠与合同》的当事人，其与该《赠与合同》具有法律上的直接利害关系，对因该《赠与合同》产生的争议享有民事诉权。但党某国、寇某某已被确认为无民事行为能力人，无能力自己行使诉权，而党某群、党某某、党某军作为其法定监护人，依法均负有保护被监护人党某国、寇某某人身权利、财产权利及其他合法权益的义务，对于被监护人财产的处分亦应当尽到善良管理人的注意义务。因此，当党某群、党某某两个共同监护人认为党某是趁党某国、寇某某意识不清的情况下，将自己的意愿强加给党某国、寇某某，而处分党某国、寇某某名下的涉案房产，进而可能损害党某国、寇某某的财产权益，而以党某国、寇某某的名义代理起诉时，其只是作为党某国、寇某某的法定监护人行使被监护人的诉讼权利，主张的是被监护人的民事权益。如果按照第一种观点，共同监护人因被监护人的利益产生争议不能形成共识则不能诉讼解决，特别在本案的情形下，党某军是共同监护人之一，同时也是党某的父亲，其作为既得利益方是不可能支持起诉的，因此，若不赋予党某群、党某某代理党某国、寇某某行使诉权的权利，这种家庭纷争则无法通过司法途径予以妥善处理和最终解决。而第二种观点虽然一定程度上可以防止监护权滥用，但如果其中一个监护人认为其他共同监护人存在损害被监护人利益的行为时，其也会陷入难以采取法律措施保护被监护人合法权益的局面。相较而言，第三种观点则可以最大化保护被监护人的合法权益，也符合民法典第三十五条第一款确定的"监护人应当按照最有利于被监护人的原则履行监护职责"的监护原则。

劳动者解除劳动合同时提出的事由对经济补偿金的影响

——朱某某与重庆某某股份有限公司经济补偿金纠纷申请再审案

李春伟*

裁判要旨： 依照劳动合同法第三十八条、第四十六条的规定，劳动者因用人单位未及时足额支付劳动报酬而解除劳动合同的，用人单位应当向劳动者支付经济补偿。但在实践中，部分劳动者单方解除劳动合同的理由并不明确、具体，或者不符合法律规定的上述情形，但其在仲裁、诉讼阶段提出了符合应获得经济补偿金的具体理由。即使劳动者在后提出的解除劳动合同情形客观存在，但若对劳动者任意补充、解释或更改后的解除劳动合同的理由予以支持，有违诚实信用原则，既不利于准确认定劳动者真实的辞职原因，也容易使用人单位陷入不确定的法律风险之中，损害用人单位的合法权益，司法的权威性和稳定性亦有可能受到损害。从长远来看，也会造成劳动者与用人单位之间权益保护的过度失衡，并不利于劳动关系与社会经济的和谐健康发展，故不应对此鼓励和支持。

---

* 作者单位：重庆市第五中级人民法院。

一、基本案情

朱某某于 2007 年 3 月进入重庆某某股份有限公司（以下简称某某公司）工作，离职前从事返修工工作。2017 年 1 月 19 日，某某公司与朱某某签订了《劳动合同书》，约定合同期限自 2016 年 12 月 29 日至 2019 年 12 月 28 日止。2019 年 1 月 9 日，朱某某向某某公司发出《解除劳动关系通知书》，载明："由于你公司存在未依法休年休假，未按劳动合同约定提供劳动条件等违法行为，我特依据劳动合同法第三十八条之规定，提出与你解除劳动关系。"某某公司于 2019 年 1 月 10 日收到上述通知书。

2019 年 4 月 1 日，朱某某以某某公司为被申请人，向重庆市九龙坡区劳动人事争议仲裁委员会申请仲裁，请求裁决某某公司向其支付：解除劳动关系经济补偿金 58332 元以及 2017 年、2018 年未休年休假工资报酬 4470 元。该委于 2019 年 5 月 17 日作出渝劳人仲案字（2019）第 112 号仲裁裁决书，裁决：某某公司向朱某某支付未休年休假工资报酬 4470 元；某某公司向朱某某支付解除劳动关系经济补偿 55901.5 元。某某公司不服上述裁决事项，遂起诉至法院，请求判决某某公司不支付朱某某解除劳动关系经济补偿金 55901.5 元。

二、原审法院审理情况

重庆市九龙坡区人民法院一审认为，朱某某向原告某某公司发出的《解除劳动关系通知书》中载明了劳动关系解除原因，一是未依法休年休假，二是未按劳动合同约定提供劳动条件。关于未休年休假，未安排休年休假不属于我国劳动合同法规定的用人单位应支付经济补偿金的情形，故朱某某以未休年休假为由主张原告支付经济补偿金缺乏法律依据，对此理由一审法院不予支持。关于未按劳动合同约定提供劳动条件，朱某某在庭审中明确该情形是指原告某某公司未按约定为其提供免费工作餐。双方签订的《劳动合同书》并并未对此项进行约定，同时劳动条件是指劳动者借以实现其劳动的物质条件，即生产过程中有关劳动者的安全、生产和劳动程度等所必需的物质设备条件，如厂房的安全卫生状况、车间气温条件等，一般与劳动者的工作环境、劳动强度及工作时间有关。工作餐从其性质本身来说，是用人单位为协调劳动关系，逐步提高劳动者的生活水平所创设的福利性待遇，并非实现劳动不可或缺的物质设备条件，因此工作餐并不属于劳动条件的范围，故被告朱某某以未提供免费工作餐为由，主张原告某某公司未提供劳动条件，应支付经济补偿金的理由亦不成立。综上，原告某某公司主张不支付经济补偿金理由成立，一审法院对其诉讼请求予以支持。据此，依照劳动合同法第四十六条，2017年修订民事诉讼法第六十四条第一款之规定，判决如下：原告某某公司于本判决生效之日起五日内向被告朱某某支付未休年休假工资4470元；原告某某公司不支付被告朱某某解除劳动关系的经济补偿金55901.5元。

朱某某未提起上诉。

三、当事人申请再审及答辩理由

朱某某申请再审称，第一，其解除劳动合同是依据劳动合同法第三十八条的规定，理由是未依法休年休假和用人单位未按劳动合同提供劳动条件等违法行为，其在劳动仲裁及一审开庭时均提出未依法休年休假既包含用人单位未安排其休年休假，也包含用人单位未向其支付未休年休假待遇的意思，二者属于同一违法行为，符合劳动合同法第三十八条规定的用人单位未及时足额支付劳动报酬之情形，一审判决认为"未依法休年休假"不符合用人单位应支付经济补偿金的情形属认定事实和适用法律错误；第二，劳动条件既包括工作环境、劳动强度、工作时间等方面的物质设备条件，同时也包括经济待遇、生活条件等与劳动者利益密切相关的事项。提供免费工作餐系双方在劳动合同中约定的一项待遇，用人单位未按合同约定提供，符合劳动合同法第三十八条规定的未提供劳动合同约定的劳动条件之情形，劳动者据此解除劳动合同的，用人单位亦应支付经济补偿金，一审判决对其请求不予支持错误。朱某某依据

2017年修订民事诉讼法第二百条第二项、第六项的规定申请再审。

某某公司提交意见称，第一，申请人向被申请人提出解除劳动合同时的理由与其申请仲裁、法院庭审时陈述的理由并不一致，不同的解除理由将导致不同的法律后果，在此情况下应以申请人首次明确的理由为准；第二，申请人未休年休假不能扩大解释为被申请人未支付年休假工资，否则将导致结论错误；第三，被申请人与申请人并未在劳动合同中约定提供免费工作餐，且免费工作餐属于福利性待遇，不属于劳动合同法第三十八条规定的劳动条件范围。申请人的申请再审理由不能成立，请求予以驳回。

四、法院再审审查意见

重庆市第五中级人民法院审查认为，本案的主要争议焦点为某某公司是否应向朱某某支付经济补偿金。本案中，朱某某原系某某公司员工，其于2019年1月9日向某某公司发出《解除劳动关系通知书》，载明："由于你公司存在未依法休年休假，未按劳动合同约定提供劳动条件等违法行为，我特依据劳动合同法第三十八条之规定，提出与你解除劳动关系。"围绕本案争议焦点，针对朱某某前述单方解除劳动合同所依据的理由是否属于用人单位应向劳动者支付经济补偿金的法定情形，法院评述如下。

第一，关于未依法休年休假是否属于用人单位向劳动者支付经济补偿金的法定情形问题。首先，劳动合同法第四十六条规定了劳动者依照该法第三十八条规定解除劳动合同等用人单位应当向劳动者支付经济补偿的情形，其中并不包括用人单位未安排劳动者休年休假。其次，劳动者认为用人单位未安排年休假不能当然等同于劳动者要求用人单位支付相应劳动报酬。带薪年休假制度的目的在于保障劳动者的休息权利，用人单位应充分尊重和保障劳动者这一权利。虽然用人单位未安排年休假应加倍支付相应的劳动报酬，但劳动者要求休息权与要求支付相应经济报酬的目的及后果有所不同，用人单位未安排年休假与拖欠劳动报酬也存在区别。若劳动者以用人单位未及时足额支付劳动报酬为由解除劳动合同的,属于用人单位应当支付经济补偿的情形,但朱某某在向某某公司发出的《解除劳动关系通知书》中并未明确提出该公司未及时足额支付劳动报酬这一理由。最后,劳动者单方解除劳动合同的理由应明确、具体,且判断用人单位是否应向劳动者支付经济补偿金应以劳动者解除劳动合同当时提出的理由为准,不应以劳动者事后补充或变更的理由判断。虽然对处于弱势地位的劳动者利益应给予适当倾斜的保护,但是用人单位的合法利益也应得到应有的保障。从长远来看,劳动者与用人单位之间权益保护的过度失衡,并不利于劳动关系与社会经济的和谐健康发展。本案中,朱某某解除劳动合同时明确提出的解除理由为未依法休年休假和未按劳动合同约定提供劳动条件,并无"用人单位未及时足额支付劳动报酬"这一情形,若按照其在劳动仲裁、诉讼时补充、增加或变更的解除理由判断用人单位是否应予支付经济补偿金,既不利于准确认定劳动者真实的辞职原因,有违诚实信用原则,也容易使用人单位陷入不确定的法律风险之中,损害用人单位的合法权益。综上,一审判决认为未安排休年休假不属于我国劳动合同法规定的用人单位应支付经济补偿金的情形,对朱某某以此为由请求支付经济补偿金的主张不予支持并无不当。

第二,关于未提供免费工作餐是否属于劳动合同约定的劳动条件问题。首先,双方于2017年1月19日签订的自2016年12月29日起至2019年12月28日止的固定期限《劳动合同书》中并未约定"用人单位在工作期间提供一餐免费工作餐"之内容。其次,劳动条件是指劳动者借以实现其劳动的物质条件,即生产过程中有关劳动者的安全保护、生产等所必需的物质设备条件,如厂房的安全卫生状况、车间气温条件等,一般与劳动者的工作环境、劳动强度及工作时间有关,若用人单位不提供该条件,将导致劳动者无法正常工作。从免费工作餐的性质上讲,其是用人单位为协调劳动关系,提高劳动者积极性或生活水平所创设的福利性待遇,并非实现劳动不可或缺的物质设备条件,因此免费工作餐并不属于劳动条件范畴。一审判决认为朱某某以此主张某某公司未提供劳动条件，应支付经济补偿金的理由不能成立亦无不当。综上，朱某某的再审申请不符合 2017 年修订民事诉讼法第二百条规定的再审情形。依照民事诉讼法第二百零四条第一款、《最高人民法院关于适用〈中华人民共和国民事诉讼法〉的解释》（法释〔2015〕5 号）第三百九十五条第二款的规定，裁定驳回朱某某的再审申请。

五、评析意见

（一）经济补偿金制度是对劳动者权利倾斜保护的重要体现

经济补偿金是我国劳动法律制度中的一项重要内容，无论该制度是出于对劳动者劳动贡献或可得利益的一种补偿，还是出于保障劳动合同解除后的劳动者生活，抑或是对用人单位违法解除劳动合同的一种惩罚，都不会影响其在维持劳动者失业阶段的基本生活，缓解劳动者的生活困难，保护劳动者合法权益方面所发挥的积极作用，充分体现了劳动法对劳动者倾斜保护的原则和目的，是劳动关系解除或终止后保障劳动者权益的重要机制之一。

我国于 1994 年颁布的劳动法首次在法律层面规定了经济补偿制度，2007 年的劳动合同法在劳动法的基础上对该制度作了更为详尽的规定，除规定用人单位解除合同应支付经济补偿金的几种情形外，还增加了终止劳动合同、劳动者解除劳动合同等应支付经济补偿金的情形，进一步扩大了经济补偿金的适用范围。

（二）劳资利益保护的倾斜与平衡

经济补偿金制度对提高劳动成本、稳定劳动关系，保障劳动者权益发挥了积极作用。但该制度在设立之初也存在一定的争议，随着我国社会保障制度的不断健全，完善甚至取消该制度的呼声不时出现，这些观点主要是认为，经济补偿金的制度功能已被不断健全的社会保障制度替代,再让企业支付经济补偿,无疑会给企业增加经济负担,不利于企业的长久发展。一般来讲,劳动者与用人单位相比处于弱势地位,故我国的劳动法律规范给予劳动者一定的倾斜保护,在劳动合同的订立、变更、解除以及劳动者休假等方面,均作了详细的规定。但同时用人单位的相应成本也不断提高,造成用人单位经营压力加大。本案并不涉及经济补偿金制度的存废问题,但在法律规定不明确的情况下如何有效发挥该制度的作用,既能充分保护劳动者权益,又能平衡用人单位的合法利益,发挥构建和谐劳资关系,维护社会稳定的作用,不至于因为对劳动者的过度保护,导致用人单位经营困难、劳动者福利待遇下降甚至失业的反效果,值得我们探索思考。

针对本案,首先,在劳动者主动解除劳动合同的情况下,劳动者在解除合同理由、搜集保存相应证据方面具有一定的主动权,劳动者以用人单位存在劳动合同法第三十八条所规定的情形为由请求经济补偿并得到支持的可能性很大。同时,劳动者能够在解除劳动合同时向用人单位书面通知解除理由并援引相应的法律依据,说明其对相应法律规范比较熟悉,在认识上不存在明显的劣势。其次,劳动者提出的解除合同的理由之一为"未依法休年休假",既不属于劳动合同法第四十六条规定的用人单位应支付经济补偿的情形,又存在多种情形、多种理解:如劳动者主动不休年休假、劳动者要求休年休假但用人单位不予批准或未能及时安排等;劳动者提出该解除理由也可以理解为其向用人单位提出休年休假的权利要求未得到满足,该要求属于休息权,与要求支付相应经济报酬的目的及后果有所不同。用人单位未安排年休假与未及时足额支付劳动报酬也存在区别,无法当然将未依法休年休假等同于劳动者补充的用人单位未及时足额发放未休假报酬。

(三)未休年休假报酬性质争议及价值导向

对于未休年休假所应得的报酬是否属于劳动合同法第三十八条中的劳动报酬,也存在不小争议。

案例评析

劳动报酬说认为，未休年休假报酬属于劳动合同法第三十八条所指的"劳动报酬"。主要理由有：从法律规定上看，年休假对应的是工资报酬；从含义上看，劳动报酬即工资，指职工为用人单位提供劳动后，用人单位支付的对价。未休年休假工资报酬，是因职工在应休而未休的假日期间提供了劳动，用人单位应支付的报酬，只是报酬计算的标准较平时高。由此，未休年休假工资报酬应属于劳动报酬范畴。从会计制度和统计制度上看，年休假工资报酬（含已休和未休）均纳入工资口径。综上，未休年休假工资报酬是职工在法定的休假日中提供了劳动，用人单位应当支付的劳动报酬。[①] 还有理由认为《职工带薪年休假条例》及《企业职工带薪年休假实施办法》使用了"年休假工资报酬"字样，该报酬与劳动合同法中的"劳动报酬"能够统一。

福利待遇说认为，未休年休假工资属于福利待遇。主要理由有：第一，在薪酬管理体系中，未休带薪年休假工资报酬作为通过福利和服务获得的报酬有别于直接以现金方式支付的工资，并结合《工资支付暂行规定》《国家统计局关于工资总额组成的规定》等相关法规对于工资的规定，可以得出未休年休假工资报酬虽然表述为"工资报酬"，但是并非工资总额的组成部分，而且其产生归因于职工福利，所以其性质应为福利待遇。[②]

但笔者认为，《职工带薪年休假条例》及《企业职工带薪年休假实施办法》中的"工资报酬"与劳动合同法中的"劳动报酬"内涵与外延并不完全相同，而且赋予劳动者以未付未休年休假工资报酬为由解除劳动合同的权利并不符合立法本意。年休假制度保障的是劳动者的休息权，其与劳动报酬权保护的方式、目标、内容均有所不同，带薪年休假制度主要目的在于保障劳动者休息权，而不是让劳动者通过牺牲休息时间获得额外报酬，但在目前情况下，我国对劳动报酬权的保护力度更大，若

[①] 参见熊刚：《未休年休假待遇属于劳动报酬还是福利待遇》，载重庆人力资源和社会保障网。
[②] 参见贾迪、赵磊：《带薪年休假工资报酬性质研究》，载《中国人力资源开发》2017 年第 1 期。

将未休假工资也视为劳动报酬，很可能导致劳动者在利益驱动下选择尽可能不休假从而获得劳动报酬，从而不利于休息权保护目的之实现。

（四）劳动者行使解除权应如何履行告知义务

首先，劳动者解除劳动合同应反映其真实意思表示。不同的解除理由会产生不同的法律后果，如会影响用人单位是否支付经济补偿金（劳动者依照劳动合同法第三十八条的规定解除劳动合同的，用人单位应支付经济补偿金），或者会影响劳动者辞职时是否具有预先通知义务，如因个人原因辞职的，需要履行书面提前通知的义务，但若以"用人单位以暴力、威胁或者非法限制人身自由的手段强迫劳动者劳动的，或者用人单位违章指挥、强令冒险作业危及劳动者人身安全"为由解除劳动合同的，劳动者可以立即解除劳动合同，不需事先告知用人单位。劳动合同法第三十八条所规定的系劳动者的特别解除权，即劳动者无条件单方解除劳动合同的权利，劳动者以该条规定的事由解除劳动合同的，可以得到用人单位的经济补偿，但若劳动者辞职时出于碍于情面等原因，隐瞒了真实原因未行使特别解除权，即使用人单位存在上述过错，劳动者关于支付经济补偿金的请求亦不大可能得到支持。

其次，劳动者单方解除劳动合同的理由应明确、具体。实践中，劳动者单方解除劳动合同情形十分常见，解除理由也各种各样，有以个人原因解除的，也有以用人单位存在过错解除的，也有未说明任何原因"不辞而别"的，但如前所述，劳动者不同的解除理由会影响到其提出的用人单位支付经济补偿金的请求是否能够得到支持。语义不明、模糊不清的解除合同理由难以使仲裁机构或人民法院判断，最终可能影响其自身合法权益的实现。如广东省高级人民法院印发的《广东省高级人民法院关于审理劳动争议案件疑难问题的解答》第八条在回答"劳动者以用人单位存在劳动合同法第三十八条第一款情形为由主张被迫解除劳动合同是否应在离职时明确提出"这一问题时明确：劳动者以用人单位存在劳动合同法第三十八条第一款情形为由主张被迫解除劳动合同的，应当在离职时明确提出。劳动者在离职时未以用人单位存在劳动合同法第三十八条第一款情形为由主张被迫解除劳动合同，其之后又以用人单位存在劳动合同法第三十八条第一款情形为由主张被迫解除劳动合同请求支付经济补偿金的，一般不予支持。

最后，劳动者解除劳动合同的理由不应在事后进行任意补充或变更。尽管劳动者处于弱势地位，对其利益应给予适当倾斜的保护，但也应在程序上对其解除权进行一定的限制，防止其滥用解除权，以保障用人单位的合法权利，防止利益保护的失衡。如劳动合同法第三十七条就规定了劳动者解除劳动合同时的预先告知的义务，以减小因劳动者的随时离职对用人单位生产经营的影响。不少地方也出台相关文件对此作出一定的限制。例如，《广东省高级人民法院、广东省劳动人事争议仲裁委员会关于审理劳动人事争议案件若干问题的座谈会纪要》第二十八条规定：劳动者以其他理由提出辞职，后又以用人单位存在劳动合同法第三十八条规定情形迫使其辞职为由，请求用人单位支付经济补偿的，不予支持。《北京市高级人民法院、北京市劳动争议仲裁委员会关于劳动争议案件法律适用问题研讨会会议纪要（二）》第三十九条也有类似规定：对于劳动者提出解除劳动合同的，应以劳动者当时实际解除劳动合同时提出的理由作为认定案件事实的依据，劳动者以劳动合同法第三十八条规定之外的情形为由提出解除劳动合同，在仲裁或诉讼阶段又主张用人单位存在前述法定情形迫使其解除劳动合同，请求用人单位支付经济补偿金或赔偿金的，不予支持，但劳动者证明在解除劳动合同时，存在欺诈、胁迫、重大误解等违背其真实意思表示的情形的除外。

就本案来看，若允许劳动者对其辞职理由进行任意补充、解释或更改，有违诚实信用原则，既不利于准确认定劳动者真实的辞职原因，也容易使用人单位陷入不确定的法律风险之中，损害用人单位的合法权益，司法的权威性和稳定性亦有可能受到损害。从长远来看，也会造成劳动者与用人单位之间权益保护的过度失衡，并不利于劳动关系与社会经济的和谐健康发展。

【经验交流】

2020年人民法院一站式
多元解纷和诉讼服务体系建设综述

徐德芳[*]

2019年以来,各级人民法院深入学习贯彻落实习近平总书记重要讲话和关于司法为民的重要指示精神,认真贯彻落实南昌会议要求和周强院长重要讲话精神,从推进国家治理体系和治理能力现代化的战略高度,紧紧围绕让人民群众在每一个司法案件中感受到公平正义的目标,聚焦提升人民法院纠纷解决和服务群众能力水平,以《最高人民法院关于建设一站式多元解纷机制一站式诉讼服务中心的意见》为总蓝图,以诉讼服务质效评估体系为抓手,围绕多元解纷、分调裁审、立案服务、审判辅助、涉诉信访五大业务和建机制、定规则、搭平台、推应用四个环节,统筹部署,全面发力,大胆创新,一体推进一站式多元解纷和诉讼服务体系建设。全国3500多家法院迅速行动起来,以诉讼服务中心为主体、十大诉讼服务信息平台为支撑的一站式建设总体框架基本建成,多元解纷和诉讼服务工作从重点突破向整体跃升迈进,在服务人民群众、服务审判执行、服务社会治理、服务党和国家工作大局方面成效显著,开创了人民法院化解纠纷和服务群众的全新局面。

---

[*] 最高人民法院立案庭诉讼服务建设指导办公室副主任。

一、取得八个"新"成效：一站式多元解纷和诉讼服务体系日益完善

人民法院一站式多元解纷和诉讼服务体系建设，是坚持以习近平新时代中国特色社会主义思想为指导，坚持以人民为中心的发展思想，坚持需求导向和问题导向，在深入分析当前人民法院面临的形势任务，准确把握司法规律特点，全面总结党的十八大以来诉讼服务中心建设经验，立足当前、着眼长远所作出的一项重大改革部署，体现了寓社会治理和化解纠纷于诉讼服务之中的工作思路，是一项系统性、基础性、全局性工作，对于提升新时代人民法院化解矛盾纠纷能力水平，实现审判体系和审判能力现代化，健全完善中国特色社会主义司法制度，推进国家治理体系和治理能力现代化具有重要意义。

2019年以来，周强院长多次调研诉讼服务工作，提出了一系列工作新思路、新目标、新要求。2019年3月28日，周强院长在诉讼服务专题调研会上首次提出一站式建设总体框架。同年6月13日，全国高级法院院长座谈会在江西南昌召开，专题研究人民法院多元解纷和诉讼服务工作，明确了现代化诉讼服务体系的战略目标和一站式建设的总体要求。同年7月26日，召开全国法院现代化诉讼服务体系建设工作部署会，对全面推进一站式建设工作作出具体部署。同年11月7日，周强院长再次带队调研一站式建设工作，进一步明确一站式发展方向和推进重点。2020年7月16日，周强院长在听取一站式建设工作进展汇报时，提出了"集约、集成、在线、融合"建设思路，为推动一站式建设实现新发展指明方向。各级人民法院迅速统一思想认识，从贯彻落实党的十九届四中全会的政治高度认识一站式建设重大意义，认真贯彻落实最高人民法院部署要求，普遍成立一把手为组长、各部门协同配合的领导小组，全方位、全领域开展一站式建设工作，推动形成符合中国国情、体现司法规律、引领时代潮流的中国特色纠纷解决和诉讼服务新模式。

（一）绘就独树一帜一站式建设新蓝图

坚持科学布局，以一站式诉讼服务中心为载体，建设从矛盾纠纷源头预防，到诉前多元解纷，再到简案快审、繁案精审的分层递进、繁简结合、衔接配套的一站式多元解纷机制，充分释放多元解纷与诉讼服务"1+1＞2"的体系化效应。2019年7月31日，出台《最高人民法院关于建设一站式多元解纷机制一站式诉讼服务中心的意见》，首次提出"一站式多元解纷、一站式诉讼服务"工作要求，系统规划了人民法院一站式建设总框架、路线图、时间表和责任链，推动各级法院掀起建设热潮。同时，下发跨域立案服务、保全、委托鉴定、律师服务等具体建设内容的工作规范和技术规范10余份，进一步细化建设要求，便于各项工作落地落实。各级人民法院高度重视，主动向地方党委政法委专题汇报，积极争取支持；定期召开党组会议听取汇报，研究解决推进中存在的困难问题。各高级人民法院迅速制定本地区实施方案，3500余家法院出台落实细则，推动建设工作项目化、项目目标化、目标节点化、节点责任化。目前，各级人民法院出台的多元解纷、分调裁审、立案服务、审判辅助和涉诉信访的制度机制文件均实时传送到最高人民法院诉讼服务指导中心信息平台，供随时查询学习下载。一站式建设制度体系逐步建立健全，多元解纷和诉讼服务工作更加规范化、标准化、专业化。

（二）形成源头预防调处化解纠纷新路径

全面落实"将非诉讼纠纷解决机制挺在前面"工作部署，切实发挥人民法院在社会治理中的职能作用，前移解纷关口，延伸服务触角，下沉力量资源，建立矛盾纠纷源头预防化解链条，实现纠纷"终端"与诉讼"前端"无缝对接，让大量纠纷止于未发、化于萌芽。各地法院积极参与无讼乡村（社区、团镇、连队）创建工作，多数法院推动将万人成诉率纳入本地区平安考核，从源头上预防和减少纠纷。江苏法院实现民事行政案件万人起诉率纳入地方综治考核和社会治理工作绩效监测评价指标100%全覆盖、参与无讼村居（社区）创建100%全覆盖、"审务进基层、法官进网格"100%全覆盖。2020年上半年，新收一审民事及行政案件同比下降28%。福建法院创新"嵌入式""主导式""云联式"三式路径，2020年参与源头化解纠纷同比增加41.66%。内蒙古109个旗（县）法院推动旗（县）党委成立135个矛盾纠纷化解中心，实现一揽子多元化解各类矛盾纠纷。新疆兵团法院实现"一团一法官工作室"全覆盖，20%的一审民商事案件得到就地化解。四川法院在全省设立813个诉讼服务站、2368个诉讼服务点，将快捷高效的纠纷解决机制延伸到网格化辖区的"神经末梢"。新疆法院建立101个"枫桥式"法庭、1200个法官工作站、56个巡回法庭，打造"庭、站、点、员"四位一体社会治理平台。贵州法院积极争取党委政府支持，70%以上法院获得多元化解财政经费保障。陕西省咸阳市中级人民法院"五链共治、法在基层"诉源治理机制、甘肃两当县人民法院"民事直说"平台等创新做法，促进自治法治德治更加融合。不少法院转变工作理念，从"以我为主"变为"党委主导"，主动融入党委领导下的矛盾纠纷多元预防调处化解综合机制，强化诉非对接，切实发挥司法保障作用，形成诉前多元联动解纷合力。浙江全省法院成建制入驻党委牵头建立的矛调中心，实现大量纠纷化解在诉讼前。2020年诉前化解纠纷量同比上升7.5%，全省收案在2019年同比下降4.6%基础上，2020年同比再次下降15.1%。吉林法院围绕实现"案件拐点"目标，将诉前调解质效等纳入考评体系，让大量纠纷及时高效得到化解。2020年，全省新收案件量同比下降14.3%，群众满意率达98.74%。湖南法院建立"三调"联动工作机制，在家事、劳动争议、道路交通等六大民生领域形成多元解纷合力。2020年以来，全省71%的法院一审民商事、行政案件数量实现下降。重庆法院创新在线司法确认机制，实现司法确认就地申请、同步审核、在线回传、当场送达。河北法院不断增强"一乡一庭"诉前调解功能，切实发挥人民法庭就地化解纠纷作用。湖北省咸宁市中级人民法院推动建立人民调解中心，并在中心设立法官工作室，实现"社会调处纠纷在先，人民法院诉讼在后"。宁夏回族自治区盐池县人民法院建立"法官+村官"双助理机制，走出诉非对接新路径。2019年，全国45%的中级、基层人民法院案件量增幅出现下降，16.6%的中级、基层法院案件量同比下降。2020年，越来越多的中级、基层人民法院积极参与社会治理，促进实现案件量稳步下降、基层社会治理水平明显提升的良好局面。

（三）重塑一站式多元解纷新格局

充分发挥我国制度优势，按照建设人人有责、人人尽责、人人享有的社会治理共同体的工作思路，借外力、挖内潜、搭平台、聚合力，重塑纠纷解决格局，再造诉讼流程，增强诉讼服务中心实质性解纷功能，让人民群众跑一个地方就能快速解决纠纷。在人民法院诉讼服务中心搭建婚姻家庭纠纷、道路交通事故损害赔偿纠纷、物业纠纷、劳动争议、医疗纠纷、商事纠纷、知识产权纠纷、行政争议等类型多样调解工作室，引入人民调解员、行业组织、行政机关、律师等参与调解，强化诉讼引导辅导，多方联动、共同解纷，为群众提供多形式、多途径、高效率、低成本的纠纷解决方案。2019年，全国法院设立调解工作室近7000个，3200多家法院建立在线调解室，诉前调解案件近300万件，同比增加66%，立案后庭前调解近220万件，同比增长83%。大量纠纷通过调解、和解这样方便、快捷、低成本、不伤和气的方式在诉讼服务中心得到解决。出台《最高人民法院关于人民法院深化"分调裁审"机制改革的意见》，在诉讼服务中心全面开展繁简分流和速裁快审工作，促进调裁对接实质化、诉讼程序简捷化，做到能调则调、当判则判，调审结合、快速解纷，形成少数法官在前端办理多数简单案件的工作格局。2019年，1万名左右法官速裁快审案件330多万件，案件量同比增长80%以上。全国法院平均40%左右的民商事案件在诉讼服务中心实现一站式解决，审理周期大大缩短，群众满意度明显提高。2020年上半年已有3327家法院实现繁简自动分流，全国法院速裁快审案件平均审理期限30天。北京法院将常驻的459名特邀调解员编入速裁快审团队，促进诉调紧密对接。

2020年上半年，在诉讼服务中心用21.6%的法官审理66.5%的一审民商事案件，审判效率大大提高。江西全省法院54.6%的一审民事和行政案件通过分调裁审机制解决，比一审民事和行政案件平均审理期限缩短19.8天。河南全省设立574个速裁快审团队开展"门诊式"审判。2020年以来，速裁快审案件平均审理期限37.3天、一审服判息诉率达95.5%，与一审民商事案件平均审理时间相比缩短17.7天，服判息诉率高出8.8个百分点。云南法院设立第三方工作室676个，2020年上半年，全省59.6%的案件在诉讼服务中心通过调解速裁快审方式解决。广西基层人民法院适用速裁快审方式审理约95%的一审民商事案件，一审服判息诉率达97.27%。人民法院诉讼服务中心已经成为前端解纷"桥头堡"、多元共治"枢纽站"，形成中国特色一站式解纷新格局。

（四）打造"一次不用跑"在线调解新平台

积极顺应时代潮流，以科技为支撑，全面推广应用人民法院调解平台。对外通过在线方式链接人民调解、行业调解、商事调解等解纷资源，对内加强与移动微法院、律师服务平台、审判流程管理系统、国际商事调解平台等互联融通，加大与各地法院自建平台对接力度，集成智能评估、音视频调解、司法确认、立案、繁简分流等各项功能，突破区域、部门和层级信息壁垒，为当事人提供全时空、跨地域、全流程的网上解纷服务。到2020年8月中旬，全国3331家法院运行调解平台，平台入驻调解组织3.3万个，调解员11.9万名，累计汇聚调解案件743万件，调解成功率达61%。平台从最初日均调解十几件案件，增长为目前日均调解案件近万件。强化在线音视频调解，下发在线音视频调解通知，每周定点开展督导，加强在线培训，提升音视频调解质量。2020年1月至8月，在线音视频调解数达14.4万件，超过平台上线两年累计总量。充分研判各类型纠纷特点和当事人需求，突出金融、民生等重点领域在线多元调解工作，加强与证监会、全国工商联、银保监会、人民银行等"总对总"诉调对接工作，建立类型化纠纷在线解纷模式。与证监会签订

《关于建立证券期货纠纷在线诉调对接机制的合作备忘录》，共同推进人民法院调解平台与中国投资者网证券期货纠纷在线解决平台两网贯通，覆盖全国法院和资本市场各投资业务领域。2020年"3·15"期间，上海、浙江等地法院使用平台开展在线调解，受到广泛好评。山东省济南市中级人民法院、北京市第四中级人民法院通过平台委派调解，让3000余名投资者获赔1050万元。积极与全国工商联合作，联合下发《关于加快推进人民法院调解平台与商会调解服务平台对接工作的通知》，建成工商联商会调解服务平台，并于2020年6月正式运行。仅1个月，委派调解44件。7月底，与全国工商联联合开展网络培训，提升在线解纷效果，扩大平台影响力。加强与人民银行协商，实现与中国金融消费纠纷调解网对接。此外，与银保监会就在线多元调解工作形成建设方案；与全国总工会、司法部、中国侨联等进行对接，推动劳动争议多元化解、律师在线调解、涉侨纠纷多元化解等工作。进一步巩固和扩大"道交一体化"平台建设成果，加大在全国法院的推广应用工作。目前，"道交一体化"平台已在全国试点的27家高级人民法院1554家基层人民法院上线，完成与30个地区高级人民法院审判流程管理系统对接和13家财产保险公司对接，实现全国85%机动车车辆保险一键理赔。截至2020年8月中旬，调解案件33.7万件，调解成功率达80.1%，多数案件在诉前自动履行。25%的案件申请司法确认，仅3.9%的纠纷进入诉讼程序。各地法院积极运用在线多元调解方式，建立线上多元化解矩阵集群，实现"一网解纷"，让群众不出户、纠纷线上解。安徽法院将在线调解平台建设列入党组重要议事日程，对工作推动不力的45家法院进行专项督促指导。上海法院一站式多元解纷平台实现与全市6400多家调解组织的互联互通。山西省高级人民法院依托人民法院调解平台，率先实现与省公安厅掌上派出所、司法厅智慧调解服务系统对接，打造在线多元解纷新样板。海南法院创新建立一站式涉外民商事纠纷在线多元化解平台，进入平台的涉外案件80%通过调撤方式解决。人民法院运用在线方式多元化解纠纷能力水平不断增强，以数字正义为牵引实现更高水平的公平正义。

（五）取得跨域立案服务改革新突破

以案件"当场立、自助立、网上立、就近立"改革为抓手，推动实现案件从"立不立"向立案服务"好不好"转变。围绕切实解决群众异地立案不便等问题，加快推进跨域立案诉讼服务改革，线下通过诉讼服务大厅跨域立案服务窗口，线上依托中国移动微法院，形成贯通四级法院一体化立案服务网络，让当事人就近能立、多点可立、少跑快立。2019年12月25日，全国中级、基层人民法院和海事法院全面实现三类案件跨域立案服务，建立起"家门口起诉"新模式，让当事人在全国任何一家中级、基层人民法院都能享受与管辖法院同品质的立案服务。自2019年8月到2020年8月中旬，全国法院提供一审民商事、行政起诉和强制执行申请跨域立案服务5.45万件，84%的案件管辖法院实现30分钟内响应。全国95%以上法院开通网上立案功能，2019年网上立案超过590万件，是2018年的2.5倍。2020年以来，网上立案（包括预约立案和自助立案）404万件。山东法院实现网上立案全覆盖，广东法院网上立案率突破70%。各地法院通过"键对键""屏对屏""面对面"等多种渠道，让人民群众"足不出户可立案""家门口法院能立案"。大力推广自助立案、扫码立案，全国法院普遍提供自助立案服务，大大减少当事人排队等候时间。在交通不便的地区巡回立案，提供送上门的服务。青海法院的移动背包科技法庭、西藏法院的流动诉讼服务中心，打通司法为民的最后一公里。持之以恒巩固立案登记制改革成果。在全国范围开展立案登记制改革专项自查工作，坚决纠正个别法院存在的"人为控制立案、变相拖延立案、抬高立案门槛、立案不规范、限制立案、以调代立、推诿立案"等行为，推动实现"一次性当场立案"。黑龙江法院开展"打官司不求人"十项承诺，广西法院在全区推行"同案同标同立"，吉林法院开展诉讼服务"好差评"，对实名"差评"的回访整改率达100%，让立案更透明、更高效、更便捷。

(六) 构建高品质智慧型诉讼服务新模式

立足群众需求，不断拓宽服务渠道，改进服务方式，增强服务效能，提高服务品质，力求能够在诉讼服务中心办理的诉讼事项决不让群众多跑一次腿。进一步健全诉讼服务大厅、诉讼服务网、12368热线、巡回办理"厅网线巡"立体化诉讼渠道，推动实现诉讼服务一站通办、一网通办、一号通办、一次通办，让各类当事人都能享受到高品质的诉讼服务。全国98%的法院建立诉讼服务大厅。全国98%的法院运行诉讼服务网，逐步将线下一站式服务项目拓展到线上。全国法院均开通12368诉讼服务热线，提供自助或人工查询咨询服务。目前，山东、甘肃、吉林、天津、重庆、宁夏、广西、海南、河北、贵州等地已经率先实现12368免区号呼入功能。截至2020年8月中旬，全国法院热线累计接听量超过4700万人次。全国3550家法院涉诉信访系统实现与最高人民法院涉诉信访管理系统互联互通，录入合格率超过97%，做到信访信息共享、一键交转办、网上反馈结果。加强视频巡查工作，全国2554家法院诉讼服务中心及周边视频已接入最高人民法院诉讼服务指导中心信息平台，随调随用，实现对地方法院诉服窗口的实时监督和远程指导。持续推动诉讼服务与智慧法院建设深度融合，不断强化中国移动微法院集成作用。以中国移动微法院为载体，加快诉讼服务大厅、诉讼服务网的数据集成，实现一套数据全网流转，一个入口服务群众，为当事人提供网上立案、网上查询、网上阅卷等服务，让诉讼事务"家里办""掌上办""随时办"，打造"智慧诉服"新模式。2020年1月至8月中旬，通过中国移动微法院网上立案378.5万件，视频开庭5.14万件，送达文书176.88万件、439.49万次。建立律师服务平台，推动实现律师身份"一次核验、全国通用"，并提供线上线下一站式诉讼服务。当前，最高人民法院正在研究依托中国移动微法院，为境外当事人提供网上立案等诉讼服务，让便捷高效的诉讼服务惠及各类当事人。山东法院实现立案、交费、递交材料、阅卷、庭审等全流程事务一网通办，让当事人诉讼更加便利。广东法院开通港澳案件授权见证平台，为港澳当事人提供一站式智能诉讼服务。一些法院运行智能访问系统，实现诉讼事务扫码办、刷脸办。不少地区建立24小时自助服务中心，让诉讼服务全年无休、24小时不打烊。许多法院打造文化诉讼服务中心，加大普法宣传力度，将诉讼服务中心建成公共法律服务供给站和法治文化传播站。辽宁法院建立高品位诉讼服务平台，为当事人提供人性化的诉讼服务。人民法院诉讼服务中心逐渐成为彰显中国司法文明的重要窗口。

（七）实现集约通办诉讼事务水平新提升

按照"服务群众、服务法官、服务审判"工作思路，将审判辅助性、事务性、服务性工作进行线上系统集成、线下人员集约，推动诉讼服务功能更加集聚、资源更加集中、方式更加集成、效能更加集约。推广应用人民法院送达平台，全国22个省（自治区、直辖市）1649家法院开通平台，截至2020年8月中旬，累计送达案件21.7万件，使用诉讼活动通知查询后送达成功率达56.6%，以"看得见"的高效破解"送不到"的难题。与中国邮政联合下发开展集中打印工作通知，推动人民法院送达平台与中国邮政集约送达服务平台"总对总"对接，通过在288个地市建立邮政集约送达服务中心，对异地送达实现全域集中打印、全程网上办理。甘肃等地率先完成集中送达中心测试工作，研发直接送达一体机，将区块链技术运用到集约送达之中。不少法院在诉讼服务中心成立集约送达团队，集中开展直接送达等事务，极大减轻审判团队工作负担。北京法院完善集约送达工作机制，建立送达地址共享库，民商事案件平均送达周期缩短43%，年均减少650万送达费用。推广应用人民法院保全系统，并在广西开展试点工作，方便当事人一网办理保全事务。2020年初试点后，截至8月中旬，广西法院网上保全案件1817件，总标的额突破25亿元。目前，保全系统已经在全国法院推广，28个省（自治区、直辖市）完成对接工作。加大委托鉴定平台推广应用工作。山东全省175家法院于2020年5月上线委托鉴定平台，实现委托鉴定网上流转、全程留痕、公开透明、可视监管。到同年8月中旬，共委托鉴定18001件，覆盖189个案由和32项鉴定类别，鉴定后采信率达99%，平均周期比线下鉴定缩短31.5%。通过线上集约、线下集中，进一步优化司法资源配置，让审判辅助事务办理更高效。天津法院建立在线保全中心、集约送达中心，实现一网申请、集约办理。到2020年上半年，在线保全1462件，电子送达成功率达85%。江西、湖南等地运行收转发E中心，实现立案、扫描、流转、送达等线上线下一体化运行，极大提升工作质效。各地法院积极引入社会化服务，实行统一管理，让"专业的人做专业的事"，最大限度为群众解忧，为法官减负，为审判执行提速。

（八）建成一网统管诉讼服务工作新体系

按照一网统管诉服运行工作要求，建成最高人民法院诉讼服务指导中心信息平台，贯通中国移动微法院、人民法院调解平台、人民法院送达平台、12368诉讼服务平台、人民法院网上保全系统、人民法院委托鉴定系统、全国法院涉诉信访管理系统、全国法院视频监控系统等诉讼服务信息平台，以多元解纷、分调裁审、立案服务、审判辅助、涉诉信访五大业务模块为横轴，以建机制、定规则、搭平台、推应用四个环节为纵轴，以质效评估体系为牵引，实现对四级法院诉讼服务工作全业务、全流程的统一调度、精细管理、视频巡查和自动评估。通过平台，可以实时查看全国法院跨域立案服务、电子送达、网上阅卷、在线调解、保全鉴定、12368热线、涉诉信访等70多项关键指标的数据，一键生成各个法院诉讼服务质效评估报告，实时查看任何一家法院诉讼服务中心工作场景，做到一网统管四级法院诉讼事务。全国法院质效评估平均分从信息平台上线两个月的18.96分增长到2020年7月底的75.14分，增幅2.96倍。2020年，最高人民法院在质效评估指标体系1.0版本基础上，突出平台应用成效，下发2.0版本，共74项指标，并相应对信息平台进行优化升级，更好发挥一网统管功能。截至2020年8月中旬，全国法院质效评估评分51.19分。江西、辽宁、吉林、云南等地评分超过60分。

人民法院一站式建设从单兵突进、重点突破迈入整体提升、全面飞跃的新阶段。

2020年新冠肺炎疫情期间，各级人民法院落实依法防控、依法治理要求，充分运用一站式建设成果，主动下沉力量参与联防联控、排查化解，依法稳妥处理一批矛盾风险。全面畅通网上服务渠道，为当事人提供立案、交费、开庭、调解、送达等网上诉讼服务。加大一站式多元解纷力度，通过在线方式化解一批涉疫情纠纷，及时定分止争。2020年2月3日至7月3日，全国法院网上立案280万件、网上开庭44万次、网上调解129万件，同比分别增长46%、895%和291%，电子送达848万次。

二、呈现六个转变：一站式多元解纷和诉讼服务体系建设路径更加清晰

人民法院一站式多元解纷和诉讼服务体系建设，是在遵循中央司法改革方向，总结地方实践经验，聚焦突出矛盾问题，立足法院长远发展基础上所作出的一项制度创新，体现了系统性、整体性、协同性改革思路。各级人民法院根据最高人民法院工作部署，以战略思维、创新思维和辩证思维推动多元解纷和诉讼服务深度融合、一体建设。一站式建设方向更加明确，路径更加清晰，举措更加成熟，并呈现出以下特点。

（一）工作理念从以判止纷向大治理观、大服务观转变

各级人民法院从国家治理体系和治理能力现代化的政治高度把握一站式建设工作，将人民法院纠纷解决融入社会治理体系之中，积极参与党委领导下的诉源治理机制建设，更加注重解纷职能向前延伸，治理重心向基层下移，更好发挥服务和保障基层社会治理职能作用，从源头上预防调处矛盾纠纷。各地法院扭转法院办案越多越好，简单以案件数量多少论英雄的政绩观，摒弃"受案数量少，法官员额被消减"的顾虑，将民事（行政）案件万人成诉率、诉前调解率等纳入考核指标，以预防

化解矛盾纠纷能力水平全面助推社会治理现代化。

（二）工作定位从平台搭建向实质运行转变

以多元解纷机制和诉讼服务中心一体建设为抓手，破解纠纷解决和诉讼服务相互割裂、各自运行带来的机制建设不落地、"花瓶式"服务等问题。在诉讼服务中心搭建多元解纷平台，开展简单案件速裁快审工作，办理各类诉讼事务，为群众提供"办事一站式、服务一条龙、运行一体化、解决一揽子"的优质诉讼服务，让人民群众及时感受公正、实现正义。

（三）工作模式从"请进来"向"走出去"转变

改变以法院为主导的纠纷解决格局，主动争取党委领导，参与完善共建共治共享社会治理制度，通过"走出去"，送法上门，入驻党委领导下的矛盾纠纷预防调处中心，为人民调解、行政调解、行业调解提供智力支持，为自治德治提供法治保障等，推动社会治理法治化、专业化。扩大诉讼服务辐射面，以基层人民法院和人民法庭为枢纽，设立诉讼服务站点、法官联系点、基层调解点等，实现法院、法官与村（社区）一一对接，及时将矛盾纠纷实质性化解在基层。

（四）工作方式从线下集中向线上集成转变

充分发挥信息化空间无限、连接一切的优势，破解人民法院面临的诉讼服务场地有限、人员力量不足、对接联络不畅等难题，通过中国移动微法院、人民法院调解平台、送达平台、保全系统、委托鉴定平台等线上方式系统集成各方力量、各项数据，最大限度凝聚解纷资源，释放服务效能，发挥总体效应。

（五）工作机制从物理合并向融合交互转变

推动以调解平台等信息系统深度融合线下解纷服务工作，实现平台实体化运行，切实解决线下工作开展和线上平台应用"两张皮"问题，避免信息系统应用表层化、作用单一化，出现工作线下干，数据线上录，增加工作负担等情况，做到网上办理、网上流转、网上反馈等，形成线上线下一体融合的工作格局。

（六）工作要求从"好不好"向"精不精"转变

着眼各类诉讼群众司法需求，推动诉讼服务精细化、精准化。通过线上线下、现场巡回等多渠道提供服务，不断提高服务的质量和效果，让优质服务惠及每个诉讼群众。在少数民族聚居地区、边境地区建立车载流动法庭，提供双语服务，做到哪里有司法需求，法律服务就送到哪里。为律师等特定群体开通网上服务平台，提供绿色通道，让诉讼服务更具针对性。

三、围绕"四个环节"：推动 2020 年底实现基本建成一站式多元解纷和诉讼服务体系工作目标

党的十九届四中全会聚焦国家治理体系和治理能力现代化，对坚持和完善中国特色社会主义法治体系、坚持和完善共建共治共享的社会治理制度等提出具体要求，为人民法院一站式建设指明了方向。面对党的十九届四中全会新要求和人民群众新期待，各级人民法院要坚持以习近平新时代中国特色社会主义思想为指导，立足推进国家治理体系和治理能力现代化战略高度，把握统筹推进常态化疫情防控和经济社会发展工作部署要求，紧紧围绕努力让人民群众在每一个司法案件中感受到公平正义目标，坚持服务人民群众、服务审判执行、服务社会治理、服务党和国家工作大局功能定位，突出集约、集成、在线、融合四个关键，重点抓科学布局、抓制度完善、抓机制协同、抓平台建设、抓实质应用、抓基层基础，融合推进多元解纷和诉讼服务工作，全面提升一站式建设效能，加快形成符合中国国情、满足人民期待、体现司法规律、引领时代潮流的中国特色纠纷解决和诉讼服务模式，努力把一站式多元解纷和

诉讼服务体系建设成中国法院新的亮丽名片。

到 2021 年"两会"前，各级人民法院要实现基本建成一站式多元解纷和诉讼服务体系目标。一是建机制方面。科学配套、权责明晰、上下贯通、高效协同的多元解纷和诉讼服务运行机制基本形成，法院融入党委领导下的社会治理体系和多元解纷工作格局更加广泛深入，四级法院之间、"厅网线巡"服务渠道之间、法院各部门之间、解纷和诉服各环节之间对接更加紧密，衔接更加顺畅，基本做到一体联动。二是定规则方面。一站式建设工作规范化、制度化水平明显提升，基本建成以法律和中央改革文件为基础，《最高人民法院关于建设一站式多元解纷机制一站式诉讼服务中心的意见》为总框架，多元解纷、分调裁审、立案服务、审判辅助、涉诉信访等五大模块业务规范和技术规范为主体，地方法院实施意见为支撑的多元解纷和诉讼服务规则体系，做到各项工作有章可循，基本实现同一事项在四级法院无差别受理、同标准办理。三是搭平台方面。多元解纷和诉讼服务各项功能、各种资源、各类人员集成、集约程度大幅提升，平台之间更加互联融通，各平台之间、内外网之间系统对接和自动跳转能力进一步增强，基本实现对外以移动微法院为总入口通办全部诉讼事务，为当事人提供一站通办、一网通办、一号通办、一次通办服务；对内以诉讼服务指导中心信息平台为总枢纽，深度融合中国移动微法院、人民法院调解平台、人民法院送达平台、12368 诉讼服务平台、人民法院网上保全系统、人民法院委托鉴定系统、全国法院涉诉信访管理系统、全国法院视频监控系统、人民法院律师服务平台等智慧诉讼服务平台系统，一网统管全部诉讼服务运行。四是推应用方面。一站式智慧诉讼服务平台体系应用范围更加广泛，基本实现诉讼服务全业务覆盖、全流程覆盖、全角色覆盖、四级法院全覆盖，当事人、律师、调解员、法官及其他参与者平台应用率明显提高；线下工作与线上平台更加融合，逐步做到诉讼业务全流程在线；各地区诉讼服务质效评估分值差距进一步缩小，一站式多元解纷和诉讼服务质效全面提升，通过一站式建设促进审判质效进一步提高、案件增幅趋于平缓、司法公信进一步增强。

全国总工会"总对总"在线诉调对接经验交流材料

近年来,全国总工会深入贯彻落实党中央、国务院关于完善矛盾纠纷多元化解机制的部署,会同最高人民法院积极开展"法院+工会"劳动争议多元化解试点工作。2021年6月,试点工作进展顺利,取得了初步成效。

一、高度重视、精心组织,抓好试点工作部署落实

全国人大常委会副委员长、全国总工会主席王东明同志高度重视"法院+工会"劳动争议多元化解工作,作出重要批示,对推广成熟经验、深化"法院+工会"试点工作提出明确要求。全国总工会法律工作部认真贯彻落实领导批示精神,会同最高人民法院司法改革领导小组办公室、立案庭调研总结广东"法院+工会"劳动争议诉调对接工作经验,精心谋划推进"法院+工会"劳动争议多元化解工作。2019年9月,全国总工会和最高人民法院下发通知,决定在内蒙古、吉林、上海、江西、山东、湖北、广东、四川8个省(自治区、直辖市)和陕西西安、浙江宁波、广西北海3个市,部署开展"法院+工会"劳动争议多元化解试点工作。2020年2月,全国总工会和最高人民法院联合印发了《关于在部分地区开展劳动争议多元化解试点工作的意见》,进一步明确工作要求,加强规范指导,有序推进试点工作。各试点地区工会贯彻"党委领导、政府主导、各方协同"的多元共治理念,认真落实试点工作意见,迅速部署,积极作为,主动与法院协调对接,保障试点工作稳步推进。

二、整合资源，完善制度，建好诉调对接阵地平台

全国总工会法律工作部会同最高人民法院司法改革领导小组办公室、立案庭，指导各试点地区对照"硬件能齐备、人员能到位、运行要规范、工作有实绩"的标准，积极推进制度建设、阵地建设和人员建设，形成了"你中有我、我中有你"、职能优势互补的工作格局，为开展诉调对接工作奠定坚实基础。11个试点地区工会和人民法院以制度建设为抓手，坚持制度先行，建立联席会议制度，健全工作运行机制，落实工作经费保障，研究完善"以案定补"和其他考核激励等配套制度；普遍建立了诉调对接工作室，并将一批业务素质过硬、执业经验丰富、工作热情高的专业人员充实到调解员队伍中，确保调解专业性和调解工作实效。截至2021年5月底，11个试点地区工会通过"法院+工会"模式，参与调解劳动争议案件18.6万余件，累计调解成功12万余件；调处集体劳动争议案件3000余件（次），涉及劳动者1.1万余人，涉及案件标的额近亿元。

三、科技支撑，在线调解，助力诉调对接提质增效

2020年7月以来，全国总工会法律工作部与最高人民法院立案庭反复沟通、达成共识，决定建立"总对总"在线诉调对接机制，畅通线上线下调解与诉讼对接渠道，即由全国总工会指导各级工会同本级人民法院建立协调对接机制，指导各级工会劳动争议调解服务资源入驻人民法院调解平台，开展全流程在线调解、在线申请司法确认或出具调解书等诉调对接工作，全面提升劳动争议调解工作的质量和效率。2021年2月，最高人民法院联合全国总工会等6家单位共同召开了新闻发布会。6月初，全国总工会和最高人民法院联合印发了《关于加快推进劳动争议纠纷在线诉调对接工作的通知》。2021年6月，首批11个试点地区工会及其调解服务资源（调解组织和调解员）已全部入驻人民法院调解平台，同时，鼓励非试点地区积极应用在线诉调对接平台开展调解工作。

下一步，全国总工会将加强同最高人民法院、人力资源社会保障部、司法部以及全国律协等沟通协作，优势互补、联动联合，落实多元共治理念，推动形成劳动争议调解、仲裁、诉讼程序衔接、资源整合、信息共享的纠纷多元化解新格局。会同最高人民法院加强纠纷多元化解工作政策解读和宣传工作，深化劳动争议诉调对接工作室等阵地建设，加强对下指导和服务，研究制定具有可操作性的指导意见，细化完善"以案定补"和各项考核激励机制，推动解决人、财、物等实际问题。组织召开"法院＋工会"劳动争议多元化解试点工作推进会，加快推进工会调解服务资源充分应用人民法院调解平台，实现全流程在线诉调对接，提升劳动争议诉调对接工作信息化、智能化水平和调解工作实效。

中国侨联"总对总"在线诉调对接经验交流材料

随着世情、国情和海外侨情的变化,涉侨矛盾纠纷呈逐年递增的趋势。面对这种情况,中国侨联与最高人民法院紧密合作,共同推动建立涉侨纠纷多元化解机制。2018年3月,两家单位联合印发《关于在部分地区开展涉侨纠纷多元化解试点工作的意见》,明确在11个省(自治区、直辖市)开展试点。2020年10月,中国侨联与最高人民法院在浙江青田召开涉侨跨境纠纷多元化解机制工作座谈会,签署《涉侨纠纷在线诉调对接机制合作备忘录》,并于2020年底正式建立"总对总"在线诉调对接机制。各级侨联的调解组织和调解员入驻人民法院调解平台,开展全流程在线诉调对接工作,全面提升涉侨纠纷多元化解的质量和效率。

涉侨矛盾纠纷解决有其特殊性:一是社会影响力大。涉侨案件带有显著的"国际化"特征,当事人侨居海外,但又与国内有着千丝万缕的联系,虽是个案,但影响面广、传播速度快、敏感性强,处理不当易引发严重后果。二是诉讼成本高。华侨回国参与诉讼的经济成本和时间成本都很高,致使有些华侨难以当庭表达诉求;诉讼材料公证认证程序也很烦琐,送达时间长,案件审理周期长,个别可达两至三年。三是执行难度大。有的海外被执行人始终处于失联状态,其在海外的财产状况也很难查明,这些都导致法院判决很难执行。

受传统文化和地理阻隔等因素影响,大多数涉案侨胞倾向于通过非诉方式解决矛盾纠纷。侨联组织具有与侨胞联系紧密的显著优势,由侨联组织出面协调并配合有关司法部门开展诉调对接,有利于实现涉侨矛盾纠纷的诉前化解和涉侨案件的高效审结与执行。涉侨纠纷在线诉调对接工作开展以来，各地侨联组织主动与同级人民法院对接，推动调解组织和调解员入驻人民法院调解平台，并开展全流程在线诉调对接工作，初步实现了纠纷提交、委托调解、开展调解、达成协议、申请司法确认等各个环节均可在线办理，切实减轻了侨界群众的诉累。

据统计，截至2021年6月，已有26个省（自治区、直辖市）的976个调解组织、1941名调解员入驻人民法院调解平台，其中包括3个境外商会调解组织。各地侨联和人民法院结合本地侨情特点，积极创新工作方式方法，取得很好成效。浙江温州、安徽歙县等地区发挥侨乡宗族、地缘亲缘纽带优势，聘请在侨界有威望的侨领和乡贤担任调解员或司法联络员，实现法治、德治、自治相结合。云南瑞丽发挥地缘相近、文化相通的优势，设立民族特色型诉讼服务中心、国门诉讼服务站、涉外法庭、国门调解室等，搭建诉调对接高效化解纠纷的服务平台。一些省（自治区、直辖市）为了解决跨国调解、跨国公证难的问题，还建立了海外司法联络站，实现了海外涉侨纠纷在线联络和解决，这些都是非常好的经验和做法，值得推广和应用。

几年来，虽然涉侨纠纷在线诉调对接工作进展顺利，取得了一定成效，但也存在一些问题，比如个别地方的侨联和人民法院沟通不畅，在线诉调的经费保障不足，涉侨纠纷调解工作宣传力度不够等，都需要认真研究并加以解决。为了做好下一步工作，提出五点工作建议。

一是加强工作联动，不断完善配套机制，定期通报在线诉调对接工作的开展情况，积极研究未来工作举措，多多听取执行层面和调解员的意见建议，不断增强在线诉调的可操作性。

二是完善指导督促机制，针对各地区工作开展不均衡问题，有针对性地开展督查指导，对一些地方积累的好经验、好做法，要及时总结、视情推广；对工作中发现的问题和困难，要积极给予指导和帮助，分类解决。

三是加大宣传力度，提高涉侨纠纷在线诉调对接机制的影响力，使其在侨界群众中有更高的知晓度。各地侨联和人民法院要多渠道、多场合推介涉侨纠纷在线诉调对接机制，引导侨界群众自主选择这一高效、便捷、低成本的方式来化解矛盾纠纷。

四是完善经费保障机制，以司法体制改革立项来推动各级侨联与各级人民法院共同争取党委、政府支持，将涉侨纠纷解决经费纳入财政预算，通过政府购买公共服务、鼓励侨胞专项募捐等多种形式，拓宽经费来源渠道。

五是完善诉调队伍培训机制，通过集中培训、专题讲座、定期交流、以案说法，加强对涉侨纠纷调解员队伍的组织、选拔、培训和业务指导工作，提高专业能力。

今后，侨联组织将继续加强与法院系统的合作，充分挖掘在线诉调对接机制的巨大潜力，加快推动在线诉调对接机制常态化运转，在完善制度、健全体系、搭建平台、组建队伍等方面积极行动起来，也希望法院系统多多给予帮助和指导，共同推动涉侨纠纷在线诉调工作的稳步开展。

全国工商联"总对总"在线诉调对接经验交流材料

开展商会调解是工商联和商会组织参与协同社会治理、调处矛盾纠纷、促进社会和谐稳定的一项重要内容。近年来,全国工商联秉持"内行人管行内事、商人纠纷商会解"的理念,将商会调解纳入工商联法律服务工作,与"法律三进"、法治民企建设、法律维权服务有效融合。在各级人民法院、司法部门和工商联的共同努力下,全力推动基础性、公益性的商会人民调解,积极探索市场化、有偿服务的商事调解,打造立足民营经济领域、服务民营企业发展的商会调解特色品牌。截至2020年7月,工商联系统共成立各类商会调解组织2059个,调解员9724名,2018年以来调解纠纷6.5万件。商会调解组织规模、工作队伍、社会影响不断扩大。

这些成绩的取得离不开各级人民法院特别是最高人民法院的大力支持。一直以来,全国工商联与最高人民法院建立了常态化的沟通联系机制,特别是2019年双方联合印发《关于发挥商会调解优势推动民营经济领域纠纷多元化解机制建设的意见》,推动商会调解机制与诉讼程序的有机衔接。2020年10月,联合印发《关于建立健全人民法院与工商联沟通联系机制的意见》,进一步明确大力培育商会调解组织,共同推进商会调解服务平台建设。全国工商联还积极与最高人民法院国际商事法庭对接,参与一带一路国际商事争端解决机制建设。

为推进民营经济领域多元解纷信息化建设,在最高人民法院立案庭和江苏新视云科技股份有限公司的大力支持下,共同开发了工商联商会调解服务平台，并实现与人民法院调解平台对接。可以实现服务管理、在线调解、诉调衔接、统计分析等四大功能，能够为当事人提供在线提交纠纷、远程音视频调解、司法确认、一键立案等在内的一站式在线调解和诉调对接服务。2020年10月30日，在第二届民营经济法治建设峰会上，最高人民法院党组书记、院长周强同志，全国政协副主席、全国工商联主席高云龙同志共同启动了工商联商会调解服务平台，标志着民营经济领域在线多元调解进入全新模式。平台上线后，我们多次与江苏新视云科技股份有限公司对平台进行优化升级，共同组织调解员开展技术辅导和业务培训，组织网上座谈交流，听取意见建议，充分调动调解组织和调解员运用平台在线调解的积极性。在各级工商联高度重视和积极推动下，入驻平台的调解组织和调解员数量不断增加，在线调解案件数量和调解成功率逐步提升，平台功能和影响力日益增强。截至2021年6月，平台已覆盖了全国32个省（自治区、直辖市）的2421家工商联，汇聚调解组织1605个，调解员1334人，累计在线调解案件1400余件，调解成功率达74%。安徽省滁州市总商会调解委员会和当地人民法院在这方面已经取得了很好的成效。实现了商会调解案件逐案登记、全程留痕、动态管理，商会调解平台与人民法院调解平台基本实现案件委派、后台同步、资料互推、信息共享、安全可靠的矛盾纠纷化解信息平台。截至2021年6月，平台共受理涉企案件1084件，调解成功906件，在线申请司法确认368件，调解成功率达84%，70%的调解成功案件在4天内办结，大大缩减了企业的诉讼成本和时间成本。

  下一步，全国工商联将认真贯彻落实习近平总书记关于"坚持把非诉讼纠纷解决机制挺在前面，从源头上减少诉讼增量"等重要讲话精神，全力推进民营经济领域矛盾纠纷多元化解机制建设。一是召开商会调解工作推进会，进一步推动工商联、商会调解组织和调解员全面入驻平台，广泛宣传商会调解服务平台的解纷优势，进一步提高社会公众对商会调解知悉度和认可度，扩大商会调解的影响力。二是积极为商会赋能，鼓励和支持商会围绕企业纠纷化解需求，探索适合本行业本商会的调解模式。适时开展商会调解标准化建设，确保商会调解组织规范运行。三是进一步优化升级商会调解服务平台功能，不断提升用户体验和在线调解效率。我们将根据用户需求，进行技术优化，完善平台功能。也希望最高人民法院能够在案例查询、课程培训、案件评估等方面提供资源支持，共同把商会调解服务平台建设好、维护好、推广好、使用好。

最后，也真诚地希望各位一如既往地支持工商联的工作，支持商会调解工作的开展，为多元化纠纷解决机制建设，打造法治化的营商环境，促进民营经济的高质量发展贡献智慧和力量。

国家发展改革委"总对总"
在线诉调对接经验交流材料

价格争议纠纷比较常见，主要涉及交通事故赔偿、医疗服务、物业收费、旅游餐饮、农业生产等与民生息息相关领域。做好价格争议纠纷调解工作，是各级价格主管部门所属价格认定机构的一项重要职责。近几年，各级价格认定机构努力将其打造成为一个价格公共服务的新品牌。2021年6月，全国各地普遍开展了价格争议纠纷调解工作，调解事项涉及总金额每年近50亿元，单项金额超过50万元。调解工作沿着制度化、规范化轨道发展，江苏、陕西、青海3省以省政府规章形式，吉林、黑龙江、福建、河北等14省以规范性文件形式出台了调解工作办法。各地因地制宜，不断创新工作方式方法，江苏省的南京、苏州、扬州和山东省的济南、青岛、临沂等城市积极推动调解工作进商圈、进景区、进社区、进园区；陕西在全省A级景区设立调解站点近400个，西安实现全市重点景区调解站点全覆盖；四川、重庆等省市积极构建多部门资源共享、协同联动的工作格局，并利用大数据、人工智能等现代科技手段让调解工作更有力度、速度和温度。

最高人民法院、国家发展改革委和司法部于2019年底联合印发《关于深入开展价格争议纠纷调解工作的意见》（法发〔2019〕32号）后，国家发展改革委价格认证中心在全国价格认定工作会议上进行了统一部署，要求各地深入开展价格争议纠纷调解工作，推动建立制度完善、组织健全、规范高效的价格争议纠纷调解体系。国家发展改革委价格认证中心与最高人民法院立案庭先后赴四川、重庆、江苏开展联合调研，建立"总对总"在线诉调对接工作机制，首批选定山西、江苏、安徽、山东、河南、重庆、四川、陕西和青海等9个省（直辖市）、220多个市县开展试点，旨在依托一站式多元解纷机制，发挥价格认定工作专业优势，在诉前和诉中环节调解化解部分民商事案件中的价格争议纠纷。2021年5月中旬，山西省运城市价格认定中心通过人民法院调解平台成功调解了一起机动车交通事故纠纷案件，成为"总对总"在线诉调机制建立后首个成功调解的案例。同时，国家发展改革委价格认证中心在门户网站开辟价格争议纠纷调解专栏，利用《价格理论与实践》杂志、《中国经济导报》《中国改革报》以及《经济日报》等中央媒体宣传各地工作情况，《中国改革报》作了题为《讲好中国一站式多元解纷故事》的专访。

下一步，国家发展改革委价格认证中心将进一步加强与最高人民法院立案庭的协调合作，强化对各地工作的指导和业务培训，适时总结推广基层一线的典型经验，充分利用现代化传媒手段加大舆论宣传力度。随着在线诉调对接机制的逐步完善及在线诉调对接工作的有效开展，价格争议纠纷调解工作将进一步融入社会矛盾多元化解体系，为规范价格秩序、优化营商环境、创新基层治理、建设和谐社会作出新的贡献。

人民银行"总对总"在线诉调对接经验交流材料

坚持和发展新时代"枫桥经验",探索更多依靠基层、发动群众、就地化解金融消费纠纷的途径和办法,是维护金融消费者合法权益的重要举措,是防范和化解金融风险的关键所在。人民银行始终坚持以人民为中心的发展思想,践行金融为民理念,积极贯彻落实《最高人民法院、中国人民银行、中国银行保险监督管理委员会关于全面推进金融纠纷多元化解机制建设的意见》,在制度构建、组织建设、调解实践等方面切实发挥牵头作用,多措并举持续推进金融纠纷多元化解机制建设。党史学习教育活动开展以来,人民银行金融消费权益保护局更是将建设共商共建务实有效的诉调对接工作机制,推进"总对总"在线诉调对接工作落地作为"我为群众办实事"的一项具体举措,助力金融纠纷前端化解,提升金融消费者的获得感、幸福感、安全感。

前期,人民银行坚持科技赋能,强化技术支持,组织力量建设了中国金融消费纠纷调解网,并与人民法院调解平台实现了"总对总"系统对接。在此基础上,人民银行金融消费权益保护局进一步理清思路、明确目标,结合各地金融纠纷调解组织建设发展的情况,选取天津、吉林、山东、湖南、福建、广西、山西等地开展"总对总"在线诉调对接试点工作,积极推动全流程在线诉调对接工作落实落细:一是强化沟通协作,理顺工作机制。与最高人民法院立案庭保持密切沟通,建立工作专班,就"总对总"在线诉调对接过程中面临的困难和问题及时交换意见并积极予以解决,在"总对总"层面建立高效工作模式。二是推动先行先试,开展调解实践。在进一步加强中国金融消费纠纷调解网的功能建设的同时，组织试点地区人民银行分支机构密切联系当地法院系统，结合实际形成地方合作机制，纵向联动、横向联合，按照既定工作计划和时间节点积极推进试点工作。三是积极开展培训，梳理案源信息。组织试点地区人民银行分支机构、金融纠纷调解组织开展在线诉调对接工作培训，就试点过程中遇到的问题进行讨论和解答；组织各试点地区人民银行分支机构与当地法院共同梳理近期可能通过诉调对接机制委托、委派的调解案件，就诉调对接工作进一步达成共识。

在试点过程中，重点打通了"全流程"和"在线"两个关键环节。"全流程"方面，主要是落实中国金融消费纠纷调解网与人民法院调解平台的数据交换和互联互通，实现案件移送、视频调解、签署协议、司法确认全部流程的在线办理。"在线"方面，主要是打破调解服务的地域限制，让各地调解组织、金融机构、金融消费者通过中国金融消费纠纷调解网共享调解资源。各地金融纠纷调解组织通过登录中国金融消费纠纷调解网在线网络调解平台，查看人民法院委派、委托的调解案件信息，在受理后进行调解，并将调解结果通过该系统返回给人民法院。

截至2021年6月，全部试点地区都已实现"总对总"在线诉调对接案件"零"的突破，全国也已有16件纠纷通过"总对总"在线诉调对接机制成功化解，其中不乏通过在线诉调对接为老年人、低收入群众等普惠金融重点人群，以及少数民族地区等普惠金融重点地区金融消费者解忧纾困的典型案例。

新时代，新使命、新征程。下一步，人民银行将继续坚持以人民为中心的发展思想，践行金融为民理念，前移解纷关口、下沉力量资源，多角度、宽领域开展金融纠纷解纷工作实践，推进"总对总"在线诉调对接，助力诉源治理，让"枫桥经验"在新时代焕发出新的光彩，以实际行动和优异成绩为党的百年华诞增光添彩。

银保监会"总对总"在线诉调对接经验交流材料

一、银行业保险业纠纷调解和诉调对接机制已运行多年并发挥了积极作用

2012年,原保监会就与最高人民法院开展了建立保险纠纷诉调对接机制的试点工作,并于2016年联合发布文件,将保险纠纷诉调对接机制在全国范围内推广。2014年,原银监会开始设立银行业纠纷调解组织,建立起银行业纠纷调解机制。2018年4月银保监会成立后,进一步整合调解力量,加大工作力度,推进银行业保险业调解工作快速发展。

2019年11月20日,银保监会与最高人民法院、人民银行联合召开了金融纠纷多元化解机制建设工作推进会,并联合下发了《关于全面推进金融纠纷多元化解机制建设的意见》(以下简称《意见》)。按照工作推进会部署和《意见》的要求,我们坚持和发展新时代"枫桥经验",多措并举推进银行业保险业纠纷调解和诉调对接机制建设,积极化解矛盾纠纷,指导各地方银保监局加强与当地法院和有关部门的合作联动,强化调解组织和调解员队伍建设,扩大覆盖面,提升调解服务质量,努力实现"纠纷不拖延、矛盾不升级、风险不扩散"。

截至2020年末,30个银保监局与当地法院、人民银行分支机构联合制定了纠纷多元化解机制建设实施意见,22个银保监局与当地法院、司法厅(局)、公安交管、人民银行分支机构建立了纠纷多元化解工作联动机制,14个银保监局指导调解组织与地市级及以下法院签订协议,明确诉调对接工作程序。北京、上海、浙江、贵州等地的调解组织与当地法院互设调解室，实现"诉调一站式"处理，提高工作效率和调解公信力。银行业调解机构总数达164家，覆盖4个直辖市和41%的地市（州、盟）；保险业调解机构达488家，覆盖4个直辖市和93%的地市（州、盟）。银行业保险业的专兼职调解员达到1.4万余人。

2020年全年，银行业保险业纠纷调解组织成功化解纠纷共计10.42万件，帮助消费者实现经济利益133.75亿元。其中，银保监会与最高人民法院相关部门合力推进诉调对接机制建设，细化立案前委派调解、立案后委托调解和调解协议司法确认等环节的流程，在该机制下成功化解纠纷4.65万件，涉及金额78.50亿元，得到了最高人民法院院长周强同志的充分肯定。

二、积极建设开通银行保险纠纷在线调解途径

为落实《意见》关于完善纠纷在线解决机制的要求，银保监会积极指导各地调解组织开设网上调解通道，推出"非接触式"调解服务，让"语音多跑腿、群众少跑路"。截至2020年底，已有28个银保监局辖区的138家调解组织开展了线上调解，2020年调解成功2.3万件，涉及金额30.96亿元。

同时，银保监会参照全国总工会、全国侨联、国家发展改革委等部委的模式，在最高人民法院立案庭的支持下，依托全国法院调解平台开发了银行业保险业纠纷在线调解系统，并与道路交通事故损害赔偿纠纷"网上数据一体化处理"平台实现了互联互通。2021年6月，银保监会已组织了第一批423家银行业保险业调解机构和4396名调解员入驻在线调解系统，并完成了各项系统测试工作。

三、下一步工作计划

一是于2021年6月底前上线在线诉调对接系统。银行业保险业纠纷在线诉调对接系统开通运行，将极大地提升消费者获得调解服务的便利

性，实现"让数据多跑腿、群众少跑路"，也是贯彻落实2021年2月19日习近平总书记主持召开的中央全面深化改革委员会第十八次会议提出的"前端化解、关口把控，从源头上减少诉讼增量"要求的重要措施。银保监会已将该系统作为"我为群众办实事"事项重点推进。

二是与最高人民法院联合印发在线诉调对接系统配套文件。为保证在线诉调对接工作规范平稳有序开展，银保监会拟与最高人民法院联合下发《关于建立银行保险领域纠纷在线诉调对接机制的通知》，明确相关要求。

三是做好相关培训和宣传。配合在线诉调对接系统上线，银保监会将组织系统内视频培训，向各银保监局消保处、各调解机构和调解员介绍在线诉调对接工作要求、系统操作指南等内容，帮助调解工作人员熟悉掌握在线诉调对接流程、管理要求和系统操作技能，确保在线纠纷调解和诉调对接工作顺利开展。同时，将加大宣传力度，将在线诉调对接工作纳入日常消费者教育内容，扩大宣传覆盖面。

下一步，银保监会将深入贯彻落实党的十九大和党的十九届三中、四中、五中全会精神，继续加大调解供给力度，提升调解组织的中立性和调解工作规范化水平，完善在线调解和诉调对接机制，加强调解员培训和管理，督促银行保险机构积极参与调解，与法院系统通力合作，推动银行业保险业纠纷调解和诉调对接机制再上新台阶。

证监会"总对总"在线诉调对接经验交流材料

一、资本市场投资者保护情况

我国资本市场拥有全球规模最大、交易最活跃的投资者群体，截至2021年6月，我国已有1.87亿投资者，其中95%以上为持股市值在50万元以下的中小投资者，维护好他们的合法权益，与上亿家庭、数亿人的切身利益直接相关，是资本市场站稳监管的人民立场、践行初心使命的内在要求。证监会高度重视投资者保护工作，在立法、司法部门和相关部委的大力支持下，在维护投资者合法权益方面作了很多努力和探索。建立多层级、广覆盖的资本市场投资者保护制度体系，完善投资者适当性管理制度，在监管业务各个环节嵌入投资者保护制度要求。推动将投资者教育纳入国民教育体系，全国4900多所学校开设了相关课程，覆盖5800多万大中小学生。积极倡导理性投资、价值投资和长期投资，开展科创板、创业板注册制改革，提高上市公司质量，新三板改革等专项投教活动。举办"股东来了"知识竞赛，参与竞赛人次破亿。打造服务投资者的四大平台，建设12386服务热线和中国投资者网，在全国各地建立了143家投资者教育基地。建立证券期货纠纷多元化解、持股行权、支持诉讼、先行赔付、"示范判决+专业调解"等五项投资者行权维权机制。积极参与投资者保护国际交流合作，牵头开展全球中小投资者诉求处理与权益救济项目，推动世行全球营商环境报告中我国"保护中小投资者"指标排名从119名提升至28名，创历史最好成绩。

二、资本市场纠纷多元化解工作情况

习近平总书记指出,要坚持和发展新时代"枫桥经验",把非诉讼纠纷解决机制挺在前面,加强矛盾纠纷源头预防、前端化解、关口把控。证券期货纠纷多元化解,是妥善处理投资者与市场主体之间的纠纷、切实维护投资者合法权益的重要举措,也是为投资者办实事的具体体现。2016年以来,证监会与最高人民法院共同推动建设调解、仲裁、诉讼等有机衔接、协调联动、高效便民、成本低廉的证券期货纠纷多元化解机制,取得良好成效,具体可以概括为"五个一"。

一是建立一套纠纷多元化解制度机制体系。2016年5月,最高人民法院与证监会联合发布《关于在全国部分地区开展证券期货纠纷多元化解机制试点工作的通知》,证券期货纠纷多元化解机制开始试点。2018年,两家又联合印发《关于全面推进证券期货纠纷多元化解机制建设的意见》,证券期货纠纷多元化解机制由试点转为全面推进。2019年10月最高人民法院立案庭与证监会投资者保护局签署合作备忘录,建立在线诉调对接机制。由此,证券监管部门和法院系统间的协作不断得到巩固深化,在线调解、委派调解、委托调解、调解协议司法确认、"示范判决＋专业调解"、小额速调、无争议事实记载等一整套诉调对接工作机制得以正式建立,并且在实践中发挥了重要作用。

此外,2020年3月1日起实施的修订后的证券法,专门规定了投资者保护机构的调解职责和证券公司配合调解的义务。为落实修订后的证券法、联合意见等要求,同年6月,证监会在全系统印发《证券期货纠纷调解工作指引》,细化规定了调解组织和调解员的标准条件、调解工作程序和要求、监管部门职责等内容。

二是构建一张多元化、广覆盖的证券期货调解网络。2021年6月,证监会推动建成证券期货调解组织37家,包括投资者保护机构、证券期货行业协会、证券期货交易所等会管单位调解组织,以及地方行业协会、事业单位、人民调解委员会等地方调解组织,实现全国所有辖区全覆盖。

调解范围涵盖了上市公司、证券、期货、基金等资本市场各项业务领域，服务区域覆盖境内所有省、自治区、直辖市，投资者只要有需求，就能获得专业便捷、没有地域和业务限制的纠纷化解服务。

特别指出的是，为更好化解跨区域、跨市场、涉众型等日益复杂的证券期货纠纷，增强调解工作实力，并提升我国资本市场国际地位，2020年证监会推动成立了全国性证券期货专业调解组织——中证资本市场法律服务中心。截至2021年5月31日，法律服务中心已与全国46家人民法院建立诉调对接机制，在全国设立35个调解工作站，累计接收法院委托调解、委派调解案件3658件，调解成功1982件，分别占法律服务中心受理及调解成功案件总数的28.08%、21.04%，帮助投资者累计获赔9700万元。尤其是全国首例证券纠纷示范判决案件方正科技案，调解成功517起平行案件，标志着"示范判决+专业调解+司法确认"这一具有中国特色的投资者维权机制正式落实。

三是打造一支专业的调解员队伍。调解员是调解工作的具体承担者，肩负着化解矛盾、宣传法治、维护稳定、促进和谐的职责使命。证监会大力推进调解员队伍建设，不断提高工作水平，全力维护资本市场和谐稳定。截至2021年5月31日，37家证券期货调解组织共有专职、兼职调解员1004名，全部具有本科以上学历，其中约三分之一具有硕士研究生学历。调解员队伍中既有业务水平过硬的法官、律师、大学教授，也有实务经验丰富的行业资深从业人员、自律组织法务负责人、仲裁员、公证员等，他们充分发挥专业特长，向当事人释法析理、定分止争，获得市场和投资者的良好反响。

四是建成一个高效便捷的证券期货纠纷在线诉调对接平台。顺应互联网时代信息化、科技化发展趋势，2020年3月，证监会与最高人民法院共同推动中国投资者网在线调解平台与人民法院调解平台探索对接。近期，两家完成了证券期货纠纷在线诉调系统全面对接，已于"5·15"全国投资者保护宣传日上线开通，实现了37家证券期货调解组织全部入驻中国投资者网在线调解平台，实现了法院案件向证券期货调解组织的线上委托、调解结果的线上司法确认，尽可能"让数据多跑路、让投资者少跑腿"，大大节约了调解的时间和成本，便利投资者和市场主体快速解决纠纷。特别是在新冠肺炎疫情防控工作情况下，省去了投资者来回奔波的烦恼。

五是开创了一个司法和证券期货监管相互支持、顺畅合作的新局面。在最高人民法院与证监会建立"总对总"诉调对接机制的框架下，证监会各派出机构、会管单位积极与各级人民法院沟通协调，充分发挥人民法院引导作用，通过人民法院立案前委派、立案后委托、诉中邀请等方式，推动当事人通过多元化解机制解决纠纷。各派出机构、会管单位已与65家人民法院（含高级人民法院26家、中级人民法院30家、基层人民法院9家）签署合作协议、合作备忘录、联合意见等87件，建立诉调对接合作机制，覆盖全国所有辖区。

自2016年开展试点工作至2021年4月底，各调解组织共受理调解案件2.5万余件，调解成功案件1.8万余件，调解成功纠纷金额约99亿元（调解成功金额较高的原因是，调解组织调解成功的纠纷中有资管产品纠纷、私募基金纠纷、债券纠纷等单个案值较高的纠纷）。其中，2021年1月至4月，各调解组织共受理调解案件1500余件，调解成功案件700余件，投资者获赔金额2.1亿元。整体来看，通过证券期货纠纷多元化解机制，依法、公正、高效化解了大量证券期货纠纷，有效维护了投资者的合法权益，成效明显。

三、工作建议

随着多层次资本市场改革发展，证券期货新产品和新业务不断出现，纠纷复杂程度也在增加，证监会将持续加强与最高人民法院的协调合作，进一步推进诉调对接等纠纷多元化解机制建设，也希望得到最高人民法院和地方各级人民法院的继续大力支持。借此机会，提出几点建议。

一是联合发通知。最高人民法院立案庭与证监会投资者保护局共同起草了建立"总对总"证券期货纠纷在线诉调对接工作的通知，2021年

6月已在征求意见阶段，希望尽快联合印发，明确"总对总"在线诉调对接的工作机制、业务流程和工作要求，推动各级人民法院与证监会各派出机构、会管单位和证券期货调解组织合作，共同推进在线诉调对接工作。

二是深化合作力度。希望最高人民法院指导各级人民法院在"总对总"诉调对接机制框架下，依托证券期货纠纷在线诉调对接平台，积极与证监会各派出机构、会管单位开展诉调对接工作，将证券期货调解组织和调解员纳入特邀调解名册，广泛吸纳证券专业人士担任调解员，通过设立接待窗口、调解工作室等方式开展多种形式的合作，依法及时办理司法确认。

三是加强培训指导。最高人民法院指导各级人民法院，证监会指导各派出机构、会管单位，建立多层次联合培训机制，创新培训方式，充实培训内容，不断提高调解员的职业修养、法律素养、专业知识和调解技能，为推进证券期货纠纷多元化解工作提供人员保障。

四是重视宣传推广。希望各级人民法院、证监会系统加大宣传力度，通过典型案例、普法教育等多种方式，提高当事人和社会公众对证券期货纠纷多元化解工作的知晓度和信任度，引导当事人积极通过调解方式解决证券期货纠纷，依法理性维权。

证券期货市场投资者保护是一项系统工程，需要汇聚各方合力，希望最高人民法院和地方各级人民法院、地方政府和专家学者、媒体朋友们继续关心、支持投资者保护工作，共同营造健康可持续的良好发展生态，推动投资者保护事业不断取得新发展。

国家知识产权局"总对总"在线诉调对接经验交流材料

一、深入贯彻党中央、国务院决策部署

2020年11月30日，习近平总书记在主持中央政治局第二十五次集体学习时强调，"知识产权保护工作关系国家治理体系和治理能力现代化，关系高质量发展，关系人民生活幸福，关系国家对外开放大局，关系国家安全"。完善知识产权纠纷多元化解机制，推进在线诉调对接工作，把争端解决关口前移，对于落实党中央、国务院关于强化知识产权保护系列决策部署意义重大。在此背景下，2020年12月29日，国家知识产权局会同最高人民法院联合印发《关于建立知识产权纠纷在线诉调对接机制的通知》（以下简称《通知》），此举既是学习贯彻习近平总书记重要讲话精神的行动体现，也是建立健全知识产权纠纷多元化解机制的具体举措。

二、推动在线诉调对接工作落到实处

国家知识产权局高度重视在线诉调对接工作，申长雨局长在局党组会、全国知识产权局长会议等不同场合多次强调，推动知识产权纠纷在线诉调对接工作的落实。2021年1月25日，中共国家知识产权局党组印发《关于贯彻落实习近平总书记在中央政治局第二十五次集体学习时重要讲话精神的意见》明确，推动实施"建立知识产权纠纷在线诉调对接

政策文件"。根据《通知》要求，国家知识产权局于 2021 年 2 月 4 日完成第一批次知识产权管理部门、调解组织、调解员信息收集工作。经过筛选，推荐 22 个省（自治区、直辖市）的 167 家知识产权纠纷调解组织、1094 名调解员入驻人民法院调解平台，共完成 163 家知识产权管理部门、164 家调解组织和 828 名调解员的账号开通工作。截至 2021 年 6 月，通过平台受理知识产权纠纷 4479 件。

2021 年 6 月 10 日，国家知识产权局知识产权保护司举办知识产权纠纷在线诉调对接工作线上培训，来自全国各省（自治区、直辖市）知识产权管理部门和调解组织的共 386 名代表参加了此次线上培训，对《通知》主要任务进行了讲解，对第一批调解组织和调解员入驻情况进行通报。人民法院调解平台负责人对人民法院调解平台的操作使用进行详细授课，并对操作流程进行了演示。参训学员普遍认为，培训内容针对性强，对于提升知识产权纠纷调解工作能力，推动在线诉调对接工作具有积极意义。

三、指导各地开展诉调对接工作

国家知识产权局高度重视调解组织建设，依托知识产权保护中心、快维中心、维权援助中心等机构建立一支高素质的调解队伍，截至 2021 年 6 月，已经运行的 27 家知识产权保护中心中，有 19 家推动成立了知识产权纠纷人民调解委员会。《通知》的出台进一步规范诉调对接程序，为各地开展在线诉调对接工作指明了方向。长沙知识产权保护中心与长沙市中级人民法院开展诉调对接工作，完成长沙市知识产权人民调解试点工作，指导调委会工作顺利推进，2020 年共参与各类调解案件 563 件，成功 74 件。潍坊知识产权保护中心与潍坊市中级人民法院签署知识产权合作框架协议，建立诉调对接机制，努力将多元化纠纷解决机制落地做实，其通过多元化解的"风筝轮"系列专利侵权纠纷案例入选全国十大典型案例，在 2020 年全国知识产权维权模拟演示活动中获最佳展示奖和全国唯一最佳释法作品奖。天津滨海新区知识产权保护中心与天津市第三中级人民法院、天津市人民检察院第三分院签署合作协议，建立诉调对接工作机制，与人民法院联合试行一站式全流程服务，组织当事人一次性完成调查确认、笔录确认、人民调解协议签订和司法确认相关手续，最大限度减轻当事人诉累，有效降低双方诉讼成本。

下一步，国家知识产权局将继续密切与最高人民法院的协同配合，大力培育知识产权纠纷调解组织，组织开展调解宣传培训，加强业务管理，指导调解组织和调解员开展全流程在线调解，不断提高调解工作成效。

【司法解释及司法指导性文件】

最高人民法院
关于加快推进人民法院调解平台进乡村、进社区、进网格工作的指导意见

2021年9月30日　　　　　　　　法〔2021〕247号

为深入贯彻党中央关于加强基层治理体系和治理能力现代化建设重大部署，落实把非诉讼纠纷解决机制挺在前面要求，坚持强基导向，推动人民法院一站式多元解纷工作向基层延伸，切实把矛盾纠纷解决在萌芽状态、化解在基层。现就依托人民法院调解平台，开展进乡村、进社区、进网格工作提出以下意见。

一、总体要求

1. 工作目标。基层人民法院及人民法庭要坚持党委领导、政府主导，主动融入地方党委政法委建立的基层社会治理大格局，充分发挥职能作用，依托人民法院调解平台（以下简称调解平台），在线对接基层解纷力量，通过"请进来""走出去"，构建分层递进源头预防化解矛盾纠纷路径，形成"纵向到底、横向到边"基层预防化解纠纷网络，推动矛盾纠纷就地发现、就地调处、就地化解，切实维护社会稳定和安全。

2. 工作载体。以调解平台作为工作载体，通过邀请人员入驻等方式，将基层社会治理资源全部集约到调解平台，做到基层解纷力量全覆盖，实现预警、分流、化解、调解、司法确认、进展跟踪、结果反馈、指导

督办等全流程在线办理。

本意见中的基层治理单位包括但不限于基层人民法院及人民法庭辖区内的综治中心、矛调中心、司法所、派出所、工会、妇联、劳动、民政、市场监管、土地管理、乡镇（街道）、村（社区）等单位。

3. 开展主体。人民法庭负责做好本辖区调解平台进乡村、进社区、进网格工作（以下简称"三进"工作），未设人民法庭的村（社区）、乡镇（街道），由基层人民法院负责开展"三进"工作。

各中级、高级人民法院应当加强对本地区"三进"工作的统筹指导，确保"三进"工作在辖区内实现全覆盖。

二、制度建设

4. 完善入驻平台制度。调解平台增设诉源治理工作模块。基层人民法院或者人民法庭入驻诉源治理工作模块后，负责组织基层治理单位以及专业性行业性调解组织将其管理的调解员、网格员、乡镇（街道）干部、村（社区）干部以及其他基层解纷人员信息录入调解平台。录入的信息主要包括姓名、性别、联系方式、擅长领域、对接的基层人民法院或者人民法庭等。

5. 建立案件分流制度。基层人民法院或者人民法庭根据纠纷数量、人员编制等实际情况，灵活将立案窗口人员或者其他人员作为专（兼）职案件分流员，开展在线诉非分流、案件指派、诉调对接、督促督办等工作。

6. 建立司法联络员制度。邀请基层治理单位、专业性行业性调解组织中与人民法院开展分流对接的人员作为司法联络员，负责排查上报信息、自行或者指定相关人员开展诉前调解、矛盾化解、协助送达、维护基层解纷人员信息等工作。

7. 建立分类分级委派案件制度。对于起诉到人民法院的纠纷，适宜村（社区）处理的，先行引导由辖区内的村（社区）逐级进行化解、调解；适宜在乡镇（街道）综治中心、矛调中心、司法所等基层治理单位处理的，由与人民法院对接的基层治理单位进行化解、调解；适宜专业性行业性调解组织处理的，由与人民法院对接的专业性行业性调解组织进行化解、调解。

8. 完善诉非实质化对接制度。村（社区）、乡镇（街道）等对接单位或者基层解纷人员在化解、调解过程中需要法官参与指导的，可以向人民法院在线提出申请，基层人民法院或者人民法庭通过推送典型案例、进行法条解释、提供法律咨询、"调解员现场调解＋法官远程视频参与调解"联合调解、实地参与化解、调解等方式提供法律指导。

9. 建立信息公开制度。在基层人民法院诉讼服务大厅、人民法庭等场所或者调解平台上公开入驻的基层治理单位、专业性行业性调解组织、参与化解、调解的基层解纷人员基本信息、"三进"工作流程、相关诉讼指引等，更加方便当事人参与"三进"工作，自觉接受群众监督。

三、工作开展

10. 案件范围。对于当事人一方或者双方住所地、经常居住地为辖区内村（社区）、乡镇（街道）且适宜化解、调解的纠纷，或者当事人明确表示同意先行化解、调解的纠纷，基层人民法院或者人民法庭可以交由基层治理单位或者基层解纷人员进行化解、调解。涉及专业性行业性领域纠纷的，可以交由专业性行业性调解组织进行化解、调解。

基层人民法院或者人民法庭可以根据本地区矛盾纠纷类型特点，对婚姻家庭、抚养继承、物业纠纷、民间借贷、买卖合同等涉及民生利益的纠纷进行重点分流。

11. 案件流程。基层人民法院或者人民法庭可以在登记立案前，根据自愿、合法原则，通过调解平台进行指派。基层解纷人员及时登录调解平台，确认接受指派，并根据当事人意愿，采取线上或者线下方式开展化解、调解工作。当事人经引导不同意化解、调解，符合受理条件的，依法及时登记立案。

基层人民法院或者人民法庭交由基层治理单位化解、调解的纠纷，在调解平台编"纠纷化解"号。

12. 与村（社区）开展分流对接。对于适宜在村（社区）、乡镇（街道）处理的纠纷，由案件分流员通过调解平台在线分流至村（社区）司法联络员，由司法联络员指定基层解纷人员开展化解、调解工作。化解、调解成功的，应当在调解平台上记录处理结果。经人民调解委员会、特邀调解组织或者特邀调解员调解达成调解协议，且当事人申请司法确认的，向有管辖权的人民法院或者派出的人民法庭在线提出申请。化解、调解不成功的，记录不成功原因，并由村（社区）司法联络员在征得当事人意愿后，推送乡镇（街道）基层治理单位再次化解、调解或者直接退回人民法庭。人民法庭对于退回的纠纷，依法及时登记立案。

13. 与乡镇（街道）基层治理单位开展分流对接。对于村（社区）化解、调解不了且当事人愿意到乡镇（街道）基层治理单位处理的纠纷，以及根据纠纷类型适宜由乡镇（街道）基层治理单位处理的，分流至该基层治理单位司法联络员，由其指定人员进行化解、调解。化解、调解成功的，应当在调解平台上记录处理结果；对依法可以申请司法确认的，在线提出申请。化解、调解不成功的，由基层治理单位司法联络员记录不成功原因后，在线将案件推送至人民法院案件分流员，人民法院应当依法及时登记立案。

14. 与专业性行业性调解组织开展分流对接。对于金融、证券期货、银行保险、知识产权、劳动争议、机动车交通事故责任纠纷等专业性行业性领域矛盾纠纷，由人民法院案件分流员通过调解平台，在线分流至入驻平台的专业性行业性调解组织进行调解。调解成功的，引导鼓励自动履行，当事人依法申请司法确认，可以在线提出；调解不成功的，由专业性行业性调解组织司法联络员将案件退回人民法院，人民法院应当依法及时登记立案。

15. 与其他社会力量开展分流对接。邀请人大代表、政协委员、社区工作者、网格员、律师、法律工作者、法律援助人员、行业协会人员等入驻调解平台，开展化解、调解工作。上述人员能够对应到村（社区）、乡镇（街道）基层治理单位的，由司法联络员指派其开展化解、调解工作；无法对应到村（社区）、乡镇（街道）基层治理单位的，可以个人名义入驻，并由人民法院案件分流员根据纠纷类型，通过调解平台直接交由其开展化解、调解工作。

16. 严格纠纷化解、调解期限。基层人民法院或者人民法庭指派化解、调解纠纷的，司法联络员应当在3个工作日内登录调解平台确认接收纠纷信息。化解、调解期限为30日，自司法联络员确认接受指派之日起计算。但双方当事人同意延长期限的，可以适当延长，延长时间原则上不超过30日。由村（社区）推送乡镇（街道）继续化解、调解的，化解、调解期限计入总时长。化解、调解期间评估、鉴定的时间，不计入化解、调解期限。

在规定期限内未能达成调解协议或者当事人明确拒绝继续化解、调解的，应当依法及时转入立案程序。

17. 加强预警预防和联调联动工作。司法联络员对于排查出的辖区网格内涉诉矛盾隐患、苗头性问题，认为需要人民法院指导和帮助化解、调解的，应当及时通过调解平台提供给对接的人民法院。需要联动化解、调解的，由人民法院案件分流员根据纠纷类型及时安排有关人员参与工作，并在调解平台上记录处理结果。

18. 强化对网格内基层解纷力量的培训指导。基层人民法院或者人民法庭应当加强对辖区基层解纷力量的法律指导和业务培训，制作常见案件类型调解指引，推送指导性案例，探索建立双向交流机制，支持和规范基层解纷力量在法治轨道上开展纠纷预防化解工作，提升基层社会治理法治化水平。

19. 加强对特殊群体诉讼辅导。对于不善于使用智能手机的老年人、残疾人等特殊群体，充分尊重其在线调解选择权。对于特殊群体选择线上方式化解、调解的，参与纠纷化解、调解的法院工作人员或者基层解纷人员应当帮助、指导其操作使用调解平台，开展化解、调解活动。

20. 发挥司法保障作用。推动司法确认在人民调解委员会全覆盖，实现人民调解司法确认在线申请、快速办理。将符合条件的基层解纷人员纳入特邀调解名册，畅通对接渠道和司法保障途径，促进提升诉前调解吸引力和有效性。

四、配套保障

21. 加强经费保障。各级人民法院要紧紧依靠党委领导，主动争取地方政府的支持，解决在机构、人员、硬件配置等方面的困难，建立持续性财政保障机制，对调解人员给予一定的经费补贴，充分激发社会力量参与纠纷化解工作的活力。

22. 加强沟通联系。密切与基层治理单位、相关调解组织及基层解纷人员的沟通联系，定期召开会议，对于工作开展情况、推进中遇到的困难问题等，共同分析研判，凝聚工作合力。对于基层人民法院及人民法庭协调不了的事宜，上级人民法院应当主动作为，帮助协调解决。

23. 奖惩考核机制。充分发挥考核指挥棒作用，将"三进"工作开展情况纳入基层人民法院及人民法庭考核体系，将法官指导、参与化解、调解的案件量纳入法官绩效考核，将成功化解、调解纠纷数量及质效等作为调解组织或者调解员动态管理的重要指标，进一步激发参与"三进"工作的积极性和主动性。

24. 加大宣传力度。通过报纸杂志、电视网站、微博微信等各类媒体，以及社区走访、普法讲座等活动，全面宣传"三进"工作以及基层解纷人员优秀事迹，积极培育多元解纷观念，引导人民群众主动选择非诉讼方式解决纠纷。

最高人民法院办公厅 中国人民银行办公厅关于建立金融纠纷在线诉调对接机制的通知

2021年10月8日 法办〔2021〕394号

各省、自治区、直辖市高级人民法院，解放军军事法院，新疆维吾尔自治区高级人民法院生产建设兵团分院；中国人民银行上海总部，各分行、营业管理部，各省会（首府）城市中心支行，各副省级城市中心支行；国家开发银行，各政策性银行，国有商业银行，中国邮政储蓄银行，各股份制商业银行，外资银行，各非银行支付机构，各金融纠纷调解组织：

为贯彻落实党中央关于把非诉讼纠纷解决机制挺在前面的重大部署要求，进一步落实《最高人民法院、中国人民银行、中国银行保险监督管理委员会关于全面推进金融纠纷多元化解机制建设的意见》（法发〔2019〕27号）等文件精神和工作要求，巩固已建立的金融纠纷多元化解机制，推进金融纠纷在线诉调对接工作，最高人民法院、中国人民银行决定建立"总对总"在线诉调对接机制，现将有关事项通知如下。

一、建立"总对总"在线诉调对接机制

"总对总"在线诉调对接机制，即人民银行组织其指导下的各级金融纠纷调解组织和调解员通过入驻人民法院调解平台（以下简称调解平台）的方式开展全流程在线委派、委托调解、在线申请司法确认或者出具调解书等工作。同时，中国人民银行指导建设的中国金融消费纠纷调解网

（以下简称调解网）与调解平台实现对接，通过调解网调解成功的矛盾纠纷，符合法律规定申请司法确认条件的，可以在线进行司法确认。

最高人民法院立案庭负责法院系统在线诉调对接工作的统筹推进，为调解员提供培训和业务指导，调解平台研发、运维、宣传等。最高人民法院民事审判第二庭负责提供在线诉调对接工作具体业务指导等。

中国人民银行金融消费权益保护局负责人民银行系统在线诉调对接工作的统筹推进。人民银行分支机构具体推动各地金融纠纷调解组织规范发展，指导其配合做好在线诉调对接工作。各地金融纠纷调解组织应当建立健全调解组织和调解员名册管理制度，做好调解名册信息日常维护更新，并具体组织调解员开展在线调解、参与诉调对接等。

二、调解组织和调解员信息的采集和管理

人民银行分支机构应当准确掌握经其业务指导的本辖区金融纠纷调解组织和调解员信息，指导各地金融纠纷调解组织在做好调解员日常管理和信息维护工作基础上，按照《最高人民法院关于人民法院特邀调解的规定》，将符合条件的调解组织和调解员信息通过调解平台推送到相应的人民法院进行确认。人民法院对于符合条件的调解组织和调解员，应当纳入本院特邀调解名册，并在调解平台上予以确认。

三、在线诉调对接业务流程

鼓励各地因地制宜开展在线诉调对接工作，支持金融纠纷调解组织通过入驻调解平台或调解网开展在线诉调对接工作。

当事人向人民法院提交纠纷调解申请后，人民法院通过调解平台向入驻的金融纠纷调解组织委派、委托调解案件。金融纠纷调解组织及调解员登录调解平台接受委派或者委托，开展调解工作；调解完成后，将调解结果录入平台，并告知相关人民法院。

调解成功的案件，调解员组织双方当事人在线签订调解协议。双方当事人可就达成的调解协议共同申请在线司法确认或者出具调解书。人民法

院通过调解平台对调解协议依法进行在线司法确认，或者立案后出具调解书。未调解成功的案件由人民法院依据法律规定进行立案或者继续审理。

当事人通过调解网调解成功的矛盾纠纷，需要申请人民法院进行司法确认且符合司法确认条件的，调解协议经调解员和调解组织签字盖章后，由调解组织将调解协议从调解网推送至调解平台有管辖权的人民法院，由人民法院通过调解平台依法对调解协议进行司法确认。

四、强化全流程在线调解

金融纠纷调解组织和调解员应当积极使用调解平台接受人民法院委派或者委托案件，传送、接收调解材料，并及时开展在线音视频调解工作。各级人民法院应当充分利用法院办案系统和调解平台内外连通的便利条件，落实在线委派或者委托调解、调解协议在线司法确认、电子送达等工作，为全流程在线调解提供支持和保障。

五、建立沟通会商机制

最高人民法院立案庭、民事审判第二庭与中国人民银行金融消费权益保护局加强沟通会商工作，定期通报在线诉调对接工作推广应用情况、分析存在问题、研究下一步工作举措。各地由人民法院立案庭牵头，与相关单位和部门建立工作协调和信息共享机制，从具体工作层面落实相关建设应用要求。

六、建立健全评估激励体系

最高人民法院、中国人民银行根据工作实际分别建立健全绩效评估激励体系，科学设定评估内容和评估标准，形成调解工作质效分析报告。对参与纠纷化解工作表现突出的调解组织和调解员给予表扬。广泛开展宣传报道，吸引更多调解组织和调解员积极参与金融纠纷多元化解工作。

各地在落实推进中的经验做法、困难问题，请及时层报最高人民法院和中国人民银行。

最高人民法院办公厅 中国证券监督管理委员会办公厅
关于建立"总对总"证券期货纠纷在线诉调对接机制的通知

2021年8月20日　　　　　　　　法办〔2021〕313号

各省、自治区、直辖市高级人民法院，解放军军事法院，新疆维吾尔自治区高级人民法院生产建设兵团分院；中国证券监督管理委员会各派出机构，各交易所，各下属单位，各协会：

为深入贯彻党中央关于建立共建共治共享社会治理格局的重大决策部署，进一步落实最高人民法院、中国证券监督管理委员会联合印发的《关于全面推进证券期货纠纷多元化解机制建设的意见》（法〔2018〕305号）要求，最高人民法院、中国证券监督管理委员会（以下简称中国证监会）决定建立"总对总"在线诉调对接机制，全面推进证券期货纠纷多元化解工作。现将有关事项通知如下。

一、指导思想

坚持以习近平新时代中国特色社会主义思想为指导，全面贯彻党的十九大和十九届二中、三中、四中、五中全会精神，深入落实党中央、国务院关于强化投资者合法权益保护和完善矛盾纠纷多元化解机制的决策部署，切实发挥证券监管部门在解决证券期货纠纷中的指导协调作用，以及人民法院在多元化纠纷解决机制改革中的引领、推动、保障作用，建立健全证券期货纠纷在线诉调对接机制，全面推进证券期货纠纷多元化解工作，不断满足证券期货投资者多元纠纷解决需求。

二、基本原则

（一）依法公正原则。证券期货纠纷多元化解工作不得违反法律基本原则，不得损害国家利益、社会公共利益和第三人合法权益。

（二）高效便民原则。根据证券期货纠纷特点，灵活确定解纷方式，强化信息技术应用，提升解纷效率，降低投资者解纷成本。

（三）调解自愿原则。充分尊重各方当事人意愿，保障投资者依法行使民事权利和诉讼权利。

三、工作目标

坚持把非诉讼纠纷解决机制挺在前面，充分发挥调解在化解证券期货领域矛盾纠纷中的重要作用，建立有机衔接、协调联动、高效便捷的证券期货纠纷在线诉调对接工作机制，依法及时高效化解大量证券期货纠纷。

四、工作内容

（一）建立"总对总"在线诉调对接机制。最高人民法院与中国证监会共同建立"总对总"在线诉调对接机制，即"人民法院调解平台"（以下简称调解平台）与"中国投资者网证券期货纠纷在线调解平台"（以下简称投资者网平台），通过平台对接方式开展全流程在线调解、在线申请司法确认或出具调解书等诉调对接工作，全面提升证券期货纠纷调解工作的质量和效率。

（二）职责分工。最高人民法院立案庭负责在线诉调对接工作的统筹推进，宣传引导当事人运用调解平台化解证券期货纠纷，对证券期货纠纷调解员开展技术系统培训指导，调解平台的研发运维等；最高人民法院民事审判第二庭负责在线诉调对接工作具体业务流程指导，对证券期货纠纷调解员开展业务培训等。

中国证监会投资者保护局负责统筹证券期货纠纷调解机制建设，制定证券期货纠纷调解政策规范，建立调解组织和调解员名册及相关管理制度，指导调解组织和调解员开展在线调解和诉调对接工作等。中证中小投资者服务中心有限责任公司（以下简称投资者服务中心）负责投资者网平台的日常运行、安全防护和升级优化等工作。

各级人民法院在"总对总"诉调对接机制框架下，积极与中国证监会相关派出机构、会管单位开展诉调对接工作，将符合条件的证券期货调解组织和调解员纳入本院特邀调解名册，引导当事人自愿选择调解方式化解证券期货纠纷，开展委派、委托调解工作，依法及时在线进行司法确认。

中国证监会各派出机构、相关会管单位在"总对总"在线诉调对接机制框架下，负责与相关人民法院开展诉调对接工作，指导对应的调解组织和调解员入驻投资者网平台，组织调解组织和调解员开展在线调解工作。

（三）调解组织和调解员信息的采集和管理。中国证监会投资者保护局负责定期汇总并更新调解组织和调解员信息。中国证监会各派出机构、相关会管单位指导督促各调解组织负责日常管理和信息维护工作。

（四）特邀调解组织和调解员的确认。根据《最高人民法院关于人民法院特邀调解的规定》，中国证监会投资者保护局将符合特邀调解组织条件的调解组织，中国证监会各派出机构、相关会管单位将对应调解组织中符合特邀调解员条件的调解员，通过调解平台推送到相应的人民法院进行确认。人民法院对于符合条件的调解组织和调解员，应当纳入到本院特邀调解名册中，并在调解平台上予以确认。

最高人民法院立案庭、民事审判第二庭与中国证监会投资者保护局共同推动将最高人民法院和中国证监会共同认定的特邀调解组织和调解员纳入各级人民法院特邀调解名册。

（五）在线诉调对接业务流程。当事人向人民法院提交纠纷调解申请后，人民法院通过调解平台向调解组织委派、委托调解案件；调解组织及调解员登录投资者网平台接受委派、委托，开展调解工作；调解完成后将调解结果录入投资者网平台，由投资者网平台将案件信息回传至调解平台，并告知相关法院。当事人也可以直接通过投资者网平台向相关调解组织提交调解申请。

调解组织接受法院委派、委托调解或自行调解成功的案件，调解员组织双方当事人在线签订调解协议或上传调解协议。鼓励双方当事人自动履行。确有必要的，可就达成的调解协议共同申请在线司法确认或者出具调解书，人民法院将在线进行司法确认或者出具调解书；未调解成功的案件由人民法院依据法律规定进行立案或者继续审理。经调解组织线下调解成功的案件，依法能够进行司法确认的，可通过调解平台进行在线司法确认。

人民法院在委派、委托案件前，应当征求当事人同意，并考虑调解组织的专业领域、规模能力、办理范围等因素。调解组织在收到法院委派、委托调解通知后，应在5个工作日内就是否接受委派、委托调解作出回复。

（六）强化在线音视频调解。调解组织和调解员应当积极使用投资者网平台的音视频调解功能开展在线调解工作。各级人民法院要充分利用法院办案系统和调解平台内外连通的便利条件，落实在线委派、委托调解、调解协议在线司法确认、电子送达等工作，为在线音视频调解提供支持和保障。

五、工作要求

（一）建立联席会议制度。建立由最高人民法院立案庭、民事审判第二庭、中国证监会投资者保护局、投资者服务中心共同参与的联席会议制度，定期通报在线诉调对接工作推广应用情况，分析存在的问题，研究制定下一步工作举措。各地由人民法院立案庭牵头，与相关单位和部门建立工作协调和信息共享机制，从具体工作层面部署落实相关工作要求。

（二）建立健全评估激励体系。最高人民法院和中国证监会根据工作实际分别建立调解组织和调解员绩效评估激励体系，从组织建设情况、矛盾纠纷化解数量、调解成功率等方面科学设定评估内容和评估标准，定期形成调解工作质效分析报告。对参与纠纷化解工作表现突出的调解组织和调解员给予表彰和奖励，引导调解组织和调解员优质高效参与证券期货纠纷多元化解工作。

（三）加强培训指导。最高人民法院立案庭、民事审判第二庭、中国证监会投资者保护局，各级人民法院和中国证监会各派出机构、相关会管单位应当建立多层次联合培训机制，不断提高调解员的职业修养、法律素养、专业知识和调解技能。人民法院要大力支持证券监管部门培育并充实调解力量，广泛吸纳证券专业人士担任调解员，为推进证券期货纠纷多元化解工作提供保障。

（四）重视宣传推广。各级人民法院、证券监管部门要加大宣传力度，通过典型案例、普法教育等方式，提高当事人和社会公众对证券期货纠纷多元化解工作的知晓度和信任度，积极引导当事人通过调解方式解决证券期货纠纷，依法理性维权。

各地在落实推进中的经验做法和困难问题，请及时层报最高人民法院和中国证监会。

最高人民法院办公厅 中华全国总工会办公厅
关于加快推进劳动争议纠纷
在线诉调对接工作的通知

2021年6月1日　　　　　法办〔2021〕215号

各省、自治区、直辖市高级人民法院、总工会，解放军军事法院，新疆维吾尔自治区高级人民法院生产建设兵团分院，新疆生产建设兵团总工会：

　　为进一步落实最高人民法院、中华全国总工会2020年2月20日联合印发的《关于在部分地区开展劳动争议多元化解试点工作的意见》（法〔2020〕55号）精神和工作要求，巩固已建立的劳动争议多元化解机制，推进劳动争议诉调对接工作，最高人民法院、中华全国总工会决定建立"总对总"在线诉调对接机制，现将有关事项通知如下。

　　一、建立"总对总"在线诉调对接机制

　　最高人民法院与中华全国总工会协调推进在线诉调对接机制建设，畅通线上线下调解与诉讼对接渠道。中华全国总工会指导各级工会同本级人民法院建立协调对接机制，指导各级工会劳动争议调解服务资源入驻人民法院调解平台，开展全流程在线调解、在线申请司法确认或出具调解书等诉调对接工作，全面提升劳动争议调解工作的质量和效率。

二、职责分工

最高人民法院立案庭负责在线诉调对接工作的统筹推进、宣传引导当事人运用调解平台化解劳动争议、调解平台的研发运维等。

中华全国总工会法律工作部负责组织各地工会积极参与劳动争议调解工作，推动完善劳动争议调解机制建设，指导各级工会建立调解组织和调解员名册及相关管理制度，协调指导各级工会充分运用劳动争议调解服务资源开展在线调解和诉调对接工作等。

三、在线诉调对接工作开展范围

现阶段，劳动争议在线诉调对接工作仍主要立足于但不限于《关于在部分地区开展劳动争议多元化解试点工作的意见》所确定的11省（自治区、直辖市）范围内开展，鼓励非试点地区积极应用在线诉调对接平台开展调解工作。试点地区发挥示范引领作用，其他地区参照执行，一体推进。下一阶段，最高人民法院与中华全国总工会将在总结试点地区在线诉调对接工作开展情况的基础上，形成全国推广方案。

四、调解组织和调解员信息的收集和管理

中华全国总工会法律工作部负责定期汇总并更新调解组织和调解员的信息。地方各级工会负责调解组织和调解员的日常管理和信息维护工作。

各级工会应当按照《最高人民法院关于人民法院特邀调解的规定》（法释〔2016〕14号）的要求，将符合条件的调解组织和调解员信息通过调解平台推送到本级人民法院进行确认。人民法院对于符合条件的调解组织和调解员，纳入到本院的特邀调解名册中，并在调解平台上予以确认。

五、在线诉调对接业务流程

人民法院收到当事人提交的调解申请后，通过调解平台向入驻的调解组织或调解员委派、委托调解案件；调解组织及调解员登录调解平台接受委派、委托，开展调解工作；调解完成后将调解结果录入调解平台，并将调解信息回传至人民法院。

调解成功的案件，调解员组织双方当事人在线签订调解协议。双方当事人可就达成的调解协议共同申请在线司法确认或出具调解书。人民法院将通过调解平台对调解协议进行在线司法确认或立案后出具调解书。未调解成功的案件由人民法院依据法律规定进行立案或继续审理。

经调解组织线下调解成功的案件，依法能够申请司法确认的，可通过调解平台向人民法院在线申请司法确认。

六、强化在线音视频调解

调解组织和调解员要积极使用调解平台的音视频调解功能开展在线调解工作。各级人民法院要充分利用法院办案系统和法院调解平台内外连通的便利条件，落实在线委派或委托调解、调解协议在线司法确认、电子送达等工作，为在线音视频调解提供支持和保障。

七、落实联席会议制度

落实由最高人民法院立案庭、中华全国总工会法律工作部共同参与的联席会议制度，定期通报在线诉调对接工作的推广应用情况，分析存在的问题，研究下一步工作举措。各地由人民法院立案庭牵头，总工会法律工作部门参与，与相关单位和部门建立工作协调和信息共享机制，落实相关工作。

八、建立健全评估激励体系

最高人民法院和中华全国总工会根据工作实际逐步建立健全试点地

区调解组织和调解员绩效评估激励体系,从组织建设情况、矛盾纠纷化解数量、调解成功率等方面科学设定评估内容和评估标准,并定期形成调解工作分析报告。各级人民法院和总工会对参与纠纷化解工作表现突出的调解组织和调解员给予褒奖,引导调解组织和调解员优质高效参与劳动争议多元化解工作。

各地在落实推进劳动争议在线诉调对接工作中的经验做法和遇到的困难问题,请及时层报最高人民法院和中华全国总工会。

《立案工作指导》征稿启事

本书主要收录有关立案的司法解释理解与适用、各级人民法院立案工作的实践经验、调研报告和案例评析等。本书对各级人民法院立案工作具有重要指导作用和参考价值。

欢迎您向以下栏目赐稿：

【司法解释理解与适用】 关于最新出台的有关立案工作的司法解释的理解与适用文章，包括司法解释制定背景、意义、条文理解以及司法实践中应注意的问题等内容。

【理论与实践探索】 关于立案工作的理论研究成果与实践探索经验。

【调查研究】 关于立案领域问题探讨与解决的调查研究报告。

【案例评析】 通过对典型案例的阐述和评论，对相关理论进行深层次分析解读。

【经验交流】 介绍各地法院实践中积累的典型经验，促进法院间立案经验交流。

来稿请发送到以下电子邮箱，并注明联系人电话等联系方式，写作规范及体例请参照已出版图书相应栏目的文章。

联系人：李朋

电话：010-67550082

电子邮箱：523717204@qq.com

最高人民法院立案庭